新时代应用文写作教程

主 编 薛 颖
副主编 金 云 兰佳丽
参 编 李玉坤 张胜珍
　　　 郝 友 高 红

北京理工大学出版社
BEIJING INSTITUTE OF TECHNOLOGY PRESS

内 容 简 介

本教程紧密结合当前应用写作的实际需要,科学设置了如下针对性和实用性较强的六章内容:第一章 应用文的基本知识,第二章 党政公文,第三章 事务文书,第四章 日常礼仪文书,第五章 学业求职文书,第六章 新媒体写作。

版权专有　侵权必究

图书在版编目(CIP)数据

新时代应用文写作教程/薛颖主编. —北京:北京理工大学出版社,2019.2(2021.12重印)
ISBN 978-7-5682-6736-6

Ⅰ. ①新… Ⅱ. ①薛… Ⅲ. ①汉语-应用文-写作-高等学校-教材 Ⅳ. ①H152.3

中国版本图书馆 CIP 数据核字(2019)第 031770 号

出版发行 /	北京理工大学出版社有限责任公司
社　　址 /	北京市海淀区中关村南大街5号
邮　　编 /	100081
电　　话 /	(010)68914775(总编室)
	82562903(教材售后服务热线)
	68944723(其他图书服务热线)
网　　址 /	http://www.bitpress.com.cn
经　　销 /	全国各地新华书店
印　　刷 /	三河市天利华印刷装订有限公司
开　　本 /	787毫米×1092毫米　1/16
印　　张 /	17
字　　数 /	400千字
版　　次 /	2019年2月第1版　2021年12月第4次印刷
定　　价 /	51.00元

责任编辑 / 王晓莉
文案编辑 / 王晓莉
责任校对 / 周瑞红
责任印制 / 李志强

图书出现印装质量问题,请拨打售后服务热线,本社负责调换

前　言

应用文在日常工作和学习生活中使用范围广、频率高、地位重要、作用突出。从党政机关公文，企事业单位、社会团体的事务性文件，到高校学生的毕业论文，公务员考试中的申论，再到日常社交中的博客、微博、微信、电邮、短信等，都离不开应用文写作。能否得心应手地撰写应用文，已经成为衡量一个人工作能力的重要标准之一。作为社会未来栋梁的大学生，作为职场工作人员，只有善于应用语言文字对现实材料进行合理加工，善于按照各类应用文写作范式和要求撰写应用文解决实际问题，才能使生活、工作和学习更加顺畅，也更加有利于自身的长远发展。

天津财经大学人文学院中文系汉语言文学教研室和大学语文教研室的全体教师，整合了多年讲授"应用文写作"课程的经验，结合新时代的具体情况，引入新案例，编写了《新时代应用文写作教程》。本教程具有四个主要特点。

第一，体例新。

本教程在各章前设有"本章导读"，对各章背景知识、主要内容和学习目标进行简明扼要的介绍，以便学生把握各章主旨；各章节主体大致按照文种含义、种类、特点、作用、结构、写法和写作要求的顺序，介绍各种常用应用文的写作模式和技巧，有利于学生厘清学习思路；在各章后设有"案例研习"和"情境写作"，着重考查学生对应用文基本理论知识的掌握程度和应用文分析与写作能力。

第二，文种新。

本教程文种的选择，在考虑"应用文写作"课程知识体系的基础上，加入了博客、微博、微信等新媒体写作文类，作为应用写作新样式，顺应时代发展潮流。

第三，案例新。

本教程注重选择时代感强的新案例，便于增进和新一代青年学子的沟通和交流，减少由时代而产生的隔阂，同时也避免因案例老旧带来的知识陈旧感。

第四，练习新。

"应用文写作"是一门实践性较强的课程，学习者必须通过大量练习才能掌握写作的技巧和方法。因此，本教程非常重视练习资料的编写，课后"案例研习"和"情境写作"两大板块中的新题型，将有效训练学生的写作能力。

本教程是在《新案例应用写作教程》（2015年版）基础上编撰的，对某些章节的内容进行了符合国家政策和时代要求的调整，对例文进行了与时俱进的替换与增删；既可供各类高校本、专科应用文写作公共课或专业课使用，也可作为各级、各类公文写作人员的岗位培训教材，还可作为国家公务员考试和秘书职业资格考试的参考用书。

编　者
2018 年 10 月

目 录

第一章 应用文的基本知识 (1)
【本章导读】 (1)
第一节 应用文与应用文写作 (1)
 一、应用文的含义和种类 (1)
 二、应用文的特点 (3)
 三、应用文写作主体需具备的能力 (4)
 四、学习应用文写作的方法 (4)
第二节 应用文的材料 (5)
 一、材料的含义 (5)
 二、材料的种类 (5)
 三、获取直接材料的方法——调查研究 (5)
 四、获取间接材料的方法——查阅和积累 (6)
第三节 应用文的主旨 (7)
 一、应用文主旨的含义 (7)
 二、应用文主旨的特点 (7)
 三、应用文主旨的产生 (8)
 四、应用文材料和主旨的统一 (9)
第四节 应用文的结构 (10)
 一、应用文结构的特点和作用 (10)
 二、应用文的结构方式 (11)
第五节 应用文的语言和表达 (15)
 一、应用文的语体特征 (15)
 二、应用文的表达方式 (20)
【案例研习】 (25)
【情境写作】 (31)

第二章 党政机关公文 (32)
【本章导读】 (32)
第一节 党政机关公文的基本知识 (32)

一、党政机关公文的含义和种类 ··· (32)
　　二、法定公文的行文规范 ··· (33)
　　三、法定公文的行文流程 ··· (34)
　第二节　命令（令）　决定　通知 ··· (39)
　　一、命令（令） ·· (39)
　　二、决定 ·· (42)
　　三、通知 ·· (45)
　第三节　公告　通告　通报 ··· (52)
　　一、公告与通告 ·· (52)
　　二、通报 ·· (55)
　第四节　议案　报告　请示　批复 ·· (62)
　　一、议案 ·· (62)
　　二、报告 ·· (65)
　　三、请示 ·· (69)
　　四、批复 ·· (73)
　第五节　公报　决议　纪要 ··· (75)
　　一、公报 ·· (75)
　　二、决议 ·· (79)
　　三、纪要 ·· (82)
　第六节　意见　函 ·· (88)
　　一、意见 ·· (88)
　　二、函 ·· (94)
　【案例研习】 ··· (101)
　【情境写作】 ··· (112)

第三章　事务文书 ·· (115)

　【本章导读】 ··· (115)
　第一节　计划　总结 ·· (116)
　　一、计划 ·· (116)
　　二、总结 ·· (120)
　第二节　述职报告　调查报告 ··· (126)
　　一、述职报告 ·· (126)
　　二、调查报告 ·· (129)
　第三节　简报　规章制度 ·· (138)
　　一、简报 ·· (138)
　　二、规章制度 ·· (141)
　第四节　会议记录　公示 ·· (147)
　　一、会议记录 ·· (147)
　　二、公示 ·· (150)
　第五节　专用书信 ·· (152)
　　一、倡议书 ·· (152)

目 录

　　二、申请书 …………………………………………………（154）
　　三、慰问信 …………………………………………………（156）
【案例研习】 ……………………………………………………（158）
【情境写作】 ……………………………………………………（160）

第四章　日常礼仪文书 ………………………………………（162）
【本章导读】 ……………………………………………………（162）
第一节　书信类 …………………………………………（163）
　　一、祝词 ……………………………………………………（163）
　　二、贺信、贺电、贺卡 ……………………………………（165）
　　三、请柬 ……………………………………………………（167）
　　四、邀请函 …………………………………………………（168）
第二节　迎送类 …………………………………………（170）
　　一、欢迎词与欢送词 ………………………………………（170）
　　二、答谢词 …………………………………………………（172）
第三节　传播类 …………………………………………（173）
　　一、演讲稿 …………………………………………………（173）
　　二、启事 ……………………………………………………（177）
　　三、对联 ……………………………………………………（178）
　　四、海报 ……………………………………………………（182）
第四节　吊唁类 …………………………………………（184）
　　一、唁电 ……………………………………………………（184）
　　二、讣告 ……………………………………………………（185）
　　三、悼词 ……………………………………………………（186）
　　四、碑文 ……………………………………………………（188）
【案例研习】 ……………………………………………………（190）
【情境写作】 ……………………………………………………（190）

第五章　学业求职文书 ………………………………………（192）
【本章导读】 ……………………………………………………（192）
第一节　学业类 …………………………………………（193）
　　一、开题报告 ………………………………………………（193）
　　二、毕业论文 ………………………………………………（196）
　　三、实习报告 ………………………………………………（205）
第二节　求职文书 ………………………………………（206）
　　一、求职材料 ………………………………………………（206）
　　二、推荐信 …………………………………………………（209）
　　三、竞聘词 …………………………………………………（211）
　　四、自我鉴定 ………………………………………………（214）
　　五、辞职信 …………………………………………………（215）
第三节　申　论 …………………………………………（216）
　　一、公务员考试 ……………………………………………（216）
　　二、申论概述、特征及申论试题举隅 ……………………（217）

三、申论考题题型概述 …………………………………………………（224）
　　四、解题环节和方法 ……………………………………………………（225）
　　五、申论考试注意事项 …………………………………………………（227）
　　六、申论考试的准备 ……………………………………………………（227）
　【案例研习】 ………………………………………………………………（228）
　【情境写作】 ………………………………………………………………（229）

第六章　新闻和网络写作 ……………………………………………………（230）
　【本章导读】 ………………………………………………………………（230）
　第一节　新闻写作 …………………………………………………………（230）
　　一、新闻的含义 …………………………………………………………（230）
　　二、消息 …………………………………………………………………（230）
　　三、通讯 …………………………………………………………………（232）
　　四、评论 …………………………………………………………………（236）
　　五、深度报道 ……………………………………………………………（237）
　第二节　网络写作 …………………………………………………………（241）
　　一、BBS …………………………………………………………………（241）
　　二、博客 …………………………………………………………………（242）
　　三、微博 …………………………………………………………………（243）
　第三节　新媒体写作介绍 …………………………………………………（245）
　　一、新媒体的概念 ………………………………………………………（245）
　　二、新媒体的商业价值 …………………………………………………（245）
　　三、新媒体的传播方式 …………………………………………………（246）
　【案例研习】 ………………………………………………………………（247）
　【情境写作】 ………………………………………………………………（250）

附　　录 ………………………………………………………………………（251）
参考文献 ………………………………………………………………………（257）
后　　记 ………………………………………………………………………（258）

第一章 应用文的基本知识

【本章导读】

应用文是党政机关、企事业单位、社会团体和个人处理公私事务过程中经常使用的具有规范体式的一种实用文体的总称。它是国家进行有效管理的一种工具，也是人们开展日常工作、参与社会活动、交流思想、传递信息、处理事务的一种工具。

在各类文章体裁中，应用文与人们的关系最密切、最直接，使用频率最高、范围最广。大到国家制定政策法令，小到单位和个人处理日常事务，都离不开应用文。在各行各业中都有应用文的写作者和使用者。例如，政府机关指导行政工作，需要使用行政公文；企业开展经营，需要使用商业合同；科研人员发表研究成果，需要撰写学术论文；新闻记者报道公众事件，需要撰写新闻稿件；甚至个人生病请假，也需写一份请假条。一个人可以一辈子不写小说、散文、诗歌和剧本，但在生活、学习和工作中却免不了要写应用文。正如叶圣陶先生所说："大学毕业生不一定能写小说诗歌，但是一定要能写工作和学习中实用的文章，而且非写得既通顺又扎实不可。"

应用文在现实生活中发挥着十分重要的作用，主要体现在：对党和国家方针政策的贯彻落实，对机关团体、企事业单位内部管理的统筹指导作用，对上下级、各组织、各单位、各部门之间的沟通协调，以及对工作进行监督、检查的依据和凭证等作用。

本章主要通过对应用文的基本内涵、种类和特点，应用文写作主体应具备的能力，学习应用文写作的方法，以及应用文的构成要素等方面进行阐述，使学生对应用文与应用文写作有一个整体了解，为以后各章的深入学习打下基础；同时增强学生对应用文写作重要性的认识，提高学习的主动性和积极性。

第一节 应用文与应用文写作

一、应用文的含义和种类

在人类社会的发展历程中，文字的出现使人们获得了一种特殊的能力，即突破时空限制传达信息、交流思想的能力。在文字出现之前，人们已经使用语言进行信息传达、思想交流，但文字交流和语言交流相比，有着本质的区别。语言的交流总是发生在特定的对话情境中，发生在特定身份的人之间；对话是双向交流，有问有答，可以随时补充解释；对话时可以利用的交流工具有多种，可以是口头语言，还可以是手势、眼神、表情、语调等身体语言，甚至可以使用道具。文字则没有这些便利条件，它只能发展出一套自身特有的表达规则，用于填补信息传达时的语境空白，使得表达者的意图在单向的、一次性交流的前提下，仅借助于书面语言符号就能够得到完整、准确地阐述。今天所说的文章，就是指具备书面语言特有表达规则的文字材料。

"文章"一词在中国历史上有一个较长时期的发展过程。"文章"的原始含义指错杂的色彩或花纹，《墨子·非乐上》："非以刻镂华文章之色以为不美也。"后来，"文章"一词引申为礼仪制度，《礼记·大传》："考文章，改正朔。"郑玄注："文章，礼法也。"晋朝人挚虞《文章流别论》中说："文章者，所以宣上下之象，明人伦之叙，穷理尽性，以究万物之宜者也。"此时，"文章"一词才有了和今人理解相近的含义。在今天，人们对"文章"一词的理解也各不相同：在《现代汉语词典》中，"文章"被解释为"篇幅不很长的单篇作品"，这反映了日常生活领域中有关"文章"一词的含义；而在写作学领域，"文章"一词则是指所有具备书面语言结构形式，符合书面语言特有表达规则的文字材料。按照后一种定义，"文章"一词涵盖的范围非常广。唐代杜甫《偶题》诗云："文章千古事，得失寸心知。"为了更好地认识不同文章的不同特性，掌握不同文章的不同写作规律，必须对浩如烟海的文章加以分类，归纳出各类文章的属性。

常见的文章分类标准有以下几种：按使用的语言，可分为文言文和白话文；按押韵与否，可分为韵文和非韵文；按语句形式，可分为骈文和散文；按表达手段，可分为叙述文、描写文、抒情文、说明文和议论文；按实际使用领域，可分为文学类、新闻类、文秘类、经济类、法律类、科研类、外交类、军事类、生活类、传志类等。上述分类方法分别从不同侧面揭示了文章的文体特征或使用特征，有助于加深人们对文章的认识；但上述分类法的缺陷是未能将文章的文体特征和使用特征结合考虑，因而未能解决从"缘何而写"到"如何写"这一有关写作者写作过程的基本问题。

如果从写作活动的整体过程来考察文章的写作规律，文章"缘何而写"正是决定文章"如何写"的根本性因素，文章"缘何而写"就可以成为新的分类标准，将文章划分为两大类：一类是与从事的具体社会实践活动不发生直接关联的非应用文；另一类是和从事的具体社会实践活动发生直接关联的应用文。

非应用文包括文学作品和科学论著两种。文学作品的写作目的是向读者展现一幅由写作者描绘而成的精神世界画卷，使读者从中获取审美愉悦和精神享受；科学论著的写作目的是向读者阐释写作者对主客观规律的观察理解和推理论证过程，使读者获得有关自然界和人类社会的知识，满足求知欲，同时也为参与社会实践活动做好准备。文学作品和科学论著的共同点是：它们的写作意图只在于影响和改变阅读者的主观世界，只有透过阅读者主体的内在改变才能对具体的社会实践活动发生间接影响。

应用文的写作目的总是同所从事的具体社会实践活动直接相关，它或者是对曾经从事过的具体活动的记录，或者是充当正在进行的某项具体活动的工具。前者可以称为记录性应用文，如传志类文字材料、新闻类文字材料；后者可以称为工具性应用文，如各种公务文书和私务文书。按通行的写作学理论，"应用文"这一概念仅指工具性应用文，这里将应用文概念分为广义和狭义两种，广义的应用文既包括记录性应用文，也包括工具性应用文；狭义的应用文则仅指工具性应用文。

记录性应用文按其记载事件的时间特性可分为两类：一类是传志类应用文，包括史籍、地方志、家谱、回忆录、日记等文种；一类是新闻类应用文，包括消息、通讯、深度报道、新闻评论等文种。工具性应用文按其处理的具体事务可分为两类：一类是公务文书，包括党政机关、社会组织、企事业单位在处理重要公务时使用的书面文字工具；一类是日常应用文书，包括告启类、礼仪类、书信类、契约类等具体种类。

二、应用文的特点

与非应用文相比，应用文有五项特点。

1. "与事相关"的特定受文对象。应用文作为记录或处理具体公私事务的工具，它的受文对象必然是与要处理的具体事务相关的人或群体。虽然在外在形式上应用文的受文对象有时受众明确（如家信），有时受众却不明确（如广告），但就应用文整体行文方式而言，其信息传达对象的定位都是清晰可辨的。

2. "依事而定"的固定格式。在社会实践中，人们所从事的具体活动大部分具有重复性。重复性的行文意图、重复性的功能要求造就了固定表达形式，于是，在应用文的发展进程中逐渐形成了各种不同类型的较为固定的格式，以此服务于不同类型的具体事务，如纪传体史书、家谱、消息、格式合同、各种表格、法定公文等。

3. "缘事而发"的写作目的。这是应用文最本质的特征。非应用文只为反映人的主观精神活动而存在，只作用于人的思想领域；而应用文则与人们所从事的具体社会实践活动直接相关，既反映这种活动，也服务于这种活动。

4. "随事而止"的时效性。就工具性应用文而言，其时效性最为明显。大量的工具性应用文在其服务的特定事项完成后，其使用价值也随之丧失，例如每日发行的报纸，隔天便无人购买；同时，由于社会实践活动规模和影响力的不同，少量应用文使用价值也会有所转化。有些服务于特定事项的应用文，在其工具性使用价值完结后会获得作为历史记录的使用价值，如《尚书》中记载的上古公务文书，经数千年岁月洗礼后，人们依然在阅读、研究它。就记录性应用文而言，其时效性仍同所记录的事项相关，只要所记录的具体事项对当代社会仍存在对比观照的意义，那么它就仍然有效。

5. "因事而异"的语言风格。所谓语言风格是指在阅读某一文字材料时获得的关于这一文字材料在语言表达方面的感性认识。文学作品的语言风格最为鲜明，它像指纹一样具有单一性、不可重复性，不同作家的不同个性决定了文学作品的语言风格特征，文学作品的语言风格是个性化的。科学论著运用的语言属科学语言，科学语言描述的是主客观世界的规律性，与任何人的个性特质无关，其基本特征是抽象性、规范化，淡化了个人色彩、民族色彩、地域色彩，具有共通的风格特征，而其中的数学语言是这种共通性的最明显体现。可以说，科学论著的语言风格是通用化的。

应用文的语言风格是由人们所从事的具体社会实践活动类型所决定的。由于不同的社会实践活动涉及的人群不同，发文者与受文对象之间的关系类型不同，因此发文者的行文方式、语言风格各不相同。比如处理公务时用的公文语言，其风格要求庄重、严肃、明确、简洁；进行宣传推销时使用的广告语言，其风格要求醒目、醒耳、易记，富于招徕性；报道最新发生的社会事件使用的新闻语言，其风格要求准确生动、通俗易懂、富于吸引力。总之，应用文的语言风格是类型化的。

三、应用文写作主体需具备的能力

应用文写作主体必须具备的能力从某种意义上来说也是从事任何写作都须具备的能力。该问题可以从应用文写作过程的角度加以分析。

1. 应用文写作者应具备搜集材料的能力。不同的写作目的对写作材料有不同的要求：文学创作的材料或生活素材只是创作者想象力的起点、情感的激发点，作品的内容完全可以建立在虚构的基础上，因此搜集材料的能力相对而言并不十分重要；科学论著的写作目的在于论证主客观规律，故其使用的材料都是经过归纳整理的，因而科学论著的写作者应具备对材料进行抽象化处理的能力；应用文的写作目的是满足从事某项具体活动的需要，或者只是单纯地记录从事过的具体活动，它使用的材料必然是具体真实的材料，而非虚构的材料或经过抽象化处理的材料，故而具备调查搜集材料的能力是应用文写作的第一项要求。

2. 应用文写作者还应具备一定的思维能力，尤其是处理具体事务的能力。应用文作为人们进行社会实践活动的工具，最基本的要求便是写作者能够提出恰当有效的处理实际事务的方法，而这又需要以正确认识事物、深刻理解事物的内在规律为基础，所以应用文写作需要写作者具备一定的思维能力。

3. 应用文写作者还应具备应用文文种的相关知识，以及应用文文种写作时所需的文字表达能力。包括掌握各种应用文文种的文面格式、结构组成、适宜的表达手段和语言风格，尤其是语言风格的运用，需要写作者拥有相应的词汇量，熟练运用为特定文种服务的各种句式，以及符合特定文种所需的修辞手法。

4. 应用文写作者特别需要培养写作时的角色代入感。在工具性应用文的写作中，写作者与从事某项具体社会实践活动的行文主体并不一致，而写作者必须将自己代入行文主体的角色中，以行文主体（例如党政机关、社会组织、企事业单位）的身份或口吻向受文对象发表言说，并认真考虑受文对象在接受时的心理状态，以期符合特定行文关系的要求。初学者亟须避免的是以个人化的第一人称言说，或者纯客观的第三人称言说，完全忽略了行文主体。在文学作品的写作中，由于其内容的虚构特性，叙事主体与真实创作者之间常常难以清晰区分；在科学论著的写作中只存在纯客观的第三人称言说，而上述两种行文方式都不适宜工具性应用文写作。

需要强调的是，写作是一项非常复杂的脑力劳动，写作能力是多种因素复合作用的结果。写作能力从本质上讲是一种综合能力，涉及作者的理论修养、专业知识、生活阅历、文化积累、心理学知识，以及观察感受能力、认识理解能力、分析判断能力、想象创造能力等诸多方面。由此可见，写好应用文是一项需要奋斗终生的事业。

四、学习应用文写作的方法

如何提高写作的能力？成功的写作者们已经提供了经验。鲁迅先生曾对向他请教的青年人说："文章应该怎样做，我说不出来，因为自己的作文，是由于多看和练习，此外并无心得或方法。"（《致赖少麟信》）在这里，鲁迅先生所说的"文章"并非应用文，而是他所擅长的文学作品、文史论著和杂文，但学习写作应用文应遵循的基本规律同学习写作其他种类文章的基本规律并无二致，只能是"多看"和"多练"。

对应用文而言，"多看"有两层含义。第一层含义是"博览"，指写作者应主动进行大量的阅读，广泛涉猎各种应用文文体，初步了解各种应用文文体之间的区别和联系，获取大量的对各类型应用文在文面格式、结构组成、常用句式、专有词语、语言风格等方面的感性认识，为写作活动做好前期准备。第二层含义是"精读"，指写作者应重点阅读与自己要写作的应用文文种相同的文字材料。可按照以下三个步骤进行阅读：第一步，着重获取对文章从外形格式到语言风格的整体印象；第二步，着重分析文章的整体结构安排，厘清文章层次、段落之间的逻辑关系；第三步，着重筛选出此种应用文文种特有的表达方式、修辞手段、固定句式和短语。经过上述分步骤阅读后，就可以大致掌握某一特定类型的应用文文种在语言表达上的基本要求。

所谓"多练"，就是进行大量的写作实践。通过学习和阅读，可以了解应用文写作的相关知识，但知识不等于能力，对规律的了解不等于对规律的运用；只有通过实践，才能将应用文写作的知识转化为应用文写作的能力。对应用文而言，仿写是一种较为有效的训练方式。在仿写时，可以选取符合特定应用文文种写作规范的例文，先进行"精读"，以期掌握这一类型应用文文种在语言表达上的基本要求；然后将文章的内容要点作简短摘录；最后根据摘录的内容要点重写全文。写完后，可将重写的全文与原例文两相比照，找出差距，加以改进。这种训练方法将"看"和"练"两者紧密结合，最为适用于格式相对固定的应用文文种写作。

第二节　应用文的材料

一、材料的含义

无论从事何种写作，拥有写作材料是必备条件，即所谓"言之有物"。

材料是指写作者为了提炼和表现文章主题，从生活中搜集而来的，以及写入文章之中的事实现象、数据论据等。材料的含义有广义与狭义之分。广义的材料指写作者特意搜集来的所有事实现象、数据论据等；狭义的材料仅指写作者编入文章的事实现象、数据论据等。

二、材料的种类

根据不同划分标准，材料可分为不同类型。按材料的获取途径，可分为直接材料和间接材料。直接材料指写作者直接参与社会实践活动或亲自进行调查研究而获得的材料；间接材料指他人参与社会实践活动或进行调查研究的成果。按材料的性质，可分为感性材料和理性材料；按材料的时间属性，可分为现实材料和历史材料；按材料的是非判断，可分为正面材料和反面材料；按材料的代表性，可分为典型材料和一般材料。

三、获取直接材料的方法——调查研究

调查研究是获取应用文写作材料的最主要途径，能够最大限度地保证材料的真实性和时效性，较好地满足应用文处理实际问题时的工具性要求。

调查研究的方式有两类，一类是传统的调查方式，以口头调查为主；一种是现代的调查方式，以问卷调查为主。

(一) 常用的传统调查方式

1. 调查座谈会。调查座谈会指邀请相关事项的知情者参加小型会议，由知情者集体向调查者提供信息的调查方法。调查者应事先提供调查提纲，给与会人员留有充足的发言准备时间；会议进行时由调查者主导会议方向，促进知情者畅所欲言。现阶段，听证会就是调查座谈会的一种。

2. 个别访问。个别访问指通过与事件知情者的单独交谈获取相关信息的调查方法。采用这种调查方法时，调查者应注意对多人进行个别访问，利用信息之间的相互对比印证，从而得出对事件的整体判断，避免被个别调查对象误导。新闻采访就是这种调查方法的实际运用。

3. 现场观察。现场观察指调查者深入事件发生现场，通过实地观察获取信息的调查方法。这种调查方法要求调查者拥有敏锐的观察力、相应的专业知识和实践经验，能够准确把握现象背后的内在逻辑，从而得出符合事实的判断。新闻采访就以现场观察的方式偏多。

4. 驻点调查。驻点调查指长时间驻留在调查现场，并实际参与被调查对象的社会实践活动，从而全面、深入地获取被调查对象的信息，为长期性的任务目标提供决策依据。这种调查方式在行政工作中运用较多。

(二) 常用的现代调查方式

1. 抽样调查。抽样调查是一种以客观事物为调查对象的调查方法，具体指从某类客观事物总体中选取一部分作为调查样本，利用样本的调查结论推算出调查对象总体的情况。这种调查方法要求调查者必须具备相应的统计学知识，这样才能对调查结果作出科学的分析和解读。国家统计局发布的 CPI 指数、GDP 数据等都是通过抽样调查获得的。

2. 民意测验。民意测验是一种以人群为调查对象的调查方法，具体指向目标人群发放不记名问卷，在目标人群填写完成后回收，再进行统计分析的调查方法。这种调查方法可以直接了解目标人群的真实意见，排除了传统调查方法的人为干扰，可信度较高，但应注意避免问卷设计中隐含的主观导向性。商业活动中的市场调查、行政工作中的民主测评都属于民意测验。

3. 专家论证。专家论证也是一种以人群为调查对象的调查方法，具体指调查者通过举办论证会、咨询会征集专家学者意见的调查方式。召集会议前须预先提供论证主题，会上请专家学者从专业角度为决策者提供决策依据。这种调查方式多用于处理专业性强的具体事项。

四、获取间接材料的方法——查阅和积累

在应用文写作中除了直接获取第一手材料外，还可以采取借用他人参与社会实践、进行调查研究的成果这一途径获取材料。

间接材料的来源极为广泛，既包括公开发行的报纸、杂志、书籍等；也包括流通于不同公务领域的公务文书，如行政公文、司法文书、经济文书等；还包括日常应用的契据、凭证等；甚至包括新型的网络资源等。

间接材料的获取有两种不同的具体方式，一种是临时查阅，另一种是平时积累。

1. 临时查阅。临时查阅是指在写作需求产生之后，为某一文章的写作而搜集间接材料的行为。这种搜集材料的行为具有明确的目的性、针对性和时限性，要求写作者熟悉材料的来源，掌握查阅目标资料的基本途径和技能，能在限定时间内集齐所需材料，以便完

成写作任务。

2. 平时积累。平时积累是指在没有具体写作任务时，写作者有意识地围绕自身专业领域而搜集间接材料的行为积累方式有"卡片法"（填写统一格式的卡片，记录某项资料的出处或摘抄其重要片段）、"剪贴法"（将可剪裁的资料粘贴在活页纸上，再整理分类、装订成册）、"笔记法"（坚持每天及时记录工作中的重要事项或其他有用内容）等。这种搜集材料的行为，目的相对宽泛，没有时限要求，因而更全面、更深入，可以帮助写作者提升理论修养、扩充专业知识。

第三节　应用文的主旨

一、应用文主旨的含义

对文学作品而言，有所谓"神""主题"的概念；对科学论著而言，有所谓"课题"的概念；对应用文而言，则有所谓"主旨"的概念。

应用文的主旨是指写作主体通过文章的全部内容所表现出来的贯穿全文的基本观点，它是写作主体对客观事物的观察、认知、理解、剖析和设想的集中体现。

应用文写作有四项基本要素，即材料、主旨、结构和语言。在这四项要素中，主旨居主导地位。应用文材料的取舍、结构的划分与组合、语言风格的选择都必须受主旨的制约，即必须符合应用文工具性或记录性的写作目的要求。

二、应用文主旨的特点

工具性应用文的主旨最具典型性，显示应用文主旨最为突出的特点。下面就工具性应用文的主旨作简要介绍。

1. 主旨的产生。工具性应用文的主旨产生于具体的社会实践活动，有着为现实服务的要求，而非出自写作者自发的写作意图。在工具性应用文的写作者开始写作之前，主旨已经确定。工具性应用文的写作者需要根据已定主旨搜集材料、选取材料、布局全文、完成文字表述，即所谓"命题式"写作。

2. 主旨的形成。工具性应用文的主旨从形成过程来看，具有"文随事发"的特点，讲究时效性，多数形成时间较短，并且具有"一次形成，无可更改"的特性。

3. 主旨的确立。工具性应用文的主旨确立是多种因素共同作用的结果。它既有具体的社会实践活动作为条件和基础，又有行文主体的目标和要求，还有写作者自身的认识和理解。可以说，工具性应用文的主旨是群体思维的产物，写作者只能算是"执笔人"或"撰稿人"。

4. 主旨的单一性。工具性应用文，尤其是用于处理公务活动的公文，一般都具有"一文一事"的特性，即一篇应用文文本只能用于处理一件具体事务，不允许数事同行一文，也不允许一事分行数文。这样在处理具体事项时能够做到准确、便捷。

5. 主旨的完整性。工具性应用文主旨通常必须包含提出问题、分析问题和解决问题三个组成部分。这是由应用文"缘事而发"的写作目的决定的。工具性应用文的三个组成部分中，解决问题最为重要，且必不可少。如未能提出解决问题的具体方法，工具性应用文就丧失了作为处理具体事务的工具的基本特征，也就失去了它的使用价值。相比较而言，文学作品只需提出问题；科学论著也完全可以只提出问题、分析问题，而不解决问题。

三、应用文主旨的产生

同其他类型的文章一样，应用文的主旨归根结底源自材料之中。它不由材料的简单堆砌而自动显现，只能通过写作者综合现状和行文目的，经能动思考产生。应用文的主旨有两种表现形态，一种是科学意义形态的主旨，指通过抽象思维方式得出的结论、定理、定律、理论等；另一种是情意指向形态的主旨，指以形象思维形式表达出来的情绪指向、感情色彩。在应用文中，主旨的主要表现形态是科学意义，次要表现形态是情意指向。下面介绍几种获得主旨的方法。

（一）*直接归纳法*

在材料的倾向性十分明显时，多用直接归纳法获得主旨。这时，主旨是对材料进行定量分析的结果。例如：

该中队近10年来共看押人犯1.2万多人次，围捕抓获罪犯210多人，抢救遇险群众190多人，执行警卫党和国家领导人视察井冈山等重大任务80多次，在维护驻地社会稳定和处置突发事件中发挥了重要作用。

上段文字中所列举的四个数字性质特征极为明显，写作者自然而然地得出了最后的结论——"在维护驻地社会稳定和处置突发事件中发挥了重要作用"。

（二）*间接归纳法*

在材料的倾向性不明显时，多用间接归纳法获得主旨。这时，主旨是写作者对材料进行定性分析的结果。所谓定性分析，是指写作者通过能动的思维过程，对只具有个别性的材料进行抽象化处理，使之获得普遍性意义。例如：

国务院、中央军委号召全体公安民警、武警官兵和全军指战员向该中队学习。学习他们视祖国和人民利益高于一切，为维护社会稳定和人民安宁甘愿牺牲奉献的崇高精神；学习他们坚持以人为本，自觉实践党的宗旨；学习他们忠实履行职责，不怕艰难困苦，坚决完成任务的战斗队作风。

上段文字将"该中队"具体的先进事迹加以提炼、升华，转化成"崇高精神"和"战斗队作风"这样具有普遍意义的主旨；也因此，"全体公安民警、武警官兵和全军指战员"才应向"该中队"学习。

（三）*演绎推理法*

演绎推理法指对材料进行逻辑推导。演绎的基本形式是三段论式（大前提、小前提和结论），也就是由具有普遍性的理论出发（大前提），去获得对个别事物的认识（小前提、结论）。例如：

在本次投标活动中，××会计师事务所、××盛元会计师事务所报价过低，其中××会计师事务所第一标段审计收费报价仅占《××省审计业务收费办法》规定审计收费的2.96%，第三标段报价仅为4.1%；××盛元会计师事务所第一标段报价占9.2%，第三标段报价占6.8%。

上述两家会计师事务所的行为，违反了《××省注册会计师行业规范投标报价行为协议》的有关规定，扰乱了行业正常的竞争秩序。

上述事例中，行文主体以《××省审计业务收费办法》《××省注册会计师行业规范投标报价行为协议》这两份具有普遍行为规范作用的文件（大前提）衡量两家会计师事务所的具体"审计收费报价"行为（小前提），得出"违反了《××省注册会计师行业规范投标报价行为协议》的有关规定""扰乱了行业正常的竞争秩序"的结论。

（四）因果分析法

因果分析法是指依据事物之间前后相继、先因后果的客观规律推断事物的原因或结果的一种思维方法。因果分析法在使用中存在两种不同的情形：一是执果索因型，即要求分析导致材料所述事实的原因；二是据因推果型，即推导材料所述事实会导致什么结果。利用因果分析法查找问题产生的原因，深层挖掘问题可能引发的后果，是能够有针对性地提出解决问题的对策、措施的前提和关键；而只有提出解决问题的对策和措施，才能满足应用文写作的基本要求。

在进行因果分析时，要注意抓住事物的主要矛盾，即问题产生的主要根源；要注意分析问题产生的内因，还要注意分析问题产生的外因。同时，产生某个具体问题的原因往往是多方面的，如政治原因、经济原因、文化原因、社会原因等，因此，需要写作者进行多方位、多层次的缜密思考和分析。

例如，《中国共产党第十九届中央委员会第二次全体会议公报》（以下简称《公报》）一文中，就以因果分析法论述修改宪法的必要性。《公报》总结道："我国宪法必须随着党领导人民建设中国特色社会主义实践的发展而不断完善发展。这是我国宪法发展的一个显著特点，也是一条基本规律。"接着又对我国宪法随实践不断调整修改的历史作了全面回顾，而后指出："自2004年修改宪法以来，党和国家事业又有了许多重要发展变化。特别是党的十八大以来，以习近平同志为核心的党中央团结带领全党全国各族人民毫不动摇坚持和发展中国特色社会主义，创立了习近平新时代中国特色社会主义思想，统筹推进'五位一体'总体布局、协调推进'四个全面'战略布局，推进党的建设新的伟大工程，推动党和国家事业取得历史性成就、发生历史性变革。党的十九大对新时代坚持和发展中国特色社会主义作出重大战略部署，确定了新的奋斗目标。"进而得出"需要对宪法作出适当修改，把党和人民在实践中取得的重大理论创新、实践创新、制度创新成果上升为宪法规定"的结论。

因果分析法是获得应用文主旨极为重要的一种方法。

（五）假说演绎法

假说演绎法是形成和构造科学理论的一种重要思维方法，指人们以现有的经验材料和已知的科学原理为指导，对未知的自然现象、社会现象的产生原因和运动规律所做的推测性判断。

在应用文写作中，应用文的主旨也可通过假说演绎法确立。写作者在以往的社会实践经验和公认的科学理论基础上设定任务目标以及完成任务的手段和措施，形成应用文主旨，但这一主旨是否能够确立，尚需社会实践的检验。公务文书中的"计划"是运用假说演绎法确立主旨的典型。

四、应用文材料和主旨的统一

材料和主旨是应用文写作的两个重要方面，它们既相互联系，又相互制约。一方面，材料是主旨产生的基础，材料的范围和角度影响主旨的倾向；另一方面，主旨一旦确立，又会决定材料的取舍。由于材料和主旨具有辩证统一的关系，在写作应用文时必须做到以下四点。

1. 材料必须真实。这是应用文写作的生命所在。应用文的材料是具体真实的材料，是不可重复的一次性事物和现象。没有真实的材料作为基础，应用文中处理具体事务的对策和措施就丧失了针对性。

2. 材料必须全面。在为应用文写作搜集材料时，必须遵循的另一个原则是力求材料全面：注意历史材料和现实材料并重，了解事物的发展变化；注意正面材料和反面材料并重，抓住事物发展过程中的主要矛盾；注意整体性材料和典型性材料并重，多维度认识理解事物；注意直接材料和间接材料并重，避免因材料搜集者个人经验的局限而造成的偏差。只有从全面的材料中，才能推导出符合社会实践活动规律的主旨。

3. 客观分析材料。必须确保主旨是材料固有规律的反映，而不是写作者主观臆造或强加的结果。这需要写作者摆脱定型化效应（即刻板印象），排除极端个例，排除表面性因果关系，排除非专业判断，排除个人好恶和现实利益干扰，客观理性地分析材料，得出结论。

4. 主旨贯穿材料。在应用文行文过程中，材料和主旨必须紧密结合，环环相扣。不同层次的主旨由不同层次的材料支撑，主旨和材料之间的逻辑关系清晰；切忌先简单罗列材料，而后突兀地表明主旨。

第四节　应用文的结构

一、应用文结构的特点和作用

在应用文写作过程中，搜集了材料、确立了主旨，就解决了"言之有物"和"言之有理"的问题。但要解决"言之有序"的问题，则必须了解和掌握应用文的结构特征。

结构是篇章结构的简称，又称布局、章法，指文章的内部组织和构造形式。刘勰《文心雕龙·附会》："何谓附会？谓总文理，统首尾，定与夺，合涯际，弥纶一篇，使杂而不越者也。"此处的"附会"指文章的谋篇布局、章法结构。具体地说，"附会"即主旨清晰而有条理地贯穿全文，做到首尾呼应，取舍得当，各层次过渡自然顺畅，全篇完整严密，内容充实而不杂乱。

总之，结构对于应用文写作来说十分重要。如果将应用文材料比作人的血肉、将应用文主旨比作人的灵魂，那么应用文结构就是人的骨架。离开了应用文结构，应用文主旨和材料就无所依托。

应用文结构的总体特点是布局严谨，灵活性小，模式化倾向浓厚。按结构类型，一般可将其分为两类：第一类是简单模式化结构的应用文，这类应用文在文面格式上必须遵守严格的规定，结构组成成分和组成方式固化，写作时很少留有自由发挥的余地，如凭证类应用文、法定公文；第二类是相对模式化结构的应用文，这类应用文没有特定的文面格式要求，只需符合一般文章的书写格式，结构组成成分固定，但组成方式相对灵活，写作时有一定的自由发挥空间，如新闻类、事务文书类应用文。

对于处理简单事项的应用文，按照应用文主旨完整性的要求，文章结构只有单一层次，包含提出问题、分析问题、解决问题三个组成部分。对于处理复杂事项的应用文，文章会形成一个多层次的结构系统，第一层次是中心主旨（仍包含提出问题、分析问题、解决问题三个组成部分）；第二层次是分观点；第三层次是小观点，最低层次是材料。处理复杂事项的应用文中，材料支撑小观点，小观点支撑分观点，分观点支撑中心主旨。多层次的结构系统组成的图形类似于金字塔，所以这类应用文又称金字塔结构。

二、应用文的结构方式

应用文的结构方式包含两个层次：逻辑结构层次和章法结构层次。

（一）逻辑结构层次

逻辑结构层次指整篇文章在运用材料、阐述主旨时遵循的内在逻辑性。逻辑结构是写作者行文时依据的隐性思维线索，仅从文字中无法得知，必须深入分析文章各组成部分，以及各组成部分之间的逻辑关系才能了解掌握。逻辑结构方式主要有四种。

1. 总分并列式。总分并列式指先将用于支撑中心主旨的材料或观点按统一标准划分成不同类别，再逐一列举。列举的材料或观点和中心主旨之间是总分关系，而列举的各类别材料或观点之间是并列关系，所以称为总分并列式。

2. 简单并列式。简单并列式指先将文章中所有的材料或观点按不同划分标准分成不同类别，再逐一列举。按不同标准给材料或观点划分类别意味着这些材料和观点用于支撑不同上位观点（即高一层次的观点），这些被列举出的材料或观点和中心主旨之间不构成总分关系，所以称为简单并列式，通俗说法是"断章通条式"。

例如，2013年，发展改革委、财政部、人力资源社会保障部的《关于深化收入分配制度改革的若干意见》一文中，第二部分"准确把握深化收入分配制度改革的总体要求和主要目标"下辖两小项内容，第三部分"继续完善初次分配机制"下辖九小项内容，第四部分"加快健全再分配调节机制"下辖九小项内容，第五部分"建立健全促进农民收入较快增长的长效机制"下辖五小项内容，第六部分"推动形成公开透明、公正合理的收入分配秩序"下辖七小项内容，第七部分"加强深化收入分配制度改革的组织领导"下辖三小项内容。按总分并列式结构方法，每一部分下辖的小项内容应单独编号，但此文采用的结构方式是简单并列式，故而，全文七部分下辖的各小项统一编号，由"1."小项顺次直接编至"35."小项。

3. 顺时直叙式。顺时直叙式指以时间先后顺序组织全文的结构方式。

例如，2013年，发展改革委、财政部、人力资源社会保障部的《关于深化收入分配制度改革的若干意见》一文中说：

改革开放以来，我国收入分配制度改革逐步推进，破除了传统计划经济体制下平均主义的分配方式，在坚持按劳分配为主体的基础上，允许和鼓励资本、技术、管理等要素按贡献参与分配，不断加大收入分配调节力度。经过三十多年的探索与实践，按劳分配为主体、多种分配方式并存的分配制度基本确立，以税收、社会保障、转移支付为主要手段的再分配调节框架初步形成，有力地推动了社会主义市场经济体制的建立，极大地促进了国民经济快速发展，城乡居民人均实际收入平均每十年翻一番，家庭财产稳定增加，人民生活水平显著提高。实践证明，我国收入分配制度是与基本国情、发展阶段总体相适应的。

特别是党的十六大以来，按照科学发展观和构建社会主义和谐社会的要求，充分发挥再分配调节功能，加大对保障和改善民生的投入，彻底取消农业税，大幅增加涉农补贴，全面实施免费义务教育，加快建立社会保障体系，深入推进医药卫生体制改革，大力加强保障性住房建设，城乡最低生活保障标准和扶贫标准大幅提升，企业退休人员基本养老金水平持续提高，近年来农村居民收入增速快于城镇居民，城乡收入差距缩小态势开始显现，居民收入占国民收入比重有所提高，收入分配制度改革取得新的进展。

上述文字完全依照时间顺序说明事项的发展过程，以期引起受文对象的价值认同。

4. 事理递进式。事理递进式指以提出问题、分析问题、解决问题为先后顺序组织全文的结构方式。

例如，食品药品监管总局发布的《总局办公厅关于食用调和油标签标识有关问题的复函》一文由答复引据、过渡句、答复内容三个结构要素组成，分别对应了提出问题、分析问题、解决问题三个结构层次。

在上述逻辑结构方式中，总分并列式和简单并列式可以合称为横式结构，它们的共同特点是横向展开文章的内在思路；顺时直叙式和事理递进式可以合称为纵式结构，它们的共同特点是纵向展开文章的内在思路。而在多层次、复杂结构的应用文中，常会在不同的行文层次中分别运用横式结构和纵式结构，这时，可称之为纵横交叉式结构。

（二）章法结构层次

章法结构层次指文章局部的组织和表达方式，如标题形式、开头和结尾、层次与段落、过渡与照应等细节部分的行文方式。章法结构是有形的结构形式，通过阅读文章的具体段落和语句就能直接掌握。章法结构的方式比较多样。

1. 标题形式。应用文标题的写作要求是概括准确，紧扣主旨；表述精当，醒人耳目；切合文种，合乎规范。应用文标题的基本形式有以下四种。

（1）文学式标题。文学式标题运用形象思维，以比喻、拟人、借代等修辞手法写作而成，如"老干妈"品牌广告标语"没有你，我的生活淡然无味。"

（2）论文式标题。论文式标题运用抽象思维，以词组形式概括主旨所涉范围或主旨本身，有单标题和双标题两种类型。

单标题如：唯物史观与文学史研究的方法刍议　　　　（正题：用于揭示论题范围）
双标题如：论陆游记梦诗的叙事实践　　　　　　　　（正题：用于揭示论题范围）
　　　　　——兼论古代诗歌记梦传统的叙事特质　　（副题：用于补充注释正题）

（3）新闻式标题。新闻式标题以渲染烘托、形象真实的手法写作而成，有单标题和双标题等类型。

单标题如：北京故宫将建中国首所文物医学院　　　　（主题，用于陈述事实）
双标题如：美国港口直面贸易战冲击　　　　　　　　（主题，用于陈述主要结论）
　　　　　——16港对华贸易占比超25%　　　　　　（副题，用于揭示结论范围）

（4）公文式标题。公文式标题由发文机关、事由、文种三部分组成，如：国务院办公厅关于调整国务院教育督导委员会组成人员的通知。

2. 开头方式。应用文开头的写作要求直接明快，开门见山，具体方法有六种。

（1）概述式开头。概述式开头即在文章开头概述其所处理事项的基本情况，对行文背景、意义与目的进行说明。如《国务院办公厅关于进一步加强城市轨道交通规划建设管理的意见》一文的开头：

城市轨道交通是现代城市交通系统的重要组成部分，是城市公共交通系统的骨干。《国务院办公厅关于加强城市快速轨道交通建设管理的通知》（国办发〔2003〕81号）印发以来，我国城市轨道交通总体保持有序发展，对提升城市公共交通供给质量和效率、缓解城市交通拥堵、引导优化城市空间结构布局、改善城市环境起到了重要作用。但同时，由于城市轨道交通投资巨大、公益性特征明显，部分城市对城市轨道交通发展的客观规律认识不足，对实际需求和自身实力把握不到位，存在规划过度超前、建设规模过于集中、资金落实不到位等问题，一定程度上加重了地方债务负担。为贯彻落实党中央、国务院决策部署，坚决打好防范化解重大风险攻坚战，促进城市轨道交通规范有序发展，经国务院同意，现提出以下意见。

（2）依据式开头。依据式开头即在文章开头阐述处理某一具体事项的依据，是对行文背景的说明。如《国务院办公厅关于成立京津冀及周边地区大气污染防治领导小组的通知》一文的开头：

为推动完善京津冀及周边地区大气污染联防联控协作机制，经党中央、国务院同意，将京津冀及周边地区大气污染防治协作小组调整为京津冀及周边地区大气污染防治领导小组（以下简称领导小组）。

（3）引据式开头。引据式开头即在文章的开头引用对方的来文，也是对行文背景的说明。如《国务院关于同意怀化高新技术产业开发区升级为国家高新技术产业开发区的批复》一文的开头：

你省关于将怀化高新技术产业开发区升级为国家级高新技术产业开发区的请示收悉。

（4）目的式开头。目的式开头即在文章的开头直接介绍行文目的，省略了行文背景。如《国务院关于建立全科医生制度的指导意见》一文的开头：

为深入贯彻医药卫生体制改革精神，现就建立全科医生制度提出以下指导意见。

（5）结论式开头。结论式开头即在文章开头直接表明对其所处理事项的总体判断，下文再具体阐释理由。如《发展和谐劳动关系　助推经济社会发展》一文的开头：

劳动关系和谐是社会和谐的基础。通过近年来的实践，特别是实施劳动合同法和应对国际金融危机，我们对劳动关系协调工作的重要性和复杂性有了更加深刻的认识。按照人力资源社会保障部和省委省政府的决策部署，我们始终坚持以服务经济社会发展大局为目标，大力提升劳动关系协调效能，积极助推企业改进人力资源管理，全面打造社会化协调机制，着力发展和谐劳动关系，在保障民生、促进发展等方面发挥了积极作用。

（6）问候式开头。问候式开头即在文章的开头对现场受众表示欢迎、祝贺和问候。如《携手推进新时代中阿战略伙伴关系——在中阿合作论坛第八届部长级会议开幕式上的讲话》一文的开头：

尊敬的萨巴赫埃米尔殿下，

尊敬的阿方主席、沙特外交大臣朱拜尔先生，

尊敬的阿拉伯国家联盟秘书长盖特先生，

各位代表团团长，

女士们，先生们，朋友们：

大家上午好！

4年前，我在这里向阿拉伯世界发出共建"一带一路"的邀请。今天，我们怀着对中阿合作美好未来的憧憬再度相聚于此。我谨代表中国政府和中国人民，并以我个人的名

义，对各位嘉宾的到来表示诚挚的欢迎！对中阿合作论坛第八届部长级会议的召开表示热烈的祝贺！

  3. 主体切分方式。应用文文章的主体部分划分为不同的段落和层次。

  段落又称自然段，是指文章中用于表达观点或材料的最小句组单位，它以段首空格和段尾换行为标志。应用文段落的写作，要求单一而完整，即一个段落只用于表述一个材料或观点，并且一个材料或观点必须在一个段落内完整表述。

  层次又称意义段，是指在金字塔结构的文章中，不同层级的观点和材料在表达时形成的多段落聚合体。应用文层次通常都具有外部标志，如顺序号、小标题、顺序号加小标题、顺序号加层首句（段首句、条首句）等。应用文层次的写作，要求同一层次内意义表达集中，不同层次之间意义区别清晰，外部标志明显。

  就一般情况而言，应用文的层次大于段落，但也常出现层次与段落合一、篇段合一、句段合一的情形，极端情况下还会出现篇句合一的情形，如借条、假条等。

  4. 主体连接方式。过渡和照应是应用文文章主体的连接方式，起到使应用文全篇各层次、各段落之间前后连贯、承启顺畅、文气贯通、浑然一体的作用。过渡指应用文文章相邻各层次、各段落之间的衔接和转换，照应指应用文文体不相邻层次和段落之间的对照和呼应。

  （1）过渡方式。过渡方式有自然过渡、过渡句、过渡词、过渡段。

  自然过渡即仅凭借应用文文章各层次、各段落的外部标志过渡，不再添加任何表达因素。自然过渡常用于应用文文章主体部分。

  过渡句即使用特定语句过渡，如"为……，特通告如下""现将有关情况报告如下"等。过渡句常用于应用文文章开头和主体之间。

  过渡词即使用特定的词语过渡，如"综上所述""由此可见""鉴于上述情况""总之"等。过渡词常用于应用文主体和结尾之间。

  过渡段即使用自然段过渡。这种过渡方式较少使用，只见于长篇幅应用文中。

  （2）照应方式。照应方式有标题和全文照应、首尾照应。

  标题和全文照应即文章标题中揭示的主旨，在全文各个部分应得到重申。采用此种照应方式的应用文开头部分应开门见山，直奔主旨；主体部分应围绕主旨叙述；结尾部分应收篇点题，归结主旨。

  首尾照应即文章的开头与结尾在语言上或含义上作部分或全体的重复。这种照应方式较少使用，只见于长篇幅应用文中。

  5. 结尾方式。应用文结尾的写作，要求补足文意，止于当止，具体有以下六种方式。

  （1）总结式结尾。总结式结尾即在文章结尾对全文主旨作简要概括，使受文对象获得完整印象。如《做引领开放与创新合作的好伙伴》一文的结尾：

  当今世界，风云变幻。中德分别作为亚洲和欧洲最大经济体，面临的全球性挑战和利益交会点都在增多。我们要努力做合作共赢的示范者、中欧关系的引领者、新型国际关系的推动者、超越意识形态差异的合作者，维护好共同利益，推动中德合作的巨轮破浪前行，开启中德高水平互利共赢合作的新航程。

  （2）强调式结尾。强调式结尾即在文章的结尾对文中所涉事项的意义郑重揭示，对受文对象提出总体性要求，以期引起受文对象的重视。如《国务院关于中西部地区承接产业转移的指导意见》一文的结尾：

引导和支持中西部地区承接产业转移，是深入实施西部大开发和促进中部地区崛起战略的重大任务。各地区、各部门要进一步统一思想，提高认识，切实加强工作指导，认真落实各项政策措施。中西部地区要结合自身实际，制定具体实施方案，完善各项配套措施，有序推进承接产业转移工作。国务院有关部门要按照职能分工，加强协作配合，在政策实施、体制创新等方面给予指导和支持，注意研究新情况、解决新问题，推动中西部地区承接产业转移工作健康开展。

（3）期请式结尾。期请式结尾即在文章的结尾对受文对象提出希望和请求。如工业和信息化部装备工业司《关于组织开展节能与新能源汽车发展情况调研的函》一文的结尾：

请各地方工业和信息化主管部门配合做好本次调研的组织协调工作。

（4）补充式结尾。补充式结尾即在文章的结尾补充说明前文未交代的相关事项，如《国务院关于稳定消费价格总水平保障群众基本生活的通知》一文的结尾：

各地区、各部门要在2010年11月底前将贯彻落实本通知的情况报告国务院。国务院将组织督察组赴各地调查了解各项政策措施的落实和市场物价情况。

（5）祝愿式结尾。祝愿式结尾即在文章的结尾向受文对象表示祝愿、祝贺或慰问。如《在同各界优秀青年代表座谈时的讲话》一文的结尾：

青年朋友们，我坚信，在党的领导下，只要全国各族人民紧密团结，脚踏实地、开拓进取，到本世纪中叶，我们必将建成富强民主文明和谐的社会主义现代化国家，我国广大青年必将同全国各族人民一道共同见证、共同享有中国梦的实现！

（6）自然式结尾。自然式结尾即文章主体部分文意已足，所有事项都已交代完毕，不作结尾。

第五节　应用文的语言和表达

一、应用文的语体特征

应用文使用的语言是规范化的现代汉语，但在具体的写作实践中，写作者总是处在不同的行文情境下，针对不同的行文对象，力图达到不同的行文目的。这样，写作者在使用语言时便会形成不同的语言运用特点，即语体类型。语体特点的不同主要表现在习惯用语、常用句式、结构体式等方面。

应用文语体特征可分为五个方面。

（一）**准确性**

准确性是书面语言的共同特征，但不同的写作领域对准确性的要求不同。应用文在语言表达方面都有准确性的要求，即能够准确还原具体的社会实践活动现象，准确分析社会实践活动的内在规律，提出具有可行性、可操作性的意见、办法、对策和措施。应用文所使用的语汇属于日常语汇，这就使其在语言表述方面特别强调自我限定，大量使用限定性的介词和副词。如：

为进一步做好"放管服"改革工作，落实国务院办公厅清理部门规章和文件的要求，根据铁路改革发展实际，按照"先易后难、有序推进，边清理、边出成果、边向社会公开"的原则，国家铁路局对原铁道部规范性文件进行第十一批清理，对中国铁路总公司自行停止执行的4件原铁道部人事管理类规范性文件进行处理。现将第十一批清理结果通知如下：

经研究，《关于发布铁道行业特有工种职业技能鉴定实施办法的通知》（铁劳〔1994〕169号）、《国家铁路劳动用工管理办法》（铁劳〔1997〕94号）、《铁路技师、高级技师考评、聘任及管理办法》（铁劳卫〔2004〕129号）和《关于规范铁路企业奖惩工作的指导意见》（铁劳卫〔2009〕85号）共4个文件主要涉及中国铁路总公司等企业内部劳动用工管理，交由中国铁路总公司管理。中国铁路总公司可继续执行，亦可修改或停止执行。修改或停止执行之日起，原文件废止。

上段文字中密集出现了"为""根据""按照""对""将""经""（交）由""起"等介词，分别从目的、依据、对象、范围、时间等方面对表述内容作出限定，使对具体事项的描述脉络清晰、行为依据和目的明确可信。

又如：

凡符合《中华人民共和国政府信息公开条例》第九、第十、第十一条、第十二条规定的政府信息，均属于主动公开信息。

凡是公文内容涉及商业秘密、个人隐私的，一般不予公开；但如不公开可能对公共利益造成重大影响的，可以由科室负责人提出意见并报分管局长审核后予以公开。

上段文字中密集出现了"凡""均""不（予）"等限制性副词，更配合以"对""由""并""后""（予）以"等介词，意在说明如何处理社会机构内部发生的具体事项。两类限制性词的共同使用，使语言表述严谨、周密，不产生歧义。

应用文在语言表述上的准确性也体现在对基本语法规则的运用，对写作者语言表述能力有着相对较高的要求，不仅包含正确使用语句、正确选择词汇，甚至精细到标点符号的使用。

例如，在十届全国人大二次会议上表决通过的《中华人民共和国宪法修正案》中，有关土地和私有财产征收、征用及补偿问题的条文在当时存在一个逗号的删改问题。为了删改这个逗号，大会主席团向代表们提交了450余字的解释和说明。宪法修正案草案中的原有表述为：

"国家为了公共利益的需要，可以依照法律规定对土地实行征收或者征用，并给予补偿。""国家为了公共利益的需要，可以依照法律规定对公民的私有财产实行征收或者征用，并给予补偿。"

在审议时，有的代表对"并给予补偿"前面逗号的使用产生了疑虑。有代表提出，若在"并给予补偿"前加逗号，以上两处规定中的"依照法律规定"，是只规范征收、征用行为，还是也规范补偿行为，对此可以有不同理解。大会主席团经研究认为，宪法修正案草案上述两处规定的本意是："依照法律规定"既规范征收、征用行为，包括征收、征用的主体和程序，也规范补偿行为，包括补偿的项目和标准。为了避免理解上的歧义，在最终定稿中将"并给予补偿"前的逗号删去，修改为：

"国家为了公共利益的需要，可以依照法律规定对土地实行征收或者征用并给予补偿。""国家为了公共利益的需要，可以依照法律规定对公民的私有财产实行征收或者征用并给予补偿。"

从这个例子可以看出，应用文的语法问题，其意义绝不止于语法，而是直接关系如何处理上至国家权力机关、下至公民个人切身利益的事务,如何协调各方关系,如何促进社会和谐发展的大问题。

(二) 简洁性

任何种类的文章写作都有一个共同的要求——简洁。"文以辨洁为能,不以繁缛为巧"(刘勰《文心雕龙·议对》),好文章的标准是明确简洁,不是滔滔不绝。应用文的信息传达量并不取决于写作者的主观意志,而是取决于应用文所记录或处理的具体社会实践活动的需要,与行文目的、受文对象无关;与具体社会实践活动关系不密切的信息必须排除在文章之外,只有这样,才能最大限度地提高社会实践活动的效率,降低社会运行成本。

与行文目的、受文对象有关的信息可以称为有效信息,是应该写入应用文的信息,如应用文行文主体、受文对象、所要处理的具体事项,采取处理行动的直接原因(近因),对处理事项意义的简要揭示、处理的主体、处理时限和地限、处理的程序和步骤、监督处理者、对未处理者的处罚等要素。反之则可以称为无效信息,是不应写入应用文的信息,如行文主体和受文对象以外的其他社会组织机构和个人、其他事项、采取处理行动的间接原因(远因)、对处理事项意义的长篇论述、受文对象已知晓的背景与常识、在礼仪类之外的应用文中问候祝愿、叙述行文主体与受文对象之间的关系等。例如下文:

银监会关于印发《商业银行委托贷款管理办法》的通知

各银监局,各大型银行、股份制银行,邮储银行,外资银行:

现将《商业银行委托贷款管理办法》印发给你们,请遵照执行。

2018年1月5日

在上述通知中,只交代了行文主体(银监会)、所要处理的具体事项(印发《商业银行委托贷款管理办法》)、受文对象(各银监局,各大型银行、股份制银行,邮储银行,外资银行),由于印发文件的直接原因和处理事项的意义属于受文对象已知晓的背景和常识,故都未写入通知中。该文对有效信息和无效信息的区分十分准确,充分体现了应用文独有的简洁特征。

除结构体式外,应用文的词汇运用也具有简洁性。在应用文行文过程中,经常会遇到社会机构名称、社会组织名称、会议名称、法律法规名称等各类名称反复出现的情形,这时,应用文一般会采用首次提示法来解决这一问题。首次提示法指在行文过程中,第一次提到相关名称时使用全称,在全称后加圆括号,圆括号内注明"以下简称×××××",从第二次开始使用简称。需要注意的是,所使用的简称必须是规范化的简称,如"国家教育委员会"的规范化简称为"国家教委",《中华人民共和国高等教育法》的规范化简称为《高等教育法》。要避免使用会引起歧义或难以理解的简称,如"矛调办"这样的简称就很难让人意会到它的全称"人民矛盾调解办公室"。

(三) 平实性

平实性有两层含义,一是指大多数应用文在语言表达上情感色彩隐淡;二是指大多数应用文在语言使用上浅显通俗,这两点都是由应用文"缘事而发"的写作目的决定的。

强调实用性和操作性的应用文,其语言表达的聚焦点必然是行文主体所面对的"具体社会现实或现象"以及"如何处理这种现实或现象"。行文主体的意志主要体现在行动当中。行文主体的意志,即行文目的的实现,同行文主体的情感抒发度无关,故无须在行动之外大做文章。

有这样一个例子，马鞍山市市长信箱收到一份来信：

李市长，您好！今年过年回到老家铜陵市，深感现如今城市建设风貌变化之快，也感觉到马鞍山公共服务有待改善。基于自身经历我向您提出两点建议。1. 公交支付宝扫码支付功能：现在公交支付宝扫码支付，扫一次1元钱，2元的公交就得扫两次，扫第二次的话还需要手动刷新支付二维码。在早高峰时间，经常能看到排着队等着刷。造成的结果就是，上车的在刷刷刷，车外的在等等等。能否像其他城市一样，扫码根据每个公交车的金额直接固定为一元或者两元，一次扫码一次支付。现在路边随便一个自动售卖机都能做到，我想公交车上也能做到，不存在技术问题。2. 公交车定位功能，现在马鞍山已经投入使用的电子站牌，有很多站牌的电子屏都不显示，高价引进的电子站台就是摆设。另外，马鞍山公交App中，每次点开都是先选择线路，一次只能看到一路公交车的信息。如果我从田园饭店到香港城，我既可以乘坐109路，又可以乘坐2路。这样我得使用公交App分别查询2路和109路公交才可以。希望公交系统能够更加亲民、便捷。

市长信箱的答复如下：

您好，您的来信收悉，现回复如下：

经查，马鞍山市部分市民乘坐公交车使用月票卡，乘坐公交车需刷一次月票卡，再刷一次支付宝，如果直接设置支付宝上刷一次扣除两元，将导致月票卡无法使用。使用马鞍山掌上公交App中的查询换乘时，输入起点站和终点站，即可查询经过的全部线路。关于来信人的建议，下一步市公交集团将尽快研究，争取拿出更好方案。谢谢您对我们工作的关心与支持！

读者阅读后的印象是，信访者的来信情感充沛，对于处理问题也提出了自己的想法。

市长信箱的回信对需要处理的事件本末和进展状态清楚确切，除了使用敬称外，用语不带任何感情色彩，语言表达的中心始终落在解决问题上，正是回信的平实语言保证了应用文的工具性特征。

强调实用性和操作性的应用文，其语言表达必然需要照顾到受文对象的接受能力，只有通俗晓畅、浅白质朴的语言才有最大的接受度，才能最充分地实现应用文的工具性。

（四）生动性

对部分记录性应用文（传统传志类、新闻类）及部分工具性应用文（事务文书类）而言，语言表达的生动性也是一项基本特征，但是应用文语言的生动性与文学语言的生动性有着本质区别，不可将两者混为一谈。

文学语言的生动性建立在想象的基础上，应用文语言的生动性必须建立在具体真实的社会实践活动的基础上；文学语言描绘形象时，既可以从外部特征着手，也可以从内部特征着手，应用文语言描述事物或现象时只能由外部特征着手；文学语言描绘形象时，必然伴随浓烈的主观情感，应用文语言描述事物或现象时必须排除主观情感的干扰，从平等、客观、中立的立场出发，用事实说话；文学作品可以动用所有的修辞手法、表达方式、写作技巧来表现和加强语言形象的思维特征，应用文语言的生动性则主要表现在对白描这一表达方式的使用上。

白描源自中国传统绘画艺术，后来被引入文学领域。它是与详细描写相对应的一种描写方式，即使用简洁的语言，概略描述人物、景物或情节，同时又能凸显人物、景物或情节的本质性的形象特征。记录性应用文使用白描始于传统的传志类史籍，是文学、历史与哲学的语言表达方式尚未明确分工时的产物。使用白描这一表达方式，一方面使记录性应用文摒除了文学性表达的想象和夸张,保证了文章内容的真实性;另一方面又给阅读者保存了还原度极高的历史现场感,是一种具有中国民族特色的史学表达,这种表达方式在现当代的新闻报道中获得了继承和转化。

应用文语言的生动性特征主要有两种表现形式:一是还原真实事件的现场感,常见于传统的传志类应用文、现当代新闻报道等;二是深入浅出,化专业为通俗,常见于新闻报道、事务文书等。

以下面这则新闻为例:

加入合作社后的生活如何?牧民们还习惯吗?7月26日,记者来到了东科日村的文化广场,看到了入社后牧民们的日常生活。

从东科日村的良种繁育区离开,告别草原的"主角"牦牛,来到村里的文化广场,首先见到的还是刚刚告别的老朋友——牦牛。正赶上挤牦牛奶的时间,十几头牦牛温顺地排好队,一位村民正在依次给牦牛挤奶。

在不远处,搭建着几座矮矮的帐篷,帐篷前,一位村民正在打酥油,在她身前,还有一个小木桶,盛放着已经打好的酥油,阳光下,泛着金光。

帐篷里,一位藏族阿姨正在手工磨青稞,把一粒粒饱满的青稞磨成细细的粉,后续这些青稞粉会被进一步加工成青稞饼等藏族特有的食物。

帐篷附近,一位牧民正在把身边一堆乱蓬蓬的牦牛毛,一点一点梳理好,编制成结实的绳子。村民们说,这个绳子就是他们平时用来固定帐篷的绳子。上手一摸,果然非常结实,还能摸出牦牛毛被编织后特有的刺刺的触感。

远处,一群藏族的男孩子在争相骑马和牦牛,女孩子在玩捡石子的游戏。附近还有牧民随意坐在阳光下的草场上谈天说地。

东科日村的村长增太本说,下周他们即将举办文化活动,正赶上孩子们的假期,村子里男女老少都会参与。

增太本还介绍,今年年底,东科日村即将有34户贫困户脱贫。

入股合作社后,牧民们的收入提高了,草场的生态变好了,牛羊还在身边,牧民也并没有离开自己的草场。(记者 谢深森)

——节选自未来网2018年7月28日新闻稿《磨青稞打酥油顽童骑牛走一走　高原记录下东科日牧民"脱贫表情"》,稍有改动。

在上文记者的转述中,具体的真实事件是以画面形式呈现给阅读者的,这些描写既生动形象,又客观中立,符合阅读者对真实社会生活的认知,有着极强的现场带入感。

再看一个例子:

27日晚,"火星冲日"天象完美上演,这是15年一遇的"大冲",明亮的火星如一块红宝石闪耀在东南方夜空,又大又亮,惊艳天宇。

天文专家表示,本次冲日时,火星距离地球并不是最近,最近一刻将出现在7月31日,这是近15年来距离地球最近的一次,火星看上去"更亮更大"。

天文资料显示,冲日时的火星,距离地球最近大约6 000万千米以内,最远可达1亿千米以上。当地球在远日点附近而火星在近日点前后发生冲日时,就是所谓火星大冲,距离地球较近,亮度较高,也更便于观测火星细节。

"火星冲日"时,火星距离地球是最近吗?天文教育专家、天津市天文学会理事赵之珩指出,火星是地球的近邻,在地球的轨道之外。由于它和地球在各自的轨道上绕太阳公转，两者之间的距离有时近，有时远。火星距离地球最近和火星冲日通常不会发生在同一天。通常的情况是，距离最近可能比冲日日期提早几天或推迟几天。今年，就是推迟了4天。"7月27日，当天火星距离地球约5 782万千米，而7月31日，火星距离地球只有5 759万千米。这是2003年以来，火星距离地球最近的一次。"

——节选自新华网2018年7月28日新闻稿《本月31日出现近15年来火星距地球最近一刻》。

这则专业性较强的新闻，对即将发生的天文现象作出了描述，那就是"火星看上去'更亮更大'"，而其中的原因是火星距离地球最近。这篇天文专业性较强的新闻报道所面对的受文对象是普通人群，非但不能一味使用天文专业术语，而且必须照顾到普通人群的接受度，因而特别对天文科学术语"火星冲日"作了通俗化解释，使普通人读来不觉深奥难懂。

（五）用语专业

专业用语是应用文语体特征的主要组成部分。任何类型的文章在为特定的表达目的服务、表达特定的内容时都会发展出一整套只在本专业、本行业使用的语汇，成为本专业、本行业参与者的共同语，应用文也有这样的行业共同语。下面介绍三种常见的应用文专用语。

1. 公文专用语。公文专用语主要用于公务文书领域，反映公务活动的程序性特征。

称谓用语：我（局）、本（院）、你（公司）、贵（集团）、该（县）。

开头用语：根据、按照、依照、照；为、为了；鉴于、关于、由于；兹、兹有、兹介绍、兹派、兹请。

引叙用语：接、前接、近接、现接；悉、收悉、欣悉、惊悉、电悉。

转文用语：印发、颁布、批转、转发。

经办用语：经、曾经、已经、业经、后经、现经、均经、并经、未经；拟、现拟、拟交；试行、暂行、可行、遵照执行、参照执行。

征询用语：可否、当否、妥否、能否、是否可行。

期请用语：希、望、希望、盼；拟请、请批复、请批示、请回复、请函复、请查收。

表态用语：同意、原则同意、不同意、可、不可。

结尾用语：特此通告、特此通知、特此请示、特此批复、特此报告、特此函复、特此通报；为要、为盼、为荷。

2. 应用性行业专用语。以财经专业为例，反映财经行业应用文语言特征的词有资金、市场、投资、融资、信贷、利率、汇率、证券、基金、债券、股票、期货、权证、利润、税收、采购、仓储、物流、批发、零售等。当应用文服务于不同的应用性行业时，不同行业的专业用语应转化为应用文专用语。

3. 雅语。雅语源自古代汉语语汇，反映应用文语体书面语特征，如蒙、承蒙、会同、提请、商请、准予、给予、授予、责成、查处等。

二、应用文的表达方式

文章常见的表达方式有五种，即叙述、说明、议论、描写和抒情。应用文常用的表达方式有四种，即叙述、说明、议论和描写。

（一）叙述

叙述是展示人物经历和事件发展变化过程的一种表达方式。应用文的叙述有两种不同形态，一种是记录性应用文使用的兼重人物和事件外在形象的叙述，一种是工具性应用文使用的专注人物或事件内在本质的叙述。上述两种叙述方式虽然有所区别，但共同点非常明显，即都更多地采用顺叙和概叙的方式。

顺叙是指按照自然时序叙述人物经历或事件发展变化的过程；概叙指在叙述时仅注重时间、地点、人物、事件、结果这几个叙述要素，而简化或省略原因、过程要素。如《全国人民代表大会常务委员会关于全面加强生态环境保护　依法推动打好污染防治攻坚战的决议》一文中有：

坚持党对生态文明建设的领导。党的领导是加强生态环境保护、打好污染防治攻坚战的根本政治保证。党的十八大以来，以习近平同志为核心的党中央加快推进生态文明顶层设计和制度体系建设，相继出台《关于加快推进生态文明建设的意见》《生态文明体制改革总体方案》，制定实施40多项涉及生态文明建设的改革方案，深入实施大气、水、土壤污染防治三大行动计划，推动我国生态环境质量持续改善。根据党中央修改宪法的建议，十三届全国人大一次会议通过宪法修正案，将新发展理念、生态文明、美丽中国等载入国家根本法。2018年5月，党中央召开全国生态环境保护大会，对加强生态环境保护、打好污染防治攻坚战作出再部署，提出新要求。6月，党中央、国务院发布《关于全面加强生态环境保护坚决打好污染防治攻坚战的意见》。

上段文字的叙述特点是：顺叙——从党的十八大以来对生态文明的顶层设计和制度体系建设，到十三届全国人大一次会议通过宪法修正案，到2018年5月召开全国生态环境保护大会，再到6月发布《关于全面加强生态环境保护坚决打好污染防治攻坚战的意见》；概叙——叙述要素中包含了时间、地点、事件和结果，并以结果引导出对事实的叙述，而省略了原因和详尽的过程。此文叙述的事件本身并不具备形象性、生动性，而作为在公务领域使用的工具性应用文，此文的叙述语言也并不需要化抽象为生动具体。

再如2011年8月7日的新闻稿《浙江一渔船在"梅花"余威中起航搁浅　9船员获救》：

中新网台州8月7日电　（记者　李云飞　通讯员　郏策）一艘浙江温岭籍渔船7日凌晨在"梅花"余威中起航，于浙江台州玉环大麦屿海域发生搁浅事故。由于救援及时，目前船上9名船员全部脱险，渔船仍搁浅在事发海域等待进一步施救。

当日凌晨1时30分许，随着今年第9号台风"梅花"对台州海域影响的减弱，"浙岭渔26807号"渔船从避风锚地大麦屿港驶出，准备返回温岭石塘港，由于不熟悉航道，渔船行驶至玉环芦莆小担岛附近洋面时撞上了礁石搁浅。

凌晨5时许，随着潮水退去，船体逐渐发生倾斜随时有倾覆的危险。9名船员只能弃船爬到附近礁石上等待救援。

6时许，大麦屿边防派出所接到报警后，立即联系海事、渔政等部门赶赴事发海域展开救援。9时许将9名遇险船员全部营救上船。在对渔船进行施救时，却遭遇了困难，由于潮水较低，拖船根本无法将其拖下礁石，如果硬拉的话，很容易对船体造成严重损伤。

据参与救援的大麦屿边防派出所教导员卢金跃介绍，在设法固定船体，防止其倾覆后，等到中午时分，潮水上涨到足够高度后，再用拖船将其拖出。

以上文字，首段集中了五大叙述要素——时间、地点、事件、结果、人物，是典型的概叙；其后三段则体现出顺叙的特点——从"当日凌晨1时30分许"到"凌晨5时许"，最后到"6时许"，最后到"9时许"，完全按照自然时序进行叙述，是典型的顺叙。作为记录性应用文，无法回避对事件原因和过程的叙述，但这种叙述仍是有节制的、简省的，只叙述了事件原因和发展过程中的几个关键节点。同工具性应用文相比,此文对事件的叙述具体而生动。

(二) 说明

说明是用来解说某一类事物共同属性的一种表达方式,这些共同属性包括事物的概念、特征、性质、状态、程度、种类、结构、位置、功用、变化、成因、程序、步骤、方式、手段等。说明是应用文中使用最广泛的表达方式。说明这一表达方式在应用文中的使用,多表现为从动态角度对人们正在从事的具体社会实践活动提出规范和要求。应用文说明的对象可以分成两大类,即"是什么"与"怎么做"。"是什么"清晰界定具体社会实践活动的对象;"怎么做"则明确指示在从事具体社会实践活动时应采取的程序、步骤、方式和手段。

根据人们所从事的社会实践活动的性质和重要程度不同,说明在应用文中的具体使用也有所不同,其中法律法规类应用文的严谨度最高。例如,《中华人民共和国个人所得税法实施条例》这样界定"在中国境内居住满一年是什么":

第三条 税法第一条第一款所说的在境内居住满一年,是指在一个纳税年度中在中国境内居住365日。临时离境的,不扣减日数。

前款所说的临时离境,是指在一个纳税年度中一次不超过30日或者多次累计不超过90日的离境。

又是这样指示"怎样计算和缴纳所得为外国货币的税款":

第四十三条 依照税法第十条的规定,所得为外国货币的,应当按照填开完税凭证的上一月最后一日人民币汇率中间价,折合成人民币计算应纳税所得额。依照税法规定,在年度终了后汇算清缴的,对已经按月或者按次预缴税款的外国货币所得,不再重新折算;对应当补缴税款的所得部分,按照上一纳税年度最后一日人民币汇率中间价,折合成人民币计算应纳税所得额。

这两段文字在说明"是什么"时,运用了定义说明方式;在说明"怎么做"时,运用了诠释说明和分类说明相结合的方式。大量的法律法规、规章制度采用这三种说明方式。

在其他类型的应用文中,定义说明并不常见,更多使用诠释说明和分类说明。另外,举例说明、数字说明、图表说明也经常使用,其严谨程度较之法律法规有所下降。例如,《国务院关于积极有效利用外资推动经济高质量发展若干措施的通知》(国发〔2018〕19号)就使用数字来说明"外交部、外专局等有关部门"应该"怎么做":

(八)提升外国人才出入境便利度。中国境内注册企业选聘的外国人才,符合外国人才签证实施办法规定条件的,可凭外国高端人才确认函向驻外使馆、领馆或者外交部委托的其他驻外机构申请5~10年有效、多次入境,每次停留期限不超过180天的人才签证,免除签证费和急件费,可在2个工作日内获发签证。(外交部、外专局等有关部门按职责分工负责)

《2018年中国智能手机行业现状、IoT未来增速、市场空间及行业未来展望》一文中,利用大量的图表进行说明,使得该篇行业报告的结论更具形象感与可读性,符合"读图时代"普通阅读者的阅读心理,提高了他们的阅读兴趣。其中涉及的图表如图1-1、图1-2所示。

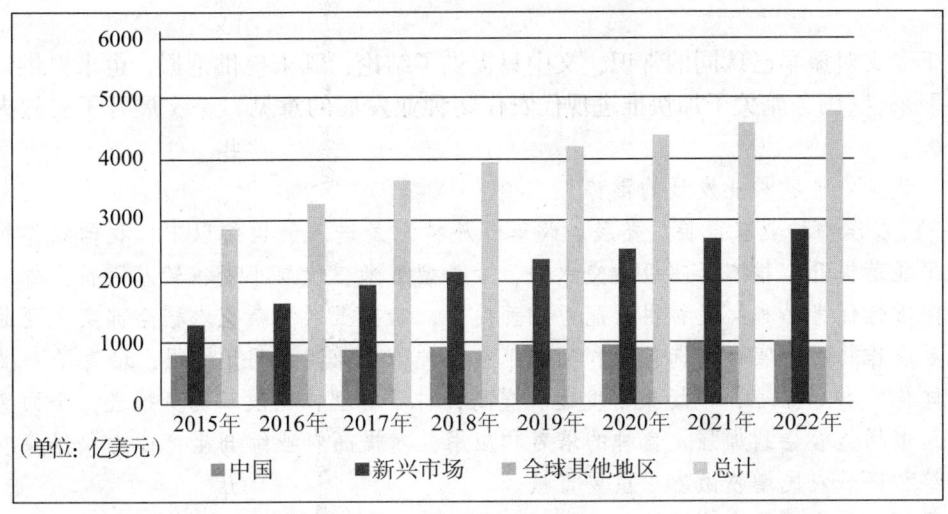

图1-1 条形图说明方式

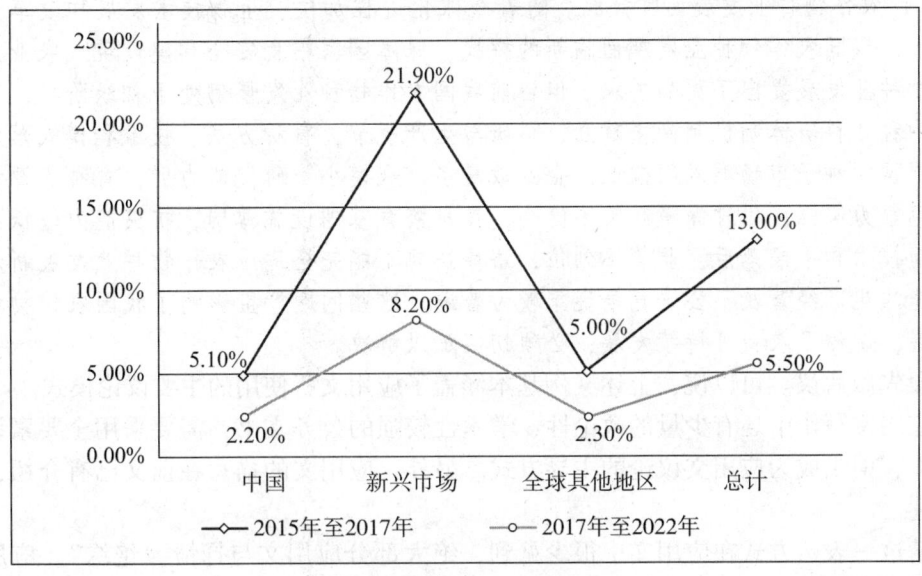

图1-2 曲线图说明方式

(三) 议论

议论是运用概念、判断、推理等抽象思维形式阐明事物内在联系、揭示事物本质和规律的一种表达方式。议论包括论点、论据和论证过程三个要素。议论在应用文中的使用总体特点较为简单。一般种类的应用文，其行文目的无外乎记录或指导行动，并不在于推演逻辑、讲解事理，所以并不需要议论。部分公务文书需要对被处理事项的现状进行判断，揭示被处理事项的意义与作用，这时就需要以夹叙夹议或直陈判断的形式进行议论。这种议论方式遗漏了议论的关键环节——论证过程，有时还遗漏论据，是一种人为简化的议论方式。例如《国务院关于加快推进现代农作物种业发展的意见》一文的首段就直接给出结论：

我国是农业生产大国和用种大国，农作物种业是国家战略性、基础性核心产业，是促进农业长期稳定发展、保障国家粮食安全的根本。为提升我国农业科技创新水平，增强农作物种业竞争力，满足建设现代农业的需要，现就加快推进现代农作物种业发展提出如下意见。

对于受文对象早已认同的常识，文中只提供了结论，既未提供论据，也未提供论证过程。接下来，《国务院关于加快推进现代农作物种业发展的意见》一文展开了夹叙夹议式议论：

一、我国农作物种业发展的形势

（一）农作物种业取得长足发展。改革开放特别是进入新世纪以来，我国农作物品种选育水平显著提升，推广了超级杂交水稻、紧凑型玉米、优质小麦、转基因抗虫棉、双低油菜等突破性优良品种；良种供应能力显著提高，杂交玉米和杂交水稻全部实现商品化供种，主要农作物种子实行精选包装和标牌销售；种子企业实力明显增强，培育了一批"育繁推一体化"种子企业，市场集中度逐步提高；种子管理体制改革稳步推进，全面实行政企分开，市场监管得到加强。良种的培育和应用，对提高农业综合生产能力、保障农产品有效供给和促进农民增收做出了重要贡献。

此段每一分句都是先议后叙。

（二）农作物种业发展面临挑战。随着全球化进程加快、生物技术发展和改革开放的不断深入，我国农作物种业发展面临新的挑战。保障国家粮食安全和建设现代农业，对我国农作物种业发展提出了更高要求。但目前我国农作物种业发展仍处于初级阶段，商业化的农作物种业科研体制机制尚未建立，科研与生产脱节，育种方法、技术和模式落后，创新能力不强；种子市场准入门槛低，企业数量多、规模小、研发能力弱，育种资源和人才不足，竞争力不强；供种保障政策不健全，良种繁育基础设施薄弱，抗灾能力较低；种子市场监管技术和手段落后，监管不到位，法律法规不能完全适应农作物种业发展新形势的需要，违法生产经营及不公平竞争现象较为普遍。这些问题严重影响了我国农作物种业的健康发展，制约了农业可持续发展，必须切实加以解决。

此段先叙后议。可以说，上述文例基本涵盖了应用文所使用的主要议论模式。

在应用文写作中还有少量的政论性、学术性较强的公务文书，需要采用全要素议论的方式写作，但未成为应用文议论的主导方式。另外，应用文的描写在前文已有介绍，在此不再赘述。

抒情这一表达方式在应用文中很少见到，绝大部分应用文与抒情"绝缘"。应用文的语言风格、语体特征总体上是客观、平实、冷静、中立的，但前人云，"文章不是无情物"，作为应用文写作主体的人是情感和思想的综合体，情感不直接诉诸文字的表层形态，不等于文字之下无情感支撑。在某些时候，由情感与直觉作出的判断比逻辑的细致推演来得更准确、更快捷、更接近本质。在国务院颁布的《舟曲灾后恢复重建总体规划》中，有这样一段不合规划文种写作基本结构要求、不合公务文书的语言表达规范的语句：

谨以此规划

向舟曲特大山洪泥石流灾害中罹难的同胞致以深切悼念

向抗灾救灾中自强不息的灾区各族干部群众，英勇无畏的解放军、武警官兵、公安干警和各方救援人员致以崇高敬意

向社会各界所有关心、支持和参与恢复重建的人们致以诚挚感谢

此段文字从常规看，游离于规划的行文目的之外，但它唤起了每位阅读者内心深处的情感记忆，凸显了规划的独特背景，带给阅读者强烈而震撼的情感冲击。正是这种对阅读者情感的教育，才能使执政为民的行政理念深入人心，才能使舟曲迎来一个美好的明天。

第一章　应用文的基本知识

【案例研习】

1. 分析下列调查的提问设计，指出其对结论的影响。

（1）某国内新闻机构在日本"3·11"大地震后对中国网民进行调查，其调查提问与答案选项如下。

你如何看待日本这个国家在地震中的表现？

A. 日本人在大灾难面前的有条不紊令人震撼

B. 大灾难下相对小很多的人员伤亡让人佩服

C. 日本各政府机构的反应速度让人满意

D. 其他

（2）《华尔街日报》4月22日报道，盖洛普本周公布的2010年全球幸福调查显示，仅有12%的中国人认为自己属于盖洛普所称的生活"美满"一档，而有71%的人认为自己生活"艰难"，有17%的人说他们生活"困苦"。

2. 分析下列例文的逻辑结构。

例文一

上海市人民政府关于同意《黄浦江两岸景观照明总体方案》的批复

沪府〔2018〕15号

市绿化市容局：

沪绿容〔2018〕49号文收悉。经研究，市政府同意你局组织编制的《黄浦江两岸景观照明总体方案》，请按照"黄浦江两岸景观照明建设2019年基本完成和2020年全面完成"的目标，会同市发展改革委、市交通委、市住房城乡建设管理委、市规划国土资源局、市财政局和浦东新区、黄浦区、徐汇区、虹口区、杨浦区、宝山区等有关部门、单位认真组织实施，并由你局负责工作统筹协调、具体实施方案审核、集中控制和特效系统建设。

特此批复。

上海市人民政府
2018年2月22日

例文二

区域收入差距扩大现象值得警惕

　　中评社北京7月30日电／国家统计局近日公布了全国和各省份2018年上半年居民人均可支配收入的数据。今年上半年，全国居民人均可支配收入14 063元，保持了良好的增长态势。数据显示，上海、北京上半年居民人均可支配收入已超过3万元，浙江、天津超过了两万元。

　　中国网发表中国人民大学国家发展与战略研究院研究员、经济学院副教授宋扬文章表示，居民可支配收入是指居民可用于最终消费支出和储蓄的总和，即居民可用于自由支配的收入。按照收入的来源，可支配收入包括工资性收入、经营净收入、财产净收入和转移净收入。

　　按收入来源分，2018上半年全国居民人均工资性收入8 091元，占可支配收入的比重为57.5%；人均经营净收入2 265元，占可支配收入的比重为16.1%；人均财产净收入1 166元，占可支配收入的比重为8.3%；人均转移净收入2 541元，占可支配收入的比重为18.1%。

根据国家统计局公布的计算公式，居民人均可支配收入＝（家庭总收入－交纳的所得税－个人交纳的社会保障支出－记账补贴）／家庭人口数。这意味着，第一，人均可支配收入是以家庭为单位计算的，所以要除以家庭总人口数，包括劳动力人口和非劳动力人口（老人、小孩等），与劳动力的平均工资概念不同；第二，各省份的人均可支配收入是以常住人口（居住在某地6个月以上为常住人口）为对象计算的，不是户籍人口。

近年数据显示区域间收入差距在扩大

文章分析，通过比较2018上半年与2017年公布的居民人均可支配收入数据可以看出，中国各省份的收入差距有扩大趋势。

第一，最高收入省份与最低收入省份的人均收入比在增加。2017年人均可支配收入最高的省份是上海，人均可支配收入为全年58 987元，收入最低省份西藏为15 457元，二者比值为3.8，该比例在2018年上半年提高到4.7。

第二，最高收入省份的人均可支配收入与全国平均水平之比也在增加。2017年全国人均可支配收入为25 974元，最高收入省份上海与平均水平的比值为2.27，这一比例在2018年上半年提高到2.31。

第三，收入最低省份与全国平均人均可支配收入之比在下降，从2017年的0.59下降到2018年的0.49。

此外，从收入流动性来看，2018年上半年人均可支配收入排在前10名的省份人均收入都超过了该省份2017年全年人均收入的一半，正常情况下全年收入都会超过去年。相比之下，西藏、新疆、青海等排名靠后的几个省（自治区）在2018上半年的人均收入不足2017年该省人均收入的一半，到今年年底，有可能面临人均收入的负增长。这种发散的收入流动性会进一步拉大区域间收入差距，值得高度警惕。

缩小收入差距的政策选择

文章提出，党的十九大报告指出，完善按要素分配的体制机制，促进收入分配更合理、更有序。履行好政府再分配调节职能，加快推进基本公共服务均等化，缩小收入分配差距。

首先，要继续坚定不移地推进户籍制度改革，让流动人口在常住地享有更多的公共服务和生活保障，破除妨碍劳动力流动的体制机制弊端。从可支配收入的来源可以看到，工资收入仍然是总收入中最主要的部分。因此，促进劳动力流动是缩小区域间差距的重要政策手段。

其次，要加大对低收入地区的政府转移支付力度，缩小转移性收入的差距。十八大以来，政府加大脱贫攻坚力度，对贫困地区大幅提高了转移性支付的水平。但是，中国一些政府转移性支出是分权管理体制，导致富裕地区的补助水平远高于低收入地区的补助水平。以最低生活保障为例，2018年北京市的低保标准为每月1 000元，而新疆的标准每月仅为414元。这就使得再分配中收入差距进一步拉大了。只有加大对低收入地区的转移支付力度，区域间收入差距扩大的趋势才会得到有效遏制，才能实现更加平衡的发展路径，最大限度地满足人民群众的美好生活需要。

（来源：中评网。此处例文稍有改动。）

例文三

消费夯实中国经济高质量发展根基

中评社北京7月30日电／上半年，中国社会消费品零售总额达18万亿元人民币，最终消费支出对经济增长贡献率为78.5%，消费继续成为经济稳定运行的"压舱石"，在为经济注入新鲜活力的同时，也昭示着无限发展潜力。

中国网发表陕西省重点中国特色社会主义理论体系研究中心研究员杨飞文章表示，投资、出口和消费，是拉动国民经济增长的"三驾马车"。国家统计局日前发布的数据显示，上半年，全国社会消费品零售总额达到18万亿元人民币，同比增长9.4%；最终消费支出对经济增长的贡献率为78.5%，比上年同期提高了14.2个百分点。由此可见，上半年的消费，一如既往地扮演了经济发展第一驱动力的角色；中国经济发展韧性强、潜力大、后劲足，也将继续运行在合理区间，保持稳中向好的发展态势。

文章分析，传统消费不断升级。近年来，从"买得到"到"买得好"，从买商品到买体验，居民消费正加速从注重量的满足转向追求质的提升转变。商务部数据显示，1至6月，全国限额以上单位化妆品、日用品、家电类和通信器材销售额分别较上年同期分别加快2.9、3.6、0.2和0.5个百分点。可以说，在消费升级的带动下，与消费者直接相关的通信、文化体育娱乐和教育等领域投资也增长较快，为经济发展注入新的活力和动力。

新兴消费增长较快。一系列新兴消费的发展不断为消费升级打开新的空间，也推动着消费对中国经济增长贡献率稳步提升。上半年，全国居民人均体育健身活动支出同比增长39.3%，医疗服务支出同比增长24.6%，旅馆住宿支出同比增长37.8%，交通费支出同比增长22.8%，全国网上零售额同比增长30.1%。新兴消费增长带动着汽车、医药、计算机等行业增加值都保持较快增长，明显高于同期规模以上工业增加值增速。

消费增长潜力巨大。中国有着13亿多人口，消费增长潜力巨大。未来较长一段时间，中国的传统消费都会趋于提质升级，新兴消费也将蓬勃兴起。与此同时，国家也在采取一系列措施来刺激消费，比如今年11月就将举办首届中国国际进口博览会。随着扩大进口措施的不断实施，以及居民收入较快增长，国家以供给侧结构性改革为主线，以改革创新增加消费领域特别是服务领域有效供给，将促进整个消费市场的活跃。

文章指出，年中回望，消费对经济增长的拉动作用进一步增强，已成保持经济平稳运行的"稳定器"和"压舱石"。巨大的内需增长潜力、完善的宏观调控政策工具手段、供给侧结构性改革深入推进释放的红利，也将有效对冲经济运行中不确定性因素的影响。世界银行日前发布的《中国经济简报》就明确指出，中国经济仍旧保持强韧发展态势。可以肯定，通过深化改革、持续创新、改善供给，消费将对中国经济增长发挥更加重要的拉动作用。

（来源：中评网。）

3. 分析下列句子中加下划线的词或短语的用法。

（1）针对当前一些网络短视频格调低下、价值导向偏离和低俗恶搞、盗版侵权、"标题党"突出等问题，国家网信办近日会同工信部、公安部、文化和旅游部、广电总局、全国"扫黄打非"办公室五部门，开展网络短视频行业集中整治，依法处置一批违法违规网络短视频平台。

（2）产品销售者对不合格产品立即采取停止销售等措施控制风险。上述省级食品药品监管部门自通告发布之日起7日内向社会公布风险防控措施，3个月内向国家市场监督管理总局报告核查处置情况并向社会公布。

特此通告。

（3）会议原则同意行动计划并指出，要按照党中央、国务院决策部署，深入贯彻落实"冲刺100天，决胜进博会"誓师动员大会精神，抓好行动计划的组织推进和落地落实。

（4）19日，个人所得税法修正案草案提请十三届全国人大常委会第三次会议审议。这是该法自1980年出台以来第七次修正，也将开启我国个税制度的一次根本性改革。

（5）在中华人民共和国第十三届全国人民代表大会第一次会议选举产生新一届国家领导人之后，承蒙许多国家的国家元首、政府首脑、议会议长、政府部门负责人，政党领导人，国际组织机构负责人，友好团体和友好人士，外国驻华使节，旅居国外的华人、华侨和香港、澳门特别行政区以及台湾同胞等向国家主席、中央军委主席习近平，国务院总理李克强，全国人大常务委员会委员长栗战书，国家副主席王岐山发来贺电、贺信，表示热烈的祝贺和良好的祝愿，中华人民共和国全国人民代表大会常务委员会办公厅、中华人民共和国国务院办公厅、中华人民共和国中央军事委员会办公厅受他们的委托，谨对此表示衷心的感谢。

（6）2015年10月，新修订的《中华人民共和国促进科技成果转化法》正式实施，此后，我国相继颁布《实施〈中华人民共和国促进科技成果转化法〉若干规定》《促进科技成果转移转化行动方案》等政策，支持科技成果转化的政策体系基本形成。

（7）记者从农业农村部获悉：根据计划，"十三五"期间我国拟压减渔船2万艘、核减功率150万千瓦。

（8）现需支付工程质量保证金，特恳请县人民政府给予拨付我办经费壹佰贰拾陆万零肆佰捌拾元整（¥：1 260 480.00）。

妥否，请批示。

（9）为继续巩固禁限成效，切实落实"绿水青山就是金山银山"的发展理念，进一步依法严格规范勘查、开采矿藏和风电场项目使用重点林区林地，现提出以下要求，请遵照执行。

（10）《为烈属、军属和退役军人等家庭悬挂光荣牌工作实施办法》已经国务院同意，现印发给你们，请认真贯彻执行。

（11）2018年度江苏省百万技能人才技能竞赛岗位练兵活动正式启动，预计直接参赛人数和参加岗位练兵人数将达500万人次，创该省历史之最。

（12）《生态环境部关于批准内蒙古大黑山等6处国家级自然保护区范围调整的请示》（环生态〔2018〕59号）收悉。经国务院批准，现通知如下。

（13）根据《奥林匹克标志保护条例》的规定，奥林匹克标志权利人应当将奥林匹克标志提交国务院知识产权主管部门，由国务院知识产权主管部门公告。

（14）鉴于上述地区的特殊情况，如中国公民在暂勿前往提醒发布后仍坚持前往，有可能导致当事人面临极高安全风险，并将严重影响其获得协助的实效，因协助而产生的费用由个人承担。

（15）目前，自治区林业厅已拟定区直林场林下经济绿色产业联盟组织方案，组织召开产业联盟座谈会，按程序组建了联盟办事处。

（16）针对近日网上反映有关影视从业人员签订"阴阳合同"中的涉税问题，国家税务总局高度重视，已责成江苏等地税务机关依法开展调查核实。

第一章　应用文的基本知识

（17）日前，国务院办公厅转发商务部等部门《关于扩大进口促进对外贸易平衡发展的意见》（以下简称《意见》），从四个方面提出扩大进口促进对外贸易平衡发展的政策举措。

（18）自2018年1月1日起，当年具备高新技术企业或科技型中小企业资格的企业，其具备资格年度之前5个年度发生的尚未弥补完的亏损，准予结转以后年度弥补，最长结转年限由5年延长至10年。

（19）广西壮族自治区食品药品监督管理局表示，已责成相关市、县食品药品监管部门对本次抽检中不合格食品的生产企业依法进行处理。

（20）中方希望美欧有关努力和举措能与广大发展中国家的诉求一致，能够成为国际社会维护多边主义努力的组成部分，能够为促进全球经济增长发挥建设性作用。

4. 词语填空。

（1）_____通知，_____8月1日_____，伤残人员（残疾军人、伤残人民警察、伤残国家机关工作人员、伤残民兵民工）残疾抚恤金标准、"三属"（烈士遗属、因公牺牲军人遗属、病故军人遗属）定期抚恤金标准、"三红"（在乡退伍红军老战士、在乡西路军红军老战士、红军失散人员）生活补助标准，_____现行基础_____提高10%，在乡老复员军人生活补助标准_____现行基础每年提高1 200元，烈士老年子女生活补助标准_____现行每人每月390元提高_____440元，以上提标经费_____中央财政承担。

（2）_____《关于促进上海市乡村民宿发展的指导意见》，本市将坚持新发展理念，践行"绿水青山就是金山银山"，围绕乡村振兴战略，_____乡村民宿加强统筹规划、强化规范管理、优化发展政策，充分发挥乡村民宿_____推动城乡和产业融合互动，促进休闲农业和乡村旅游创新转型等方面的积极作用。着力_____乡村民宿培育成为繁荣农村、富裕农民的新兴产业，_____城乡居民提供望得见绿、看得见水、记得住乡愁的高品质旅游体验。

（3）_____构建"回应型政府"这一议题而言，一方面_____为多样化的诉求提供表达和协商场所，形成民意吸纳、整合进而转化为政策的机制，另一方面_____政策的执行和落实。而政府的政策执行情况，则直接影响到政府的回应性_____日常生活_____实现的程度。

（4）_____贯彻落实"违规必究、从严追责"的精神，_____充分调查研究的基础_____，_____"制度面前一律平等，一把尺子量到底"的工作思路，明确了中央企业资产损失程度划分标准。

（5）取消公章刻制审批，实行公章刻制备案管理，并_____其纳入"多证合一"改革涉企证照事项目录，_____工商和市场监管部门采集有关信息，_____省市场主体信用信息数据交换协同平台推送_____省公安厅。

（6）不得_____提高目录电价标准的方式_____用户捆绑收取。_____擅自改变目录电价标准的，_____属价格违法行为。

（7）会议对"放管服"改革提出了更高要求。五年_____企业开办时间压缩到5个工作日_____、工程建设项目全流程审批时间和进出口通关时间_____压减一半、五年_____不动产登记时间和电力用户办电时间_____压缩三分之二以上、三年_____实现国务院部门数据共享，五年_____政务服务事项全面实现"一网通办"……

（8）因拖欠农民工工资违法行为引发群体性事件、极端事件造成严重不良社会影响的，_____是符合这种情形的，应当列入拖欠工资"黑名单"。

（9）_____吉林省对外汉语教学培训中心_____中国吉林网共同主办的"我是外交官 童眼看世界"2018寒假吉林省青少年国际交流营_____长春开营。学生们将_____为期5天的_____，_____来_____美国、英国、法国、俄罗斯、西班牙等国家的外教进行交流，体验不同国家的特色文化。

（10）2月13日，杭州市天水小学的学生展示_____物价局、教育局、财政局联合发布的"杭州市区小学收费联系卡"。据了解，_____新学期开始，杭州市_____义务教育阶段的学生全部免收杂费。

（11）两部门规定，_____2018年1月1日至2020年12月31日，_____小型微利企业的年应纳税所得额上限_____50万元提高_____100万元，_____年应纳税所得额低_____100万元（含100万元）的小型微利企业，其所得减按50%计入应纳税所得额，按20%的税率缴纳企业所得税。

（12）_____市委、市政府同意，现_____《关于推进文化创意产业创新发展的意见》印发给你们，请结合实际认真贯彻落实。

（13）_____加快本市文化创意产业转型升级，助力全国文化中心建设和构建高精尖经济结构，现_____推进本市文化创意产业创新发展提出如下意见。

（14）本通知_____下发之日_____执行，有效期_____2023年7月30日。原国家林业局发布的《国家林业局_____从严控制矿产资源开发等项目占用东北、内蒙古重点国有林区林地的通知》（林资发〔2013〕4号）同时废止。

（15）"十三五"规划的约束性指标已提出2020年环境空气质量和污染物排放总量目标，生态环境部已将目标分解_____各省区市，各省份已将目标进一步分解_____市。

（16）武汉市已明确房地产开发企业要_____网签备案系统进行购房人资格核查，不得_____购房人提供相关住房核查资料_____购房的前置条件，并_____严格查处开发商强制要求购房人提供"房查"资料的行为。

（17）此外，付国还存在其他违纪等问题。付国受到开除党籍、开除公职处分，其涉嫌犯罪的问题及线索移送司法机关依法处理。违规旅游费用和违规收受红包礼金予_____收缴。

（18）恩施市经信局、恩施市环保局、恩施市六角亭街道办事处等部门组建的工作专班_____办理湖北省环保督察组交办件过程_____，_____未认真进行现场调查、开展取样检测等工作的情况下，_____交办问题线索作出"情况不属实"的结论，这_____湖北省环保督察组现场调查情况不符。_____这种履职不力的行为，当地纪检部门应严肃予以查处，并_____社会公开通报。

（19）_____6月10日_____理顺居民用气门站价格、完善天然气价格机制。国家发展改革委下发的通知，_____居民用气_____最高门站价格管理改为基准门站价格管理，价格水平_____非居民用气基准门站价格水平相衔接。

（20）教育部、财政部、国家发展改革委联合印发通知，决定_____2018年7月1日_____，全面取消国内高等教育学历学位认证服务收费。取消国内高等教育学历学位认证服务收费_____，已_____高校学生学籍学历信息管理系统和学位信息管理系统相关数据库_____注册的学历学位原则上实行网上查询和电子认证。

【情境写作】

阅读以下材料，指出材料二在写法上的问题，并加以改写。

材料一：市长信箱热心市民来信

公租房为什么不建游泳池？

尊敬的人民政府领导：

公共租赁住房是由国家、政府专门面向中低收入群体出租的保障性住房、新型住房，因此公共租赁住房的建造、发展在国家特殊政策的支持下，解决了中低收入群体的住房问题。这是人民政府为中低收入群体做的看得见的伟大政绩。但是，××市是全国有名的火炉城市，每年夏天都要连续高温达40摄氏度。中低收入群体公租房小区住户有5万~7万人不等，为什么不修建游泳池？中低收入群体都不怕热吗？中低收入群体的孩子们就该热吗？井口美丽阳光家院住户多次向社区提出：为弱势群体孩子们着想，修建一个游泳池，夏天孩子也有去处。社区答复：公共租赁住房的建造和发展由政府部门管。××市年年高温达40摄氏度，为了孩子们身体健康，建造一游泳池吧！在此强烈请求政府好事做到底。

此致

敬礼

材料二：政府部门答复热心市民

来信人，您好：

××市长信箱〔2017〕1159号邮件已收悉，现将相关情况回复如下：

公租房是政府面向社会解决群众保障性住房的一项新举措，目的让人民群众满足基本生活保障，共建小康。因规划公租房用地有限，无相关修建游泳池先例，如来信人对居住环境不满，建议您自行购买带有游泳池的高档小区住房，即可解决相关反映问题。

第二章 党政机关公文

【本章导读】

本章主要介绍党政机关公文的含义和种类、行文规范、行文流程、文面格式等；党政机关公文中命令、决定、通知、公告、通告、通报、议案、报告、请示、批复、公报、决议、会议纪要、意见、函等文种的基本含义、种类、结构、写法等，并通过配合例文的讲解，使学生能够了解该类公文的基本写作方法。这部分内容是全书的重要章节，也是本课程重点讲述的章节。大量的案例研习和情境写作能够有效地帮助学生巩固知识点。

第一节 党政机关公文的基本知识

一、党政机关公文的含义和种类

公文是公务文书的简称，指党政机关、社会组织、人民团体、企事业单位办理各种公务时使用的书面文字。

在这个总体概念之下，公文按照其使用的领域可以细化为两类，一类是普通公文，另一类是专用公文。普通公文指通用于各公务领域的公文，即通行于各党政机关、团体、企事业单位之间及其内部的公文，如通知、通报、请示、批复、计划、总结、调查报告等。专用公文指仅在特定的工作部门和业务范围内因特殊需要而使用的公文，如经济部门的市场调查报告、财务分析报告、经济预测分析报告、上市公司年报、合同等；司法部门的起诉书、判决书、通缉令等；外交部门的国书、备忘录、照会、联合公报等。

党政机关公文属于普通公文，专指各级党政机关在实施领导、履行职能、处理公务时使用的具有特定效力和规范体式的文书。由于各级党政机关使用公文时的权威性、规范化、制度化和科学化，党政机关公文在社会实践中自然成为普通公文的标准范式，党政机关公文的写作规范与运转流程实际上已被各类社会组织、人民团体、企事业单位在普通公文的写作和使用中参照实行。

党政机关公文依据其使用范围又可分为两类，一类是在各级党政机关之间运行的公文，称法定公文；另一类是在各级党政机关内部运行的公文，称事务文书。

由中共中央办公厅和国务院办公厅联合印发、自2012年7月1日起施行的《党政机关公文处理工作条例》（中办发〔2012〕14号）中第八条中规定，党政机关公文主要有以下十五种：（一）决议；（二）决定；（三）命令（令）；（四）公报；（五）公告；（六）通告；（七）意见；（八）通知；（九）通报；（十）报告；（十一）请示；（十二）批复；（十三）议案；（十四）函；（十五）纪要。这十五种党政机关公文主要用于传达贯彻党和国家的方针政策，公布法规和规章，指导、布置和商洽工作，请示和答复问题，报告、通报和交流情况等公务。这类公文一般在党政机关之间运行使用，即所谓的法定公文。

事务文书是指法定公文以外的国家党政机关常用公文，这类公文只适用于各级党政机关内部，不能往来于各级党政机关及其职能部门之间。事务文书主要包括调查报告、总结、计划、简报、工作要点、专用书信、讲话稿、开幕词、闭幕词、章程、规定、条例、细则、制度等诸多文种。

由于社会的进步、科技的发展，党政机关机关公文的载体形态也越来越丰富。除了长久以来普遍使用的纸质公文外，还出现了光介质文件和磁介质文件。光介质文件是用感光材料作为信息载体的文件，如胶片型照片文件、影片文件、缩微胶片文件、光盘文件等。磁介质文件是以磁带、磁盘、磁鼓等磁性材料作为信息载体的文件，如录音文件、录像文件、电子文件等。

二、法定公文的行文规范

法定公文行文规范包括行文关系、行文方向与行文规则三个方面。

（一）行文关系

法定公文的行文关系是指发文机关与收文机关之间公文往来授受的关系，行文关系依据党政机关之间的组织系统、领导关系和职权范围等条件确定。

1. 确定行文关系的基本原则。各级党政机关的行文关系，应根据各自的隶属关系和职权范围来确定。地方各级党组织服从党中央、地方各级政府服从国务院（中央人民政府）是我国各级党政机关行文关系的基本原则。

2. 各党政机关之间关系的划分。从党政机关的隶属关系和职权范围来分析，机关之间的关系大体上分为四类。

（1）同一系统内的党政机关，既有上级领导机关，又有下级被领导机关，上下级机关之间，构成领导与被领导的关系。

（2）同一系统内的上级党政机关业务主管部门和下级机关业务部门之间，构成业务指导与被指导关系，这类关系在行文时等同于上一类关系。

（3）非同一系统的机关之间，无论级别高低，既无领导与被领导关系，又无上下级业务部门的指导与被指导关系，它们仅仅是一般性关系，属无隶属关系。

（4）同一系统内的同级机关之间，属于平行关系。

（二）行文方向

根据发文机关和收文机关之间的关系，法定公文的行文方向可分为上行、下行、平行和中性行文四种。依据行文方向，法定公文可分为以下四类。

1. 下行文，指上级党政机关向下级党政机关或上级党政机关业务主管部门向下级党政机关业务部门发送的公文，如命令、决定、公告、通告、通知、通报、批复、会议纪要等。

2. 上行文，指下级党政机关向上级党政机关或下级党政机关业务主管部门向上级党政机关业务主管部门发送的公文，如议案、报告、请示等。

3. 平行文，指同一系统内平行党政机关或非同一系统内无隶属关系的党政机关之间相互发送的公文，如函。

4. 多向文，指在不同行文方向中都可使用的公文，如意见、会议纪要等。

（三）行文规则

《党政机关公文处理工作条例》第十四条规定，行文关系根据隶属关系和职权范围确定。一般不得越级行文，特殊情况需要越级行文的，应当同时抄送被越过的机关。

《党政机关公文处理工作条例》第十五条规定，向上级机关行文，应当遵循以下规则。

（1）原则上主送一个上级机关，根据需要同时抄送相关上级机关和同级机关，不抄送下级机关。

（2）党委、政府的部门向上级主管部门请示、报告重大事项，应当经本级党委、政府同意或者授权；属于部门职权范围内的事项应当直接报送上级主管部门。

（3）下级机关的请示事项，如需以本机关名义向上级机关请示，应当提出倾向性意见后上报，不得原文转报上级机关。

（4）请示应当一文一事。不得在报告等非请示性公文中夹带请示事项。

（5）除上级机关负责人直接交办事项外，不得以本机关名义向上级机关负责人报送公文，不得以本机关负责人名义向上级机关报送公文。

（6）受双重领导的机关向一个上级机关行文，必要时抄送另一个上级机关。

《党政机关公文处理工作条例》第十六条规定，向下级机关行文，应当遵循以下规则。

（1）主送受理机关，根据需要抄送相关机关。重要行文应当同时抄送发文机关的直接上级机关。

（2）党委、政府的办公厅（室）根据本级党委、政府授权，可以向下级党委、政府行文，其他部门和单位不得向下级党委、政府发布指令性公文或者在公文中向下级党委、政府提出指令性要求。需经政府审批的具体事项，经政府同意后可以由政府职能部门行文，文中须注明已经政府同意。

（3）党委、政府的部门在各自职权范围内可以向下级党委、政府的相关部门行文。

（4）涉及多个部门职权范围内的事务，部门之间未协商一致的，不得向下行文；擅自行文的，上级机关应当责令其纠正或者撤销。

（5）上级机关向受双重领导的下级机关行文，必要时抄送该下级机关的另一个上级机关。

《党政机关公文处理工作条例》第十七条规定，同级党政机关、党政机关与其他同级机关必要时可以联合行文。属于党委、政府各自职权范围内的工作，不得联合行文。党委、政府的部门依据职权可以相互行文。部门内设机构除办公厅（室）外不得对外正式行文。

三、法定公文的行文流程

法定公文的行文流程包含三个重要环节，即发文办理、收文办理和公文管理。

第二章　党政机关公文

（一）发文办理

发文办理指发文机关制发公文的全过程，主要包括草拟、审核、签发、登记、印制、用印、分发等程序。

草拟公文时，机关负责人应当主持、指导重要公文起草工作；应当做到公文主旨符合党的理论路线方针政策和国家法律法规，完整准确体现发文机关意图，并同现行有关公文相衔接。深入调查研究，充分进行论证，广泛听取意见。一切从实际出发，实事求是，所提政策措施和办法切实可行。内容简洁，主题突出，观点鲜明，结构严谨，表述准确，文字精练，文种正确，格式规范。另外，公文涉及其他地区或者部门职权范围内的事项，起草单位必须征求相关地区或者部门意见，力求达成一致。

公文文稿签发前，应当由发文机关办公厅（室）进行审核。公文审核重点是：行文理由是否充分，行文依据是否准确；内容是否符合党的理论路线方针政策和国家法律法规；是否完整准确体现发文机关意图；是否同现行有关公文相衔接；所提政策措施和办法是否切实可行；涉及有关地区或者部门职权范围内的事项是否经过充分协商并达成一致；文种是否正确，格式是否规范；人名、地名、时间、数字、段落顺序、引文等是否准确；文字、数字、计量单位和标点符号等用法是否规范；其他内容是否符合公文起草的有关要求。

在公文的签发环节，一般性质的公文应当经本机关负责人签发，重要性质的公文和上行文应当由本机关主要负责人签发。党委、政府的办公厅（室）根据党委、政府授权制发的公文，由受权机关主要负责人签发或者按照有关规定签发。签发人签发公文，应当签署意见、姓名和完整日期；圈阅或者签名的，视为同意。联合发文由所有联署机关的负责人会签。公文签发这一环节通常通过填写发文稿纸进行。

公文签发后应在本机关办公厅（室）进行统一登记，为公文确定发文字号、分送范围和印制份数并做详细记录，然后交付印制。

公文印制必须确保质量和时效。涉密公文应当在符合保密要求的场所印制。

公文印制完毕，应当对公文的文字、格式和印刷质量进行检查，并由本机关办公厅（室）在每份公文落款处逐一加盖本机关印章后分发。涉密公文应当通过机要交通、邮政机要通信、城市机要文件交换站或者收发件机关机要收发人员进行传递，通过密码电报或者符合国家保密规定的计算机信息系统进行传输。

（二）收文办理

收文办理指收文机关收到公文后的办理过程，主要包括签收、登记、初审、承办、传阅、催办、答复等环节。

收文机关办公厅（室）收到公文后应对收到的公文逐件清点，核对无误后填写发文机关的签收单（签字或者盖章），并注明签收时间。另外，收文机关办公厅（室）还应在本机关的收文登记簿上登记所收公文的主要信息和办理情况。

收到需要办理相关公务的公文时，收文机关办公厅（室）对收到的公文应当进行初审。初审的重点是：是否应当由本机关办理，是否符合行文规则，文种、格式是否符合要求，涉及其他地区或者部门职权范围内的事项是否已经协商、会签，是否符合公文起草的其他要求。经初审不符合规定的公文，应当及时退回来文单位并说明理由。

初审无误的公文，可以进入承办环节。对阅知性公文，收文机关办公厅（室）应当根据公文内容、要求和工作需要确定范围后分送。对批办性公文，收文机关办公厅（室）应当提出拟办意见报本机关负责人批示或者转有关部门办理；需要两个以上部门办理的，应当明确主办部门。紧急公文应当明确办理时限。承办部门对交办的公文应当及时办理，有明确办理时限要求的应当在规定时限内办理完毕。

收文机关办公厅（室）应当根据领导批示和工作需要将公文及时送达传阅对象阅知或者批示。办理公文传阅应当随时掌握公文去向，不得漏传、误传、延误。

收文机关办公厅（室）应当及时了解公文的办理进展，督促承办部门按期办结。紧急公文或者重要公文应当由专人负责催办。

收文机关办公厅（室）应当及时将公文的办理结果答复来文单位，并根据需要告知相关单位。

（三）公文管理

公文管理指公文的发文机关和收文机关在公文保存及使用过程中的管理行为，主要包括归档、保管、保密、公开、复制、撤销、废止和销毁等环节。

公文归档指相关公务处理完毕后，公文的发文机关和收文机关应当根据有关档案的法律法规以及机关档案管理规定，及时收集齐全、整理归档。两个以上机关联合办理的公文，原件由主办机关归档，相关机关保存复制件。机关负责人兼任其他机关职务的，在履行所兼职务过程中形成的公文，由其兼职机关归档。

党政机关公文应由文秘部门或者专人统一管理。设有党委（党组）的县级以上单位应当建立机要保密室和机要阅文室，并按照有关保密规定配备工作人员和必要的安全保密设施。

对于党政机关公文的保密事宜，在公文确定密级前，应当按照拟定的密级先行采取保密措施。确定密级后，应当按照所定密级严格管理。绝密级公文应当由专人管理。公文的密级需要变更或者解除的，由原确定密级的机关或者其上级机关决定。

党政机关公文的印发、传达范围应当按照发文机关的要求执行；需要变更的，应当经发文机关批准。涉密公文公开发布前应当履行解密程序。公开发布的时间、形式和渠道，由发文机关确定。经批准公开发布的公文，同发文机关正式印发的公文具有同等效力。

对一般性党政机关公文进行复制或汇编机密级、秘密级党政机关公文，应当符合有关规定并经本机关负责人批准。绝密级公文一般不得复制、汇编，确有工作需要的，应当经发文机关或者其上级机关批准。复制、汇编的公文视同原件管理。复制件应当加盖复制机关戳记。翻印件应当注明翻印的机关名称、日期。汇编本的密级按照编入公文的最高密级标注。

党政机关公文的撤销和废止事宜，由发文机关、上级机关或者权力机关根据职权范围和有关法律法规决定。公文被撤销的，视为自发文之日起无效；公文被废止的，视为自废止之日起失效。

涉密公文应当按照发文机关的要求和有关规定进行清退或者销毁。另外，不具备归档和保存价值的公文，经批准后可以销毁。销毁涉密公文必须严格按照有关规定履行审批登记手续，确保不丢失、不漏销。个人不得私自销毁、留存涉密公文。

四、法定公文的文面格式

本书以下行文、平行文为例介绍法定公文的一般格式。

法定公文中下行文、平行文文面可分为版头、主体、版记三大部分，具体形式如图2-1所示。

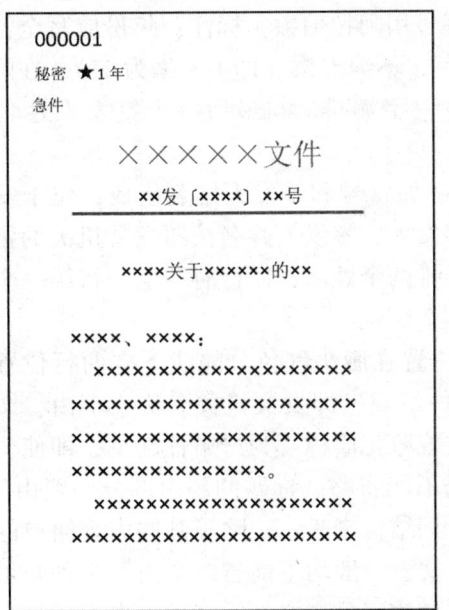

图2-1 法定公文的格式示意

按照中共中央、国务院发布的《党政机关公文处理工作条例》规定，法定公文一般由份号、密级和保密期限、紧急程度、发文机关标志、发文字号、签发人、公文标题、主送机关、正文、附件说明、发文机关署名、成文日期、印章、附注、附件、抄送机关、印发机关和印发日期、页码等部分组成。其中，版头部分（习惯上又称文头部分）的组成要件有份号、密级和保密期限、紧急程度、发文机关标志、发文字号、签发人、版头中的分隔线等；主体部分的组成要件有公文标题、主送机关、正文、附件说明、发文机关署名、成文日期、印章、附注、附件等；版记部分（习惯上又称文尾部分）的组成要件有版记中的分隔线、抄送机关、印发机关和印发日期等。

1. 份号。份号指公文印制份数的顺序号。涉密公文应当标注份号。如需标注份号，一般用6位三号阿拉伯数字，在版头左上角第一行定格标示。

2. 密级和保密期限。密级和保密期限指公文的秘密等级和保密的期限。党政机关公文的秘密等级一般分为绝密、机密、秘密三个等级，涉密的公文应当在版头左上角第二行顶格标注密级和保密期限，密级和保密期限之间用"★"隔开，保密期限中的数字用阿拉伯数字标注。

3. 紧急程度。紧急程度指公文送达和办理的时限要求。党政机关纸质公文的紧急程度一般分为"特急""急件"两种，电报公文的紧急程度则分为特提、特急、加急、平急四种。如需标明紧急程度时，应在版头左上角顶格标明；如需同时标注份号、密级和保密期限、紧急程度，则按照份号、密级和保密期限、紧急程度的顺序自上而下分行排列。

4. 发文机关标志。发文机关标志由发文机关全称或者规范化简称加上"文件"二字组成（限下行文），也可以使用发文机关全称或者规范化简称（限平行文与上行文）。联合行文时，发文机关标志可以并用联合发文机关名称，也可以单独用主办机关名称。发文机关标志应居中排布，颜色为红色。

5. 发文字号。发文字号是每一法定公文都必须具有的唯一身份标识,由发文机关代字、年份、发文顺序号组成。联合行文时,使用主办机关的发文字号。发文字号位于发文机关标志下空两行居中位置;年份、发文顺序号用阿拉伯数字标注;年份应写全,用六角括号"〔〕"括入;发文顺序号不加"第"字,不编虚位(即1不编为01),在阿拉伯数字后加"号"字。上行文的发文字号居左空一字编排,与最后一个签发人姓名处在同一行。

6. 签发人。签发人部分由"签发人"三字加冒号和签发人姓名组成,位于发文机关标志下空两行居右空一字的位置。如有多个签发人,签发人姓名按照发文机关的排列顺序从左到右、自上而下依次均匀编排,一般每行排两个姓名,回行时与上一行第一个签发人姓名对齐。

7. 公文标题。公文标题是公文的眉目,位置在版头红色分隔线下空两行位置,分一行或多行居中排列。公文标题一般由三个要件组成,即发文机关名称、事由、文种。其中,发文机关名称应当使用发文机关的全称或规范化简称。为严肃性起见,即使公文眉首中已经明示了发文机关,标题中的发文机关仍不能省略。标题的事由部分一般由"关于"和某一高度概括公文内容的词组共同组成的介词结构来表示,除了某些内容简单的周知性公文,以及少数事由无法用简单文字概括的公文,一般均不能省略事由。文种必须根据行文的目的、方向、内容的需要来确定,不能自创法定公文之外的文种,也不能将合乎规定的法定公文文种混淆。同时还应注意,公文标题中除法规、规章名称加书名号外,一般不用标点符号。

8. 主送机关。主送机关指公文的主要受理机关,应当使用全称或者规范化简称、统称。主送机关位于标题下空一行居左顶格位置,最后一个机关名称后应标冒号。

9. 正文。正文是公文的主体,用来表述公文的内容。正文位于主送机关名称下一行,每个自然段左空两字,回行顶格。文中结构层次序数依次可以用"一、""(一)""1.""(1)"标注。

10. 附件说明。附件说明是对公文附件的顺序号和名称的说明。如有附件,应在正文下空一行左空两字编排"附件"二字,后标冒号和附件名称。如有多个附件,应使用阿拉伯数字标注附件顺序号(如"附件:1. ×××××××××");附件名称后不加标点符号。附件名称较长需回行时,应当与上一行附件名称的首字对齐。

11. 发文机关署名。除有特定发文机关标志、无署名的普发性公文外,党政机关公文的结尾一般应署以发文机关全称或者规范化简称作为署名。联合行文署名时,应当先编排主办机关署名,其余发文机关署名依次向下编排。署名应位于正文右下方适当的位置。

12. 成文日期。成文日期应署会议通过的日期或发文机关负责人签发的日期;联合行文时,应署最后签发机关负责人签发的日期。成文日期中的数字应使用阿拉伯数字;应将年、月、日标全;年份应写全;月、日不编虚位(即1不编为01)。成文日期应位于发文机关署名正下方右空四字的位置,以成文日期为准居中编排发文机关署名(加盖印章时);或在公文正文下空一行右空两字编排发文机关署名,在发文机关署名下一行编排成文日期,首字位置比发文机关署名首字右移两字(不加盖印章时)。

13. 印章。印章是公文印制生效的标志,印章应用红色,并不得出现空白印章。公文中有发文机关署名的,应当加盖发文机关印章,并与署名机关名称相符。有特定发文机关标志、无署名的普发性公文(如公报、会议纪要等)和电报可以不加盖印章。

14. 附注。附注用于标注公文印发传达范围等需要说明的事项。附注应居左空两字并加圆括号编排在成文日期的下一行。

15. 附件。附件用作公文正文的说明、补充或者参考资料,多为事务文书。附件一般在正文后一页另页编排,位于版记之前,与公文正文一起装订。"附件"二字及附件顺序号顶格编排在正文后一页左上角第一行。附件标题居中编排在同页第三行。附件顺序号和附件标题应当与附件说明的表述一致。附件格式要求同正文。

如附件过长,不适宜与正文一起装订,则应当在附件左上角第一行顶格编排公文的发文字号并在其后标注"附件"二字及附件顺序号。

16. 抄送机关。抄送机关指除主送机关外需要执行或知晓公文的其他机关,应当使用全称或者规范化简称、统称。抄送机关应在印发机关和印发日期的上一行、左右各空一字编排。"抄送"二字后加冒号和抄送机关名称。

17. 印发机关与印发时间。印发机关与印发时间指公文的送印机关和送印日期。印发机关和印发日期一般编排在末条分隔线之上,印发机关左空一字,印发日期右空一字,用阿拉伯数字将年、月、日标全,年份应写全,月、日不编虚位(即 1 不编为 01),后加"印发"二字。

第二节 命令(令) 决定 通知

一、命令(令)

(一)命令(令)的含义和种类

《党政机关公文处理工作条例》规定,命令(令)"适用于公布行政法规和规章、宣布施行重大强制性措施、批准授予和晋升衔级、嘉奖有关单位和人员"。

根据《中华人民共和国宪法》的有关规定,中华人民共和国主席、国务院、国务院各部和各委员会、县级以上地方各级人民政府有权发布命令(令),其他一般机关、人民团体、企事业单位无权发布命令(令)。

命令(令)有多种类型,根据命令(令)所涉及的公务活动性质,可分为发布令、行政令、任免令、嘉奖令、惩戒令、动员令、戒严令、特赦令等。现简单介绍发布令、行政令、嘉奖令、任免令。

1. 发布令。发布令也称作公布令、颁布令。它是国家元首、国务院总理和有关行政部门用来公布法律、发布行政法规和规章的命令。在这类命令(令)正文之后,会以附件的形式随文附上所公布的法律、法规和规章,即"令出法随"。发布令实际上是所发布的法律、法规和规章的运行载体,是一种载体性公文。

2. 行政令。行政令是国务院及其各部门、县级以上地方各级人民政府宣布施行重大强制性行政措施时发布的命令。

3. 嘉奖令。嘉奖令是领导机关或领导人为嘉奖有关人员或有功集体而发布的命令。嘉奖令正文一般由嘉奖对象主要事迹及评价、嘉奖办法、补充要求构成,具有极强的号召力。

4. 任免令。任免令专门用于任免国务院组成人员。

(二) 命令（令）的结构和写法

命令（令）一般由标题、编号、主送机关、正文和落款五部分组成。

1. 标题。命令（令）的标题有以下两种写法。

（1）发文机关加上事由与文种。

（2）发文机关（或机关首长）加文种。

2. 编号。命令（令）的编号有以下三种写法。

（1）采用一般法定公文使用的发文字号。

（2）以年度为单位，按发布时间顺序编号，具体形式为"××××年第××号"，其中年号和顺序号应使用阿拉伯数字。

（3）以领导人任期为单位，按发布时间顺序排号，即从该领导人任职时开始编排，至任职期满为止，下届新领导人任职后重新编号。此种方式一般只有国家级领导人使用，其具体形式为"第×××号"。

3. 主送机关。命令（令）的主送机关分两种情况：向全社会公布有关事项时，主送机关省略不用；面向特定政府管辖部门的命令则必须标明主送机关。

4. 正文。命令（令）的种类不同，正文的写法也有所不同。

（1）发布令的正文包括两个内容：一是所公布的法律法规名称及其依据；二是施行的日期。法律法规则多数作为公布令的附件。

（2）行政令的正文一般由发令缘由与目的、命令事项和补充执行要求三部分组成。

发令缘由分目的部分用于说明发布命令（令）的原因、依据和目的。在发令缘由分目的部分的结尾，一般使用过渡句来引领下文，如"为此，发布命令如下""为此，现发布如下命令""为……特命令"等。

命令事项是行政令全文最重要的组成部分，一般分条列项提出必须执行的事项。这部分在写作时应注意对执行主体进行清晰的界定，陈述必须执行的事项时条理清晰，语言简洁，语气庄重严肃。

补充执行要求主要用于强调命令事项的意义、发出希望和号召等。这部分不是行政令的必要组成部分，通常情况下可以省略。

（3）嘉奖令的正文由嘉奖对象主要事迹及评价、嘉奖办法及补充要求三部分组成。

嘉奖令行文首先陈述嘉奖对象的主要事迹并对其作出评价，作为嘉奖令的依据。

对嘉奖对象主要事迹的陈述应概述，突出符合嘉奖目的的事实，舍弃与嘉奖目的无关的细枝末节。

对嘉奖对象主要事迹的评价不能仅限于对嘉奖对象具体行为的直接评价，还须从嘉奖对象个别性的行为事实中提炼出具有普遍教育意义的本质特征，后者最为重要。

嘉奖方法是嘉奖令的重要组成部分，一般先写嘉奖目的，再写明嘉奖发出者和具体嘉奖办法，文字要求简洁。

补充要求部分主要用于强调嘉奖令的意义，发出希望和号召等。

（4）任免令的正文通常由任免的依据、被任免者的姓名及所任免的职务等要素组成，是命令（令）中结构最简单的一种类型。

5. 落款。命令（令）的落款由签署命令的领导人或发文机关署名以及成文日期组成。在签署领导人姓名时，须先标明该领导人职务，再标明该领导人姓名。国家最高领导人签署命令（令）时，职务应写全称，如"中华人民共和国主席　习近平"；其他领导人签署命令（令）时，职务可写简称，如"总理　李克强""部长　×××""省长　×××"。署名写在正文的右下方，命令（令）成文日期之上。

（三）例文

1. 发布令。

中华人民共和国国务院令

第 699 号

现公布修订后的《奥林匹克标志保护条例》，自 2018 年 7 月 31 日起施行。

附件：《奥林匹克标志保护条例》

总理　李克强

2018 年 6 月 28 日

2. 行政令。

铜川市人民政府令

2018 年第 1 号

为有效预防森林火灾发生，确保森林资源和人民群众生命财产安全，维护林区社会稳定，根据《森林防火条例》有关规定，市政府决定发布森林防火戒严令。

一、戒严期限：2018 年 3 月 30 日至 5 月 31 日。

二、戒严区域：全市所有国有林区、集体林地、封山育林区、退耕还林区、森林公园、自然保护区和其他有林地。

三、森林防火戒严期内，严禁任何单位和个人在林区实施下列行为：

（一）烧荒、烧地畔、烧秸秆、焚烧垃圾、炼山造林、爆破作业等生产性用火。

（二）吸烟、烧火取暖、野炊、祭祀烧纸、燃放烟花爆竹、烧山狩猎等非生产性用火。

（三）携带火种和易燃易爆品进入林区。

（四）其他易引发森林火灾的行为。

四、违反本戒严令造成森林火灾的，依照《森林防火条例》等有关法律规定追究法律责任。

各区县政府、市新区管委会、市森林防火指挥部各成员单位要切实落实防火责任，积极开展森林防火宣传教育，从严管控野外火源，加强巡查巡护，监管特殊人群，备足灭火设备，完善扑火应急预案，强化应急值班，科学组织灭火，确保不发生重大森林火灾和人员伤亡事故，切实保护森林资源安全。

广大市民发现森林火情，应第一时间拨打森林火灾报警电话 12119，并报告当地政府或市森林防火指挥部办公室（3183119）。

市长　杨长亚

2018 年 3 月 27 日

3. 嘉奖令。

湖北省人民政府对中国航天三江集团公司的嘉奖令

鄂政发〔2017〕5 号

各市、州、县人民政府，省政府各部门：

2017 年 1 月 9 日 12 时 11 分，由中国航天三江集团公司研制的快舟一号甲固体运载火箭在中国酒泉卫星发射中心，以一箭三星的方式将吉林一号灵巧视频卫星03星、行云试验一号卫星、凯盾一号卫星准确送入预定轨道，圆满完成了首次商业发射任务。此次任务突破我国传统发射模式，首次采用商业发射合同组织形式，开创了中国商业航天发展的新篇章，在我国商业航天发展史上具有里程碑意义，是湖北省军民深度融合发展的又一重大成果。

航天产业是国家重点布局和支持的战略性新兴产业，商业航天已成为我国航天事业发展的新动力。目前，我省正在积极打造武汉国家航天产业基地，加快发展我省商业航天产业，对推动全省产业结构转型升级具有十分重要的意义。中国航天三江集团公司作为武汉国家航天产业基地建设的主体单位之一，坚持技术创新、商业模式创新和管理创新，克难攻坚，勇于探索，努力提升运载火箭的可靠性和性价比，实现了从签订发射服务合同到完成发射任务仅用8个半月的"快舟"速度，开创了互联网时代商业航天发射服务的"快舟"模式。为表彰中国航天三江集团公司在推动湖北商业航天产业发展上做出的突出贡献，省人民政府决定予以通令嘉奖。

希望中国航天三江集团公司继续深入贯彻落实国家军民深度融合发展战略，牢固树立新发展理念，积极投身武汉国家航天产业基地建设，加大"快舟"系列型号火箭的研制及商业发射业务承接工作力度，着力培育壮大以商业航天为代表的战略性新兴产业，为我省加快推进"建成支点、走在前列"进程再立新功！

湖北省人民政府
2017年2月6日

4. 任免令。

中华人民共和国主席令

第一号

根据中华人民共和国第十三届全国人民代表大会第一次会议的决定，任命李克强为中华人民共和国国务院总理。

中华人民共和国主席　习近平
2018年3月18日

二、决定

（一）决定的含义和种类

《党政机关公文处理工作条例》规定，决定"适用于对重要事项作出决策和部署、奖惩有关单位和人员、变更或者撤销下级机关不适当的决定事项"。

命令（令）和决定同属于下行文，都具有很强的指令性，所涉及事项较为重大，但两者在使用上有较为明显的不同。

1. 发文主体不同。命令（令）的使用主体由《中华人民共和国宪法》规定，仅限于中华人民共和国主席、国务院、国务院各部和各委员会、县级以上地方各级人民政府。决定的使用主体不受任何限制，上至国务院，下至各级党政机关、人民团体、企事业单位都有权使用。

2. 签署方式不同。命令（令）的签署者可以是县级以上人民政府或政府部门的首要负责人，因此命令（令）的落款可以是负责人的姓名，也可以是各级行政机关。决定的签署者只能是各级党政机关、人民团体、企事业单位，决定的落款只能由发文机关署名。

3. 事项轻重不同。命令（令）所涉及的事项均为单一重大事项。决定所涉事项可大可小、可重可轻，即使是重大事项，与命令（令）相比，也在强制性、奖惩层级上有所区别。

决定可分为两大类，一类为知照性决定，一类为指挥性决定。

1. 知照性决定。这类决定中的决定事项只需要个别机关、人员贯彻执行，对其他下级机关只具有告晓作用，并无具体执行要求。常用的知照性决定有表彰决定、处分决定、机构设置的决定和人事任免决定等。

2. 指挥性决定。这类决定中的决定事项涉及全体下级，需要全体下级共同贯彻执行。常用的指挥性决定有规范性决定、指导性决定、开展重要行动的决定等。

（二）决定的结构和写法

决定一般由标题、主送机关、决定依据、决定事项、补充要求、落款等部分组成。

1. 标题。决定的标题属普通法定公文标题形式，由发文机关加上事由与文种组成。

2. 主送机关。决定的主送机关一般为全体下级。

3. 决定依据。决定依据包括两个方面，即事实依据、法纪依据或党政依据。事实依据指奖惩决定中的先进事迹或错误事实，如规范性决定、指导性决定中的行政管理对象的现状、行政处理过程等。法纪依据指党纪和行政法律法规的具体规定，党政依据指具有决定权的党政部门和会议的批准等。这部分的叙述语言要求概括、准确、简洁。

4. 决定事项。只有单一决定事项时，决定依据与决定事项合段写作，常用句式有"经×××××（有决定权的党政机关或会议）批准，×××××（发文单位）决定……""为……，×××××（发文单位）决定……"等。

有多项决定事项时，应对决定事项分条立项，并在决定依据段落的结尾处运用过渡句，如"为……，×××××（发文单位）特作如下决定""经×××××（有决定权的党政机关或会议）批准，×××××（发文单位）特决定如下"等。

说明决定事项时应注意明确决定所涉及的具体对象、决定对所涉对象的具体要求，语言应条理清晰，严肃庄重。

5. 补充要求。补充要求主要用于强调决定的意义，向全体下级提出指导性要求，发出希望和号召等，常用句式有"×××××（决定事项）是……，×××××（相关下级）要……""×××××（决定事项）对……有重要意义（作用），×××××（发文机关）希望（号召）×××××（相关下级）……"等。

6. 落款。决定落款由发文机关署名和成文日期组成。

（三）例文

1. 知照性决定（奖励决定）。

国务院关于2017年度国家科学技术奖励的决定

国发〔2018〕2号

各省、自治区、直辖市人民政府，国务院各部委、各直属机构：

为全面贯彻党的十九大精神，深入贯彻落实习近平新时代中国特色社会主义思想，坚定实施科教兴国战略、人才强国战略和创新驱动发展战略，国务院决定，对为我国科学技术进步、经济社会发展、国防现代化建设作出突出贡献的科学技术人员和组织给予奖励。

根据《国家科学技术奖励条例》的规定，经国家科学技术奖励评审委员会评审、国家科学技术奖励委员会审定和科技部审核，国务院批准并报请国家主席习近平签署，授予王泽山院士、侯云德院士国家最高科学技术奖；国务院批准，授予"水稻高产优质性状形成的分子机理及品种设计"等2项成果国家自然科学奖一等奖,授予"华北克拉通破坏"等33项成果国家自然科学奖二等奖,授予"燃煤机组超低排放关键技术研发及应用"等4项成果国家技术发明奖一等奖,授予"水稻精量穴直播技术与机具"等62项成果国家技术发明奖二等奖,授予"特高压±800kV直流输电工程"等3项成果国家科学技术进步奖特等奖,授予"涪陵大型海相页岩气田高效勘探开发"等21项成果国家科学技术进步奖一等奖,授予"多抗广适高产稳产小麦新品种山农20及其选育技术"等146项成果国家科学技术进步奖二等奖,授予厄尔·沃德·普拉默教授等7名外国专家中华人民共和国国际科学技术合作奖。

全国科学技术工作者要向王泽山院士、侯云德院士及全体获奖者学习,不忘初心、牢记使命,继续发扬求真务实、勇于创新的科学精神和服务国家、造福人民的优良传统,主动担当起建设世界科技强国的历史重任,深入实施创新驱动发展战略,坚定不移走中国特色自主创新道路,加快建设创新型国家,为决胜全面建成小康社会、夺取新时代中国特色社会主义伟大胜利、实现"两个一百年"奋斗目标和中华民族伟大复兴的中国梦作出新的更大贡献。

国务院
2018年1月1日

(此件公开发布)

2. 指挥性决定(规范性决定)。

国务院关于国务院机构改革涉及行政法规规定的行政机关职责调整问题的决定
国发〔2018〕17号

各省、自治区、直辖市人民政府,国务院各部委、各直属机构:

为贯彻党的十九大和十九届二中、三中全会精神,根据第十三届全国人民代表大会第一次会议批准的《国务院机构改革方案》,按照第十三届全国人民代表大会常务委员会第二次会议审议通过的《全国人民代表大会常务委员会关于国务院机构改革涉及法律规定的行政机关职责调整问题的决定》确定的原则,平稳有序调整行政法规规定的行政机关职责和工作,确保行政机关依法履行职责、开展工作,推进国家机构设置和职能配置优化协同高效,现就国务院机构改革涉及行政法规规定的行政机关职责调整问题作出如下决定:

一、现行行政法规规定的行政机关职责和工作,《国务院机构改革方案》确定由组建后的行政机关或者划入职责的行政机关承担的,在有关行政法规规定修改或者废止之前,调整适用有关行政法规规定,由组建后的行政机关或者划入职责的行政机关承担;相关职责调整到位之前,由原承担该职责和工作的行政机关继续承担。

地方各级行政机关承担行政法规规定的职责和工作需要进行调整的,按照上述原则执行。

二、行政法规规定上级行政机关对下级行政机关负有批准、备案、复议等管理监督指导等职责的,上级行政机关职责已调整到位、下级行政机关职责尚未调整到位的,由《国务院机构改革方案》确定承担该职责的上级行政机关履行有关管理监督指导等职责。

三、实施《国务院机构改革方案》需要制定、修改、废止行政法规,或者需要由国务院作出相关决定的,国务院有关部门应当及时提出意见和建议,司法部起草草案后,依照法定程序报国务院审批。

四、实施《国务院机构改革方案》需要修改或者废止部门规章和规范性文件的,国务院有关部门要抓紧清理,及时修改或者废止。相关职责已经调整,原承担该职责和工作的行政机关制定的部门规章和规范性文件中涉及职责和工作调整的有关规定尚未修改或者废止之前,由承接该职责和工作的行政机关执行。

五、各级行政机关要精心组织,周密部署,确保行政机关履行法定职责、开展工作的连续性、稳定性、有效性,特别是做好涉及民生、应急、安全生产等重点领域工作。上级行政机关要加强对下级行政机关的监督指导,划入、划出职责的部门要主动衔接,加强协作,防止工作断档、推诿扯皮、不作为、乱作为,切实保障公民、法人和其他组织的合法权益。

国务院
2018年5月24日

(此件公开发布)

三、通知

(一) 通知的含义和种类

《党政机关公文处理工作条例》规定,通知"适用于发布、传达要求下级机关执行和有关单位周知或者执行的事项,批转、转发公文"。

通知在下行文中使用最为广泛,甚至可以说在所有法定公文中使用最为广泛。通知的使用范围较广,按照其用途可分成三大类,即指示性通知、转文性通知、事务性通知。

1. 指示性通知。指示性通知由上级党政机关或职能部门对下级党政机关或职能部门发出工作指令,要求全体下级机关普遍执行时使用。指示性通知所涉及的公务活动多属常规性工作范畴,一般不用于传达对重大事项的决策和安排。

2. 转文性通知。通知作为一种法定公文,具有可以在各党政机关之间合法往来的特性,而在公务活动中,有时会遇到需要对公文正文进行补充说明或者提供参考资料的情形,这些补充说明或参考资料又常常以事务文书的形式出现,不具备在各党政机关之间合法往来的特性。这时,就可以将它们作为通知的附件,与通知正文一起发出,从而满足公务活动的特殊需求。

转文性通知根据其具体用途可分为三种,即发布性通知、批转性通知和转发性通知。

发布性通知是指上级党政机关在向下级机关发布新制定的规章时使用的通知。这类通知中,新制定的规章作为通知的附件出现。

批转性通知是指上级党政机关对其所属的某一职能部门就其职权范围内的工作提出的意见和建议加以批准,使之先成为自身的意志,而后转发给全体下级执行时使用的通知。这类通知中,下属职能部门的意见或建议作为通知的附件出现。

转发性通知是指下级党政机关接收到上级来文后,将其转发给自己的全体下级执行时使用的通知。这类通知中,上级的来文作为通知的附件出现。

3. 事务性通知。事务性通知用于周知一般事务性工作,不具有要求下级机关普遍执行的特性,如任免通知、启用印章通知、调整机构设置的通知、庆祝节日通知、会议通知等。

(二) 指示性通知的结构和写法

指示性通知的结构一般由标题、主送机关、通知依据、通知事项、结尾、结语、落款等部分组成。

1. 标题。指示性通知的标题属普通法定公文标题形式,由发文机关加事由和文种组成。

2. 主送机关。指示性通知的主送机关为全体下级。

3. 通知依据。通知依据包括三个方面，一是事实依据，即党政管理工作所面临的现状；二是法纪依据，即法律法规的规定、党纪的规定；三是党政依据，即有决定权的党政机关指令或相关党政会议的批准。在写作时可根据行文的实际需要进行取舍。

对事实依据的陈述一般先指出某方面工作所取得的主要成绩，再转入对现存主要问题的归纳，并进一步指出其危害性。其中，对现存问题的陈述是通知依据的重点。陈述时应高度概括，只需归纳出问题的类型，无须涉及具体时间、地点、当事人、当事单位等细节。

法纪依据和党政依据的表述应明确具体，需指明具体的法律法规名称、党政机关相关指令的名称、相关党政会议名称，不宜用"有关法律""上级领导机关"等语句模糊化处理。

在通知依据的结尾，一般结合通知的发文目的和法纪依据或党政依据使用过渡句，如"为……，根据《×××××》（法律法规、党纪）有关规定，经×××××（有决定权的党政部门或会议）批准，×××××（发布机关）决定……，现将有关事项通知如下""为……，现就……有关事项通知如下"等。

4. 通知事项。通知事项是指示性通知的重要组成部分，事项较多时应分条立项加以说明。

事项划分时应注意做到整体全面完备、无所遗漏；各条分工明确、责任清晰，具备较强的可操作性，即明确具体的执行主体、执行时间、执行地点、执行程序与方式方法等要素。通知事项部分的语气应郑重严肃，经常使用含有"要""要求""不得""应该""必须"等词语的命令句式。

5. 结尾。在指示性通知的结尾，有时需要统一提示通知事项的执行起止时限、违反执行事项后的处罚办法及监督执行机构。如果在通知事项部分已分项作出交代，则结尾部分可以省略。

6. 结语。指示性通知的结尾可用结尾专用语"特此通知"，也可省略。

7. 落款。指示性通知的落款由发文机关署名和成文日期组成。

写作小技巧（一）——如何给多个主送机关排序？

当法定公文的主送机关为全体下级时，便会出现多个主送机关同时并列的情形，这时应先列举全体下一级党政机关名称，再列举本级党政机关内属各职能部门名称。如国务院下发通知时的主送机关为"各省、自治区、直辖市人民政府，国务院各部委、各直属机构"，其中"各省、自治区、直辖市人民政府"作为全体下一级行政机关排列在前，"国务院各部委、各直属机构"作为国务院内属各职能部门排列在后。

写作小技巧（二）——如何分条立项？

在法定公文的写作中经常遇到某项公务活动涉及诸多执行主体、诸多执行环节，必须分条立项，分别加以规定的情形。为使分条立项既整体全面完备，又各条界限明确，可按下列思路来进行分项。

首先，可以按执行主体分项，即罗列出事项所涉及的所有执行主体，并对这些执行主体逐一分条立项提出要求，明确各自应完成的任务及完成任务的具体方式。

其次，可以按工作环节分项，即罗列出事项所涉及的每个具体工作环节，依照工作环节的前后顺序逐一分条立项，明确每一环节的责任主体，并规定其应当完成的任务及完成任务的方式。

再次，可以将上述两种方法结合使用，保留其内在特性，在行文过程中兼顾各条项之间的文面均衡感，对执行主体或工作环节作适当的拆分与合并。

（三）转文性通知的结构和写法

转文性通知一般由标题、主送机关、转文事实、补充要求、附件、落款等部分组成。

1. 标题。转文性通知的标题属特殊法定公文标题形式，具体写法如下。

（1）发布性通知标题的形式为发文机关关于发布（印发）加上被发布文件名与文种的形式，如"国务院办公厅关于印发《国民营养计划》（2017—2030年）的通知"。

（2）批转性通知与转发性通知的标题写法相同，即发文机关关于批转（转发）加上被批转文件标题与文种的形式，如"国务院批转国家发展改革委关于2017年深化经济体制改革重点工作意见的通知""国务院中央军委关于批转人力资源社会保障部总参谋部总政治部《军人随军家属就业安置办法》的通知"，其中被批转文件属于法定公文时，其名称一般不使用书名号。

在使用转发性通知时，常常遇到被转发的上级机关来文也是通知的情形，这时，一般仍应保留被转发文件文种，如"××市教育委员会转发教育部关于做好春夏季中小学生和幼儿安全工作的紧急通知的通知"；也有将上级机关来文标题中的"通知"改换为"文件"的特殊处理方式，如"××市发展和改革委员会转发国家发展改革委关于提高国内成品油价格文件的通知"；不适宜采取直接省略转发性通知文种的处理方式，如"××市市工业和信息化委转发工信部办公厅关于开展2018年物联网集成创新与融合应用项目征集工作的通知"。

2. 主送机关。转文性通知的主送机关为全体下级。

3. 转文事实。这部分一般使用固定句式表述。

（1）发布性通知一般先简要介绍发布公文的依据和目的，再表述转文事实。常用固定句式为"根据《××××××××》（相关法律法规），为……（目的），现将《××××××××××》（印发文件名）印发给你们，请认真贯彻执行（遵照执行、参照执行）"。

（2）批转性通知一般直接表述批准和转发事实，常用固定句式为"××××（被批转文件发文机关）《××××××××××》（被批转文件名）已经××××（批准机关）同意，现转发给你们，请认真贯彻执行（遵照执行、参照执行）"，或"××××（批准机关）同意××××（被批转文件发文机关）《××××××××××》（被批转文件名），现转发给你们，请认真贯彻执行（遵照执行、参照执行）"。

（3）转发性通知一般直接表述转发事实，常用固定句式为"现将××××（被转发文件发文机关）《××××××××××》（被转发文件名）转发给你们，请认真贯彻执行（遵照执行、参照执行）"。

4. 补充要求。补充要求用于提出希望或要求，也常常会使用固定句式。

在发布性通知、批转性通知中，补充要求用于强调印发、批转的文件中涉及的工作事项的意义，向全体下级提出指导性要求，发出希望和号召等，常用句式有"×××××（工作事项）是……，×××××（相关下级）要……""×××××（工作事项）对……有重要意义（作用），×××××（发文机关）希望（号召）×××××（相关下级）……"等。

在转文性通知中，补充要求用于发文机关结合本地区实际，对被转发文件中涉及的工作事项向下级提出具体要求。结合转文事实形成的常用句式有"现将××××（被转发文件发文机关)《×××××××××》(被转发文件名)转发给你们,并提出如下工作要求,请一并认真贯彻落实",然后便可分条立项列举对下级的具体要求。

补充要求不是转文性通知的必要组成部分,可以省略。

5. 附件。附件由顺序号和被转发文件标题组成,是转文性通知的重要组成部分,不能遗漏。

6. 落款。转文性通知的落款由发文机关署名和成文日期组成。

(四)事务性通知的结构和写法

事务性通知一般由标题、主送机关、通知依据、通知事项、结语、落款等部分组成。

1. 标题。事务性通知的标题属普通公文标题,由发文机关加上事由与文种组成。

事务性通知的事由部分有时会出现不易概括或与通知正文部分行文完全相同的情形,这时可以省略标题中的事由部分。

2. 主送机关。事务性通知的主送机关为全体下级。

3. 通知依据。一般事务性通知的依据较为简略,常以发文目的结合通知的法纪党政依据组成,如"为……,根据《×××××》(法律法规、党纪)有关规定,经×××××(有决定权的党政部门或会议)批准,×××××(发布机关)决定……"。

4. 通知事项。事务性通知的事项多为单一事项,简要说明事项即可。

5. 结语。事务性通知的结尾可用结尾专用语"特此通知"。

6. 落款。事务性通知的落款由发文机关署名和成文日期组成。

会议通知与其他事务性通知有所区别,它兼具周知性和指示性,写法较其他事务性通知复杂。会议通知的周知性事项可以包括会议目的、会议法纪党政依据、会议主办机关、会议名称、会议议题、会议主要议程等要素。在写作时,这些周知性要素可根据会议的重要程度作相应调整。会议性通知的指示性事项应包括会议时间、会议地点、参会人员、携带材料、会议费用等要素,这些指示性要素在写作时要求具体详细。

(五)例文

1. 指示性通知。

国务院办公厅关于做好证明事项清理工作的通知

国办发〔2018〕47号

各省、自治区、直辖市人民政府,国务院各部委、各直属机构:

为贯彻落实党中央、国务院关于减证便民、优化服务的部署要求,做好证明事项清理工作,切实做到没有法律法规规定的证明事项一律取消,经国务院同意,现就有关事项通知如下:

一、各部门要对本部门规章和规范性文件等设定的各类证明事项进行全面清理,尽可能予以取消。对可直接取消的,要作出决定,立即停止执行,同时启动修改或废止规章和规范性文件程序;对应当取消但立即取消存在困难的,应采取必要措施,确保最迟在2018年年底前取消;对个别确需保留的,要在广泛征求意见、充分研究论证的基础上,通过提请制定或修改法律、行政法规予以设定。部门规章和规范性文件等设定的证明事项清理情况,包括已经取消的证明事项目录、拟保留的证明事项目录等,于2018年10月底前报送司法部。

二、各部门要结合本部门职责,对法律、行政法规设定的证明事项,本着尽可能取消的原则,逐项提出取消或保留的建议,于2018年9月底前报送司法部。对可以通过法定证照、书面告知承诺、政府部门内部核查和部门间核查、网络核验、合同凭证等办理的,能被其他材料涵盖或者替代的，开具单位无法调查核实的，以及不适应形势需要的，要提出取消建议；对实践中确需保留的，要列出目录。对于建议取消和保留的证明事项，要逐项列明设定依据、取消或保留理由、实施基本情况（包括年受理量、索要单位、开具单位）、相关部门意见等。

三、各地区要对法律、行政法规、部门规章和部门规范性文件设定的、在本行政区域内实施的证明事项进行梳理，逐项提出取消或保留的建议，于2018年9月底前报送司法部。对本地区自行设定的证明事项，除地方性法规设定的外，最迟要于2018年年底前取消。对地方性法规设定的证明事项，也要根据本次清理工作精神，逐一研究，尽可能予以取消。

四、司法部要做好本次清理的组织实施工作。对各地区、各部门的建议进行汇总并梳理审核，加强对国务院各部门清理工作的跟踪、督促和指导，确保于2018年年底前完成证明事项清理工作，清理工作完成后向国务院报告情况。根据各地区、各部门的建议，对确需保留的证明事项，组织各地区、各部门公布清单，逐项列明设定依据、开具单位、办理指南等。清单之外，政府部门、公用事业单位和服务机构不得索要证明。对取消证明事项涉及修改法律、行政法规的，及时启动法律、行政法规修订程序。

五、各地区、各部门要以本次清理工作为契机，进一步转变行政管理方式，规范行政行为，切实改进服务作风，提升监管效能。已取消的证明事项要及时通过互联网等向社会公布目录并做好宣传解读工作，公布新的办事指南，保证平稳过渡，防止出现管理和服务"真空"。要加强督促检查，对下级机关违法增加证明事项和证明材料、提高证明要求、随意将行政机关的核查义务转嫁给群众和企业的，及时纠正查处；对未及时纠正查处、引发不良社会影响的，严肃追究相关责任人的责任。要进一步加强协同协作，促进信息系统互联互通，打破政府部门间、部门内部"信息孤岛"，从根本上铲除"奇葩"证明、循环证明、重复证明滋生的土壤。要大力推行告知承诺制，同时加强信用体系建设，强化对群众和企业承诺事项的事后审查，对不实承诺甚至弄虚作假的，依法予以严厉处罚。

本次清理工作时间紧、任务重，各地区、各部门要高度重视，切实加强组织领导，制定工作方案，细化分解任务，明确牵头单位和时间节点，层层压实责任，采取有力措施确保实现预期目标。各地区、各部门要于2018年6月30日前，将本次清理工作的有关负责同志和联络员名单报送司法部。

国务院办公厅
2018年6月15日

（此件公开发布）

2. 转文性通知（发布性通知）。

国务院办公厅
关于印发自由贸易试验区外商投资准入特别管理措施（负面清单）（2017年版）的通知
国办发〔2017〕51号

各省、自治区、直辖市人民政府，国务院各部委、各直属机构：

《自由贸易试验区外商投资准入特别管理措施（负面清单）（2017年版）》已经国务院同意，现印发给你们。此次修订进一步放宽外商投资准入，是实施新一轮高水平对外开放的重要举措。各地区、各部门要认真贯彻执行，增强服务意识，提高监管水平，有效防控风险。实施中的重大问题，要及时向国务院请示报告。

《自由贸易试验区外商投资准入特别管理措施（负面清单）（2017年版）》自2017年

7月10日起实施。2015年4月8日印发的《自由贸易试验区外商投资准入特别管理措施（负面清单）》同时废止。

国务院办公厅
2017年6月5日

（此件公开发布）

3. 转文性通知（批转性通知）。

南京市政府
关于批转市发改委2018年全市经济社会发展重大项目计划的通知

各区人民政府，市府各委办局、市各直属单位：

市政府同意市发改委拟定的《南京市2018年经济社会发展重大项目计划》，现转发给你们，请认真遵照执行。要扎实推进2018年全市重大项目建设，在资金、土地、政策等资源要素配置上，对重大项目实行重点倾斜和有效保障，要继续实施重大项目分工负责、检查督办制度，严格执行节能减排的相关规定，通过各区、各有关部门和单位的共同努力，以及相关重点企业的奋力拼搏、通力协作，确保全年投资目标任务顺利完成。

附件：《南京市2018年经济社会发展重大项目名录》

南京市人民政府
2018年1月30日

4. 转文性通知（转发性通知）。

××市财政局　市发展改革委
转发财政部　国家发展改革委关于停征、免征和调整部分行政事业性收费
有关政策的通知的通知

市公安局，各区财政局、发展改革委：

现将《财政部　国家发展改革委关于停征、免征和调整部分行政事业性收费有关政策的通知》（财税〔2018〕37号）转发给你们，并结合我市实际，提出如下补充意见，请一并贯彻执行：

一、有关部门和单位要继续做好欠缴收入清欠工作，确保欠缴收入及时足额上缴国库；对2018年4月1日起征收的首次申领居民身份证工本费收入，应按原渠道办理退付手续。

二、有关部门和单位要严格执行本通知规定，对公布停征、免征和调整的行政事业性收费，不得以任何理由拖延或者拒绝执行，不得以其他名目变相继续收费。各级财政、价格管理部门要加强检查监督，对不按规定执行的，按照相关规定给予处罚。

××市财政局
××市发展改革委
2018年5月11日

5. 事务性通知（任免通知）。

国务院办公厅关于调整国务院反垄断委员会组成人员的通知
国办发〔2018〕51号

各省、自治区、直辖市人民政府，国务院各部委、各直属机构：

根据工作需要和人员变动情况，国务院对国务院反垄断委员会组成人员作了调整。现将调整后的组成人员名单通知如下：

主　任：王　勇　国务委员

副主任：张　茅　　市场监管总局局长
　　　　孟　扬　　国务院副秘书长
委　员：胡祖才　　发展改革委副主任
　　　　王江平　　工业和信息化部副部长
　　　　甘藏春　　司法部党组成员
　　　　程丽华　　财政部副部长
　　　　戴东昌　　交通运输部副部长
　　　　李成钢　　商务部部长助理
　　　　刘国强　　人民银行行长助理
　　　　翁杰明　　国资委副主任
　　　　甘　霖　　市场监管总局副局长
　　　　贾　楠　　统计局副局长
　　　　梁　涛　　银保监会副主席
　　　　阎庆民　　证监会副主席
　　　　綦成元　　能源局副局长
　　　　贺　化　　知识产权局副局长
秘书长：甘　霖（兼）
国务院反垄断委员会办公室设在市场监管总局，承担国务院反垄断委员会日常工作。

国务院办公厅
2018年7月11日

（此件公开发布）

6. 事务性通知（会议通知）。

**江西省食品药品监督管理局办公室
关于召开2018年全省药品流通监管工作会议的通知**

赣食药监办字〔2018〕5号

各设区市、省直管试点县（市）食品药品监督管理局、樟树药品监管局，省局直属相关单位：

为贯彻落实2018年全省食品药品监督管理暨党风廉政建设工作会议和全国药品监管工作会议精神，总结2017年全省药品生产监管工作，部署2018年重点工作。经研究，定于3月27日至28日在南昌市格兰云天大酒店召开全省药品流通监管工作会议。现将有关事项通知如下：

一、会议时间

2018年3月27日至28日（3月27日下午报到，3月29日上午离会）。

二、会议地点

格兰云天大酒店（南昌市高新区南京东路1515号，电话：88160888）。

三、参会人员

（一）各设区市食品药品监督管理局、樟树药品监督管理局分管药品生产监管工作的局领导1人、药品注安科（处）负责同志各1人；省直管试点县（市）食品药品监督管理局分管药品监管工作局领导1人。

（二）省局科技与标准监督处、省食品药品稽查局、省药品认证中心、省药品审评中心、省药品不良反应监测中心、省局行政受理服务中心、省药品检验检测研究院、省局信息中心有关药品监管工作负责同志各1人,省药品检验检测研究院可增加中药室、化药室负责同志各1人参会。

四、其他事项

(一)参会人员食宿费用由会议承担,往返交通费用自理,会议不安排司机食宿。

(二)请各设区市局汇总辖区内参会名单,于3月23日前以电子邮件形式发至省局药化生产处邮箱。

联 系 人:略

联系电话:略

电子邮箱:略

附件:参会回执

江西省食品药品监督管理局办公室
2018年3月19日

(公开属性:主动公开)

第三节 公告 通告 通报

一、公告与通告

(一)公告与通告的含义和种类

《国家机关公文处理办法》规定,公告"适用于向国内外宣布重要事项或者法定事项";通告"适用于在一定范围内公布应当遵守或者周知的事项"。

公告与通告都属公开发布性公文,具有区别于一般法定公文的特性:一般法定公文只在党政机关之间往来,而公告和通告是通过各种传播媒介面向公众公开发布的;一般法定公文的发布机关可以是党的机关,也可以是政府机关,而公告的发文机关仅限于全国人大或政府机关。公告与通告的不同点表现在四个方面。

1. 发布主体不同。公告的发布主体通常是国家级行政机关或最高权力机关,如国务院、全国人民代表大会及其常务委员会。国家有关部门、各级人民政府经过授权也可以发布公告。通告的发布主体通常是行政级别较低的国家行政机关,人民团体、企事业单位也可使用。

2. 发布对象不同。公告的发布对象包括国内外所有相关组织和个人,通告的发布对象仅限于国内或某一地区的相关组织和个人。

3. 发布事项不同。公告的发布事项是重大事项或者法定事项。重大事项是指国家层面的重要事项,如国家主要领导人选举结果,全国性哀悼活动,进行远距离导弹、火箭发射等国内外关注的重要事项。法定事项是指国家有关部门、各级人民政府依据国家法律法规的规定必须公开的事项,如建设工程招投标、调整整人民币存贷款利率、公布国家审计部门审计结果、组织纪念活动、组织国家考试等。通告的发布事项通常属于地方性重大事项或一般事项,只需在国内一定范围内周知并遵守。

4. 发布形式不同。公告多采用报刊、网络、广播、电视等传媒方式发布。通告除了以上方式外,还可采用在具体地点广泛张贴、定向散发或逐级行文的方式发布。

（二）公告与通告的结构和写法

公告与通告的结构和写法类似,都由标题、顺序号、发布依据与目的、规定事项、结语、落款等部分组成。

1. 标题。公告与通告的标题有两种写法。

（1）发文机关加上事由与文种。

（2）发文机关加上文种。

2. 顺序号。重大事项公告一般不使用发文字号和年度顺序号。法定事项公告一般使用年度顺序号。年度顺序号以年度为单位,按发布时间编号,具体形式为"××××年第××号",其中年号和顺序号应使用阿拉伯数字。通告一般使用标准发文字号,有时也使用年度顺序编号,具体形式与公告相同。

注意:公告与通告属于公开发布性公文,告知对象是社会公众,故无须标示特定的主送机关。

3. 发布依据与目的。公告与通告的发布依据包括法律法规依据、行政依据两类。法律依据指行政法律法规的具体规定,行政依据指依法具有决定权的行政部门和会议的批准。发布依据常同发布目的相结合,形成连贯的固定句式,如"为……,根据《×××××》(法律法规)有关规定,经×××××(有决定权的行政部门或会议)批准,×××××(发布机关)决定……,现将有关事项公告（通告）如下"。

4. 规定事项。规定事项为单一事项时,发布依据与规定事项合为一段。规定事项有多项时,需分条立项说明。说明规定事项时应注意明确规定事项所涉及的社会公众、规定事项的具体要求、规定事项的起止期限等要件。在通告中,还常明确监督执行规定事项的机关和违反规定事项后的处罚办法；公告与通告还常在结尾以"本公告（通告）自发布之日起实施"统一标示规定事项的实施期限。规定事项的语言表述应条理清晰,语气严肃。

5. 结语。公告与通告的结尾可分别使用"特此公告""特此通告"等结尾专用语。

6. 落款。公告与通告的落款由发文机关署名和成文日期组成。

（三）例文

1. 公告（重大事项）。

中华人民共和国全国人民代表大会公告

第一号

中华人民共和国宪法修正案已由中华人民共和国第十三届全国人民代表大会第一次会议于2018年3月11日通过,现予公布施行。

中华人民共和国第十三届全国人民代表大会第一次会议主席团

2018年3月11日于北京

2. 公告（法定事项）。

国务院关税税则委员会
关于对原产于美国500亿美元进口商品加征关税的公告

税委会公告〔2018〕5号

2018年6月15日,美国政府发布了加征关税的商品清单,将对从中国进口的约500亿美元商品加征25%的关税,其中对约340亿美元商品自2018年7月6日起实施加征关税,同时就约160亿美元商品加征关税开始征求公众意见。美方这一措施违反了世界贸易组织相关规则，有悖于中美双方磋商已达成的共识，严重侵犯我方的合法权益，威胁我国国家和人民的利益。

根据《中华人民共和国对外贸易法》《中华人民共和国进出口关税条例》等法律法规和国际法基本原则，国务院关税税则委员会决定对原产于美国的659项约500亿美元进口商品加征25%的关税，其中545项约340亿美元商品自2018年7月6日起实施加征关税，对其余商品加征关税的实施时间另行公布。有关事项如下：

一、对农产品、汽车、水产品等545项商品，自2018年7月6日起实施加征关税，具体商品范围见附表1。

二、对化工品、医疗设备、能源产品等114项商品，加征关税实施时间另行公告，具体商品范围见附表2。

三、对原产于美国的附表1和2所列进口商品，在现行征税方式、适用关税税率基础上加征25%的关税，现行保税、减免税政策不变，此次加征的关税不予减免。

四、加征关税后有关进口税收计算公式：

关税＝按现行适用税率计算的应纳关税税额＋关税完税价格×加征关税税率

从价定率商品进口环节消费税＝进口环节消费税计税价格×消费税比例税率

从量定额商品进口环节消费税＝进口数量×消费税定额税率

复合计税商品进口环节消费税＝进口环节消费税计税价格×消费税比例税率＋进口数量×消费税定额税率

从价定率商品进口环节消费税计税价格＝（关税完税价格＋关税）÷（1－消费税比例税率）

复合计税商品进口环节消费税计税价格＝（关税完税价格＋关税＋进口数量×消费税定额税率）÷（1－消费税比例税率）

进口环节增值税＝进口环节增值税计税价格×进口环节增值税税率

进口环节增值税计税价格＝关税完税价格＋关税＋进口环节消费税

附表：1. 对美加征关税商品清单一
   2. 对美加征关税商品清单二

国务院关税税则委员会
2018年6月16日

3. 通告。

重庆市江津区民政局 重庆市江津区公安局
关于依法严厉打击非法社会组织活动的通告

当前，一些非法社会组织以服务国家战略、对接资金项目、颁发奖状证书等方式行骗敛财，给基层政府、企事业单位和社会公众造成了经济损失，侵害了人民群众的合法权益，影响了市场秩序。一些非法社会组织采取类似合法社会组织的名称开展敛财活动，破坏了社会组织的健康发展环境，干扰了社会组织登记管理秩序，严重影响了社会组织的公信力。一些非法社会组织利用"一带一路"建设、"军民融合"、"精准扶贫"等国家战略，冒用党政机关名义，损害了党和国家的声誉。个别非法社会组织还涉嫌从事危害国家安全和社会稳定的活动。为严厉打击非法社会组织，根据《中华人民共和国慈善法》《社会团体登记管理条例》《民办非企业单位登记管理暂行条例》《基金会管理条例》和《取缔非法民间组织暂行办法》等相关规定，特通告如下：

一、严禁发起人在社会团体筹备期间开展筹备以外的活动；严禁未经登记，擅自以社会组织名义进行活动；严禁被撤销登记的社会组织继续以社会组织名义进行活动。

二、任何非法社会组织都要认识到自身行为的违法性，立即停止活动，自行整改解散，全面消除影响。对继续开展活动的，一经发现，坚决依法打击，予以取缔，没收非法财产。涉嫌犯罪的，移送司法机关依法追究刑事责任。

三、严厉查处为非法社会组织给予支持或提供方便的社会组织，视情节依法给予警告、限期停止活动、责令撤换直接负责的主管人员；情节严重的，予以撤销登记；涉嫌犯罪的，移送司法机关依法追究刑事责任。

四、公民个人、企事业单位和其他组织加入某个社会组织或与其合作时，可以事先通过如下方式查验该社会组织是否具备合法身份，避免上当受骗。

1. 通过民政部社会组织管理局官方网站"中国社会组织网"（网址：http://www.chinanpo.gov.cn/index.html）点击"全国社会组织信息查询"进行查询；

2. 通过关注民政部社会组织管理局官方微信"中国社会组织动态"公众号，点击"我要查询"进行查询。

五、社会各界如发现非法社会组织在津活动线索，可通过如下方式及时举报：

（一）民政部门投诉举报方式

1. 举报电话：47292018；

2. 举报材料邮寄地址及单位：重庆市江津区几江街道相府路58号（区民政局社会事务科）。

（二）公安机关投诉举报方式

1. 举报电话：47521433；

2. 举报材料邮寄地址及单位：重庆市江津区几江街道滨洲东路9号（区公安局刑侦支队）。

举报内容包括：非法社会组织的名称、活动地点、开展非法活动的具体实事、证据材料或相关线索等事项。

重庆市江津区民政局　重庆市江津区公安局
2018年7月23日

写作小技巧（三）——巧妙应用分条立项

在法定公文的写作中有时会遇到一种情形，即某项公务活动涉及的执行主体不能穷尽，某项公务活动涉及的工作环节也不能穷尽。这时可采取重点列举法来进行分条立项，即只列举某项公务活动涉及的重要事项，如重点执行主体、重点执行环节；再根据当前党政工作的指导方针、中心任务等标准判定重点执行主体或重点执行环节的重要程度；最后依照由重到轻的顺序对重点执行主体或重点执行环节进行分条立项。

二、通报

（一）通报的含义和种类

《党政机关公文处理工作条例》规定，通报"适用于表彰先进、批评错误、传达重要精神和告知重要情况"。根据具体用途，通报可分为两类。

1. 奖惩通报。奖惩通报分为两种，即表彰通报和批评通报。

表彰通报和批评通报涉及的事件通常是突发性的单一事件，并在一定的时间或区域范围内具有典型意义，上级党政机关对事件中的当事人或当事单位进行表彰或批评，意在引起广泛注意，进而促使相关下级学习借鉴或自我警示。

2. 情况通报。情况通报也分为两种，即例行情况通报和非例行情况通报。

例行情况通报的通报对象是政府管理部门的日常工作。党政机关将完成的组织管理工作情况或掌握的相关信息加以汇总形成公文，既可用于党政机关上下级之间的信息交流，也可用于向社会公众介绍有关信息，以便社会公众结合自身情况加以应对。在后一种情形中，例行情况通报可作为公开发布性公文使用。

非例行情况通报的通报对象是党政管理部门在日常工作中遇到的严重问题，这些问题通常在某一时间段集中爆发，使党政管理部门必须及时提醒相关下级采取措施加以避免和解决。

（二）奖惩通报的结构和写法

奖惩通报一般由标题、主送机关、奖惩事实依据、奖惩办法、补充要求、落款等部分组成。

1. 标题。奖惩通报的标题属普通法定公文标题形式，由发文机关加上事由与文种组成。

在写作奖惩通报标题时应注意表述事由时的倾向性，即能使阅读者"见题喻意"，明确通报的性质与作用。标题的常用表达句式有"关于表彰×××××（被表彰单位或个人）的通报""关于给予×××××（被表彰单位或个人）表彰的通报""关于……问题的通报""关于……问题处理情况的通报"。

2. 主送机关。奖惩通报的主送机关为全体下级。

3. 奖惩事实依据。表彰性通报中，奖惩事实依据指受表彰单位或个人的先进事迹；批评性通报中，奖惩事实依据指受处分当事人或当事单位的错误事实。

对奖惩事实的叙述应采用概述的方式，简要写清相关时间、地点、人物、事件的基本过程、取得的成果或造成的损失，避免过于详尽的细节描绘。

4. 奖惩办法。一般先写出奖惩目的，再写明奖惩的发出者和具体奖惩办法，文字要求简洁。奖惩办法的常用表述句式有"为……，×××××（发文机关）决定给予×××××（奖惩对象）通报表彰（批评）""经研究，现决定对×××××（奖惩对象）给予……（具体行政处理措施）并提出通报表彰（批评）"。

5. 补充要求。补充要求应着重申明奖惩事实的典型意义，以引起注意；并向全体下级发出希望和号召，晓喻下级学习先进、吸取教训。补充要求常用的句式为含"望""希望"等动词的祈使句。

6. 落款。奖惩通报落款由发文机关署名和成文日期组成。

（三）例行情况通报的结构和写法

例行情况通报一般由标题、主送机关、情况通报、问题分析、应对措施、落款等部分组成。

1. 标题。例行情况通报的标题属普通法定公文标题形式，由发文机关加上事由与文种组成。

2. 主送机关。例行情况通报在党政机关之间运行时，需要标示主送机关，且主送机关为全体下级；例行情况通报面向全社会发布时，则无须标示主送机关。

3. 情况通报。情况通报应综述某一时段内党政机关所完成的某项组织管理工作情况和相关组织管理对象的情况，要求高度概括，多列举党政部门掌握的汇总性统计数字，并对数据进行分类说明。

4. 问题分析。问题分析应总结通报时段内党政机关工作中存在的突出矛盾和问题，亦即需要改进的各个方面，并对造成这些问题的主客观原因作简要分析，要求问题总结切合实际，原因分析客观中允。问题较多时可分条立项。

5. 应对措施。应对措施应就问题分析提出有针对性的措施，既可做宏观指导，也可提出具体规定。应对措施较多时可分条立项。

情况通报、问题分析和应对措施是例行情况通报正文的主要组成部分。在实际写作中，例行情况通报的结构比较灵活，在正文的三个主要组成部分中，只有情况通报是必备要件，其他两个组成部分可视行文目的自由取舍。

如《生态环境部通报 2018—2019 年蓝天保卫战重点区域强化督查工作进展（7月26日）》一文，只通报了各类涉气环境问题的总体情况及地区分布，属于只有一个主要组成部分的结构。

又如《市安全监管局关于 2018 年上半年上海市安全生产事故隐患排查治理信息系统使用情况的通报》一文由"一、2018 年上半年信息系统使用情况""二、存在的主要问题""三、下一步工作要求"三部分组成，分别对应了情况通报、问题分析、应对措施，属于三个主要组成部分齐全的结构。

6. 落款。例行情况通报的落款由发文机关署名和成文日期组成。

（四）非例行情况通报的结构和写法

非例行情况通报一般由标题、主送机关、通报事项、应对措施、落款等部分组成。

1. 标题。非例行情况通报的标题属普通法定公文标题形式，由发文机关加事由与文种组成。

2. 主送机关。非例行情况通报的主送机关为全体下级。

3. 通报事项。非例行情况通报的通报事项经常表现为具有严重危害性、错误性的一系列事件，反映出下级党政机关或职能部门在最近时间段的工作中存在着某方面的缺失和疏忽，使得上级党政机关有必要提醒下级改进工作，避免不良倾向重复出现。

通报事项部分应首先提示近期发生了某种系列性的危害事件，再逐一列举典型案例。通报事项常用开端句式有"近期以来，××××××（发生危害事件的工作领域）发生了×起×××××（案例类型）典型案例，现将有关情况通报如下"。

列举典型事件时，应叙述清楚每件事件的时间、地点、当事人或单位、基本过程以及所造成的危害性与处罚结果。叙述方式应为概述，避免对细节过于详尽的描绘。

4. 应对措施。在通报事项和应对措施之间，一般使用过渡句或过渡段，提示下级政府管理部门注意防范危害事件的发生，常用句式有"目前，××××××（下级党政管理部门）要……切实从以上案例中吸取教训，做好以下工作""为有效防范类似情况的发生，特予以通报并明确以下要求"等。

非例行情况通报的应对措施与例行情况通报类似，既可做宏观指导，也可提出具体规定。应对措施较多时可分条立项。

5. 落款。非例行情况通报的落款由发文机关署名和成文日期组成。

（五）例文

1. 表彰通报。

上海市人民政府关于表扬2017年本市应急管理工作先进单位的通报

沪政发〔2018〕3号

各区人民政府，市政府各委、办、局：

2017年，各区政府、各部门、各有关单位深入贯彻落实《中华人民共和国突发事件应对法》和《上海市实施〈中华人民共和国突发事件应对法〉办法》等法律法规，按照市委、市政府"守牢城市安全底线"的要求，查隐患、补短板、强基层，加强突发事件防范与处置能力建设，不断完善应急管理工作体系，切实保障人民群众生命财产安全，维护城市运行安全和生产安全，取得了新的成效。

根据《上海市应急管理工作考核办法（试行）》，市应急办组织对各区政府、市政府有关部门和市级基层应急管理单元牵头单位等60家单位2017年应急管理工作进行了考核。根据考核结果，市政府决定，浦东新区政府等18家单位为2017年本市应急管理工作先进单位并予通报表扬，青浦区政府等17家单位获2017年本市应急管理工作特色奖。希望上述单位再接再厉，争取应急管理工作的更大成绩。

希望各区政府、各部门、各有关单位全面贯彻落实党的十九大精神，牢固树立安全发展理念，围绕市委、市政府中心工作，完善应急管理体系，守牢城市安全底线。学习先进典型，切实推动关口前移、源头治理、精细管理，加强风险防控和安全隐患整治，保障人民群众生命财产安全，促进经济社会持续健康发展。

附件：2017年本市应急管理工作先进单位及获得特色奖单位名单

上海市人民政府
2018年2月12日

2. 批评通报。

天津市人力资源和社会保障局
关于对东丽区宏洋职业培训学校等培训机构违规培训行为处理情况的通报

津人社办发〔2018〕36号

各区人力资源和社会保障局，有关单位：

近期以来，市、区两级人力社保部门在对职业技能培训班期检查抽查中发现，东丽区宏洋职业培训学校、静海区育才职业培训学校存在不同程度的培训违规、不规范行为，主要表现在：东丽区宏洋职业培训学校培训教室与协议约定不一致；个别教室无逃生通道，存在安全隐患；课堂管理混乱，学员出勤率不达标；擅自变更培训计划和授课教师，缩减培训时间，不按规定配发培训教材等。静海区育才职业培训学校无视相关管理规定，在班期撤销申请未经批准的情况下，擅自停课，产生不良社会影响。

为维护职业培训补贴政策的严肃性，确保培训质量和补贴资金安全有效使用，依据《民办教育促进法》、《民办教育促进法实施条例》、《市人力社保局市财政局关于印发天津市职业培训补贴办法的通知》（津人社局发〔2015〕84号）及有关规定，经研究，决定对培训不合格班期和培训机构进行处理，并就有关情况通报如下：

一、对检查不合格的所有培训班期，一律不予职业培训各项补贴津贴。

二、对东丽区宏洋职业培训学校，在全市通报批评，市职业培训指导中心解除与其签订的承担培训任务协议书，取消其承担政府补贴性职业技能培训资格。

三、对静海区育才职业培训学校，在全市通报批评，暂停3个月招生并进行整改。整改后向市职业培训指导中心提交整改报告合验收申请。验收合格,可继续开展培训。

望各培训机构以此为戒,严格按照国家和本市有关规定开展职业培训。各级人力社保部门要加大职业培训监管力度,确保培训市场规范、有序,切实发挥职业培训补贴在引导培训、提高劳动者素质方面的作用。

天津市人力资源和社会保障局
2018 年 2 月 7 日

(此件主动公开)

3. 例行情况通报。

2018 年第一季度全国政府网站抽查情况通报

为深入贯彻习近平新时代中国特色社会主义思想和党的十九大精神,落实《国务院办公厅关于印发政府网站发展指引的通知》(国办发〔2017〕47 号,以下简称《指引》),推动各级政府网站运用信息化手段方便企业群众办事、回应社会关切、构建一体化在线服务平台,按照工作安排,国务院办公厅政府信息与政务公开办公室(以下简称国办信息公开办)近期组织开展了 2018 年第一季度全国政府网站抽查。现将有关情况通报如下:

一、总体情况

截至 2018 年 3 月 1 日,全国正在运行的政府网站 23 269 家。其中,国务院部门及其内设、垂直管理机构政府网站 1 872 家,省级政府门户网站 32 家,省级政府部门网站 2 349 家,市级政府门户网站 523 家,市级政府部门网站 14 097 家,县级政府门户网站 2 750 家,县级以下政府网站 1 645 家。

第一季度,国办信息公开办随机人工抽查各地区政府网站 303 个,总体合格率 95%。其中,北京等 21 个地区政府网站抽查合格率为 100%;北京、天津、江苏、海南、四川、云南、陕西连续四个季度抽查合格率达 100%。各地区、各部门共抽查本地区、本部门政府网站 11 639 个,占运行政府网站总数的 50%,总体合格率 95%。经抽样复核,地区和部门抽查情况整体真实准确,抽查情况和问题网站名单已在中国政府网公开。

第一季度,各地区、各部门进一步加强对不合格政府网站责任单位和人员的问责工作,196 名有关责任人被上级主管单位约谈,29 人作出书面检查,35 人被通报批评,12 人被调离岗位或免职。"我为政府网站找错"平台收到网民有效留言 13 542 条,总体办结率达 99%。内蒙古、江苏、青海、国家发展改革委、科技部等 26 个地区和部门留言按期办结率达 100%。全国"两会"期间,各地区、各部门加强值守,及时处置风险隐患,确保了政府网站运行安全。

此外,各省(自治区、直辖市)、国务院各部门均按照《指引》要求发布了《政府网站监管年度报表》。23 027 个政府网站发布了《政府网站工作年度报表》,占运行政府网站总数的 99%。各省(自治区、直辖市)政府门户网站均开设专栏,集中发布本地区政府网站工作年度报表。

二、主要问题

(一)网站管理不到位。一些政府网站存在逃避监管的现象。如"辽宁省社会组织网"未在全国政府网站信息报送系统中填报。西藏自治区那曲市"那曲物流中心管理局"网、上海市浦东新区"曹路镇人民政府"网首页长期不更新,且发稿日期造假。广西壮族自治区玉林市司法局同时开设两个网站,其中一个网站长期不更新且未纳入常态化监管。此外,"江西省人民政府公报"网、"宁夏回族自治区人民政府国有资产监督管理委员会"

网等未按要求发布《政府网站工作年度报表》。

（二）在线服务不便民。江西省"九江市工商行政管理局"网、陕西省"永寿县政务服务中心"网、宁夏回族自治区"中卫市教育局"网等多个政务服务事项办事指南要素不全，缺少办理依据、办事流程、表格下载等。河北省唐山市"开平区教育局"网无搜索功能。广东省"汕头市公路局"网等网站搜索功能不可用。

（三）互动渠道不畅通。一是部分政府网站仍未添加"我为政府网站找错"监督举报平台入口，如河南省信阳市"信阳羊山新区"网、四川省"四川政务服务网"、"新疆生产建设兵团卫生局"网等。二是一些政府网站无互动交流栏目，如浙江省"杭州普法网"、新疆维吾尔自治区"喀什特区信息网"等。三是部分政府网站互动栏目长期不回应，如"内蒙古自治区节能减排网"、吉林省"吉林老龄网"、河南省"辉县市卫生和计划生育委员会"网、广西壮族自治区"蒙山县林业局"网等。

（四）域名标识不规范。山西省"晋城市中小企业局"网、重庆市"璧山区国土资源和房屋管理局公众信息网"等网站域名仍以".com"为后缀。上海市"浦东新区政府采购中心"网、山东省济宁市兖州区"兖州公共资源交易网"等网站网页底部功能区未列明党政机关网站标识、网站标识码、ICP备案编号和公安机关备案标识。

三、下一步工作要求

各地区、各部门要坚持以习近平新时代中国特色社会主义思想为指导，全面贯彻落实党的十九大精神，按照全国网络安全和信息化工作会议的部署，把"互联网+政务服务"作为推动政府职能转变的重点，立足于市场主体添活力、为人民群众增便利，进一步创新政府网站管理，提升网上服务能力，加快建设整体联动、高效惠民的网上政府。

各地区、各部门要进一步规范政府网站开办、整合、备案流程。深入做好查遗补漏工作，将各级各类政府网站纳入统一监管。扎实开展常态化抽查，持续优化指标，严格考核问责，提升监管实效。整合优化在线服务功能，提供准确实用的网站搜索，不断提升政务服务水平。畅通公众网络问政渠道，切实为群众咨询问题、建言献策提供便利。完善网站安全保障机制，建立健全内容发布审核和用户信息保护制度，加大对假冒政府网站打击力度，维护人民群众合法权益。

各地区、各部门请于6月20日前将第二季度网站抽查、在线服务、互动交流等情况书面报送国办信息公开办。对本次通报的问题网站，各有关地区要采取有力措施进行整改，整改情况与抽查情况一并报送。

附件：1.2018年第一季度各地区、各部门政府网站监管工作情况
   2.各地区政府网站运行和抽查情况
   3.抽查发现存在突出问题的政府网站名单

国务院办公厅政府信息与政务公开办公室
2018年4月28日

（本文有删减）

4.非例行情况通报。

中共××县纪委
关于3起扶贫领域违纪典型案例的通报

近期以来，全县纪检监察机关认真贯彻落实习近平总书记关于脱贫攻坚系列重要讲话

精神和中央、省、市纪委关于扶贫领域监督执纪问责的重大决策部署，扎实开展扶贫领域突出问题专项集中治理工作，聚焦专责监督，查处了一批扶贫领域不正之风和腐败问题。为进一步严明精准扶贫纪律，充分发挥典型案例的警示教育作用，现将已查处的3起典型问题通报如下：

一、××镇××社区副主任徐××出具虚假证明问题。徐××，男，1991年6月入党，现任××镇××社区党总支委员、社区副主任。2012年，××镇××社区居民熊某向社区申请廉租房，徐××在审核熊某申请资料时，没有上门核查就在申请资料上签字并加盖社区公章，同时为熊某出具虚假的家庭困难证明材料，致使明显不符合条件的熊某领取了2014至2015年度的廉租房补助款3 700元。2015年，徐××明知自己家庭条件优越，利用社区干部的职务之便，为自己正在读高中的儿子出具虚假的家庭困难证明材料，导致其儿子领取了2015至2016年度的高中困难学生助学金3 500元。在组织调查期间，熊某、徐某分别将违纪款项退缴。2017年12月，徐××因为他人出具虚假证明不正确履行职责和违反廉洁纪律，××镇纪委给予其党内严重警告处分。

二、××镇××村在精准扶贫易地搬迁工作中履职不到位问题。石××，女，1996年7月加入中国共产党，2009年5月至今任××县××镇××村党支部书记、村委会主任。潘××，男，2005年6月加入中国共产党，2008年10月至今任××县××镇××村党支部委员、村委会副主任。2016年××镇××村在精准扶贫易地搬迁工作中，对贫困户范某家中人口信息情况掌握不准确，多计算一名贫困人口，致使范某家安置房多享受25平方米，违反了国家政策。2017年12月，潘××作为村分管精准扶贫工作负责人及包组干部，对贫困户家庭情况不了解，负有履职不到位责任，××镇纪委给予其党内警告处分。石××作为该村党支部书记、村委会主任，对贫困户家庭情况掌握不清，在分配安置房时把关不严，对此负有主要领导责任，××镇纪委给予其党内警告处分。

三、××镇第一小学副校长聂××子女违规领取困难寄宿生生活补助问题。聂××，男，1997年7月加入中国共产党，2014年9月至今任××县××镇第一小学副校长。周××，男，2011年7月加入中国共产党，2011年10月至今任××镇××村财经委员、治保委员。2014年11月××镇中学发放贫困寄宿生生活补助，聂××明知其子不符合申请条件，于是找周××帮忙出具家庭贫困证明材料，周××在明知聂××不是贫困户的情况下，仍在聂××提供的空白《××县贫困寄宿生申请表》上加盖村委会公章，并出具一份加盖村委会公章的空白证明给聂××。聂××在申请表和空白证明上填写与实际家庭经济收入不一致的虚假内容。2014年至2015年，聂××的儿子共领取1 900元贫困寄宿生补助。在组织调查期间，聂某将违纪款项退缴。2017年12月，聂××因违反廉洁纪律，××镇纪委给予其党内严重警告处分。周××因滥用村委会公章为他人出具虚假证明，××镇纪委给予其党内警告处分。

打赢脱贫攻坚战，是党和政府向人民作出的庄严承诺，广大党员干部任务艰巨、使命光荣、责任重大。但从查处的问题来看，扶贫领域的腐败现象和不正之风依然存在。以上通报的案例中，有的工作不严不实，贯彻落实扶贫政策不到位，审核把关不严，造成不良社会影响；有的利用职务便利以权谋私，严重损害贫困群众的利益，极大削弱群众的获得感。这些行为严重破坏了党和政府的形象，也极大侵害了贫困群众的切身利益，这是党纪党规绝不容许的。

贫困群众的事再小也是大事，必须全力以赴办好办实。广大党员干部特别是奋战在脱贫攻坚一线的党员干部，要从上述问题中吸取教训、引以为戒，牢记宗旨意识，牢记职责使命，做到在其位、谋其政。一是要层层传导压力，各级党委（党组）要切实担负起主体责任，把全面从严治党责任压实到基层，把中央、省、市、县有关脱贫攻坚的部署要求贯彻落实下去，进一步加强对党员干部的教育、管理、监督和考核，以一刻也不能放松的作风打赢这场脱贫攻坚战。二是要坚持问题导向，充分运用大数据等现代化手段，强化精准监督，将监督的"探头"校准拔高，紧盯扶贫领域的腐败问题和不正之风，严肃查处贪污挪用、截留私分、优亲厚友、虚报冒领、雁过拔毛、抢占掠夺问题，切实维护好群众利益，让群众看得到、体会得到、享受得到全面从严治党成果。三是要加大执纪问责力度，以党中央关于脱贫攻坚的要求为尺子，瞪大眼睛、拉长耳朵，扎实开展扶贫领域突出问题专项集中治理工作，对典型问题坚持"一案双查"，并在第一时间进行点名道姓通报曝光，以强有力的问责措施倒逼脱贫攻坚工作落实。

中共××县纪委

2018年1月19日

第四节 议案 报告 请示 批复

一、议案

（一）议案的含义和种类

《党政机关公文处理工作条例》规定，议案"适用于各级人民政府按照法律程序向同级人民代表大会或者人民代表大会常务委员会提请审议事项"。

《中华人民共和国全国人民代表大会议事规则》第二章第二十一条指出："主席团，全国人民代表大会常务委员会，全国人民代表大会各专门委员会，国务院，中央军事委员会，最高人民法院，最高人民检察院，可以向全国人民代表大会提出属于全国人民代表大会职权范围内的议案，由主席团决定列入会议议程。"

在各地方性的人民代表大会议事规则中，也有相关规定，如《天津市人民代表大会议事规则》第三章第二十七条指出："主席团、市人民代表大会常务委员会、各专门委员会、市人民政府、市高级人民法院、市人民检察院，可以向市人民代表大会提出属于市人民代表大会职权范围内的议案，由主席团决定提交市人民代表大会会议审议。"

综合上述法律法规，政府议案在行文时有一些特殊要求。

第一，政府议案的制发机关只能是县级以上的人民政府及其职能部门，其他级别行政机关不能向人民代表大会提出议案。

第二，政府议案的内容必须在全国人民代表大会或各地方人民代表大会的职权范围之内。

第三，政府提出议案的时间必须在全国和地方人民代表大会或其常务委员会会议召开期间，会议前后提出不能列为议案。

第四，《中华人民共和国全国人民代表大会议事规则》第二章第二十三条规定："列入会议议程的议案,提案人应当向会议提出关于议案的说明。"在写作实践中,议案及议案的说明有不同的处理方式:当议案说明篇幅不长时,可以直接写入议案;当议案说明篇幅较长时,可以以议案附件的形式提供,这时议案只表示一级人民政府提请同级人大审议,不涉及提请审议事项的具体内容,因而行文十分简洁。

根据议案提请审议的事项,可将政府议案分为提请立法议案、提请决定重大事项议案、提请审议政府预算议案、提请任免议案、提请机构变动议案、提请批准外交事项议案及其他事项议案,这些议案的写法基本相同。

（二）议案的结构和写法

议案一般由标题、主送机关、提请审议依据、提请审议事项、落款等部分组成。

1. 标题。议案标题属普通公文标题形式,由发文机关加上事由与文种组成。议案的事由部分一般须标示"提请审议"字样。

2. 主送机关。议案的主送机关为全国人民代表大会及其常务委员会、各地方人民代表大会及其常务委员会。

3. 提请审议依据。议案的提请审议依据也可称案据,指议案的目的、议案的法律依据、议案的行政处理过程等要素,一般不涉及提请审议事项的事实依据。有关提请审议事项的事实依据部分可利用议案附件中的说明材料充分阐释论证。常用案据表述句式有"为……（议案目的）,根据……（法律依据）,并经……（议案的行政依据）"等。

4. 提请审议事项。议案的提请审议事项多为单一事项,只需简洁说明即可。在提请审议事项的结尾一般使用"现提请审议""请予审议""请予审议决定"等常用语。

5. 落款。议案的落款有两种形式,一种由发文机关署名和成文日期组成;另一种则由签署议案的县级以上人民政府主要负责人署名和成文日期组成。议案由主要负责人署名时,须先标明该负责人的职务简称,再署写该负责人姓名,如"省长 ×××"。署名写在正文的右下方,成文日期之上。

（三）例文

1. 提请立法议案。

××市人民政府

关于提请审议《关于修改〈××市公共场所控制吸烟条例〉的决定（草案）》的议案

××市人民代表大会常务委员会：

《关于修改〈××市公共场所控制吸烟条例〉的决定（草案）》已于2018年3月28日经市人民政府第17次常务会议讨论通过,现提请审议。

市　长　×××
2018年4月10日

2. 提请审议政府预算议案。

北京市人民政府

关于提请审议批准北京市2018年地方政府债务限额及市级预算调整方案的议案

市人大常委会：

经国务院批准,财政部核定本市2018年地方政府债务限额为8 302.4亿元,其中,一般债务2 580.3亿元,专项债务5 722.1亿元。根据本市经济社会发展需要和债务管理工作实际,2018年本市地方政府债务限额拟与财政部核定限额及结构保持一致。

经国务院批准,财政部核定本市2018年新增地方政府债务限额为566亿元,其中,一般债务296亿元，专项债务270亿元（含棚户区改造专项债务92亿元，土地储备专项债务70亿元）。为用好用足地方政府债务限额，充分发挥地方政府债券资金使用效益，促进本市经济社会持续健康发展，拟利用政府债券资金成本低、期限长的优势，足额安排使用新增债务额度，其中，市级245.53亿元，区级320.47亿元。按照《中华人民共和国预算法》要求，应通过预算调整将新增地方政府债务收支纳入预算管理。本次预算调整将市级一般公共预算收入合计由4 872.28亿元调整为5 168.28亿元，支出合计由4 872.28亿元调整为5 168.28亿元；将市级政府性基金预算收入合计由1 354.28亿元调整为1 624.28亿元，支出合计由1 354.28亿元调整为1 624.28亿元。

请予审议。

附件：《关于提请审议批准北京市2018年地方政府债务限额及市级预算调整方案的议案的说明》

北京市人民政府
2018年5月28日

3. 提请任免议案。

××市人民检察院关于提请任免×××等职务的议案

××市人民代表大会常务委员会：

根据《中华人民共和国地方各级人民代表大会和地方各级人民政府组织法》和《中华人民共和国人民检察院组织法》的有关规定，提请任命：

×××为××市人民检察院副检察长、检察委员会委员。

××、××、××、××、××、××、×××、×××、×××为××市人民检察院检察员。

××、×××为××经济技术开发区人民检察院检察员。

××、×××为××东湖新技术开发区人民检察院检察员。

×××为××市城郊地区人民检察院检察员。

提请免去：

×××、×××的××市人民检察院检察委员会委员、检察员职务。

×××的××东湖新技术开发区人民检察院检察员职务。

×××的××市城郊地区人民检察院检察员职务。

请予以审议。

检察长 ×××
2018年2月7日

4. 提请批准外交事项议案。

杭州市人民代表大会常务委员会主任会议
关于提请审议设立"杭州国际日"的议案

杭州市人民代表大会常务委员会：

为深入贯彻落实党的十九大精神，以习近平新时代中国特色社会主义思想为指导，全面贯彻落实市十二次党代会和市委十二届二次、三次全会精神，不断巩固扩大G20杭州峰会带来的丰硕成果，创设推进杭州城市国际化的有效载体，团结凝聚全社会力量合力推进杭州城市国际化，经市十三届人大常委会第15次主任会议研究，建议市人大常委会作出决定：自2018年起，将G20杭州峰会的闭幕日、G20杭州峰会公报的发布日——9月5

日,设立为"杭州国际日"。

请予审议。

杭州市人民代表大会常务委员会主任会议
2018 年 3 月 26 日

二、报告

(一) 报告的含义和种类

《党政机关公文处理工作条例》规定,报告"适用于向上级党政机关汇报工作、反映情况,回复上级机关的询问"。在公文写作实践中,根据相关法规规定,向上级机关汇报有关生产安全事故及其他个别性问题的调查处理情况、报送文书时也用报告。

报告根据具体用途,可分为专题情况报告、调查处理报告、报送文书报告三类。

1. 专题情况报告。专题情况报告一般用于汇报下级党政机关所进行的某一方面或某一具体事项的工作进展、完成情况,属"一文一事"型报告。

在公文写作实践中,实际上存在三种制发机关不同、性质各异的专题情况报告。

第一种专题情况报告是由政府部门或政府部门联合其他社会组织制作,通过新闻媒体面向全社会公开发布,用于总结政府工作在某方面的进展或公布某些政府独家掌握的权威信息,满足社会各方对政府工作和公共信息的知情需求,如中国互联网络信息中心(CNNIC)发布的《中国互联网络发展状况统计报告》(2017 年版)、商务部发布的《2017 年中国电视购物业发展报告》。这类专题情况报告的制发程序与法定公文不同,也不具有法定公文的文面格式要素,故不属于法定公文,应属事务文书。

另一种专题情况报告是由一级人民政府制作,并由政府主要负责人或政府职能部门负责人在同级人民代表大会上宣读,用以汇报前一时段政府工作的总体情况,同时对下一时段的政府工作作出安排,提请同级人民代表大会批准,如国务院总理在全国人民代表大会上所做的《××××年政府工作报告》、国家发展和改革委员会负责人在全国人民代表大会上所做的《国民经济和社会发展年度计划报告》。这类专题情况报告通过在人大会议上直接宣读的形式发布,并由人大会议提出修改意见,再加以审议批准,其制发程序与法定公文不同,也不具有法定公文的文面格式,故不属于法定公文,应属事务文书。

还有一种专题情况报告是由下级党政部门制作,用于向上级党政部门汇报某一时段内某一方面或某一具体工作事项的进展、完成情况,且无须上级机关作出答复或批准。这类专题情况报告的制发过程符合法定公文程序要求,并以法定公文的文面形式发送,此类专题情况报告属于法定公文。

2. 调查处理报告。国家安全监管总局 2013 年 11 月 20 日印发的《关于生产安全事故调查处理中有关问题的规定》第十条规定,生产安全事故发生后,应根据事故的性质不同由县级以上各级人民政府组织调查组进行调查。事故调查组应当按照下列期限,向负责事故调查的人民政府提交事故调查报告:

(一) 特别重大事故依照《条例》的有关规定执行;

(二) 重大事故自事故发生之日起一般不得超过 60 日;

(三) 较大事故、一般事故自事故发生之日起一般不得超过 30 日。

《条例》还对事故调查报告的内容作出了详细规定。调查报告上报后,上级机关会参考报告所提供的事实和建议,批复决定采取的处理措施。

除了上述生产安全事故问题外，下级机关在日常工作中遇到个别性的问题、纠纷，有时也需根据上级机关或上级信访部门的要求对问题、纠纷进行调查处理，并将调查处理的结果以报告的形式汇报上级机关或上级信访部门。

3. 报送文书报告。报送文书报告专用于按上级机关要求提供的本单位制作的事务文书。

（二）专题情况报告的结构和写法

专题情况报告一般由标题、主送机关、报告缘由、报告事项情况、结语、落款等部分组成。

1. 标题。专题情况报告的标题属普通法定公文标题形式，由发文机关加事由与文种组成，其文种可以处理成"工作情况报告"等形式。

2. 主送机关。专题情况报告的主送机关为有直接隶属关系的上级机关。

3. 报告缘由。专题情况报告的缘由包括报告的党政依据和某项工作的总体完成过程。党政依据是指上级党政机关为布置某项工作而发出的文件、召开的会议等，应在行文开端予以准确说明；之后，对某项工作总体完成过程进行简明扼要的叙述，不涉及详细细节。在报告缘由的结尾，一般使用过渡句"现将有关情况报告如下"。

4. 报告事项情况。报告事项情况应较为详细地陈述完成上级机关布置的某方面或某一具体事项的工作过程。如过程单一，属于某一具体工作事项，只需依次说明各个处理步骤即可；如过程复杂，属于某一方面工作，由多单位、多项活动共同完成，则需分条立项逐一说明。分条立项时应注意厘清线索，合理分项；陈述工作情况时应说明完成工作事项的时间、地点、单位、完成的方式、取得的效果等要素。

5. 结语。专题情况报告可用结尾专用语"特此报告"结尾。

6. 落款。专题情况报告的落款由发文机关署名和成文日期组成。

（三）调查处理报告的结构和写法

《生产安全事故报告和调查处理条例》第三十条规定，事故调查报告应当包括下列内容：

（一）事故发生单位概况；

（二）事故发生经过和事故救援情况；

（三）事故造成的人员伤亡和直接经济损失；

（四）事故发生的原因和事故性质；

（五）事故责任的认定以及对事故责任者的处理建议；

（六）事故防范和整改措施。

事故调查报告应当附具有关证据材料。事故调查组成员应当在事故调查报告上签名。

生产安全事故调查报告一般篇幅较长，需要运用相关行业的专业知识，从写作特点上看，更接近于专用公文，在此不作介绍。

处理日常工作中所遇问题、纠纷时使用的调查处理报告结构相对简单，一般由标题、主送机关、调查依据和调查方式、查明事实、处理情况、结语、落款等部分组成。

1. 标题。调查处理报告的标题属普通法定公文标题形式，由发文机关加事由与文种组成，其中文种前应标明"调查处理情况""自查整改情况""办理情况"等字样。

2. 主送机关。调查处理报告的主送机关为其上级机关或上级信访部门。

3. 调查依据和调查方式。调查依据包括事实依据和党政依据两类，事实依据是指日常工作中遇到的某些突发事件,这些突发事件引起了社会公众情绪的波动,需要政府部门组织调查并提出处理意见后向上级机关汇报;党政依据是指上级机关或上级信访部门发来的调查指令。调查方式指根据调查工作需要而成立的临时组织机构及其活动方式。在调查方式的写作中,事实依据应注意抓住重点,简洁明了;党政依据和调查方式应准确具体。在调查依据和调查方式的结尾常用的过渡句有"具体情况如下""现将调查情况报告如下"等。

4. 查明事实。查明事实指被调查事项的历史由来、真实现状及其问题和纠纷所在,常以"经查""经××××调查组查明"作为叙述的开端。

5. 处理情况。处理情况指针对调查事项已采取的处理措施;如最终仍未能完全解决该事项,则需提出进一步解决时应采取的处理措施或建议,且处理措施和建议应逐一具体说明。

调查处理事项件次较多时,可逐一将事项列出,逐一阐述已查明的事实与处理情况。

6. 结语。调查处理报告的结尾可用结尾专用语"特此报告"。

7. 落款。调查处理报告的落款由发文机关署名和成文日期组成。

(四) 报送文书报告的结构和写法

报送文书报告一般由标题、主送机关、报送依据与报送事实、附件、落款等要素组成。

1. 标题。报送文书报告的标题为普通公文标题,由发文机关加事由与文种组成。其中事由部分应标明"报送"性质。

2. 主送机关。报送文书报告的主送机关是要求报送文书的上级机关。

3. 报送依据与报送事实。报送依据指上级机关发来的指令性文件,应首先引用上级来文的标题及文号,再以固定句式"现将《××××××××××》报上,请审示"陈述报送事实。报送文书报告的内容(即报送事实)相对简单,一般都采用"篇段合一"的结构形式。

4. 附件。报送文书报告的附件由顺序号和被报送文书标题组成,是报送文书报告的重要组成部分,不能遗漏。

5. 落款。报送文书报告落款由发文机关署名和成文日期组成。

(六) 例文

1. 专题情况报告(某一方面工作情况报告)。

××市人民政府2017年度法治政府建设情况报告

××省人民政府:

2017年以来,我市以迎接党的十九大和学习宣传贯彻党的十九大精神为主线,认真贯彻落实党中央、国务院关于建设法治政府的各项部署,在省委、省政府和市委的正确领导下,围绕"职能科学、权责法定、执法严明、公开公正、廉洁高效、守法诚信"目标,以"三项制度"改革试点工作为主要抓手,聚焦聚力,狠抓落实,全面推进法治政府建设。具体抓了九个方面工作:

一、全面推行"三项制度"改革试点工作

(一) 高度重视,周密安排。市委、市政府高度重视推行"三项制度"改革试点工作,市委书记×××、市长×××、常务副市长×××多次作出专门批示指示。2017年3月29日全省推行"三项制度"试点工作会后,我市立即召开全市会议进行系统部署,迅速成立了以市政府市长为组长、常务副市长为副组长的领导小组,各县(市、区)政府均成立相应机构，全市上下形成各级政府领导、法制机构综合协调、相关部门主动配合的工作格局。

（二）制定方案，明确标准。按照中央、省有关要求和领导指示精神，经市政府常务会研究、市委深改会审议通过，专门制定了《××推行行政执法公示制度 执法全过程记录制度 重大执法决定法制审核制度试点实施方案》，对"三项制度"改革的内容、时间、责任部门等进行了明确与细化，明确在全市553个执法主体、40类执法领域、6种执法行为中推进"三项制度"。

（三）强化培训，广泛宣传。集中组织开展了"三项制度"工作培训，行政执法部门思想认识更加统一，任务目标更加明确，责任标准更加清晰。同时，充分利用政府门户网站、广播电视专栏、《法制动态》"三项制度"专刊、公益公示屏等形式及时宣传报道，努力营造推行"三项制度"改革试点工作的浓厚氛围。

（四）创新机制，强化督导。严格落实月报告制度，建立微信工作群，强化沟通联络。结合"一问责八清理"和"放管服"改革专项行动，对出现的问题集中梳理，限期整改。截至目前，共梳理8个专项问题。针对推行"三项制度"改革中的不作为、乱作为、慢作为等问题，交由纪检监察部门督促整改、问责追责。

（五）积极探索，打造典型。市行政审批局"办理建筑工程施工许可"典型案例，在全国"三项制度"试点工作推介会上专场演示；市城管综合执法局全过程记录模式，被住房城乡建设部列为行政执法全过程记录示范典型；5项制度文本被省《推行行政执法三项制度参考文本》选录；市城管综合执法局"挂证"执法、××县地税局执法记录仪使用规范视频在全省"三项制度"培训会上展播。

二、依法全面履行政府职能（略）

三、完善依法行政制度体系（略）

四、推进行政决策科学化、民主化、法治化（略）

五、坚持严格规范公正文明执法（略）

六、强化对行政权力的制约和监督（略）

七、依法有效化解社会矛盾纠纷（略）

八、全面提高行政机关工作人员法治思维和依法行政能力（略）

九、加强法治政府建设组织领导（略）

××市人民政府
2018年1月24日

2. 专题情况报告（某一具体事项工作情况报告）。

××市淘汰落后产能工作协调小组2018年落后产能摸底排查情况的报告

省淘汰落后产能工作协调小组办公室：

按照××市淘汰落后产能工作协调小组下发的《关于印发〈××市2018年利用综合标准依法依规推动落后产能退出工作方案〉的通知》（××淘汰组发〔2018〕2号）要求，组织各县（市）区政府和市淘汰落后产能协调小组成员单位按照有关产业政策规定，全面摸底排查重点行业落后生产设备数量及产能情况。经摸底排查，××市东盛水泥有限公司、××沈铁小屯轨枕水泥有限公司二户企业，对照《产业结构调整指导目录（2011修正）》属于淘汰类，不符合产业政策。经市政府同意后，在市政府门户网站公告企业名单及落后设备清单、产能，同时上报省淘汰落后产能工作协调小组办公室。

特此报告。

附件：1. ××市2018年工业行业落后设备企业淘汰依据
　　　2. ××市2018年工业行业落后设备企业名单（第一批）

××市淘汰落后产能工作协调小组
2018年4月28日

3. 调查处理报告。

××县城市管理行政执法局
关于群众反映××县"映月丽景"工地噪声扰民问题处理情况的报告

市城管局数管中心：

贵办于2018年5月29日交办的投诉件已收悉，现将办理情况报告如下：

一、反映的问题

××县映月丽景工地噪声扰民，刘女士于5月28日21时38分拨打××县城管局电话无人接听。

诉求：望相关部门及时处理噪声扰民的问题。

二、调查情况

我局执法人员于2018年5月30日到映月丽景工地找到负责人了解情况，经查，映月丽景工地正在施工中，该企业并未办理夜间施工许可证，负责人表示因为赶工期偶尔会使施工作业稍晚一点，但最近几天晚上都在九点半前结束施工作业；反映人刘女士夜间拨打的不是值班电话，所以在下班时间无人接听。

三、处理情况

我局执法人员于2018年5月30日对该工地发放了《责令限期改正通知书》，要求工地负责人在取得夜间施工许可证前禁止夜间施工作业，我局将加强监督管理。

四、回复回访情况

城管局政策法规股于2018年5月30日15时36分使用座机0825-5422187联系反映人刘女士，反馈办理情况，并告知刘女士夜间可以拨打值班电话或者12345政府服务热线反映问题，刘女士对办理结果表示满意。

××县城市管理行政执法局
2018年5月30日

4. 报送文书报告。

××县审计局关于上报《2017年工作情况及2018年工作计划》的报告

市审计局：

按照贵局《关于上报2017年工作总结暨2018年工作计划的通知》要求，现将我局2017年工作总结暨2018年工作打算予以上报。

附件：《××县审计局2017年工作情况及2018年工作计划》

××县审计局
2018年1月12日

三、请示

（一）请示的含义和种类

《党政机关公文处理工作条例》规定，请示"适用于向上级机关请求指示、批准"。

在公文写作实践中，需要行文请示情形的主要有以下几种：遇到按相关行政法规规定必须请示，获批准后方可实施的事项；上级的指令规定要求不够明确，或下级对其有不同看法；下级机关在工作中遇到无章可循的新问题。请示在行文时要求做到"一文一事"，即每一项请示事项都需单独行文请示。

请示按照具体用途，可分为两种，即请求指示性请示和请求批准性请示。

1. 请求指示性请示。在上级机关的指令规定要求不明确时，下级机关对上级机关的指令规定要求有不同看法时，下级机关遇到无章可循的新问题时，可使用请求指示性请示。这种情况下，下级机关的请求是希望上级机关能对自身发布的指令规定作出清晰的解释，为下级机关的行政执法活动厘清现有的法律法规内涵和边界，使下级机关的行政工作得以顺利进行。

2. 请求批准性请示。下级机关遇到按相关党纪政规规定必须请示，获批准后方可实施的事项时，可使用请求批准性请示。这种情况下，下级机关的请求是希望上级机关作出明确决定，同意或不同意下级机关实施请求事项。

（二）议案、报告和请示的区别

议案、报告和请示的不同主要表现在以下四方面。

1. 发文主体不同。议案的发文主体由《中华人民共和国全国人民代表大会组织法》和各地方人民代表大会组织法等法律法规规定，仅限于县级以上人民政府。报告和请示的发文主体没有严格要求，各级党政机关及其职能部门、人民团体、企事业单位皆可使用。

2. 批准主体不同。议案的批准主体是各级人民代表大会。请示的批准主体是各级党政及其职能部门。报告一般无须上级机关批复，仅有生产安全事故调查报告需要上级机关批复。

3. 所涉事项不同。议案中提出的事项通常是关涉全国或各地方全局性的重大方针政策、法律法规等，请示报告中提出和汇报的事项是党政工作中遇到的一般性事项。

4. 发文时间不同。议案和请示要求事前行文，即在执行政策法律、办理工作事项之前行文请求批准，待人民代表大会、上级党政机关批准后方可实施。报告属事中行文或事后行文，即在完成工作事项的进程中或完成工作事项后行文汇报。

（三）请求指示性请示的结构和写法

请求指示性请示由标题、主送机关、请示缘由、请示事项、请示结语、落款等部分组成。

1. 标题。请求指示性请示的标题属普通法定公文标题形式，由发文机关加事由与文种组成。在标题的写作中，应注意不在事由部分使用"申请""请求""恳请""请求批准""申请批复"等动词，避免与文种意义重复；也不应使用"要求批准""尽快解决"等违反上行文语言表达规范的词语。

2. 主送机关。请求指示性请示的主送机关是有解释责权的上级机关或其职能部门。

3. 请示缘由。请求指示性请示缘由部分用于介绍正在进行的工作，以及工作涉及的相关法律法规、指令要求，语言需简洁概括。在请示缘由的结尾，常用过渡句"在执行过程中遇到一些理解不清、难以把握的问题，特（现）请示如下""在执行过程中遇到了尚无具体处置办法的问题，现作如下请示并建议"等转入请示事项部分。

4. 请示事项。请示事项部分应将遇到的不明确事项或条文逐项列出，并说明对各条文的不同解读，请上级机关予以确定，可用表达句式有"希望明确××××问题的处理办法"

"××××××（需明确概念）是否属于××××，希望予以明确"等；有时还可提出数种不同的解决办法和对具体条文的解读，并建议上级机关采纳某一种解决办法和具体解读，可用表达句式有"对此，我们建议……""对此项条文，我们认为，……"等。

5. 请示结语。请求指示性请示的结尾专用语为"特此请示""以上请示可否（当否、妥否），请批示（批复）""以上意见妥否，请批示"等。请示结语是请求指示性请示的必要组成部分，不能遗漏。

6. 落款。请求指示性请示的落款由发文机关署名和成文日期组成。

（四）请求批准性请示的结构和写法

请求批准性请示一般由标题、主送机关、请示缘由、请示事项、请示结语、落款等部分组成。

1. 标题。请求批准性请示的标题属普通法定公文标题形式，由发文机关加事由与文种组成。请求批准性请示标题写作的注意事项与请求指示性请示相同。

2. 主送机关。请求批准性请示的主送机关为有直接隶属关系的上级机关。

在请求批准性请示行文时应注意遵守相关规则。《党政机关公文处理工作条例》第十四条规定："行文关系根据隶属关系和职权范围确定。一般不得越级行文，特殊情况需要越级行文的，应当同时抄送被越过的机关。"第十五条规定："向上级机关行文，应当遵循以下规则：原则上主送一个上级机关，根据需要同时抄送相关上级机关和同级机关，不抄送下级机关。党委、政府的部门向上级主管部门请示、报告重大事项，应当经本级党委、政府同意或者授权；属于部门职权范围内的事项应当直接报送上级主管部门。除上级机关负责人直接交办事项外，不得以本机关名义向上级机关负责人报送公文，不得以本机关负责人名义向上级机关报送公文。受双重领导的机关向一个上级机关行文，必要时抄送另一个上级机关。"

3. 请示缘由。请求批准性请示的请示缘由包括事实缘由、政策法规依据及党政依据等。事实缘由指请示事项的历史和现状，政策法规依据指可用于处理请示事项的党纪国法，党政依据指有管辖权的上级党政机关对请示事项曾作出的指导性意见和要求。

请求批准性请示的请示缘由应开门见山，由直接关涉请示事项的事实开始，清楚介绍有关问题的历史与现状、相关的政策法规规定和上级机关的指导性意见及要求，必要时可举出典型事例或典型数字加以说明，并以叙议结合的方式点明解决有关问题的紧迫性和必要性。这部分的写作应注意突出重点、详略得当、用语谦和，不得使用辩论、决定式语气。

4. 请示事项。请示事项是请示全文的重点，需要明确提出解决问题的具体建议，包括实施的时间、地点、承办单位、数量规模、质量标准、完成方式、经费来源等详细要素。

《党政机关公文处理工作条例》第十五条规定："下级机关的请示事项，如需以本机关名义向上级机关请示，应当提出倾向性意见后上报，不得原文转报上级机关。"并且党政机关在向上级转呈下级机关的请示时，需要明确本级机关是否同意下级机关的请求。《党政机关公文处理工作条例》第十五条还规定："请示应当一文一事。不得在报告等非请示性公文中夹带请示事项。"由于请求批准性请示文种有着"一文一事"的基本特性，如果请示缘由部分事实简单，则可以采用篇段合一的行文形式，即请示缘由与请示事项不分段。在提出建议时可采用的常用句式有"为……，我们建议……""鉴于上述情况，我们建议……""为……，现拟……"等。

5. 请示结语。请求批准性请示的结尾专用语为"以上请示可否（当否、妥否），请批示（批复）""特此请示"等。请示结语是请求批准性请示的必要组成部分，不能遗漏。

6. 落款。请求批准性请示的落款由发文机关署名和成文日期组成。

（五）例文

1. 请求指示性请示。

××县司法局关于明确××县公证处机构编制性质的请示

县编办：

××县公证处于1983年成立，自成立以来，××县公证处充分发挥公证的服务、沟通、公证、监督的职能，为我县经济稳定发展做出了应有贡献。但由于历史原因，其机构编制性质一直没有得到明确界定。现根据司法部、中央机构编制委员会办公室、财政部、人力资源和社会保障部联合下发的司发〔2017〕8号文件精神，要求2017年年底全国所有公证处一律改制为公益性事业体制，现根据改制要求，急需将其原有编制性质作出明确说明，以便下一步改制工作的进行。

请予以研究，并给予答复为盼。

××县司法局
2017年9月4日

2. 请求批准性请示。

酒泉市体育局关于对瓜州体育馆（全民健身中心）项目建设给予资金补助的请示

酒市体字〔2018〕87号

甘肃省体育局：

酒泉市瓜州县占地面积2.4万平方公里，现有人口16万人，包含24个民族，是一个典型的多民族融合发展地区，体育健身活动成为该县群众最普遍的娱乐行为，体育人口达到40%，目前还没有一处承办群众体育赛事活动的综合性体育馆。

为了更好地落实全民健身国家战略和体育惠民政策，满足全县人民健身需求，同时承办2020年酒泉市第五届运动会，瓜州县委、县政府决定启动瓜州体育馆（全民健身中心）建设项目，该项目规划用地面积约40 000平方米，建筑总面积约10 679.83平方米，设计座椅3 800人左右，项目计划总投资11 917.31万元，计划于2018年8月开工建设，2020年8月完工投入使用。目前，已编制完成《瓜州县瓜州体育馆（全民健身中心）可行性研究报告》及评估报告，并已获得县发改局的立项批复。

瓜州县全民健身中心（体育馆）建设项目符合国家、省、市、县城市规划，符合我县总体规划，但因项目资金缺乏，县财政无力全额解决，为保证项目顺利实施，恳请省体育局将瓜州体育馆（全民健身中心）项目列入国家级、省级重点体育场馆建设项目，并给予资金补助。

妥否，请批示。

附件：《瓜州县文化体育和广播影视局关于申请瓜州体育馆（全民健身中心）项目补助资金的请示》（瓜文字〔2018〕21号）

酒泉市体育局
2018年5月8日

四、批复

(一) 批复的含义和种类

《党政机关公文处理工作条例》规定，批复"适用于答复下级机关请示事项"。批复的行文属被动性行文，是为答复下级机关请示来文而发，与请示一样具有"一文一事"的特性。

按批复的用途与请示来文的性质，可将其分为指示性批复与批准性批复两种，其中指示性批复用于答复请求指示性请示，批准性批复用于答复请求批准性请示。

需要注意的是，在公文写作实践中，负责解释政策法规、指令要求的往往并非上级党政机关，而是上级党政机关内部的某一职能部门。因而，在答复下级党政机关请求指示性请示时，党政机关职能部门只能以复函的形式行文，从而形成以指示性复函批复下级机关请示的现象，这时，指示性复函的作用和指示性批复完全相同。

(二) 批复的结构和写法

指示性批复和批准性批复的写法基本相同，都由标题、主送机关、批复引据、批复事项、补充要求、结语、落款等部分组成。

1. 标题。批复标题的基本形式为发文机关加事由与文种。

批复标题的事由部分可以标示出批复机关的态度，即在"关于"后加"同意"二字，如《国务院关于同意将江苏省无锡市列为国家历史文化名城的批复》。

2. 主送机关。批复的主送机关是请示来文的发文机关。有时，批复的主送机关是跟请示事项相关的若干下级机关。

3. 批复引据。批复引据用以说明批复所对应的请示来文。在批复引据中一般应引用请示来文的标题及文号，文号在标题后的圆括号内注明。批复引据部分常与过渡句结合，形成固定句式"你×（请示发文机关简称）《关于……的请示》（××发〔××××〕×号）收悉，经研究，现批复如下……"。

4. 批复事项。批复事项部分用于表明批复机关的态度，指示性批复和批准性批复的批复事项写法不同。指示性批复的批复事项部分，应逐条解答请示来文中提出的问题，明确党政管理的对象，确认党政管理应采用的方式方法；其分立的条项数应与请示来文相一致。批准性批复的批复事项部分，应明确表明上级机关的态度，即对下级请示来文中的请求事项同意与否。

同意又分两种不同情形，一种是完全同意，除同意下级机关的请示事项外，还对下级机关提出的完成请示事项的具体方法也表示同意；另一种是原则同意，即总体同意下级机关对所请示的事项展开工作进程，但就如何完成请示事项批复机关仍"有话要讲"。完全同意时，直接表明态度即可，常用句式为"同意你×（请示发文单位简称）……（请示事项）"。原则同意时，需分条立项加以说明，一般第一条用于表明原则同意的态度，常用句式为"一、原则同意你×（请示发文机关简称）……（请示事项）"，从第二条开始，批复机关就如何完成请示事项提出总体指导方针和其他基本要求，常用包含动词"要"的祈使句表达。

在公文写作实践中，请求批准性请示发文前下级机关会就有关请示事项同上级机关作事先的协商，如果上级机关明显不同意下级机关的请求事项，下级机关将不会行文请示。故一般情况下，不存在不同意请求事项的批复。

5. 补充要求。补充要求用于强调批复事项的意义，向全体下级提出指导性要求，发出希望和号召等，常用句式有"×××××（工作事项）是……，×××××（相关下级）要……"

"×××××（工作事项）对……有重要意义（作用），×××××（发文机关）希望（号召）×××××（相关下级）……"等。有时，补充要求部分会与批复事项部分合并，以批复事项部分的最后一项形式出现。

6. 结语。批复的结尾专用语有"特此批复""此复"等。结语不是批复的必要组成部分，可以省略。

7. 落款。批复的落款由发文机关署名和成文日期组成。

（三）例文

1. 指示性批复。

贵州省人民政府关于明确安全生产监督管理部门作为同级政府行政执法机构的批复

黔府函〔2017〕152号

省安全生产监督管理局：

你局《关于将省市县三级安全生产监督管理部门明确为行政执法机构的请示》（黔安监呈〔2017〕19号）收悉。经研究，现就有关事项批复如下：

一、根据《中共中央国务院关于推进安全生产领域改革发展的意见》（中发〔2016〕32号）有关精神，同意将省、市、县三级安全生产监督管理部门明确作为同级政府的行政执法机构。

二、省编委办、省发展改革委、省财政厅、省人力资源社会保障厅、省政府法制办、省机关事务管理局等部门要依据各自职责，按照有关规定，落实相关保障措施，全力支持安全生产监督管理部门有效开展行政执法工作。

三、各地政府和有关部门要进一步加强市、县安全生产执法机构和一线队伍建设，研究完善基层监管执法体制机制，确保有效履行安全生产监管执法职能。

贵州省人民政府
2017年7月28日

（此件公开发布）

2. 批准性批复（完全同意型）。

国务院关于同意设立"中国农民丰收节"的批复

国函〔2018〕80号

农业农村部：

关于申请设立"中国农民丰收节"的请示收悉。同意自2018年起，将每年农历秋分设立为"中国农民丰收节"。具体工作由你部商有关部门组织实施。

国务院
2018年6月7日

（此件公开发布）

3. 批准性批复（原则同意型）。

国务院关于同意深化服务贸易创新发展试点的批复

国函〔2018〕79号

北京市、天津市、河北省、黑龙江省、上海市、江苏省、浙江省、山东省、湖北省、广东省、海南省、重庆市、四川省、贵州省、陕西省人民政府，商务部：

商务部关于深化服务贸易创新发展试点的请示收悉。现批复如下：

一、原则同意商务部提出的《深化服务贸易创新发展试点总体方案》，同意在北京、天津、上海、海南、深圳、哈尔滨、南京、杭州、武汉、广州、成都、苏州、威海和河北雄安新区、重庆两江新区、贵州贵安新区、陕西西咸新区等省市（区域）深化服务贸易创新发展试点。深化试点期限为2年，自2018年7月1日起至2020年6月30日止。

二、深化试点工作要以习近平新时代中国特色社会主义思想为指导，全面贯彻党的十九大和十九届二中、三中全会精神，统筹推进"五位一体"总体布局和协调推进"四个全面"战略布局，坚持创新、协调、绿色、开放、共享发展理念，以供给侧结构性改革为主线，深入探索适应服务贸易创新发展的体制机制、政策措施和开放路径，加快优化营商环境，最大限度激发市场活力，打造服务贸易制度创新高地。

三、试点地区人民政府（管委会）要加强对试点工作的组织领导，负责试点工作的实施推动、综合协调及措施保障，重点在管理体制、开放路径、促进机制、政策体系、监管制度、发展模式等方面先行先试，为全国服务贸易创新发展探索路径。有关省、直辖市人民政府要加强对试点工作的指导和支持，鼓励试点地区大胆探索、开拓创新。

四、国务院有关部门要按照职能分工，加强对试点工作的协调指导和政策支持，主动引领开放，创新政策手段，形成促进服务贸易创新发展合力。商务部要加强统筹协调、督导评估，会同有关部门及时总结推广试点经验。

五、深化试点期间，暂时调整实施相关行政法规、国务院文件和经国务院批准的部门规章的部分规定，具体由国务院另行印发。国务院有关部门根据《深化服务贸易创新发展试点总体方案》相应调整本部门制定的规章和规范性文件。试点中的重大问题，商务部要及时向国务院请示报告。

附件：1. 深化服务贸易创新发展试点总体方案
　　　2. 深化服务贸易创新发展试点开放便利举措
　　　3. 深化服务贸易创新发展试点任务及政策保障措施

国务院
2018年6月1日

（此件公开发布）

第五节　公报　决议　纪要

一、公报

（一）公报的含义和种类

《党政机关公文处理工作条例》规定，公报"适用于公布重要决定或者重大事项"。公报是一种公开发布的公务文书，它的制发主体主要是政党，兼具政策权威性和新闻性。

在公文写作实践中，需要区分以下几种公报。

1. 外交公报。外交公报是一种常见的具有极强新闻功能的外交文件，又称新闻公报。外交公报分为单发公报和联发公报。单发公报主要用于以一国政府的名义，正式向外报道关于国家领导人出访、来访的消息等。联发公报通常称为联合公报，由双边或多边共同发表；其中政治性联合公报用于报道双方或多方对国际重大问题的共同看法，或介绍双边、多边事件的会谈进展情况，它无须各方代表签署，仅由各方议定文稿，在各自首都的重要报刊上发表。条约性联合公报则实录双方或多方对共同关心的事件，经过谈判最终达成的协议文本，规定各方享有的权利与承担的义务等，须经各自全权代表正式签署。从本质特性上分析，外交公报属于外交专用公文，不属于普通公文，当然，更不属于由《党政机关公文处理工作条例》界定的法定公文。

2. 期刊公报。期刊公报包括国务院公报、各级政府公报、最高人民法院公报、最高人民检察院公报、全国人大公报、各级人大公报等，它们都属于文件汇编性质，由主办机关定期发布，用于向社会公开相关政策法令，是满足现代国家治理过程中信息公开要求的具体举措之一。作为汇编性质的期刊公报，所包含的一组文件可能是法定公文，也可能是事务文书，从不以单篇公文的形式出现，因而，期刊公报也不属于法定公文。

3. 统计公报。统计公报是权威机关向全社会公布有关国家、政党、各行业等相关统计数字的公文文种，如国家统计局发布的《中华人民共和国2017年国民经济和社会发展统计公报》、中共中央组织部发布的《2017年中国共产党党内统计公报》、中华人民共和国文化和旅游部发布的《中华人民共和国文化和旅游部2017年文化发展统计公报》等。统计公报可以由政府部门、党政相关职能部门发布，也可以由掌握相关信息的行业组织、学术机构发布，不具备法定公文的文面要素和发文程序，应属于事务文书。

4. 会议公报。会议公报主要用于向国际、国内公开宣示执政党在自身召开的重要会议中确定的治国理政的重大政策方针、重大决策事项，一般授权权威媒体进行发布。会议公报属于由《党政机关公文处理工作条例》界定的法定公文。

（二）公报的结构和写法

公报一般由标题、会议日期与会议名称、会议情况介绍、评价分析与应对、议定事项、结尾等部分组成。

1. 标题。公报的标题属特殊法定公文标题，由会议名称加文种组成。需要注意的是，会议名称必须使用全称，不能使用普通行文时的简称。

2. 会议日期与会议名称。会议日期与会议名称后应加上"通过"二字，并外加圆括号位于标题正下方居中位置。

需注意的是，作为记录体式的法定公文，公报不采用一般法定公文的书信体形式行文，故无须标示主送机关，且全文采用第三人称叙述。

3. 会议情况介绍。会议情况介绍用于介绍会议相关情况，一般包括会议的时间、地点、出席人员与人数、出席会议的主要领导人、会议的主持机构、会议的主要议程、会议的主要任务等要素，通常可以将各要素适当组合，分成数个段落表述。

4. 评价分析与应对。评价分析与应对包括对前阶段工作的回顾与评价、对现阶段面临形势的分析、提出下阶段工作的指导方针，在表达方面应注意高度概括，注重对执政党治国治党的方针作理论性阐述，无须涉及具体的工作事项。惯用句式有"全会总结了……，一致认为……"、"全会充分肯定……，一致认为……"、"全会高度评价……"（引领出对前段工作的回顾与评价）、"全会指出……"（引领出对现阶段形势的分析）、"全会强调……"（引领出所提出的下阶段工作的指导方针）。在这一层次的结尾通常不使用过渡句。

5. 议定事项。议定事项用于载明会议议定的执政党将要采行的下一段治国治党的若干重要举措，这一部分的表述一般不采用分列小标题的形式。

对于会议确定的各项治国举措，一般以"全会要求……""全会对……作出系统部署""全会提出……"作为段落引领词，分段陈述各项具体举措。这部分在表达方式上应注意将议论与说明相结合，常用句式有"……（某项执政理念）是……（意义），必须……（说明执政目标），要……（说明具体执政手段）"。各项举措的阐述说明通常省略执行主体，形成公报特有的语体风格。

对于会议所确定的各项治党举措，一般以"第一""第二""第三"作为引领，分段陈述各项具体举措。议定事项在表达方式上以说明为主，通常省略各项执行主体，同时还应注意语气的严肃性，常使用"必须……""要……"等祈使句以及"坚决""严格""严肃"副词以突出其权威性。

6. 结尾。公报的结尾一般用来强调会议的重要意义，以及向广大政党成员发出号召，常以"全会号召"作为句首引领词。

需要注意的是，与一般记录性会议文件相同，公报采用的也是第三人称叙述方式，但其对会议的指称却不相同。公报使用的是执政党会议的专用简称——"全会"，而非普通会议简称——"会议"。

（三）例文

中国共产党第十九届中央委员会第二次全体会议公报

（2018年1月19日中国共产党第十九届中央委员会第二次全体会议通过）

中国共产党第十九届中央委员会第二次全体会议，于2018年1月18日至19日在北京举行。

出席这次全会的有，中央委员203人，候补中央委员172人。中央纪律检查委员会常务委员会委员和有关方面负责同志列席会议。党的十九大代表中部分基层同志和专家学者也列席会议。

全会由中央政治局主持。中央委员会总书记习近平做了重要讲话。

全会审议通过了《中共中央关于修改宪法部分内容的建议》，张德江就《建议（草案）》向全会作了说明。

全会一致认为，党的十九大和十九届一中全会以来，在以习近平同志为核心的党中央坚强领导下，全党全国把学习宣传贯彻党的十九大精神作为首要政治任务，深入开展多种形式的学习宣传活动，兴起了学习贯彻党的十九大精神、习近平新时代中国特色社会主义思想热潮，为贯彻落实党的十九大提出的各项战略决策和工作部署提供了强大精神动力，全党全国各族人民思想更加统一、信心更加坚定、行动更加有力，党和国家各项事业呈现欣欣向荣的发展局面。

全会认为，宪法是国家的根本法，是治国安邦的总章程，是党和人民意志的集中体现。现行宪法颁布以来，在改革开放和社会主义现代化建设的历史进程中、在我们党治国理政实践中发挥了十分重要的作用，有力坚持了中国共产党领导，有力保障了人民当家作主，有力促进了改革开放和社会主义现代化建设，有力推动了社会主义法治国家建设进程，有力维护了国家统一、民族团结、社会稳定。实践证明，我国现行宪法是符合国情、符合实际、符合时代发展要求的好宪法，是充分体现人民共同意志、充分保障人民民主权利、充分维护人民根本利益的好宪法，是推动国家发展进步、保证人民创造幸福生活、保障中华民族实现伟大复兴的好宪法，是我们国家和人民经受住各种困难和风险考验、始终沿着中国特色社会主义道路前进的根本法治保障。维护宪法尊严和权威，是维护国家法制统一、尊严、权威的前提,也是维护最广大人民根本利益、确保国家长治久安的重要保障。

全会高度评价全面依法治国取得的成就。党的十八大以来,以习近平同志为核心的党中央以前所未有的力度推进全面依法治国进程,坚持依法治国、依法执政、依法行政共同推进,坚持法治国家、法治政府、法治社会一体建设,坚持依法治国和以德治国相结合,坚持依法治国和依规治党有机统一,抓住科学立法、严格执法、公正司法、全民守法关键环节,加快推进中国特色社会主义法治体系建设,法律规范体系、法治实施体系、法治监督体系、法治保障体系和党内法规体系建设相互促进、共同发展,社会主义法治国家建设取得了历史性成就。

全会认为,我们党高度重视宪法在治国理政中的重要地位和作用,明确坚持依法治国首先要坚持依宪治国,坚持依法执政首先要坚持依宪执政,把实施宪法摆在全面依法治国的突出位置,采取一系列有力措施加强宪法实施和监督工作,为保证宪法实施提供了强有力的政治和制度保障。

全会认为,我国宪法必须随着党领导人民建设中国特色社会主义实践的发展而不断完善发展。这是我国宪法发展的一个显著特点,也是一条基本规律。从1954年我国第一部宪法诞生至今,我国宪法一直处在探索实践和不断完善过程中。1982年宪法公布施行后,根据我国改革开放和社会主义现代化建设的实践和发展,分别于1988年、1993年、1999年、2004年进行了4次修改。实践表明,我国宪法是同党团结带领人民进行的实践探索紧密联系在一起的,随着时代进步、党和人民事业发展而不断完善。

全会强调,由宪法及时确认党和人民创造的伟大成就和宝贵经验,以更好发挥宪法的规范、引领、推动、保障作用,是实践发展的必然要求。中国特色社会主义进入新时代,这是我国发展新的历史方位。根据新时代坚持和发展中国特色社会主义的新形势新任务,有必要对我国宪法作出适当的修改。自2004年修改宪法以来,党和国家事业又有了许多重要发展变化。特别是党的十八大以来,以习近平同志为核心的党中央团结带领全党全国各族人民毫不动摇坚持和发展中国特色社会主义,创立了习近平新时代中国特色社会主义思想,统筹推进"五位一体"总体布局、协调推进"四个全面"战略布局,推进党的建设新的伟大工程,推动党和国家事业取得历史性成就、发生历史性变革。党的十九大对新时代坚持和发展中国特色社会主义作出重大战略部署,确定了新的奋斗目标。为更好发挥宪法在新时代坚持和发展中国特色社会主义中的重大作用,需要对宪法作出适当修改,把党和人民在实践中取得的重大理论创新、实践创新、制度创新成果上升为宪法规定。

全会认为,宪法修改是国家政治生活中的一件大事,是党中央从新时代坚持和发展中国特色社会主义全局和战略高度作出的重大决策,也是推进全面依法治国、推进国家治理体系和治理能力现代化的重大举措。这次宪法修改的总体要求是,高举中国特色社会主义伟大旗帜,全面贯彻党的十九大精神,坚持以马克思列宁主义、毛泽东思想、邓小平理论、"三个代表"重要思想、科学发展观、习近平新时代中国特色社会主义思想为指导,坚持党的领导、人民当家作主、依法治国有机统一,把党的十九大确定的重大理论观点和重大方针政策特别是习近平新时代中国特色社会主义思想载入国家根本法,体现党和国家事业发展的新成就新经验新要求,在总体保持我国宪法连续性、稳定性、权威性的基础上推动宪法与时俱进、完善发展,为新时代坚持和发展中国特色社会主义、实现"两个一百年"奋斗目标和中华民族伟大复兴的中国梦提供有力宪法保障。

全会提出,这次宪法修改必须贯彻以下原则:坚持党的领导,坚持中国特色社会主义法治道路,坚持正确政治方向;严格依法按程序进行;充分发扬民主、广泛凝聚共识,确保反映人民意志、得到人民拥护;坚持对宪法作部分修改、不作大改的原则,做到既顺应党和人民事业发展要求,又遵循宪法法律发展规律,保持宪法连续性、稳定性、权威性。

全会认为,宪法修改关系全局,影响广泛而深远。要贯彻科学立法、民主立法、依法立法的要求,注重从政治上、大局上、战略上分析问题,注重从宪法发展的客观规律和内在要求上思考问题,维护宪法权威性。

全会强调,习近平新时代中国特色社会主义思想是马克思主义中国化最新成果,是当代中国马克思主义、21世纪马克思主义,是党和国家必须长期坚持的指导思想。中国共产党领导是中国特色社会主义最本质的特征,是中国特色社会主义制度最大的优势,必须坚持和加强党对一切工作的领导。经济建设、政治建设、文化建设、社会建设、生态文明建设"五位一体"总体布局,创新、协调、绿色、开放、共享的新发展理念,到2020年全面建成小康社会、到2035年基本实现社会主义现代化、到本世纪中叶建成社会主义现代化强国的奋斗目标,实现中华民族伟大复兴,对激励和引导全党全国各族人民团结奋斗具有重大引领意义。坚持和平发展道路,坚持互利共赢开放战略,推动构建人类命运共同体,对促进人类和平发展的崇高事业具有重大意义。国家监察体制改革是事关全局的重大政治体制改革,是强化党和国家自我监督的重大决策部署,要依法建立党统一领导的反腐败工作机构,构建集中统一、权威高效的国家监察体系,实现对所有行使公权力的公职人员监察全覆盖。宪法是国家各项制度和法律法规的总依据,充实宪法的重大制度规定,对完善和发展中国特色社会主义制度具有重要作用。

全会强调,宪法的生命在于实施,宪法的权威也在于实施。维护宪法权威,就是维护党和人民共同意志的权威;捍卫宪法尊严,就是捍卫党和人民共同意志的尊严;保证宪法实施,就是保证人民根本利益的实现。要以这次宪法修改为契机,深入推进科学立法、严格执法、公正司法、全民守法,坚持有法可依、有法必依、执法必严、违法必究,把依法治国、依宪治国工作提高到一个新水平。要在全党全社会深入开展尊崇宪法、学习宪法、遵守宪法、维护宪法、运用宪法的宣传教育活动,大力弘扬宪法精神,大力弘扬社会主义法治精神,不断增强人民群众宪法意识。要加强对宪法法律实施情况的监督检查,坚决纠正违宪违法行为。各级国家工作人员特别是领导干部要增强宪法观念,依照宪法法律行使职权、履行职责、开展工作,恪尽职守、廉洁奉公,自觉接受人民监督,通过自己的努力为宪法法律实施作出贡献,绝不允许以言代法、以权压法、逐利违法、徇私枉法。全国各族人民、一切国家机关和武装力量、各政党和各社会团体、各企业事业组织,都必须以宪法为根本的活动准则,都负有维护宪法尊严、保证宪法实施的职责,任何组织和个人都不得有超越宪法法律的特权,一切违反宪法法律的行为都必须予以追究。

全会号召,全党同志要更加紧密地团结在以习近平同志为核心的党中央周围,以习近平新时代中国特色社会主义思想为指导,全面深入贯彻党的十九大精神和本次全会精神,牢固树立政治意识、大局意识、核心意识、看齐意识,坚定不移走中国特色社会主义法治道路,自觉维护宪法权威、保证宪法实施,为新时代推进全面依法治国、建设社会主义法治国家而努力奋斗。

二、决议

(一) 决议的含义和种类

《党政机关公文处理工作条例》规定,决议"适用于会议讨论通过的重大决策事项"。

决议是一种兼具记录性、知照性和指令性的法定公文文种，可以使用决议的会议仅限于国家各级立法机构（各级人民代表大会及其常务委员会）、执政党各级领导机构（各级党代会）及中央、地方委员会。

决议根据所涉及的内容，可以将其分为知照性决议和指导性决议两类。

1. 知照性决议。知照性决议用于宣布会议已表决通过重要政府文件或政党文件的事实，主要起告知作用。

2. 指导性决议。指导性决议用于宣布重要会议的议程，传达会议的精神，指导政府或政党的工作。

（二）知照性决议的结构和写法

知照性决议一般由标题、会议日期与名称、决议内容、结尾等部分组成。

1. 标题。知照性决议的标题属特殊法定公文标题，一般由会议全称、事由、文种组成。

2. 会议日期与名称。会议日期与会议名称应加上"通过"二字，并外加圆括号位于标题正下方居中位置。

注意：作为记录体式的法定公文，决议不采用一般法定公文的书写形式行文，故无须标示主送机关，且全文采用第三人称叙述。

3. 决议内容。知照性决议内容需要明确几个要素：会议审查的相关政府文件、会议同意的对相关政府文件的审查结果报告、会议决定批准的相关政府文件。常用句式有"……（会议名称）审查了《……》（相关政府文件），……（会议名称）同意……报告（对相关政府文件的审查报告名称），会议决定，批准《……》（相关政府文件）"。

4. 结尾。知照性决议如有结尾，一般用来发出号召，并以"会议号召"作为引领。结尾不是知照性决议的必要组成部分，可以省略。

（三）指导性决议的结构和写法

指导性决议一般由标题、会议日期与名称、会议情况介绍、决议内容、结尾等部分组成。

1. 标题。指导性决议标题属特殊法定公文标题，有两种写法，一种由会议全称加上事由与文种组成；另一种由会议全称加文种组成。

2. 会议日期与名称。会议日期与会议名称后应加上"通过"二字，并外加圆括号位于标题正下方居中位置。

3. 会议情况介绍。会议情况介绍部分应明确会议全称、会议时间、会议地点、参会人员身份及人数、会议主要议程等要素。

4. 决议内容。指导性决议的决议内容一般包括施政举措的必要性、应采取的指导方针、总体任务目标、具体施政举措等要素，其中施政举措的必要性与应采取的指导方针要素偏重理论阐述，多使用直陈判断式给出定论，并不需要给出具体论据进行完整议论。在阐述总体任务目标及具体施政举措时可采用分条列项的方式行文。决议内容部分常用的固定段落引领语有"会议一致认为""会议指出""会议强调""会议提出""会议明确"等。

5. 结尾。指导性决议的结尾一般用于揭示意义、发出号召等，常用"会议提出""会议号召"等词作为段落引领词引出结尾段。

(四) 例文

1. 知照性决议。

第十三届全国人民代表大会第一次会议关于政府工作报告的决议

(2018年3月20日第十三届全国人民代表大会第一次会议通过)

第十三届全国人民代表大会第一次会议听取和审议了国务院总理李克强所做的政府工作报告。会议高度评价过去五年我国经济社会发展取得的历史性成就、发生的历史性变革，充分肯定国务院过去五年的工作，同意报告提出的2018年经济社会发展总体要求、政策取向和对政府工作的建议，决定批准这个报告。

会议号召，全国各族人民更加紧密地团结在以习近平同志为核心的党中央周围，高举中国特色社会主义伟大旗帜，以习近平新时代中国特色社会主义思想为指导，全面贯彻党的十九大和十九届一中、二中、三中全会精神，坚持和加强党的全面领导，坚持稳中求进工作总基调，坚持新发展理念，紧扣我国社会主要矛盾变化，按照高质量发展的要求，统筹推进"五位一体"总体布局和协调推进"四个全面"战略布局，坚持以推进供给侧结构性改革为主线，统筹推进稳增长、促改革、调结构、惠民生、防风险各项工作，大力推进改革开放，创新和完善宏观调控，推动质量变革、效率变革、动力变革，在打好防范化解重大风险、精准脱贫、污染防治三大攻坚战方面取得扎实进展，引导和稳定预期，加强和改善民生，促进经济社会持续健康发展，锐意进取，埋头苦干，为决胜全面建成小康社会、夺取新时代中国特色社会主义伟大胜利，为把我国建设成为富强民主文明和谐美丽的社会主义现代化强国、实现中华民族伟大复兴的中国梦努力奋斗！

2. 指导性决议。

全国人民代表大会常务委员会
关于全面加强生态环境保护　依法推动打好污染防治攻坚战的决议

(2018年7月10日第十三届全国人民代表大会常务委员会第四次会议通过)

第十三届全国人民代表大会常务委员会第四次会议听取和审议了栗战书委员长所作的全国人大常委会执法检查组关于检查大气污染防治法实施情况的报告。会议充分肯定和高度评价执法检查组的工作，一致赞成执法检查报告，同意报告对贯彻实施大气污染防治法、打赢蓝天保卫战提出的意见和建议。

会议认为，生态文明建设关系中华民族永续发展，关系亿万中国人民的福祉。党的十八大以来，以习近平同志为核心的党中央把生态文明建设作为统筹推进"五位一体"总体布局和协调推进"四个全面"战略布局的重要内容，谋划开展一系列根本性、开创性、长远性工作，推动生态文明建设和生态环境保护从实践到认识发生历史性、转折性、全局性变化。同时，生态文明建设面临的形势仍然严峻，正处于压力叠加、负重前行的关键期，已进入提供更多优质生态产品以满足人民日益增长的优美生态环境需要的攻坚期，也到了有条件有能力解决突出生态环境问题的窗口期。党的十九大制定了决胜全面建成小康社会、夺取新时代中国特色社会主义伟大胜利的宏伟蓝图，对加强生态文明建设、建设美丽中国作出了全面部署。打好污染防治攻坚战是决胜全面建成小康社会的三大攻坚战之一，关系到全面建成小康社会能否得到人民认可、经得起历史检验。到2020年，生态环境质量总体改善，主要污染物排放总量大幅减少，是我们的总体目标。各级人大及其常委会作为国家权力机关，肩负着贯彻落实党中央关于生态文明建设的决策部署、推动生态环境保护法律制度全面有效实施的光荣使命，要充分发挥人民代表大会制度的特点和优势，履行宪法法律赋予的职责，以法律的武器治理污染，用法治的力量保护生态环境，为全面加强生态环境保护、依法推动打好污染防治攻坚战作出贡献。为此，特作决议如下：

一、坚持以习近平新时代中国特色社会主义思想特别是习近平生态文明思想为指引。党的十八大以来，以习近平同志为核心的党中央高瞻远瞩、不懈探索，深刻回答了为什么建设生态文明、建设什么样的生态文明、怎样建设生态文明等重大理论和实践问题，系统形成了习近平生态文明思想。习近平生态文明思想是习近平新时代中国特色社会主义思想的重要组成部分，有力指导生态文明建设和生态环境保护取得历史性成就、发生历史性变革。习近平生态文明思想聚焦人民群众感受最直接、要求最迫切的突出环境问题，深刻阐述了生态兴则文明兴、人与自然和谐共生、绿水青山就是金山银山、良好生态环境是最普惠的民生福祉、山水林田湖草是生命共同体、用最严格制度最严密法治保护生态环境、建设美丽中国全民行动、共谋全球生态文明建设等一系列新思想新理念新观点，对生态文明建设进行了顶层设计和全面部署，是我们保护生态环境、推动绿色发展、建设美丽中国的强大思想武器。各国家机关和全社会要以习近平生态文明思想为方向指引和根本遵循，自觉把经济社会发展同生态文明建设统筹起来，坚决摒弃以牺牲生态环境换取一时一地经济增长的做法，坚决打好污染防治攻坚战，推动形成人与自然和谐发展现代化建设新格局，不断满足人民日益增长的优美生态环境需要，加快建设美丽中国。

二、坚持党对生态文明建设的领导。（略）

三、建立健全最严格最严密的生态环境保护法律制度。（略）

四、大力推动生态环境保护法律制度全面有效实施。（略）

五、广泛动员人民群众积极参与生态环境保护工作。（略）

各国家机关和全社会要紧密团结在以习近平同志为核心的党中央周围，以习近平新时代中国特色社会主义思想为指导，全面加强生态环境保护、打好污染防治攻坚战，为全面建成小康社会、全面建设富强民主文明和谐美丽的社会主义现代化强国而努力奋斗。

三、纪要

（一）纪要的含义和种类

《党政机关公文处理工作条例》规定，纪要"适用于记载会议主要情况和议定事项"。纪要是一种以记录性为主，兼具一定指令效力的法定公文文种。

在公文写作实践中，常见的和会议相关的行政公文除纪要外还有会议记录、简报、决议、公报等多种，需要厘清纪要同这些文种之间的关系。

1. 会议记录。会议记录是公务活动原始记录材料；凡属党政机关召集的正式会议，无论其规模大小、层级高低都应做记录；记录的内容完全按照会议的实际过程进行实录；成文后仅作为内部资料存档备查，不具有行政效力。

2. 简报。简报属于事务文书，其使用范围不限于；简报通常由会议主办方在会议进行的过程中不定期印发，用于内部通报会议的有关情况，如会议出席情况、主要议程进展、会议的讨论情况、代表们的典型发言与建议等；简报不具有行政效力。

3. 决议。决议属法定公文文种，《党政机关公文处理工作条例》规定，决议"适用于会议讨论通过的重大决策事项"。决议议定事项必须经过相关权力机关正式会议审议表决，并获通过；决议议定事项属某方面或某项重大事项，不涉及日常事务，也不涉及多方面、多事项。

4. 公报。公报属法定公文文种，《党政机关公文处理工作条例》规定，公报"适用于公布重要决定或者重大事项"。与决议在党政机关内部运行不同，公报具有面向全社会公布的功能，所涉及的事项多为执政党制定的重大执政方针和重大执政举措，一般不在政府部门使用。

5. 纪要。纪要属法定公文文种；在一般性会议结束后，如有必要将会议讨论和决定的事项周知相关党政机关时才行文，否则不行文；纪要的内容是在会议原始材料的基础上加以概括整理，选择其中的重点部分而形成的文字，涉及事项可一可多。

根据纪要的具体用途，可以将其分为以下三种。

1. 日常办公会议纪要。各级党政机关、企事业单位的领导层在处理日常事务时会定期召集集体会商，如国务院常务会议、市长办公会、局长办公会、校长办公会、总经理办公会等；这些会议所作出的决定需要以日常办公会议纪要的形式作记录，会后下发本单位内部贯彻执行。

2. 专题性会议纪要。专题性会议是各级党政机关、企事业单位在开展和推进某些重要、重点工作事项时，经常召开相关下级机关和职能部门参加的会议。会后需要将会议议定的事项以纪要的形式做记录，再由具有决定权的党政机关通过发布性通知加以发布，要求全体下级共同遵守、共同执行。

3. 讨论性会议纪要。讨论性会议是党政机关和各类社会组织在自身活动中，面临某些重大决策的理论探讨和实际操作问题时，召开的需要相关各方包括学术界参加的研讨性会议。会议反映实际情况、发表各方意见，需要将这些情况和意见以纪要的形式记录，抄送有关各方交流信息、沟通意见，同时也为党政机关决策提供参考依据。值得注意的是，由于近年来党政机关在管理方式与信息采集手段方面发生巨大变化，实际上在党政机关公文运用中，讨论性会议纪要已很少使用，故下文不再介绍。

纪要成文后，一般会抄送给所有与会单位及上级主管机关，用来交流会议情况、通报会议成果。当纪要被用于传达会议精神和议定事项，要求与会单位共同遵守执行时，需要借助上级主管机关的发布性通知，将纪要作为发布性通知的附件向下行文。

（二）日常办公会议纪要的结构和写法

日常办公会议纪要一般由标题、编号或会议日期、会议情况介绍、议定事项纪要、参会人员名单等部分组成。

1. 标题。日常办公会议纪要标题属特殊法定公文标题，由会议名称加文种组成，如《××办公会议纪要》。

2. 编号或会议日期。日常办公会议纪要作为一种纪实性法定公文，与其他以信函形式行文的法定公文不同，它使用记录文体式行文，故无须标示主送机关，同时全文使用第三人称叙述。

日常办公会议纪要有时使用正常发文字号发文，有时使用编号发文。使用发文字号发文时，应在标题下方居中位置标示成文日期，成文日期应以阿拉伯数字书写，并用圆括号括入。使用编号发文时，可以以主要负责人任期或年度为单位，按发布时间顺序编号，具体形式为"第×号"或"××××年第×号"，其中年号和顺序号应使用阿拉伯数字。

3. 会议情况介绍。会议情况介绍部分应清楚说明会议时间、会议地点、会议主持者、会议主要议题、会议主要议程等要素，常用句式为"××××年×月×日，××（主持人职务）×××（主持人姓名）在××××（会议地点）主持召开了××××办公会议。会议听取了××××（汇报单位名称）关于××××（工作事项名称）的汇报，会议讨论了……，会议部署了……"。有时相关单位派员参加时,也需对他们作简要介绍,如"××××、××××、××××、××××(列举相关单位名称)有关同志出席了会议"。在会议情况介绍的结尾部分,一般使用过渡句"现纪要如下"引导下文。

4. 议定事项纪要。议定事项纪要应将日常办公会议的议定事项分条列项地逐一准确记录,包括各具体事项的指定承办主体、事项目前的进展情况、遇到的问题和困难、解决的措施及实施的期限等要素。常用表达句式有"会议听取了……""会议指出……""会议同意××××(承办主体名称)……""会议原则同意××××(承办主体名称)……""会议明确××××(承办主体名称)……""会议指定××××(承办主体名称)……"或"××××(承办主体名称)要(可、必须)……"等。

5. 参会人员名单。由于办公会议的参会人员规模有限,因而在办公会议纪要的结尾通常应详细列出所有出席人员的名单,以显示记录的完整性。

日常办公会议纪要的制发机关一般是党政机关的秘书部门,可在版记部分标示署名及成文日期。

(三)专题性会议纪要的结构和写法

专题性会议纪要一般由标题、会议情况介绍、评价分析与应对、议定事项、参会人员名单等部分组成。

1. 标题。专题性会议纪要标题属特殊法定公文标题,由会议名称加文种组成,如《××××工作会议纪要》《××××工作安排部署会议纪要》等。

在公文写作中,专题性会议纪要常常错误地使用了讨论性会议纪要的文种名称,被命名成"×××××座谈会纪要""×××××研讨会纪要",从而混淆了专题性会议纪要与讨论性会议纪要的性质与功用,应注意避免这种情况。

2. 会议情况介绍。会议情况介绍部分应清楚说明会议依据、主办单位、会议时间、会议地点、会议名称、会议主要成果、会议主要议程、参加会议人员等要素。会议的层级越高,上述要素的说明越应全面。会议情况介绍的惯用句式有"根据……,经……批准,×××××(主办机关名称)于××××年×月×日在××(地名)召开了×××××(会议名称)会议。会议听取了……,总结交流了……,研究部署了……。××××、××××××等……(数字)余人出席了会议"。

3. 评价分析与应对。评价分析与应对可以包括对前阶段工作的回顾与评价、对现阶段面临形势的分析,提出下阶段工作的指导方针,在表达方面应注意简洁概括。评价分析与应对的惯用句式有:"会议认为……"(引领出前阶段工作的回顾与评价)、"会议指出……"(引领出对现阶段形势的分析)、"会议强调……"(引领出对下阶段工作的指导方针)。在这部分的结尾可使用过渡句"现纪要如下""会议议定如下事项"等。

4. 议定事项。专题性会议议定事项一般不是单个政府部门可以独立完成的,常需要多个部门协作完成,写作时可采取序号加小标题的形式为议定事项分条立项。小标题可以提示要达成的任务目标,或者完成专题工作适用的原则。各协作部门之间的具体分工、完成方法及完成时限等细节可在小标题下进一步详细说明。议定事项的常用表达句式有"××××(承办主体名称)要(可、必须)……"。

5. 参会人员名单。由于专题性会议的参会人员规模有限,因而在专题性会议纪要的结尾通常应详细列出所有出席人员的名单,以显示记录的完整性。

专题性会议纪要的制发机关一般是党政机关的秘书部门,可在版记部分标示署名及成文日期。

（四）例文

1. 日常办公会议纪要。

××市人民政府第42次常务会议纪要

〔2018〕17号

7月9日上午，×××市长主持召开市政府第42次常务会议，审议了《关于促进利用外资高质量发展的若干措施》《关于高质量推进城乡生活污水治理三年行动计划的实施意见》《关于深化湖长制工作的实施方案》《关于全面放开养老服务市场提升养老服务质量的实施意见》和《关于××市区域性养老服务中心建设三年行动计划的实施意见》，听取了关于农村生活污水治理和城市中心区清水工程情况汇报。

会议议定以下意见：

一、审议《关于促进利用外资高质量发展的若干措施》

（一）原则同意《关于促进利用外资高质量发展的若干措施》（以下简称《若干措施》）。由市商务局根据本次会议的讨论意见作进一步修改完善后印发实施。

（二）开放型经济是××的特色和优势。近年来，我市取得了令人瞩目的发展成就，外资功不可没，在率先推动高质量发展的新征程上，促进利用外资高质量发展依然尤为重要。我们一定要提高认识、主动作为，通过采取激励投资、增强要素保障、提升平台载体、优化营商环境等针对性方式，持续做好利用外资工作，促进利用外资高质量发展。

（三）《若干措施》出台以后，各地要因地制宜制定本地区深化推进外资高质量发展的政策和措施，建立政策落实、督查问责等机制，狠抓政策落地。各相关部门要立足职能、强化协同，围绕进一步放宽市场准入、加大招商选资支持力度、集聚开放创新资源、增强项目要素保障、优化引资平台载体、打造优良营商环境等方面，加快落实有关措施。市商务局要充分发挥好开放型经济领导协调小组办公室的作用，做好政策宣传，抓好工作协调推进，加大检查监督力度，确保措施实施效果。

二、听取关于农村生活污水治理和城市中心区清水工程情况的汇报，审议《关于高质量推进城乡生活污水治理三年行动计划的实施意见》

（一）原则同意市水利局关于农村生活污水治理和城市中心区清水工程情况的汇报。原则同意《关于高质量推进城乡生活污水治理三年行动计划的实施意见》（以下简称《实施意见》）。由市水利局根据本次会议讨论意见作进一步修改完善后提请市委常委会审议。

（二）城乡生活污水治理是全面贯彻党的十九大精神，打好污染防治攻坚战的迫切需要。做好城乡生活污水治理，有利于全市生态环境质量的持续提升，为××勇当"两个标杆"、争做"强富美高"新××建设先行军排头兵奠定坚实基础。

（三）市政府成立由×××市长任组长的高质量推进城乡生活污水治理工作领导小组，协调推进相关工作。各地要高度重视城乡生活污水治理，强化组织保障，压实工作责任，明确时序节点，优化行动方案，确保城乡生活污水治理工作稳步推进。各相关部门要按照《实施意见》明确的职责协调做好相关工作。

三、审议《关于深化湖长制工作的实施方案》

（一）原则同意《关于深化湖长制工作的实施方案》。由市水利局根据本次会议讨论意见作进一步修改完善后提请市委全面深化改革领导小组审议。

（二）党中央、国务院在全面推行河长制的基础上，专门制定出台湖长制指导意见，充分体现了党中央、国务院对湖泊管理工作的高度重视,充分彰显了湖泊生态保护在生态文明建设中的重要地位。××湖泊众多,湖泊总面积占水域面积的68.57%,加强湖泊管理与保护,在××显得尤其重要。

(三)各级湖长作为湖泊管理与保护的第一责任人,对湖泊管理保护负总责,要切实提高认识,把湖泊管理保护责任扛在肩上、抓在手上;要细化年度目标,强化工作举措,加大考核力度,层层传导压力,持续发力,久久为功。

四、审议《关于全面放开养老服务市场提升养老服务质量的实施意见》和《关于××市区域性养老服务中心建设三年行动计划的实施意见》

(一)原则同意《关于全面放开养老服务市场提升养老服务质量的实施意见》和《关于苏州市区域性养老服务中心建设三年行动计划的实施意见》。由市民政局根据本次会议讨论意见作进一步修改完善后报市政府印发。

(二)近年来,国家出台了一系列政策措施,要求加快推进养老服务业供给侧结构性改革,满足老年群体多层次、多样化服务需求。全面放开养老服务市场、建设区域性养老服务中心有利于进一步提升我市养老服务质量,增强老年人的获得感、幸福感和安全感。

(三)养老服务涉及多个部门,各相关部门要各司其职,协调配合,形成合力,确保各项政策落到实处;要强化工作创新,着眼于解决老年人最关心最直接最现实的利益问题,让老年人得到更多看得见、摸得着的实惠,满足老年人对美好晚年生活的向往。

出席:略

列席:略

记录:略

××市人民政府办公室整理

2018年7月17日

2. 专题性会议纪要。

××县光伏产业扶贫工作会会议纪要

2018年4月9日,县委、县政府召开专题会议,专题研究光伏产业扶贫工作,县委书记××、县长×××、县委常委、常务副县长××、副县长××、县政府办、县发改委、县财政局、县扶贫办等县直有关单位负责同志参加了会议。现将会议主要精神纪要如下:

会议听取了4月2日至3日,副县长××带领县政府办、县发改委、县发投公司相关负责人到固始县、金寨县和合肥阳光电源公司考察光伏村级电站建设情况的汇报。

会议指出,光伏发电清洁环保,技术可靠,收益稳定,在光照资源条件较好的地区因地制宜开展光伏扶贫,既符合精准扶贫、精准脱贫战略,又符合国家清洁低碳能源发展战略,有利于促进贫困人口稳收增收,周边的固始县、金寨县已有成熟的经验。我县是全省29个光伏扶贫县之一,前期,县发改委已申报了我县光伏扶贫村级电站涉及13个乡镇、26个村,有关乡镇进行了选址。匹配的1 836户贫困户,已通过系统上传至国家扶贫办。2018年1月11日,县政府第九次常务会议已进行了专题研究,并出台了《××县光伏扶贫村级电站建设实施方案(试行)》和《村级光伏扶贫电站收益分配监督管理办法(试行)》,我县已具备实施建设的基本条件。前期工作推进较慢,没有形成统一的运作模式,下一步必须高度重视,抓紧实施,向前推进,尽快建成发挥效益。

会议要求,一是县光伏扶贫村级电站建设领导小组要借鉴外地经验做法,科学制定实施方案和利益分配方案。业主单位明确为县发投公司，监管单位为县发改委。具体工作由县政府办副主任、督查室主任×××牵头，以县发改委为主，县发投公司配合。二是依规选定第三方招标代理公司进行招标代理。严格依规实施公开招投标，做到公正公平，优中选优。26个村级光伏电站作为一个标段，一个村建设一个电站，采用EPC总承包方式建设。三是重在统筹，加快推进。县光伏扶贫村级电站建设领导小组要积极协调解决出现的问题，明确工作任务和时间节点，加快向前推进，确保在8月底前完成。

会议强调，光伏产业扶贫项目的建设必须遵循以下原则：

一、统一方式。一是在电站建设上，以村级电站为主；二是在选点上，以县发改委确定的26个村为主，相邻的2个村可以连在一起，原则上不再调整；三是在选址上，不得占用基本农田，以村集体建设用地为主，原来已经协调好的土地要抓紧办理手续，完成土地清表。

二、统一模式。总体要求是政府主导。一是明确投资模式。按照《国家能源局国务院扶贫办关于印发〈光伏扶贫电站管理办法〉的通知》（国能发新能〔2018〕29号）文件要求，光伏扶贫电站不得负债建设。二是明确建设模式。建设主体由企业建设。在企业选择上，坚持三个优先，即国有公司优先，上市公司优先，有经验能力的公司优先，并抓紧实施，方式可采取EPC模式建设，在设备上要选用目前技术含量最高的设备。三是明确分配模式。村级光伏扶贫电站的发电收益作为村集体经济收入。集体收入一部分要用于公共服务和贫困户。其中，在用于公共服务上，每个村要召开村民或村民代表大会进行集体研究决定；在用于贫困户上，要向原产业加金融没有覆盖的贫困户、因重特大事故返贫户和深度贫困户倾斜。

三、统一机制。一是建立领导机制。光伏扶贫村级电站建设工作由县委常委、常务副县长××牵头，副县长××、××协助，定期研究解决问题。二是建立协调机制。由县政府办副主任、督查室主任×××担任光伏扶贫村级电站建设领导小组办公室主任，统一协调县发改委、县财政局、县发投公司、县扶贫办、县供电公司等部门，具体操作实施推进。三是建立推进机制。县光伏扶贫村级电站建设领导小组办公室要将工作任务分解到各个部门、各个乡镇，明确责任领导和时间节点，加强组织协调，抓紧向前推进，8月底前建成达效。同时，光伏扶贫村级电站建设领导小组办公室要对我县由企业主导建设的光伏发电项目进行排查、监管，防止出现风险。

参会人员：

县领导：略

县政府办：略

县财政局：略

县发改委：略

县扶贫办：略

县发投公司：略

县农发行：略

县供电公司：略

××县人民政府办公室
2018年4月27日

第六节 意见 函

一、意见

(一) 意见的含义和种类

《党政机关公文处理工作条例》规定,意见"适用于对重要问题提出见解和处理办法"。《国务院办公厅关于实施〈国家行政机关公文处理办法〉涉及的几个具体问题的处理意见》(国办函〔2001〕1号)中有补充规定,意见"可以用于上行文、下行文和平行文"。作为上行文,"上级机关应当对下级机关报送的'意见'作出处理或给予答复";作为下行文,"文中对贯彻执行有明确要求的,下级机关应遵照执行;无明确要求的,下级机关可参照执行";作为平行文,"提出的意见供对方参考"。根据上述规定,不同的行文方向决定了意见的不同作用。按照作用的不同,意见可分为两类。

1. 建议性意见。建议性意见作为上行文使用,其制发机关是党政机关的职能部门。党政机关的职能部门就其职权范围内的工作向上级机关提出建议,请求上级机关批准并转发给与其平行或不相隶属的机关执行,这种情况下使用的意见文种称为建议性意见。如果上级党政机关批准建议性意见,则将其作为通知的附件下发给全体下级。

2. 指导性意见。指导性意见作为下行文使用,其制发机关是上级党政机关。上级党政机关就某一专项工作向下级阐明其重要意义,提出指导思想、主要原则和发展目标,以及需完成的主要任务及其保障措施,这种情况下使用的意见文种称为指导性意见。

指导性意见和决定、通知同属下行文,对下级机关的行政工作同样具有规范性、约束力;不同之处在于,决定和通知通常就事论事,着重提出完成某项工作的具体要求和措施,而指导性意见则大多会以相当大的篇幅论述某项工作的重要意义和指导思想,更强调从宏观角度展示工作的远景,指示完成工作的指导方针与基本原则,有较为浓厚的理论色彩,在以操作性为主要特征的法定公文中可谓独树一帜。

(二) 建议性意见、指导性意见的结构和写法

建议性意见与指导性意见的结构类似,一般由标题、主送机关、意见背景和依据、意见内容、意见结语、落款等部分组成。

1. 标题。建议性意见与指导性意见的标题属普通法定公文标题,由发文机关加事由与文种组成,其中文种部分可以根据需要写作"指导意见"(仅用于指导性意见)、"若干意见"(可用于指导性意见及建议性意见)等形式。

2. 主送机关。建议性意见的主送机关是具有批转权力的上级机关或供其参考的平级机关,指导性意见的主送机关是全体下级机关。

3. 意见背景和依据。意见背景指正在进行的某项党政管理工作的进程、此项党政管理工作对象的现状。意见背景部分一般以揭示某项党政管理工作的意义开始,先概括叙述此项工作所取得的主要成果,再着重叙述此项工作所面临的主要问题,最后简要指出其危害性。这部分的语言应注意简洁概括,只需归纳出问题的类型,一般无须涉及具体时间、地点、当事人、当事单位等细节。

意见依据指进行某项党政工作的政策法规规定、有决定权的党政机关的指令。在引用政策法规规定和相关指令时，表述应明确具体，需具体指明相关法律法规的名称、有决定权的党政机关及相关指令的名称。

意见背景和依据可根据行文时的不同需要作"二选二"或"二选一"的取舍。一般来说，意见背景对于建议性意见较为重要，往往会用较长的篇幅加以陈述；指导性意见则经常省略意见背景要素。

在意见背景和依据部分的结尾，一般是结合发文目的，组成过渡句引导下文，如"根据《……》（相关政策法规或党政指令），为……（目的），经×××××（有决定权的党政机关）同意，现就……提出以下意见"。

4. 意见内容。意见内容部分用于提出完成某项工作的指导性指令和规范性指令。指导性指令包括某项工作的重要意义、完成某项工作的指导思想、基本原则以及为此项工作所设定的总体任务目标和完成期限等要素；规范性指令包括为完成任务目标而要采取的保障性措施及具体的任务实施措施等要素。在意见写作中，指导性指令的位置先于规范性指令。

指导性指令一般可划分为两个层次。第一层是对某项工作的重要意义（即必要性、紧迫性）的阐述，行文方式为先揭示论点，后加论述；该项工作存在多方面重要性时，可分条立项逐一论述。揭示论点的常用句式有"××××××（该项工作名称）是……""××××××（该项工作名称）有利于……"等。第二层是对完成该项工作的指导思想、基本原则、总体目标的说明，行文时可将上述内容分立三小项，分别加以陈述。一般情况下，完成工作的指导思想同指导当前国家社会发展的大政方针一致，而完成工作的基本原则是大政方针与该项工作的实际发展阶段及专业要求相结合的产物，常用句式有"按照……""坚持……""注重……""强调……""以……为导向""强化……""适应……"等。总体目标需要明确工作完成的期限和总体目标要求，对总体目标的说明可使用描述性说明与数字说明相结合的方式。

规范性指令一般分为两种，一种是将总体任务目标分解后的具体实施措施，另一种是为完成总体任务创造良好条件而采取的保障性措施。这两种规范性指令通常需要分条立项加以说明，而具体实施措施的位置一般先于保障性措施。

具体实施措施的说明随发文机关层级和行文方向的不同而呈现出不同的特点：发文机关层级越高，具体实施措施的说明越宏观，发文机关的层级越低，具体实施措施的说明越微观；相对而言，指导性意见的具体实施措施比建议性意见更多地表现出宏观性。宏观性说明一般采用描述性说明为主、数字说明为辅的方式，着重说明需要完成的任务目标，很少直接点明完成任务的主体和完成任务的手段，即只注重"做什么"，较少涉及"谁来做"和"怎么做"。宏观性说明的常用词有"建设""建立""加强""促进""完善""落实""发展""支持""鼓励"等。微观性说明通常会明确需要完成的具体任务及完成任务的主体和方式，既注重"做什么"，也注重"谁做""何时做"和"怎么做"等。微观性说明的常用句式有"×××××（执行主体）可以（要、应，不得）……""×××××（执行主体）应坚决制止……""对属于×××××（行政管理对象），要（应、不得）……"等。按照政府管理的基本规律，保障性措施通常包括大力宣传发动、加强组织领导、保证资金投入、健全机制机构、完善法律法规等方面。这些方面可以单独划分为一个层次，也可以和具体实施措施归并成同一个层次。

在意见内容的写作格式上，可采用层次编号加小标题的形式分条立项；各小项之间既可按所属层次独立编排序号，也可贯通各层次，按全文顺序编排序号。

5. 意见结语。建议性意见的专用结束语为"以上意见可否（当否、妥否），请批示"。意见结语不是建议性意见的必要组成部分，可以省略。

6. 落款。意见的落款由意见发文机关署名和成文日期组成。

在公文写作实践中，建议性意见有时会脱离法定公文的写作形式，使用事务文书的格式，只由标题、发文机关署名、意见正文三部分组成。在此不赘述。

（三）例文

1. 建议性意见。

中国证券监督管理委员会
关于开展创新企业境内发行股票或存托凭证试点的若干意见

为进一步加大资本市场对实施创新驱动发展战略的支持力度，按照市场化、法治化原则，借鉴国际经验，开展创新企业境内发行股票或存托凭证试点，现提出以下意见。

一、指导思想

全面贯彻落实党的十九大精神，以习近平新时代中国特色社会主义思想为指导，认真落实党中央、国务院决策部署，坚持稳中求进工作总基调，牢固树立和贯彻新发展理念，按照高质量发展要求，统筹推进"五位一体"总体布局和协调推进"四个全面"战略布局，深化资本市场改革、扩大开放，支持创新企业在境内资本市场发行证券上市，助力我国高新技术产业和战略性新兴产业发展提升，推动经济发展质量变革、效率变革、动力变革。

二、试点原则

（一）服务国家战略。以服务创新驱动发展为引领，坚持创新与发展有机结合，改革与开放并行并重，助力大众创业万众创新，推动经济结构调整和产业转型升级。

（二）坚持依法合规。在法律法规框架下，做好与相关政策的衔接配合，稳妥适度开展制度创新，确保试点依法依规、高效可行。

（三）稳步有序推进。统筹谋划，循序渐进，探索通过试点解决创新企业境内上市问题，为进一步深化改革、完善制度积累经验、创造条件。

（四）切实防控风险。充分保护中小投资者合法权益，处理好试点与风险防控的关系，把防控风险放到更加重要的位置。强化监管，维护金融市场稳定，坚决守住不发生系统性风险的底线。

三、试点企业

试点企业应当是符合国家战略、掌握核心技术、市场认可度高，属于互联网、大数据、云计算、人工智能、软件和集成电路、高端装备制造、生物医药等高新技术产业和战略性新兴产业，且达到相当规模的创新企业。其中，已在境外上市的大型红筹企业，市值不低于2 000亿元人民币；尚未在境外上市的创新企业（包括红筹企业和境内注册企业），最近一年营业收入不低于30亿元人民币且估值不低于200亿元人民币，或者营业收入快速增长，拥有自主研发、国际领先技术，同行业竞争中处于相对优势地位。试点企业具体标准由证监会制定。本意见所称红筹企业，是指注册地在境外、主要经营活动在境内的企业。

证监会成立科技创新产业化咨询委员会（以下简称咨询委员会），充分发挥相关行业主管部门及专家学者作用,严格甄选试点企业。咨询委员会由相关行业权威专家、知名企业家、资深投资专家等组成,按照试点企业标准,综合考虑商业模式、发展战略、研发投入、新产品产出、创新能力、技术壁垒、团队竞争力、行业地位、社会影响、行业发展趋势、企业成长性、预估市值等因素,对申请企业是否纳入试点范围作出初步判断。证监会以此为重要依据,审核决定申请企业是否列入试点,并严格按照法律法规受理审核试点企业发行上市申请。

四、试点方式(略)

五、发行条件(略)

六、存托凭证基础制度安排(略)

七、信息披露(略)

八、投资者保护(略)

九、法律责任(略)

十、组织管理

各地区、各相关部门要高度重视,统一思想,提高认识,加大工作力度,确保试点依法有序开展。证监会要根据证券法和本意见规定,加强与各地区、各相关部门的协调配合,稳妥推动相关工作,完善相关配套制度和监管规则,加强市场监管、投资者教育和跨境监管执法合作,依法严肃查处违法违规行为,监督试点企业认真履行信息披露义务,督促中介机构诚实守信、勤勉尽责,切实保护投资者合法权益。

中国证券监督管理委员会
2018 年 3 月 22 日

2. 指导性意见。

国务院办公厅关于促进全域旅游发展的指导意见
国办发〔2018〕15 号

各省、自治区、直辖市人民政府,国务院各部委、各直属机构:

旅游是发展经济、增加就业和满足人民日益增长的美好生活需要的有效手段,旅游业是提高人民生活水平的重要产业。近年来,我国旅游经济快速增长,产业格局日趋完善,市场规模品质同步提升,旅游业已成为国民经济的战略性支柱产业。但是,随着大众旅游时代到来,我国旅游有效供给不足、市场秩序不规范、体制机制不完善等问题日益凸显。发展全域旅游,将一定区域作为完整旅游目的地,以旅游业为优势产业,统一规划布局、优化公共服务、推进产业融合、加强综合管理、实施系统营销,有利于不断提升旅游业现代化、集约化、品质化、国际化水平,更好满足旅游消费需求。为指导各地促进全域旅游发展,经国务院同意,现提出以下意见:

一、总体要求

(一)指导思想。

全面贯彻党的十九大精神,以习近平新时代中国特色社会主义思想为指导,认真落实党中央、国务院决策部署,统筹推进"五位一体"总体布局和协调推进"四个全面"战略布局,牢固树立和贯彻落实新发展理念,加快旅游供给侧结构性改革,着力推动旅游业从门票经济向产业经济转变,从粗放低效方式向精细高效方式转变,从封闭的旅游自循环向开放的"旅游+"转变,从企业单打独享向社会共建共享转变,从景区内部管理向全面依法治理转变,从部门行为向政府统筹推进转变,从单一景点景区建设向综合目的地服务转变。

（二）基本原则。

统筹协调，融合发展。把促进全域旅游发展作为推动经济社会发展的重要抓手，从区域发展全局出发，统一规划，整合资源，凝聚全域旅游发展新合力。大力推进"旅游+"，促进产业融合、产城融合，全面增强旅游发展新功能，使发展成果惠及各方，构建全域旅游共建共享新格局。

因地制宜，绿色发展。注重产品、设施与项目的特色，不搞一个模式，防止千城一面、千村一面、千景一面，推行各具特色、差异化推进的全域旅游发展新方式。牢固树立绿水青山就是金山银山理念，坚持保护优先，合理有序开发，防止破坏环境，摒弃盲目开发，实现经济效益、社会效益、生态效益相互促进、共同提升。

改革创新，示范引导。突出目标导向和问题导向，努力破除制约旅游发展的瓶颈与障碍，不断完善全域旅游发展的体制机制、政策措施、产业体系。开展全域旅游示范区创建工作，打造全域旅游发展典型，形成可借鉴可推广的经验，树立全域旅游发展新标杆。

（三）主要目标。

旅游发展全域化。推进全域统筹规划、全域合理布局、全域服务提升、全域系统营销，构建良好自然生态环境、人文社会环境和放心旅游消费环境，实现全域宜居宜业宜游。

旅游供给品质化。加大旅游产业融合开放力度，提升科技水平、文化内涵、绿色含量，增加创意产品、体验产品、定制产品，发展融合新业态，提供更多精细化、差异化旅游产品和更加舒心、放心的旅游服务，增加有效供给。

旅游治理规范化。加强组织领导，增强全社会参与意识，建立各部门联动、全社会参与的旅游综合协调机制。坚持依法治旅，创新管理机制，提升治理效能，形成综合产业综合抓的局面。

旅游效益最大化。把旅游业作为经济社会发展的重要支撑，发挥旅游"一业兴百业"的带动作用，促进传统产业提档升级，孵化一批新产业、新业态，不断提高旅游对经济和就业的综合贡献水平。

二、推进融合发展，创新产品供给

（四）推动旅游与城镇化、工业化和商贸业融合发展。建设美丽宜居村庄、旅游小镇、风情县城以及城市绿道、慢行系统，支持旅游综合体、主题功能区、中央游憩区等建设。依托风景名胜区、历史文化名城名镇名村、特色景观旅游名镇、传统村落，探索名胜名城名镇名村"四名一体"全域旅游发展模式。利用工业园区、工业展示区、工业历史遗迹等开展工业旅游，发展旅游用品、户外休闲用品和旅游装备制造业。积极发展商务会展旅游，完善城市商业区旅游服务功能，开发具有自主知识产权和鲜明地方特色的时尚性、实用性、便携性旅游商品，增加旅游购物收入。

（五）推动旅游与农业、林业、水利融合发展。大力发展观光农业、休闲农业，培育田园艺术景观、阳台农艺等创意农业，鼓励发展具备旅游功能的定制农业、会展农业、众筹农业、家庭农场、家庭牧场等新型农业业态，打造一二三产业融合发展的美丽休闲乡村。积极建设森林公园、湿地公园、沙漠公园、海洋公园，发展"森林人家""森林小镇"。科学合理利用水域和水利工程，发展观光、游憩、休闲度假等水利旅游。

（六）推动旅游与交通、环保、国土、海洋、气象融合发展。加快建设自驾车房车旅游营地，推广精品自驾游线路，打造旅游风景道和铁路遗产、大型交通工程等特色交通旅游产品，积极发展邮轮游艇旅游、低空旅游。开发建设生态旅游区、天然氧吧、地质公园、矿山公园、气象公园以及山地旅游、海洋海岛旅游等产品，大力开发避暑避寒旅游产品，推动建设一批避暑避寒度假目的地。

（七）推动旅游与科技、教育、文化、卫生、体育融合发展。充分利用科技工程、科普场馆、科研设施等发展科技旅游。以弘扬社会主义核心价值观为主线发展红色旅游，积极开发爱国主义和革命传统教育、国情教育等研学旅游产品。科学利用传统村落、文物遗迹及博物馆、纪念馆、美术馆、艺术馆、世界文化遗产、非物质文化遗产展示馆等文化场所开展文化、文物旅游，推动剧场、演艺、游乐、动漫等产业与旅游业融合开展文化体验旅游。加快开发高端医疗、中医药特色、康复疗养、休闲养生等健康旅游。大力发展冰雪运动、山地户外运动、水上运动、汽车摩托车运动、航空运动、健身气功养生等体育旅游，将城市大型商场、有条件景区、开发区闲置空间、体育场馆、运动休闲特色小镇、连片美丽乡村打造成体育旅游综合体。

（八）提升旅游产品品质。深入挖掘历史文化、地域特色文化、民族民俗文化、传统农耕文化等，实施中国传统工艺振兴计划，提升传统工艺产品品质和旅游产品文化含量。积极利用新能源、新材料和新科技装备，提高旅游产品科技含量。推广资源循环利用、生态修复、无害化处理等生态技术，加强环境综合治理，提高旅游开发生态含量。

（九）培育壮大市场主体。大力推进旅游领域大众创业、万众创新，开展旅游创客行动，建设旅游创客示范基地，加强政策引导和专业培训，促进旅游领域创业和就业。鼓励各类市场主体通过资源整合、改革重组、收购兼并、线上线下融合等投资旅游业，促进旅游投资主体多元化。培育和引进有竞争力的旅游骨干企业和大型旅游集团，促进规模化、品牌化、网络化经营。落实中小旅游企业扶持政策，引导其向专业、精品、特色、创新方向发展，形成以旅游骨干企业为龙头、大中小旅游企业协调发展的格局。

三、加强旅游服务，提升满意指数（略）

四、加强基础配套，提升公共服务（略）

五、加强环境保护，推进共建共享（略）

六、实施系统营销，塑造品牌形象（略）

七、加强规划工作，实施科学发展（略）

八、创新体制机制，完善治理体系（略）

九、强化政策支持，认真组织实施

（三十七）加大财政金融支持力度。通过现有资金渠道，加大旅游基础设施和公共服务设施建设投入力度，鼓励地方统筹相关资金支持全域旅游发展。创新旅游投融资机制，鼓励有条件的地方设立旅游产业促进基金并实行市场化运作，充分依托已有平台促进旅游资源资产交易，促进旅游资源市场化配置，加强监管、防范风险，积极引导私募股权、创业投资基金等投资各类旅游项目。

（三十八）强化旅游用地用海保障。将旅游发展所需用地纳入土地利用总体规划、城乡规划统筹安排，年度土地利用计划适当向旅游领域倾斜，适度扩大旅游产业用地供给，优先保障旅游重点项目和乡村旅游扶贫项目用地。鼓励通过开展城乡建设用地增减挂钩和工矿废弃地复垦利用试点的方式建设旅游项目。农村集体经济组织可依法使用建设用地自办或以土地使用权入股、联营等方式开办旅游企业。城乡居民可以利用自有住宅依法从事民宿等旅游经营。在不改变用地主体、规划条件的前提下，市场主体利用旧厂房、仓库提供符合全域旅游发展需要的旅游休闲服务的，可执行在五年内继续按原用途和土地权利类型使用土地的过渡期政策。在符合管控要求的前提下，合理有序安排旅游产业用海需求。

（三十九）加强旅游人才保障。实施"人才强旅、科教兴旅"战略，将旅游人才队伍建设纳入重点人才支持计划。大力发展旅游职业教育，深化校企合作，加快培养适应全域旅游发展要求的技术技能人才，有条件的县市应积极推进涉旅行业全员培训。鼓励规划、建筑、设计、艺术等各类专业人才通过到基层挂职等方式帮扶指导旅游发展。

（四十）加强旅游专业支持。推进旅游基础理论、应用研究和学科体系建设，优化专业设置。推动旅游科研单位、旅游规划单位与国土、交通、住建等相关规划研究机构服务全域旅游建设。强化全域旅游宣传教育，营造全社会支持旅游业发展的环境氛围。增强科学技术对旅游产业发展的支撑作用，加快推进旅游业现代化、信息化建设。

各地区、各部门要充分认识发展全域旅游的重大意义，统一思想、勇于创新、积极作为、狠抓落实，确保全域旅游发展工作取得实效。国务院旅游行政部门要组织开展好全域旅游示范区创建工作，会同有关部门对全域旅游发展情况进行监督检查和跟踪评估，重要情况及时报告国务院。

国务院办公厅
2018年3月9日

（此件公开发布）

二、函

（一）函的含义和种类

按照《党政机关公文处理工作条例》规定，函"适用于不相隶属机关之间商洽工作、询问和答复问题、请求批准和答复审批事项"。函是平行或不相隶属机关之间使用的主要法定公文文种，占平行文的绝大部分，了解函的使用情形和写法十分重要。

应注意区别在公务活动中所使用的下述几种不同性质的函。

1. 公函。公函属法定公文文种，具有法定公文的文面格式，是平行或不相隶属机关之间的正式行文。

2. 公务便函。公务便函是事务文书的类别名称，有多种具体文种可以选择，如"函""便函""邀请书"等。公务便函和法定公文文面格式相比缺少发文字号，其发文程序较法定公文简单，一般不作存档处理，使用范围常限于行政机关内部的各部门之间，有时也用于处理行政机关、人民团体、企事业单位之间如祝贺、邀请、感谢等琐细事务的交涉办理。公务便函的使用和写作在实践中存在着许多不够规范、不够清晰的问题，需要厘清公函与公务便函的区别。

3. 凭证函。凭证函是公务活动中使用的证明文件的类别名称，一般有固定格式，使用时需填写留白部分的信息，再加盖行政机关印章作为确认，如介绍信、参会凭证、报到凭证等。

函的用途很广泛，具体可分为以下几种。

1. 请求函与批准函。下级党政机关向上级机关中的职能部门请求批准时使用的函称请求函，上级党政机关职能部门答复下级机关请求时使用的函称批准函。请求函与批准函以平行文的外在形式行使了上行文（请求函）和下行文（批准函）的实际功能，都属于

"一文一事"型公文。

请求函同请示的不同之处在于，请示的主送机关是上级党政行政机关，请求函的主送机关是上级党政机关下属的职能部门，只在某项党政业务上对下级机关有主管权限，而非全面领导下级机关。上级党政机关职能部门同下级机关之间属不相隶属的关系，行文应使用函。

在公文写作实践中，经常出现下级党政机关以请示文种向上级机关职能部门请求批准的情况，而上级机关职能部门又以函的形式批复。严格说来，这种情形下请示的用法并不符合法定公文的写作规范，应注意避免。

2. 商洽函。商洽函是平行或不相隶属机关之间请求协助、商洽解决具体事项时使用的函。商洽函又分为商洽函去函与商洽函复函。

3. 询问函与答复函。询问函是平行或不相隶属机关之间询问时使用的函。答复函是平行或不相隶属机关之间答复问题时使用的函。

4. 告知函。告知函是平行或不相隶属机关之间告知事项时使用的函。

作为平行文的告知函与通知不同，告知函除可以发送给平行或不相隶属的机关外，还可以向社会有关方面发布，如职务犯罪风险提醒函、税收风险提示函、价格政策提醒函、质监工作提醒函、生态环境问题预警函等，体现出新型服务型政府的行政特征；而通知的发送对象是发文机关的所有下级。另外，告知函更多地起协调沟通作用，往往需要告知对象基于自愿配合完成告知事项，而通知具备绝对的权威性和强制力，通知对象必须服从并完成通知事项。

（二）请求函的结构和写法

请求函的结构同请示类似，由标题、主送机关、请求缘由、请求事项、请求函结语、落款等部分组成。

1. 标题。请求函标题属普通法定公文标题，由发文机关、事由加上"函"字组成，但需在事由部分使用"提请""申请""请求""请求批准"等词语标示出请求函的特征。

2. 主送机关。请求函的主送机关不是与发文机关有直接隶属关系的上级机关，而是与发文机关有业务指导关系的上级机关职能部门。

3. 请求缘由。请求函请求缘由的写法与请示相同。

4. 请求事项。请求函请求事项的写法与请示相同。

5. 请求函结语。请求函结语与请示的结语不同，常用的结尾专用语有"以上事项，请予批准""可否（当否、妥否），请予函复""请予批准为盼"等。

6. 落款。请求函落款由发文机关署名和成文日期组成。

（三）批准函的结构和写法

批准函的结构同批复类似，由标题、主送机关、批准引据、批准内容、结语、落款等部分组成。

1. 标题。批准函标题属普通法定公文标题，由发文机关、事由加上"复函"二字组成，在事由部分可以使用"批准""同意"等词语标示出批准函的特征。

2. 主送机关。批准函的主送机关为请求函来文的发文机关。

3. 批准引据。批准函批准引据的写法与批复相同，只需将引据结尾的过渡句改为"经研究，现函复如下"。

4. 批准内容。批准函批准内容的写法与批复相同。由于批准函所涉事项一般较为简单,故批准函的批准形式只有完全批准一种。

5. 结语。批准函的结尾专用语有"特此函复""此复"等。批准函的结语不是批准函的必要组成部分,可以省略。

6. 落款。批准函的落款由发文机关署名和成文日期组成。

(四) 商洽函去函的结构和写法

商洽函去函一般由标题、主送机关、商洽缘由、商洽事项、结语、落款等部分组成。

1. 标题。商洽函去函的标题属普通法定公文标题,由发文机关、事由加上"函"字组成,在事由部分可以使用"商洽""商请"等词语标示出商洽函的特征。

在公文写作实践中,常出现在商洽函去函事由部分使用"请求""请求协助""请求批准"等词语的情况,这种做法实际上混淆了请求函与商洽函去函的使用范围与功能特质,应注意避免。

2. 主送机关。商洽函去函的主送机关是需要与之商洽的平行或不相隶属机关,即商洽对象;还可以是社会各有关组织,不易指明行文的商洽对象时还可以留白。

3. 商洽缘由。商洽缘由包括商洽依据和商洽理由,其中商洽依据指商洽函发文机关所提商洽事项的事实依据、法律依据或党政指令;商洽理由则指商洽对象所具备的能力和条件。

对商洽依据的陈述应开门见山,由直接关涉协商事项的事实开始,介绍清楚商洽事项的历史与现状、相关政策法规规定和上级党政机关的相关指令及要求,并以叙议结合的方式点明商洽事项的紧迫性和必要性;商洽对象所具备的能力和条件常常是不言自明的,故可以省略,如必须陈述则应语气谦和,必要时可使用尊称。

4. 商洽事项。商洽事项指商洽函去函发文机关对商洽对象提出的具体协助请求。这部分在写作中应注意明确协助请求的详细内容,如协助的时间、地点、具体形式及反馈方式等,必要时可采用分条立项的方式对协助请求作详细说明。另外,还应注意使用"拟""现拟"等非决定性词语来描述自身的请求,不得使用命令、论辩的语气。有时,为了更好地说服商洽对象,还可以提示商洽事项所具有的双赢性质,强调商洽对象在提供协助的同时其自身也能获益。

商洽函去函在商洽事项的结尾常运用期复句式,如"特致函商请协助,请予复函为盼""特此函商,望予支持为盼""特请你×(商洽对象简称)予以协助,并于××月××日前函复我×(发文机关简称)"等。

5. 结语。商洽函去函结尾专用语有"此函""特此致函""可否,请回复"等,商洽函去函结语不是商洽函去函的必要组成部分,可以省略。

6. 落款。商洽函去函落款由发文机关署名和成文日期组成。

(五) 询问函的结构和写法

询问函一般由标题、主送机关、询问缘由、询问事项、结语、落款等部分组成。

1. 标题。询问函标题属普通法定公文标题,由发文机关加上事由与文种组成,在事由部分可以使用"询问""请对……予说明""请对……予以解释"等标示出询问函特征。

2. 主送机关。询问函的主送机关是被发文机关询问的平行或不相隶属机关。

3. 询问缘由。询问函缘由部分应概括介绍正在进行的某项工作情况,以及关涉此项工作的相关政策法规、指令要求。在询问缘由的结尾,常使用的过渡句有"在贯彻执行过程中遇到以下问题,需你×(询问对象)给予解释(确认)""我×(发文机关简称)现将遇到的问题整理汇总，请你×予以解释（确认）""为……，请将下述（列）情况告知我×（发文机关简称）""为……，请你×（询问对象简称）对下述（列）情况予以确认"等。

4. 询问事项。询问事项指需要了解确认的有关情况。在写作询问事项时，应注意条理清晰、重点突出，询问事项复杂时还可分条立项，逐一陈述。询问事项常用表达句式有"××××（待确认事项）是否属于××××（法律法规范畴）""××××（法律法规范畴）如何确认""××××（待确认事项）应如何处理""××××（待确认事项）是否存在……情况"等。

5. 结语。询问函结尾专用语为"专（特）此函达，请回复""以上问题，请予解释（确认、告知）为盼"等。询问函结语不是询问函必要组成部分，可省略。

6. 落款。询问函落款由发文机关署名和成文日期组成。

（六）*商洽函复函与答复函的结构和写法*

商洽函复函与答复函一般由标题、主送机关、答复引据、答复内容、结语、落款等部分组成。

1. 标题。商洽函复函与答复函的标题同属普通法定公文标题，由发文机关加上事由与"复函"二字组成。

2. 主送机关。商洽函复函的主送机关是商洽函来函发文机关；答复函的主送机关是询问函来函的发文机关。

3. 答复引据。答复引据用以答复特定的商洽函来函或询问函来函。在答复引据中一般应引用商洽函来函或询问函来函的标题及文号，文号在标题后圆括号内注明。答复引据部分常与过渡句结合，形成固定句式为"你×（商洽函来函发文机关简称或询问函来函发文机关简称）《关于……的函》（××函〔××××〕×号）收悉，经研究，现答复如下"等。

4. 答复内容。商洽函复函的答复内容应明确表明发文机关的态度，即对商洽函来函中商洽的事项同意与否：如同意提供协助，简单告知即可；如不同意提供协助，需说明理由。

答复函的答复内容应逐条解答询问函来函中提出的问题，明确党政管理的对象及应采用的方式方法，或提供、确认相关信息，其分立的条项数应与询问函来函一致。

5. 结语。商洽函复函与答复函的结尾专用语类似，有"特此函复""专此函复""此复"等。商洽函复函与答复函的结语不是必要组成部分，可以省略。

6. 落款。商洽函复函与答复函的落款由发文机关署名和成文日期组成。

（七）*告知函的结构和写法*

告知函一般由标题、主送机关、告知缘由、告知事项、落款等部分组成。

1. 标题。告知函的标题属普通法定公文标题，由发文机关加上事由与文种组成。

2. 主送机关。告知函的主送机关是平行或不相隶属的一个或数个机关。

3. 告知缘由。告知缘由用于介绍告知事项的背景，即发文机关正在进行的某项党政工作过程，以及这项工作的依据，包括政策法规的规定和有决定权的党政机关指令，有时还需指出此项工作的重要意义。告知缘由的语言应高度概括，不涉及详细的工作细节。

在告知缘由的结尾常结合行文目的使用过渡句"为……，我×（发文机关简称）决定（拟）开展××××（工作项目名称）工作，现将有关事项函告如下"，用于引导下文。

4. 告知事项。告知事项是告知函结构的重要组成部分，事项较多时可分条立项加以说明。在事项部分应明确各具体事项的承办主体、完成事项内容、完成方式、完成程序、时间节点、反馈方式等要素，通常还需交代发文机关的联系人及联系方式。告知事项在写作时应注意全面完备、条理清晰，具有可操作性。

5. 落款。告知函落款由发文机关署名和成文日期组成。

（八）例文

1. 请求函。

建德市人民政府
关于申请调整浙江省2018年度棚户区改造计划的函

杭州市城乡建设委员会：

我市新安江府北和健康南区块棚户区改造、新安江官里区块城中村改造、梅城建业有机区块旧住宅区改造、梅城严陵区块城中村改造、梅城东湖区块城中村改造、乾潭镇大畈村棚户区改造、洋溪老街棚户区改造安置房工程、新安江街道江村埠棚户区改造安置房工程、梅城镇棚户区改造安置房工程等9个项目均已按要求录入浙江省住房保障统一管理系统，纳入浙江省2018年度棚户区改造计划开工项目清单（第三批）。

截至目前，新安江府北和健康南区块棚户区改造项目已发布征收范围公告并开展入户调查，梅城建业有机区块旧住宅区改造项目已完成评估工作，梅城严陵区块城中村改造项目和梅城东湖区块城中村改造项目正在开展入户调查，乾潭镇大畈村棚户区改造项目正在进行评估工作，洋溪老街棚户区改造安置房工程和梅城镇棚户区改造安置房工程正在进行方案设计。上述7个项目总体进展顺利，我们将严格按照既定计划加快推进。

另有2个项目，总计405套开工套数，一是江村埠棚户区改造安置房工程项目，计划开工套数247套，受建衢铁路建德段线位穿地块而过影响，用地范围和项目设计方案均需作重大调整，今年开工建设客观难度很大；二是新安江官里区块城中村改造项目，计划开工套数158套，受历史遗留问题影响，同时考虑到入户调查时群众意愿不高等因素，我市计划待时机成熟再行启动。

鉴于以上原因，特向贵委请求同意我市暂缓实施新安江街道江村埠棚户区改造安置房工程和新安江官里区块城中村改造项目，并同意不列入浙江省2018年度棚户区改造计划。

特此致函，望予支持为盼！

建德市人民政府
2018年4月3日

2. 批准函。

××市国土资源和房屋管理局
关于××市中心妇产科医院原址改扩建工程项目用地的函

××市中心妇产科医院：

你单位申请建设的××市中心妇产科医院原址改扩建工程项目，项目用地业经市人民政府审核批准，准予使用。批准用途为医卫慈善用地，批准使用土地面积14 881.5平方米。

请来我局领取《建设用地批准书》和《国有建设用地划拨决定书》，并按规定申请办理国有土地使用权登记手续。

此函

××市国土资源和房屋管理局
2018年6月7日

3. 商洽函。

海南省教育厅
关于商请配合做好 2018 年海南省初中毕业生学业水平考试工作的函

琼教函〔2018〕117 号

各市、县、自治县人民政府，洋浦经济开发区管理委员会：

2018 年海南省初中毕业生学业水平考试将于 6 月 25—27 日进行，全省共设 19 个考区、74 个考点，参加考试的考生达 10.2 万人。由于考试规模大、考点多且较分散，工作涉及面广，管理难度较大，因此，为了给广大考生营造一个良好的考试环境，保证考试工作顺利进行，实现平安中考，确保我省社会和谐稳定，必须落实多部门联动机制，充分调动纪检监察、公安、交通、气象、卫生、水务、电力、文化、工商、环保、建设、通信等各方面的力量共同参与，齐抓共管，消除各种干扰因素，创造良好的考试环境。为此，我厅恳请各市县（单位）政府给以足够重视，将该项工作列入当前重要议事日程，成立由市县（单位）政府分管领导亲自挂帅的中招考试工作领导机构，明确分工，落实各有关职能部门的责任，真正树立起以考生为本的服务意识，积极配合教育、保密部门做好以下方面的工作：

一、安全保卫工作

强化安全保密责任，加强对涉考工作人员的全覆盖式教育培训，重点强化职业道德和法纪警示教育，切实增强做好考试安全工作的责任感和紧迫感，以更加严格的措施、更加过硬的手段，有针对性地做好考试安全工作。要特别加强对试卷、答题卡运送、保管等环节的安全管理；加强对试卷、答题卡存放场所、考生住地等场所的安全检查，督促落实防火、防盗、防风、防雨等安全措施，及时消除安全隐患；加强对考生的诚信教育和考场安检，严厉打击利用高科技手段作弊、替考和群体性考试舞弊行为，快速立案侦破所发生的试卷泄密、被盗、高科技手段作弊、兜售试题及答案、扰乱考试秩序、危害考务人员和考生人身安全以及招生诈骗等违法犯罪案件；做好考试期间天气预报和应对强雷雨、高温天气及考点（含周边场所）的治安、交通、消防安全等工作；及时妥善处理突发安全事件。

二、水电供应工作

做好考点和考生食宿场所的供水供电工作，保证考试工作及考生生活用水用电正常。

三、卫生防疫工作

加强考生食宿卫生检查，做好考试场所、考生食宿场所的卫生防疫工作，确保考生食宿卫生、安全；制定考生卫生安全突发事件应急预案，做好防暑降温工作，及时妥善处理考生食物中毒、中暑等突发事件。

四、环境整治工作

加强对考点附近的建筑工地、工厂等场所的噪声、污染等不良环境的综合整治，保证考点宁静、祥和。

五、通信保障工作

保证中招考试期间的通信畅通，并加强对短信传递的管理，及时封杀堵截有害信息。

六、纪律监察工作

检查、监督各有关部门执行、落实上级有关政策、规定，调查处理考试工作人员重大违纪违规案件，对事故责任单位和个人依法进行追究等。

恳请予以支持。

海南省教育厅
2018 年 5 月 31 日

（此件主动公开）

4. 询问函。

商务部市场体系建设司
关于《公益性农产品批发市场管理规范》等2个行业标准公开征求意见的函

有关行业协会、有关单位、有关企业：

全国城市农贸中心联合会2017年申报立项的《公益性农产品批发市场管理规范》《公益性农产品零售市场管理规范》2个标准已完成起草工作。为保证标准的科学性、严谨性和适用性，现公开征求意见，欢迎社会各界对标准内容提出建议和修改意见。

修改建议请填写在附件3《行业标准征求意见反馈表》中，并电邮至相关起草单位联系人邮箱。意见反馈截止日期为2018年7月19日。

联系人：略
电　话：略
邮　箱：略

附件：1. 公益性批发市场管理规范（征求意见稿）.docx
　　　2. 公益性零售市场管理规范（征求意见稿）.docx
　　　3. 行业标准征求意见反馈表.doc

商务部市场体系建设司
2018年6月20日

5. 答复函。

食品药品监管总局办公厅关于食用调和油标签标识有关问题的复函

食药监办食监-函〔2018〕90号

北京市食品药品监督管理局：

你局《关于绿宝食用调和油（葵花+橄榄）标签标识问题的请示》（京食药监食生〔2017〕7号）收悉。经商卫生计生委，现函复如下：

根据《食品安全国家标准预包装食品标签通则》（GB 7718—2011）4.1.4.1的规定，"如果在食品标签或食品说明书上特别强调添加了或含有一种或多种有价值、有特性的配料或成分，应标示所强调配料或成分的添加量或在成品中的含量"。如果预包装食品标签上，特别使用文字描述产品中添加了或含有一种或多种有价值、有特性的配料或成分，应按照上述规定执行。

食品药品监管总局办公厅
2018年2月1日

6. 告知函。

省环保厅关于明确2018年度水污染防治重点目标任务的函

鄂环函〔2018〕73号

各市、州、直管市、神农架林区人民政府：

根据《水污染防治行动计划》（国发〔2015〕17号）、《"十三五"节能减排综合工作方案》（国发〔2016〕74号）和《湖北省水污染防治行动计划工作方案》（鄂政发〔2016〕3号）等要求，为推动完成环保约束性指标和重点考核任务，持续改善水环境质量，现将各地2018年度水污染防治有关重点目标任务予以明确，并就有关事项函告如下：

一、水环境质量年度考核目标按照省政府与各地政府签订的《水污染防治目标责任书》执行。建议各地按照湖北省污染防治攻坚三年行动方案和细化方案要求，推进年度重点工作，确保完成年度水环境质量考核目标任务。

二、结合各地水环境质量改善需求、相关重点任务完成进度及中央和省级专项资金分配情况，省环保厅对各地2018年度主要水污染物总量减排目标和农村环境综合整治任务进行分解下达（见附件1、2）。建议各地进一步落实责任，层层分解目标，强化工作措施，加快项目推进落实。本地区水污染减排方案及农村环境综合整治方案请于2018年7月10日前交省环保厅备案。

三、省环保厅将牵头组织开展各地2018年度水污染防治行动计划实施情况考核，定期调度各地重点工作进展，每月通报水环境质量状况。对工作推进缓慢、水环境质量改善进度滞后的地方，将综合采取通报、约谈、预警等措施，确保年度目标任务全面完成。

附件：1. 2018年度各地主要水污染物总量减排目标
   2. 2018年各地新增建制村环境综合整治任务

湖北省环境保护厅
2018年6月15日

【案例研习】

1. 根据提供的材料，撰写通知。

材料一

北京海淀暂缓拆除违规广告牌匾：设置跟不上 造成群众识别困难

今日，北京市海淀区城市管理委下发《关于暂缓牌匾广告清理工作的通知》（以下简称《通知》），该《通知》落款署名为"北京市海淀区城市管理委员会"。《通知》指出，海淀区现已停止拆除违规广告牌匾，重新启动时间另行通知。此外，《通知》明确提出，拆除原有牌匾与新设牌匾同步实施。

《通知》提到，12月8日，北京市城市管理委曾召开会议，研究部署下一阶段集中清理"天际线"专项工作。根据通知，暂停清理拆除主要考虑两个因素。一是由于冬季气温寒冷，大风天气多发，气候干燥，高空作业和着火风险较高。二是拆除工作后存在设置跟不上问题，造成群众识别困难。通知称，已经启动拆除的点位要做好善后处置，确保安全，重新启动时间另行通知。

《通知》指出，此次行动目标是重现城市"天际线"，各街道要聚焦高层建筑楼顶牌匾开展清理整治。对于其他类型的牌匾设置要充分考虑各种因素，加强日常管理和执法。清理整治应与设置工作同步推进。整治工作以设置指导为前提，凡是有重新设置需求的，要先制定重设方案，待新方案确定并且新牌匾制作完成后，拆除原有牌匾与新设牌匾同步实施。

此外，暂缓期间，各街道要继续做好未拆除楼顶违规广告牌匾的权属单位工作，对于矛盾和意见分歧较大的，要反复细致沟通，做好相关前期准备工作。对于拆除难度大的，继续细化施工组织方案，待重新启动后，平稳有序推进专项工作。

对于已拆除单位的重新设置工作，通知中提到，有重设需求的，各街道立即汇总需求并指导产权单位编制重设方案，方案报区城市管理委同意后可实施。

（来源：人民网。此处稍有改动。）

材料二

广大干部！中央这份《意见》为敢于担当的你撑腰

近日，中共中央办公厅印发了《关于进一步激励广大干部新时代新担当新作为的意见》（下称《意见》），并发出通知，要求各地区各部门结合实际认真贯彻落实。

通知指出，《意见》深入贯彻习近平新时代中国特色社会主义思想和党的十九大精神，对建立激励机制和容错纠错机制，进一步激励广大干部新时代新担当新作为提出明确要求。《意见》的制定实施，对充分调动和激发干部队伍的积极性、主动性、创造性，教育引导广大干部为决胜全面建成小康社会、夺取新时代中国特色社会主义伟大胜利、实现中华民族伟大复兴的中国梦不懈奋斗，具有十分重要的意义。

通知强调，各级党委（党组）要大力加强干部思想教育，引导和促进广大干部强化"四个意识"，坚定"四个自信"，切实增强政治担当、历史担当、责任担当，努力创造属于新时代的光辉业绩。要落实好干部标准，大力选拔敢于负责、勇于担当、善于作为、实绩突出的干部，鲜明树立重实干、重实绩的用人导向。要完善干部考核评价机制，改进考核方式方法，充分发挥考核对干部的激励鞭策作用。要全面落实习近平总书记关于"三个区分开来"的重要要求，宽容干部在工作中特别是改革创新中的失误错误，旗帜鲜明地为敢于担当的干部撑腰鼓劲。要围绕建设高素质专业化干部队伍，强化能力培训和实践锻炼，同时把关心关爱干部的各项措施落到实处。要大力宣传改革创新、干事创业的先进典型，激励广大干部见贤思齐、奋发有为，撸起袖子加油干，凝聚形成创新创业的强大合力。

通知要求，各地区各部门在贯彻《意见》中的重要情况和建议，要及时报告党中央。

《关于进一步激励广大干部新时代新担当新作为的意见》全文如下。

为深入贯彻习近平新时代中国特色社会主义思想和党的十九大精神，紧紧围绕统筹推进"五位一体"总体布局和协调推进"四个全面"战略布局，教育引导广大干部为决胜全面建成小康社会、夺取新时代中国特色社会主义伟大胜利、实现中华民族伟大复兴的中国梦不懈奋斗，现就建立激励机制和容错纠错机制，进一步激励广大干部新时代新担当新作为，提出如下意见。（以下略）

（来源：微信公众号"学习小组"。）

材料三

2018广东公积金新政　明确三种情况不得申请住房公积金提取

7月19日，广州住房公积金管理中心发布《广东省住房和城乡建设厅、广东省财政厅、广东省公安厅、中国人民银行广州分行转发住房城乡建设部等四部门关于开展治理违规提取住房公积金工作的通知》（下称《通知》），明确规定三类情况不得申请公积金提取。下面就让我们一起来看一下吧。

《通知》重申，坚持"房子是用来住的，不是用来炒的"定位，不允许提取住房公积金用于炒房投机，并强调提取政策要向首次置业、购买普通商品住房和在户籍地或缴存地购房等情况倾斜，以及要加大提取住房公积金支付房租政策支持力度。

同时，一些情况被明确将不得申请提取住房公积金，主要涵盖3类：

一是对于同一人多次变更婚姻关系购房和多人频繁买卖同一套住房等情况，不允许其申请提取住房公积金；

二是对于异地购房尤其是非户籍地非缴存地购房、非配偶或非直系亲属共同购房等申请提取住房公积金的情况，各地可结合自身实际情况阶段性停止实施该类型提取政策；继续实施该类型提取政策的地方，要严格审核申请提取住房公积金的资格；

三是严格落实住房公积金异地转移接续有关政策，原则上必须通过全国异地转移接续平台转移个人住房公积金，不得选择通过离职提取方式提取。

《通知》还强调将加强内部管控，建立信用制度。这包括将审核工作贯穿到提取业务全过程，不能够仅停留在提取资格一次审核，并且在提取期内也要增加核查、抽查工作，尤其在管理中心取得新的信息查询渠道之后（如与其他部门信息联通，或与异地城市建立互查机制），要对已审核通过的提取业务进行再审核。

同时，要将个人住房公积金贷款信息纳入人民银行征信系统，建立缴存职工个人信用档案。对于违规提取住房公积金的缴存职工，要记载其失信记录，并将记录随资金转移接续而转移。

此外，《通知》还要求开展集中治理，包括对涉嫌伪造和使用虚假材料的组织和个人，要及时向公安等部门移交问题线索，协助对其依法惩治。

（来源：股城网。）

2. 根据所学的转文性通知标题的写作知识修改下面的标题。

（1）浦东新区教育局关于转发《上海市教育委员会上海市新闻出版局关于印发2018年秋季特殊教育教学用书征订工作的通知》的通知

（2）延川县科学技术局关于转发《关于2018年全国专利代理人资格考试延安地区人员报考有关事项》的通知

（3）番禺区发展和改革局番禺区文化广电新闻出版局转发关于下达2018年春季中小学教材零售价格的通知

（4）福州市人民政府安全生产委员会办公室关于转发省安委办深入开展2018年安全生产月应急演练活动的通知

（5）转发省工商局关于转发国家市场监管总局办公厅印发的2018打击商标侵权"溯源"等两个专项行动方案的通知

（6）福建省人民政府办公厅转发省卫计委等部门关于福建省精神卫生事业发展行动计划（2018—2020年）的通知

3. 根据提供的材料，撰写通告。

材料一

中国驻韩国大使馆发布防止电信诈骗最新通告

来自中国驻韩国大使馆的最新消息提道：近日，驻韩国使馆辖区发生数起在韩中国公民遭遇不法分子冒充使馆工作人员的诈骗活动。诈骗分子采用技术手段将呼出电话号码伪装成使馆值班电话号码，在电话中称当事公民的中国信用卡涉及国际金融诈骗和洗钱案，要求配合调查并提供身份证件号码、银行账户、父母电话等信息，或者称当事公民的护照等身份证件出现问题，已被限制入境中国，要求予以配合调查。由于我当事公民警惕性高且及时向使馆核实情况，未遭受经济损失。

提高防范意识是避免受骗的关键环节。使馆再次提醒在韩中国公民提高警惕，核实有关情况再行处理，严防电话金融诈骗，避免遭受经济损失。

如不幸受骗，请及时向韩国当地警方报案，同时委托亲属就近向国内公安部门报案，并向报案地反电信网络诈骗中心请求帮助（拨打110即可），要求冻结账户以避免损失。

韩国警方报案电话：112

外交部全球领事保护与服务应急呼叫中心电话：+86-10-12308 或 +86-10-59913991

中国驻韩国使馆领保值班电话：+82-2-755-0572

（来源：千龙网。）

材料二

最高法最高检公安部发通告 收缴非法枪支弹药爆炸物品

本报讯　（记者林靖）根据全国打击整治枪爆违法犯罪专项行动的部署，公安部会同最高人民法院、最高人民检察院最新联合发布《关于依法收缴非法枪支弹药爆炸物品严厉打击枪爆违法犯罪的通告》，即日起至本月30日前投案自首或主动上交的，可从轻、减轻或免除处罚，逾期则从严惩处。

该《通告》指出，严禁非法制造、买卖、运输、邮寄、储存枪支、弹药、爆炸物品；严禁非法持有、私藏枪支、弹药；严禁非法使用、私藏爆炸物品；严禁盗窃、抢劫、抢夺、走私枪支、弹药、爆炸物品；严禁非法携带枪支、弹药、爆炸物品进入公共场所或者公共交通工具；严禁通过互联网等渠道违法违规制作、复制、发布、传播含有枪支、弹药、爆炸物品的信息；严禁制造、销售仿真枪。

《通告》规定，凡在本《通告》发布之日起至2018年6月30日前投案自首或主动交出上述非法物品的，可依法从轻、减轻或免除处罚；逾期不投案自首、不交出非法物品的，依法从严惩处。违法犯罪人员有检举、揭发他人涉枪涉爆违法犯罪行为，经查证属实的，或提供重要线索，从而得以侦破其他涉枪涉爆案等立功表现的，可以依法从轻或者减轻处罚；有重大立功表现的，可以依法减轻或者免除处罚。《通告》鼓励、保护广大群众积极举报涉枪支、弹药、爆炸物品、仿真枪等违法犯罪活动、提供违法犯罪活动线索。对窝藏、包庇涉枪涉爆违法犯罪分子，帮助其毁灭、伪造证据的，依法追究法律责任。对威胁、报复举报人、控告人的，依法从严惩处。

《通告》要求，枪支、弹药、爆炸物品被盗、被抢或者丢失的，应及时报告当地公安机关。不及时报告的，依法处罚有关责任单位和人员；公民发现遗弃的枪支、弹药、爆炸物品或者疑似爆炸物品的，应立即报告当地公安机关。群众购买玩具枪时，要选择正规厂家生产的产品，勿买无生产厂家、无许可证号、无产品标志、来源不明的玩具枪，勿买仿真枪、火柴枪等易于造成危害的物品。

据了解，今年以来，各部门境内境外、网上网下相结合，全面收缴非法枪爆物品，全面加强网上清理整治，严厉打击枪爆违法犯罪。截至目前，全国已收缴气枪等各类非法枪支3.2万支、子弹194万发、炸药472吨、雷管88.6万枚，查处涉枪涉爆案件8 855起，抓获违法犯罪嫌疑人9 360余人。其中，群众主动上交、举报查缴占收缴总量的50%以上，已兑现群众举报奖励320万元。

公安部有关负责人表示，希望广大群众积极举报涉枪涉爆违法犯罪线索。公安机关将及时组织核查侦办，对举报有功人员及时兑现奖励，并在办案中会同法院、检察院依法严惩枪爆违法犯罪，同时坚持区别对待和宽严相济的刑事法律政策。

（来源：北京晚报。）

4. 指出下面提供的请示原文的错误,并加以改写。

材料一

上海市××区交通委员会
关于上海市××区交通委员会执法大队报废更新车辆的请示

区机管局:

我委所属上海市××区交通委员会执法大队目前有两辆执法标识车:沪B18886、沪DL8662桑塔纳轿车,分别购置于1999年9月和2003年6月,行驶里程均已超过40万千米且已达到报废年限,车况较差,使用和维修成本较高,存在较大安全隐患。近年来,随着我区客货运市场的不断扩大,日常执法巡查管理任务繁重,执法车辆使用频率高,为加强管理,确保执法人员和人民群众出行安全和生命财产安全,拟对该两辆车进行报废更新。

当否,请示复。

上海市××区交通委员会
2018年1月15日

材料二

××市安监局关于2018年度安全生产监督检查工作计划的请示

市人民政府:

为进一步做好2018年全市安全生产工作,按照《安全生产监管职责和行政执法责任追究的暂行规定》(国家安监总局第24号令)第六条规定:安全监管监察部门应当根据监管监察权限、行政执法人员数量、监管监察的生产经营单位状况、技术装备和经费保障等实际情况,制定本部门年度安全监管或者煤矿安全监察执法工作计划。安全监管执法工作计划应当报本级人民政府批准后实施,并报上一级安全监管部门备案。

制定监督检查计划,可以有效落实行政执法责任,严格按计划进行督察检查,提高工作效率。《安全生产监管职责和行政执法责任追究的暂行规定》(国家安监总局第24号令)第十九条第5款规定:按照批准、备案的安全监管或者煤矿安全监察执法工作计划、现场检查方案和法律、法规、规章规定的方式、程序已经履行安全生产监管监察职责的行政执法人员不承担责任。充分调动行政执法人员的工作积极性和主动性。

根据《安全生产监管职责和行政执法责任追究的暂行规定》(国家安监总局第24号令)要求,我局制定了《市安监局2018年度安全生产监督检查工作计划》,恳请市政府审批。

妥否,请批示。

附件:1. 市安监局2018年度安全生产监督检查工作计划
  2. 市安监局2018年度重点检查的生产经营单位名单
  3. 市安监局2018年度一般检查的生产经营单位名单
  4. 市安监局2018年度安全生产监督检查工作计划表

××市安全生产监督管理局
2018年2月28日

材料三

关于2018年××市卫生计生随机监督抽查结果在政府网站进行公示的请示

市政府:

现申请将2018年××市卫生计生随机监督抽查结果相关信息在政府网站进行公示。

以上请示妥否，请批示。

××市卫生和计划生育局
2018 年 6 月 21 日

5. 指出下列请示标题的错误，并加以改写。

（1）××县国土资源局关于要求批准2018年度第二批次城市建设征地补偿安置方案的请示

（2）关于要求调整玉山镇林宅村马山塘区块详细规划的请示

（3）关于请求解决××县蕉源水泥用灰岩矿办理采矿许可证过程中有关问题的请示

（4）关于请求副市长刘××同志协调解决有关问题的请示

（5）××县体育局关于要求明确赛事采购方式的请示

6. 根据下面提供的材料撰写批复。

材料一

"中再巨灾风险管理股份有限责任公司"获中国银保监会批复同意设立

近日，由中国财产再保险有限责任公司发起设立的国内首个行业性巨灾风险管理技术平台——"中再巨灾风险管理股份有限责任公司"获中国银保监会批复同意设立，注册地在重庆。该公司将通过专业化建设和运营巨灾大数据科技平台，研发推广具有独立知识产权、符合国情的巨灾风险管理模型和信息系统，推进巨灾风险管理技术创新，协助政府部门提升区域巨灾风险管理能力，帮助保险公司提升行业巨灾风险管理能力，帮助大中型企业提升企业生产风险防范能力，助推国家防灾减灾救灾体系建设。

（来源：重庆市政府网站。）

材料二

聚焦丨一心、两环、两带、五区！省政府批复了，贵州这里要建个"绿色新区"

大消息！省政府批复了，贵州黔南州要建"绿博园"，规划面积11.5平方公里，中国绿化界的"奥林匹克"将在这里举办！

近日，贵州省人民政府发布《关于第四届中国绿化博览会绿博园总体规划的批复》（以下简称《批复》），原则同意《第四届中国绿化博览会绿博园总体规划》（以下简称《总体规划》），要求黔南州人民政府抓紧会同有关单位和部门按《总体规划》要求认真组织实施。

《批复》指出，要始终坚持把绿色发展理念贯穿到绿博园建设全过程，做好绿色发展文章，在绿博园的规划、设计和建设上，统筹考虑黔南独特的文化、民族特色，提炼具有个性特色的建筑元素，并将其融入规划建设之中。要做好《总体规划》与城市总体规划、土地利用规划、林业规划、交通规划、水利规划等其他规划的衔接，确保《总体规划》符合上位规划，符合城市未来发展要求。

《批复》要求，黔南州要切实加强组织领导、健全机制、明确分工，落实责任，建立《总体规划》监督检查和评估制度，定期对工作开展情况进行跟踪分析和督促检查，并适时将检查情况报省人民政府。

（来源：多彩贵州网。此处稍有改动。）

7. 根据函的相关知识，先判断下列函的性质，再指出下列函的标题在写法上的问题，并加以改写。

函一：由"××藏族自治州人民政府"发给"××省移动公司"的函，标题为"××藏族自治州人民政府关于请求支持加快移动通信基础设施建设的函"。

函二：由"××省食品药品监督管理局"发给"××省行政审批制度改革办公室"的函，标题为"××省食品药品监督管理局关于商请增加行政权力项目的函"。

函三：由"××镇人民政府"发给"××县环境保护局"的函，标题为"关于要求出具企业环评执行情况说明的函"。

函四：由"××市人民政府"发给"中国烟草总公司××省公司"的函，标题为"××市人民政府关于申请解决息烽县高洞水库工程项目建设补贴资金的函"。

函五：由"上海市××区科学技术委员会"发给"上海市××区财政局"的函，标题为"关于商请2018年度××区支持科技创新专项资金的函"。

8. 指出下面提供的函原文的错误，并加以改写。

材料一

××市民政局
关于申请2018年02月份城市低保金的函

市财政局：

根据×政发〔1998〕6号文《××市城市居民最低生活保障制度实施细则》要求，为保障××市困难居民的基本生活水平，通过居委会、街道办事处摸底、调查、申报，由民政局审查核实，符合条件的有804户，1 278人，其中：在职职工1人、在中心下岗职工人0人、离退休人员0人、失业人员860人、三无人员0人、在校生376人、其他人员41人（少数民族人员有122人），需低保资金611 376元整（包括：1. 每户12元燃气补助9 648元；2. 2月残疾人补贴409人×1个月×220元＝89 980元，1~2级残疾人补贴211×1个月×37＝7 807元；3. 2月重病补助112人×1个月×32＝3 584元；4. 2月未成年补助183人×1个月×32＝5 856元；5. 60岁以上老年补贴167人×97＝16 199元）。注：城市低保金为478 302元，加上应发各项补贴133 074元，实际发放金额611 376元。

××市民政局
2018年02月09日

201802城市低保手工发放清单xin.xls
201802财政低保花名册.xls

材料二

征求意见函的回复

县工商局：

经我局研究，对《××县营业性棋牌室管理暂行办法》的征求意见函，无意见。

××县住房和乡建设局
20××年×月×日

（此件公开发布）

9. 根据提供的材料，判断通报种类，并撰写通报。

材料一

内蒙古食药监局通报1起违法广告

据内蒙古自治区食品药品监督管理局发布的药品医疗器械保健食品违法广告公告（内食药监公告〔2018〕83号），2018年5月，原国家食品药品监督管理总局稽查局组织对全国180份报纸和170个电视频道刊播的广告进行监测。监测发现刊号属于内蒙古自治区的

《老年文摘》存在发布严重违法广告的情形，内蒙古自治区食品药品监督管理局已将有关情况移送内蒙古自治区工商行政管理部门。

长春大政药业科技有限公司生产的"维参锌胶囊"，其广告宣传超出了食品药品监督管理部门批准的内容，存在表示功效的断言、保证，严重欺骗和误导消费者。

内蒙古自治区食品药品监督管理局提醒广大消费者，切勿轻信虚假广告宣传，防止上当受骗。请在医师或药师的指导下通过合法渠道购买和使用药品，以免造成伤害。对于怀疑有质量问题的产品，及时向当地食品药品监督管理部门举报。

（来源：中国质量新闻网。）

材料二

"方鼎之王"皿方罍合体　6家单位获"特别贡献奖"
（2014-06-29　来源：潇湘晨报网）

6月28日，在皿方罍身、盖合体仪式上，湖南省政府副省长李友志现场宣读了湖南省人民政府发布的《关于表彰海外流失文物商代青铜皿方罍器身洽购归国积极捐款单位的通报》（下称《通报》）。

《通报》称，皿方罍是1920年左右在湖南桃园县境内出土的青铜重器，后盖身分离，器盖存于国内，器身辗转流失海外90余载。2013年3月，在获悉皿方罍器身将在纽约拍卖之后，湖南省委宣传部、省财政厅、文化厅、国资委、工商联、国税局、地税局、外事侨务办、文物局、外汇管理局、长沙海关、省博物馆、省文化艺术基金会、谭国斌当代艺术博物馆等单位和个人积极作为，湖南广播电视台、湖南中烟工业有限责任公司、湖南出版投资控股集团有限公司、湖南华菱钢铁集团有限责任公司、湖南湘投控股集团有限公司、中联重科股份有限公司等单位慷慨捐款，通力合作，最终促成皿方罍器身成功洽购和归国返湘。

为表彰积极捐款单位，湖南省人民政府决定，对湖南广播电视台、湖南中烟工业有限责任公司、湖南出版投资控股集团有限公司、湖南华菱钢铁集团有限责任公司、湖南湘投控股集团有限公司、中联重科股份有限公司六家单位予以通报表彰，并授予"皿方罍归湘特别贡献奖"。

（来源：潇湘晨报网。）

材料三

市纪委通报三起违反中央八项规定精神典型案例

落实中央八项规定精神关乎人心向背，是一场输不起的斗争。市委认真履行全面从严治党主体责任，把锲而不舍落实中央八项规定精神、纠正"四风"作为严肃的政治任务，坚持以上率下，从严管党治党，推动党风政风和社风民风持续好转。全市各级纪检监察机关坚持"严"的标准和"实"的举措，持续加大"四风"问题整治力度，对顶风违纪行为严处快查，持续释放越往后执纪越严的强烈信号，不断巩固拓展落实中央八项规定精神成果。

为进一步发挥警示教育作用，把落实中央八项规定精神化作自觉行动，近日市纪委通报查处3起违反中央八项规定精神典型案例。

××县扶贫办原主任单××违规发放补贴问题。

单××在担任××县扶贫办主任期间，2016年7月至2017年5月，××县扶贫办违规发放值班补贴共计67 250元，其中单××领取补贴3 400元。在开展贯彻落实中央八项规定精神"回头看"工作中，××县扶贫办没有将此问题列入自查自纠问题并进行清退，直至自治区党委第五巡视组到××县巡视召开反馈会后,才将违规发放的值班补贴进行清退、上缴国库。2018年6月,单××受到党内警告处分。

×××区××街道×××社区党委副书记、居委会主任刘××违规为其子操办婚宴问题。

2017年10月6日,刘××在未按规定向上级报备的情况下,为其儿子操办婚宴,共设酒席58桌,超出婚丧喜庆事宜规定的桌数。2018年7月,刘××受到党内警告处分。

××区××镇农业技术推广站原站长方××违规使用公款旅游等问题。

方××在担任××镇农业技术推广站站长期间,于2015年4月25日违规使用工作经费3 042元组织该站职工到景区旅游;2016年3月15日,违规使用工作经费3 000元给该站职工发放下乡补助。2018年4月,方××受到党内严重警告处分,违纪款项予以收缴。

通报指出,上述3起问题,涉及违规发放补贴、公款旅游、违规操办婚宴等,相关人员受到严肃处理,教训深刻。充分说明纠正"四风"是一场持久战,必须久久为功,毫不松懈。全市广大党员干部要引以为戒,清醒认识到贯彻落实中央八项规定精神是全面从严治党的重要体现,时刻绷紧作风建设这根弦,知敬畏、存戒惧、守底线,切实把贯彻落实中央八项规定精神内化于心、外化于行。

全市各级党组织要坚持以习近平新时代中国特色社会主义思想为指导,全面贯彻落实党的十九大精神,牢固树立"四个意识",提高政治站位,把落实中央八项规定精神作为向党中央对标看齐的具体行动,强化责任担当,采取过硬措施,坚定不移纠"四风",一刻不停歇地推动作风建设向纵深发展,使铁的纪律转化为党员干部的日常习惯和自觉遵循。当前,要重点排查本单位本年度干部职工子女升学情况,严格落实主体责任,加强教育提醒。各级党员干部和公职人员特别是党员领导干部严禁违规操办或参加各种名目的"升学宴""谢师宴",严禁借子女升学之机违规宴请管理服务对象或其他可能影响公正执行公务的人员,严禁借子女升学之机违规收受礼品、礼金、微信红包等行为,严禁由管理服务对象支付"升学宴""谢师宴"费用等。

各级纪检监察机关要认真履行党章党规党纪和宪法法律法规赋予的职责,将纠"四风"工作覆盖到所有行使公权力的公职人员。要把违规操办和参加"升学宴""谢师宴"问题作为当前纠"四风"的重要内容,加大监督检查力度,去掉操办"升学宴""谢师宴"等不正之风,严防"四风"问题反弹。要继续密切关注公款旅游、公款吃喝、违规发放津补贴和公车私用等享乐主义和奢靡之风新动向新表现,紧盯领导干部这一"关键少数",紧盯重要时间节点,深化运用"四种形态",抓早抓小、防微杜渐,对触碰纪律红线、顶风违纪行为坚持露头就打、快查严办、精准发力,严肃追究主体责任、监督责任和领导责任,加大通报曝光力度,进一步巩固不敢、知止氛围。要着力发现和纠正形式主义、官僚主义等突出问题,特别是对党的十九大后仍顶风违纪的,一律从严查处、严肃问责,坚决防止"四风"问题回潮复燃。

(来源:南宁日报。)

10. 指出下面提供的报告原文的错误,并加以改写。

材料一

××市发改委2017年度工作总结和2018年工作安排情况报告

市府办:

根据《关于报送2017年工作总结和2018年工作安排的通知》要求,现将市发改委2017年工作总结及2018年工作安排情况报告如下:

一、2017年工作总结
（以下省略2 000字）
二、2018年工作安排
（以下省略1 500字）
特此报告，请审示

××市发改委
2018年2月1日

材料二

××市农业局
关于对2018年农民田间学校备案情况的报告

××市农业委员会：

按照××委组织部、××农委《关于在××村开展一村一校扶智增效活动的通知》的统一部署，根据《××市新型职业农民培训公共服务规定》要求，我市组织认定了××镇××村田间学校等25处第三轮市派第一书记村的田间学校，以及××公司田间学校、××农业专业合作社田间学校共27处农民田间学校。

为切实加强农民田间学校规范化建设，更好地开展农民培训工作，现申请对我市上述27处田间学校予以备案。

附：××市农民田间学校基本情况汇总表

××市农业局
2018年5月11日

11. 根据下面提供的材料，先判断报告的种类，再撰写报告。

关于"××旗×××镇××村××屯组建小炼油厂污染严重"群众举报问题的调查处理结果

××市收到《关于调查处理中央环保督察组转办群众举报问题的通知》（〔2018〕67号）中央第二环境保护督察组举报受理转办清单（第6批）中，关于"××旗×××镇××村××屯组有小炼油厂污染严重，冒黑烟，树都熏死，味道呛人"（受理编号：D150000201806120034）的群众举报问题后，立即组织调查处理。经调查核实，群众举报问题部分属实。

经调查核实，群众反映的"小型炼油厂"位于××旗×××镇××村××屯组，该炼油厂出资建设人为王××（××省××市××区），该厂未办理任何手续，属作坊式企业。

针对该炼油厂"污染严重，冒黑烟，味道呛人"的举报内容，2018年6月11日晚，××旗环保局、公安局联合对该炼油厂进行了现场检查，检查时该炼油厂已停产，院内仅有更夫1人。从现场情况看，该炼油厂有过生产痕迹，建设的3套砖砌窑炉均未配套建设污染防治设施，现场检查时厂区露天堆存部分原料及废弃物，有异味。同时还发现，在距离该厂1千米处的××省××市××镇，建有××省××市×××生态养殖专业合作社，现存栏猪200口、鸡2.3万只，×××镇政府已函告××省××镇政府，要求严格按照环境保护相关要求加强监管，防止污染周边环境。

2018年6月12日，现场组织清除了该炼油厂所有生产设备，并将原料及废弃物运送至××公司仓库临时贮存。与此同时，××旗公安局对此展开调查。××旗环保局积极联系资质部门对原料及废弃物进行科学鉴别，待鉴定结果出具后将依法依规作出严肃处理。

对于树被熏死的举报内容，经调查核实，此项问题属实。经××旗林业局核实，该炼油厂占用林地面积629平方米（0.944亩），现场杨树有5株为半枯死、3株为全枯死。目前，××旗森林公安局已介入立案处理。

对该项群众举报问题的调查处理结果，已于6月17日在××市人民政府网站"环保督查专栏——边督边改情况"、××市环保局网站"中央环境保护督察回头看专栏"进行了公开，同日在××电视台《××新闻》节目进行了报道。《××日报》于6月19日在综合新闻版进行了公开。

12. 指出下面提供的会议纪要原文的错误，并加以改写。

材料一

2018年第2次党委会议纪要

3月9日下午，党委书记×××在行政楼3楼会议室主持召开了2018年第2次党委会。会议研究确定的事项如下：

一、讨论研究《学院2018年工作要点》

会议指出：2018年是我校建设国家优质校和创建省级示范高职院校的验收年，是实施"十三五"规划承上启下的关键年，学校将进一步解放思想，更新理念，全面深化改革，奋力追赶超越，各项工作努力跃上新台阶。

会议决定：1. 原则同意《学院2018年工作要点》，按照讨论意见修改，以党委、行政联合发文。同时，上报省委高教工委、教育厅及市委、市政府。

2. 将《2018年工作要点》中涉及的目标任务分解到各二级学院、部门，各二级学院、部门要据此制定出各自的年度工作计划。

3. 人事和绩效制度改革要在战略上总揽全局，战术上灵活多变。

4. 今年要办好校园樱花节和莘子节，并抓紧落实"一学三到"相关工作及活动。

二、讨论研究《关于免去××同志医学院党总支副书记职务的意见》

会议同意《关于免去××同志医学院党总支副书记职务的意见》。

三、讨论研究《学校人事分配制度改革系列方案》

会议原则同意《学校人事分配制度改革系列方案》，按照会议讨论意见修改、细化。

参加人员：略

列席人员：略

材料二

××县人民政府专题会议纪要

〔2018〕第7号

时　间：2018年3月15日11：30

地　点：政府三楼会议室

主　持：×××

参　加：略

专题研究××高速征拆工作相关事宜。

会议听取了各相关乡镇关于××高速征拆工作进度的汇报，县交通局传达了上级相关会议精神，并就下一步工作安排提出具体意见，副县长×××就相关工作提出要求。

会议指出：

自去年12月份以来，县政府已多次召开调度会，对××高速建设的相关工作都提出了具体要求。但根据近期实地巡查和各乡镇汇报的情况看,仍存在一定的问题。工作推进的进展不快,各乡镇进度不平衡,整体进度距上级要求还存在一定差距,仍存在一定的工作量。各相关部门、相关乡镇要加大工作力度,切实做好××高速公路建设的各项工作,确保按照上级要求完成各项工作任务。

会议议定:

一是做好征地补偿工作。由各乡镇负责,全面解决争议地块等遗留问题,加快合同签订、放款等工作进度,确保一周内把全线征地款发放到位。

二是做好地上附着物清表工作。由各乡镇负责,交通局配合指导,抓紧开展地上附着物的清点、评估、放款、移除等工作;重点是要抓住清明节前的有利时机,尽快开展迁坟工作,确保在清明节前完成迁坟工作。

三是做好其他基础性工作。由各乡镇负责,交通局配合指导,对符合赔偿标准的附着物,要立即按标准赔偿;对不符合赔偿标准的附着物,要做好群众工作,充分利用春季植树的良好时机,尽快移除线上种植的各类树木等附着物。交通局要积极协调上级部门,了解周边县市动态,掌握信息,明晰政策,提出工作建议。

四是做好强制清表的准备工作。由交通局负责,3月15日印制强制清表的通告,3月16日要发至各村、各户;3月20日前拿出强制清表的工作方案,择机开展强制清表集中行动。由各乡镇负责,做好群众工作,确保强推工作顺利开展。在此期间,各相关部门、各乡镇要加强宣传引导,广泛利用电视、村内喇叭广播、印制条幅等传统媒体和微信、微博等新媒体,对相关政策进行宣传。

五是强化工作督导。由交通局负责,成立工作组,每乡镇派出两名工作人员,每天到乡镇入户了解实际情况,解决具体问题。

六是加强风险管控。交通局、各相关乡镇要严格按照资金管理的相关规定,对各类资金的使用做到手续完备、内容真实、数据准确、账目清晰,保障资金安全。

会议强调:

××高速公路是××省"十三五"规划高速路网的重要组成部分,也是京津冀协同发展的重要交通项目,更是××县的大事要事。××高速公路的建设,对优化我县路网格局、推动县域经济发展具有十分重要的意义。各相关单位、相关乡镇一定要转变思想,站在讲政治的高度上,履职尽责,调集人力、物力、财力,把压力传导到具体的工作人员,传导到每个村,确保在3月底前全部完成清表工作。县政府、高指办将对此项工作进行督导检查,对组织有力、行动迅速、成效明显的,予以通报表扬;对组织不力、敷衍塞责、没按时限和标准完成任务的,将按照相关规定对责任单位和责任人进行通报批评并严肃问责。

【情境写作】

1. 从下面提供的材料中提炼出一份以海南省人民政府名义撰写的、呈交给国务院的"全省美丽乡村建设"专题情况报告。特别提示:注意运用党政机关公文应有的语言风格行文。

海南省人大常委会全省美丽乡村建设情况调研报告建议
推进全省美丽乡村建设需倾听民声

7月9日至13日,省人大常委会赴文昌、万宁、五指山等五市县,开展了全省美丽乡村建设情况专题调研暨2018年海南环保世纪行活动。

此次调研活动比较全面地了解了全省美丽乡村建设的情况,总结宣传了美丽乡村建设取得的成绩,并及时发现了部分存在的突出问题。

调研报告显示,全省美丽乡村建设自2012年启动,6年来,全省的美丽乡村建设取得了阶段性的成果,在农村的环境卫生整治和农村的基础设施建设以及农村的公共服务等方面确实取得了明显的成效,但部分农村在环境整治方面还存在着一些问题,解决这些问题,需要拓宽群众参与渠道,发挥农民主体作用,把有限的建设资金用在群众急需解决的问题上。

406个美丽乡村示范村成为海南亮丽名片

航天主题壁画、火箭造型标识、航天瓜菜农庄等是7月9日省人大常委会全省美丽乡村建设情况调研组走进文昌市龙楼镇好圣村看到的美丽场景,在这个椰林掩映的村庄,不仅有整洁的柏油村道、规划有序的民居、生机盎然的菜园,还有随处可见的航天元素。

2017年,好圣村被省农业厅列为海南共享农庄创建试点,被住建部门评为5A级美丽乡村。从此,村民吃上了"旅游饭",2017年该村人均可支配收入增幅达52.2%。

好圣村是我省美丽乡村建设中的一个美丽缩影。党的十九大报告提出了实施乡村振兴战略,而我省早在2012年就启动了美丽乡村建设,6年来,我省遵循绿色发展理念,各部门联动形成美丽乡村建设合力,加强农村环境整治和基础设施建设,多形式引入产业支撑乡村发展,因地制宜编制乡村发展规划,循序渐进突破乡村建设难点。

报告显示,在美丽乡村建设过程中,省政府有关部门积极指导、大力推动,市县政府积极行动、努力推进,取得了一系列瞩目的成绩:

通过加强农村道路修建扩建,实现了村村通水泥路;在推进改水改厕方面,基本实现了村村有自来水、户户有冲水厕所;

通过实施绿化、美化、亮化、彩化工程,一些村庄环境得到改善,乡村道路安装了路灯;

通过开展"农村清洁家园"行动,初步建立了三级清扫保洁体系,农村清扫保洁覆盖率在90%以上;

在推进农村生活污水处理设施建设方面,建成的美丽乡村生活污水多数实现达标排放;

通过探索发展特色产业,建立农业专业合作社,帮助农民脱贫致富,农民收入不断提高,多数贫困户成功脱贫;

结合农村危房改造,开展农村风貌改造提升行动,一些乡村展现出"新房、新村、新貌"。

……

截至2017年年底,全省已经建成406个美丽乡村示范村、204个星级美丽乡村。如今,海口、三亚、琼海、文昌等市县建设的美丽乡村示范村,已经成为海南亮丽的名片,成为全域旅游的重要支撑点,为加快建设美好新海南奠定了基础。

农村污水处理垃圾分类等方面工作还待加强

虽然6年来全省的美丽乡村建设取得了阶段性的成果，但在此次全省美丽乡村建设调研和环保世纪行的活动过程中，仍发现存在一些问题。

省人大常委会环境和资源工作委员会主任叶振兴介绍，在调研过程中，调研组发现农村的垃圾处理、污水处理和农业面源的污染，以及我省农村产业的发展等方面还要不断加强和改进。特别是要坚持生态文明的思想理念，把美丽乡村建设与乡村振兴战略结合起来，全面推动美丽乡村建设持续健康的发展。

在此次调研过程中，调研组发现的比较突出的具体问题主要集中在农村环境治理方面：目前我省美丽乡村建设中的污水处理，有的地方还存在设施建设不到位和改厕不到位的现象，导致农村污水排放不达标，也不能根据排放的流向建设污水处理设施。调研组在调研中发现，有的地方污水处理设施因后期管理不善，建成投入使用没多久就因损坏而废弃。

在此次调研中，调研组还发现，农村垃圾分类处理，按照原计划要用三年时间完成，但目前已经过去了一年多，农村垃圾分类工作基本没有开展，试点的设施还没有建设完成。

美丽乡村建设要拓宽群众参与渠道

推进美丽乡村建设，事关全面建成小康社会，事关实现"两个一百年"奋斗目标。针对美丽乡村建设过程中发现的部分问题，省人大常委会调研组在调研报告中也提出了一系列具有针对性的建议。

"倾听民声、了解民情、反映民意、集中民智，充分考虑农民需求，把有限的建设资金用在群众亟须解决的问题上。"这是报告针对我省美丽乡村建设中存在的问题提出的一项重要建议。

围绕着倾听民声，报告指出，在美丽乡村建设中，要拓宽群众参与渠道，发挥农民主体作用，要在广泛听取群众意见、反复论证的基础上集体决策。特别是在抓好农村环境整治、改变脏乱差的面貌、建设宜居乡村上，要把"功成不必在我，功成必定有我"的精神落实在实际工作中，切实避免大包大揽、一竿子插到底。

报告中建议，在建设好、管理好农村生活污水处理设施方面，我省相关部门在规划建设污水处理设施建设时，要结合本地实际，依据排放去向，以实现达标排放为原则，既要避免过度提高标准建设给今后正常运转带来困难的污水处理设施，也要避免建设过于简单、不能实现达标排放的处理设施。

针对垃圾分类存在的问题，调研报告中也提出了相关建议：要加强对"可腐烂的垃圾"就地生物发酵堆肥处理设施的建设和运营管理，及时将堆好的肥清理运送到田间地头，防止无人清运管理造成二次污染。要切实抓好农村户分类的试点工作，积极探索和总结可复制推广的经验和做法，逐步在全省推广。

叶振兴表示，针对美丽乡村建设中的成绩和发现的问题，省人大常委会调研组已形成调研报告，该报告就发现的问题要求省政府进行改进。同时省人大常委会也将加大人大的监督力度，对美丽乡村建设过程中一些比较突出的问题，进行专题的执法检查和调研，通过执法检查和调研推动美丽乡村建设更加扎实、更加有效。

（来源：海南省人民政府网站。此处稍有改动。）

第三章 事务文书

【本章导读】

　　事务文书是机关团体、企事业单位在处理日常事务时用来沟通信息、安排工作、总结得失、研究问题的实用文体,是应用文写作的一个重要组成部分。

　　事务文书种类繁多,常用的有下面几种类型:计划安排类,即单位或个人对一定时限内的工作进行筹划和部署的文书,包括计划、规划、安排、设想等;报告总结类,即向社会、上级或本单位反映工作情况和经验,对工作中存在的问题或具有普遍意义的重要情况进行分析研究的文书,包括调查报告、述职报告、工作研究、总结等;记录简报类,即记录或向他人传递会议、工作等各种情况的文书,包括简报、会议记录、大事记、工作日志等;规章制度类,即为了更好地开展工作而订立的包含某些制约性措施的文书,包括条例、规定、办法、公约等;专用书信类,即专门用于联系或处理某种日常事务的信函,包括倡议书、申请书、慰问信、感谢信、表扬信、介绍信、证明信等。

　　事务文书的特点。第一,事务文书是为处理日常事务而使用的,它反映的是具体职能部门的看法和意见,作者可以是具体职能部门,也可以是工作人员;第二,事务文书是用来处理实际事务的工具,对推动实际工作、解决实际问题起的是参考和指导作用,只有通过公文载体批转、转发、发布的行政公文,才具有法定作用;第三,事务文书虽有一定的写作格式,但这是在实践中逐步形成的惯用格式,而不是固定不变的,作者可以根据内容和写作要求,自由、灵活、多样地确定表述程序,合理安排文章结构;第四,在表达方式的运用上,事务文书以说明、叙述和议论为主,也可适当运用描写等方法,使语言既准确、质朴、简明,又生动、形象、活泼,增强文章感染力和说服力。

　　事务文书在机关工作中具有重要作用。第一,管理作用。事务文书在机关、单位日常事务中起计划、组织、指挥、监督、调节等管理作用。第二,沟通作用。事务文书在机关事务活动中,起交流信息、沟通情况,便于上下、左右、内外联系的作用,尤其在沟通单位内部情况时,作用明显。第三,约束作用。凡以法定作者名义制发的事务文书,在行政管理中具有规范行为的作用。

　　本章主要介绍计划、总结、述职报告、调查报告、简报、规章制度、会议记录、公示、专用书信等常用事务文书写作的基本知识。通过这些内容的学习,了解各类常用事务文书的特点和作用,掌握各类常用事务文书的结构和写法,学会撰写各类常用事务文书,为事务文书类写作打下坚实基础。

第一节 计划 总结

一、计划

(一) 计划的含义

计划是为完成一定时期内的工作任务而事先作出筹划和安排的一种事务文书。计划是党政机关、企事业单位、社会团体搞好行政管理的基础。科学、切实的计划，可以减少工作的盲目性，增强预见性；可以合理安排人力、财力、物力，高效率地完成工作任务。

凡是对未来工作所做的打算、安排都可称为计划，如规划、安排、打算、设想、方案、要点、意见等，都属于计划的范畴。一般来说，凡适用时间较长（三年以上）、范围较广、内容较概括的计划称为规划；适用时间短、内容较具体的计划称为安排或打算；内容较粗略的计划称为设想；领导向所属机关布置工作、交代政策、提供工作方法的计划称为工作要点、工作方案、工作意见等。

(二) 计划的种类

1. 按照不同标准，计划可以分为不同的种类。

（1）按性质，计划可分为综合计划、专题计划等。

（2）按内容，计划可分为工作计划、生产计划、学习计划、科研计划、教学计划、投资计划、会议计划等。

（3）按时限，计划可分为长远计划、近期计划、短期规划、年度计划、季度计划、月度计划等。

（4）按范围，计划可分为国际合作计划、国家计划、地区计划、系统计划、单位计划、部门计划、个人计划等。

（5）按行政效力，计划可分为指令性计划和指导性计划。

（6）按表现形式，计划可分为条文式计划、表格式计划和条文表格结合式计划。

2. 在实践中，不同的计划因内容上的差异，往往选用不同的名称。

（1）纲要。纲要指对全局范围内带有远景发展设想的某项工作作出的提纲挈领式的总体计划，一般由级别较高的机关制定，内容比较原则、概括，如《国家中长期教育改革和发展规划纲要（2010—2020）》。

（2）规划。规划指时间较长、范围较广、内容比较概括的计划，是经过对未来整体性、长期性、基本性问题的思考、考量而设计出的整套行动方案，如《2003—2010年全民用工培训规划》。

（3）方案。方案指对要做的某一专项工作，从总体上作出的周密安排，一般有指导思想、主要目标、工作重点、实施步骤、政策措施、具体要求等项目，如"违章行为综合治理方案"。

（4）设想。设想指对某项具体工作或某一时间段内的工作作出粗略构想的非正式计划，如"2018年工作设想"。

（5）工作要点。工作要点指在一个时期内的工作指导原则和总体要求、主要的工作任务，即应把握的重点，如"2018年党建工作要点"。

（6）安排、打算。安排、打算指针对短期内工作提出的具体计划，如"2018年全年公休假放假安排"。

（三）计划的特点

1. 预见性。预见性是计划最明显的特点之一。计划不是对已经形成的事实和状况的描述，而是在行动之前对行动的任务、目标、方法、措施所作出的预见性确认。这种预想不是盲目的、空想的，而是以上级部门的规定和指示为指导，以本单位的实际条件为基础，以过去的成绩和问题为依据，对发展趋势进行科学预测之后作出的。可以说，预见是否准确，决定了计划的成败。

2. 针对性。计划是根据党和国家的方针政策、上级部门的工作安排和指示精神，以及本单位的工作任务、主客观条件和相应能力而定。总之，从实际出发制定的计划，才是有意义、有价值的计划。

3. 可行性。可行性是和预见性、针对性紧密联系的，预见准确、针对性强的计划，在现实中才真正可行。如果目标定得过高、措施无法实施，这个计划就是空中楼阁；反过来说，目标定得过低，措施、方法都没有创见性，虽然很容易实现，却并不能取得有价值的成就，也就算不上有可行性。

4. 约束性。计划一经通过、批准或认定，在其所指向的范围内就具有了约束作用，在这一范围内，无论是集体还是个人都必须按计划开展工作和活动，不得违背和拖延。

（四）计划的结构和写法

计划一般由标题和正文两部分组成。

1. 标题。计划的标题一般由单位名称、计划内容和文种组成，如"××单位2018年工作计划"。

2. 正文。计划在正文部分要讲清为什么做、做什么、如何做、何时完成，大致可分为指导思想、计划事项和执行希望三个部分。

（1）指导思想（前言）。指导思想回答"为什么做"，用于说明计划的政策依据和实践依据。指导思想包含以下三部分。

第一，政策依据，即党和国家的方针政策、上级文件精神。

第二，实践依据，说明实施计划的基础，主要写明前阶段工作计划实施情况，分析未来工作的内部、外部条件，分析有利因素和不利因素。

第三，提出总的任务和要求，或阐释完成计划的意义。

并非所有计划的指导思想都需要包含以上三部分的内容，可根据计划事项适当选择。

（2）计划事项（主体）。计划事项回答"做什么""如何做"以及"何时完成"。计划事项是指打算完成的项目，是计划的主体部分。计划事项包含以下三方面的事项。

第一，目标。目标回答"做什么"。目标可以是总体目标；也可以是具体任务和指标，具体说明要达到什么目的，完成什么指标，做好哪些工作，开展哪些活动。目标应明确而具体，定位要合理而恰当。任务和指标应该具体明确，有的还要定出数量、质量和时间要求。目标过低或过高均不可取。

第二，措施。措施说明完成任务的具体做法，回答"如何做"。措施具体包括组织分工、进程安排、物资保证、方式方法等。措施要具体，切实可行，应详细说明实施计划的领导机构、负责人员，有关分工和责任，如何协调配合等内容；要对工作进程作出明确的时间规定，阐明在工作进程的每一阶段要达到什么指标，人力、物力、财力安排，完成任务的具体方式方法（包括政策、措施、制度、具体做法及检查执行情况和修订计划的办法）。

第三，步骤。步骤是指执行计划的工作程序和时间安排。每项任务都有阶段性，而每个阶段又有许多环节，它们之间常常是互相交错的。在计划中，哪些先哪些后，应合理安排；计划的实施，有轻重缓急之分，哪些是重点，哪些不那么重要，也应该明确。在时间安排上，既要有总体时间安排，又要有每个阶段的时间要求，以及人力、物力的相应安排。这样，计划实行者知道应在一定的时间内、一定的条件下，把工作做到什么程度，就能争取主动，有条不紊地协调进行。

以上三方面的事项，在计划的正文中，不要机械地排列，应按实际情况分开写，或结合在一起写。

（3）执行希望（结尾）。在执行希望部分，需要注意四个问题。

第一，执行希望是为了展示实施计划的前景，提出希望或发出号召，勉励大家为实现目标而努力。

第二，强调重要的人物和工作的主要环节，说明注意事项。

第三，有的计划把检查督促的事项另起一段作为结尾。

第四，意尽言止，只要想表达的意见已经讲完，就可结束，不必做延伸。

（五）计划的写作要求

1. 计划要符合现行政策规定。计划的指导思想、目标、措施等要与党和国家的方针、政策以及上级的规定要求结合起来，才有可能顺利地实施。

2. 计划要从实际出发，有的放矢。要对本单位、本部门的实际情况进行深入细致的调查研究，力求积极稳妥，计划指标恰到好处，制定的计划才有可能调动大家的积极性和创造性，不至于成为一纸空文。

3. 计划要明确具体。工作计划的目标、措施、方法、步骤和责任等，都必须表述得十分清楚，才能既便于执行，又便于检查落实。

（六）例文

××公司人事部2018年度工作计划

为加强公司人事部工作的计划性及量化时效性，人事部将结合公司整体发展规划及企业发展方向，参考公司本年能收集到的相关资料，制定2018年工作目标及计划。

一、建立健全人力资源管理的各项规范及管理制度

员工手册完成时限：2017年12月至2018年2月起草各类管理制度，2018年2月抽出一星期时间，每天下午14：00召集各部门主管研究讨论，初稿定下来后，报总经理批准。春节过后正式颁布。

二、人力资源招聘与配置

1. 按人员配置及本年流动情况，分析评估各部门工作量，判断人员缺失数量。

2. 人才储备：为中层管理人员的补充做好准备。

（1）在招聘过程中，用人部门需要有明晰的用人需求：在确定招聘人员数量时，人事部须与各部门进行深层次的沟通，确定应聘人员要求具备的素质、条件和潜质。完成时限：2017年12月至2018年1月，这段时间内可以单独抽出一天，召集各部门主管讨论确定。

（2）招聘渠道与方式：可通过网络招聘、现场招聘、内部招聘、员工推荐等渠道进行招聘。

（3）具体实施时间：根据各部门提交的人力需求汇总，按公司实际人力需求情况决定。

三、员工的培训与开发

根据各部门的培训需求及企业的整体需要建立培训计划，包括基础的技能培训、质检培训、项目管理培训、团队合作培训、个人意识培训、新员工企业文化培训。

具体实施时间：

1. 人事部与各部门沟通，协助各部门编写2018年度员工培训计划，于2018年3月完成。

2. 培训的形式：内部培训教材、网络培训、外聘讲师到企业授课。

3. 培训内容：重点培训企业文化与制度、岗位技能。

4. 培训时间：内部培训时间由各部门及人事部沟通，暂定为每月一次。

四、建立真正以人为本的企业文化

1. 建立内部沟通机制。沟通机制的关键是由三方构成的一个稳定三角形，三方分别是总经理、人事部和员工部门经理。只有保证这个三角形的稳定，沟通机制才会有效。

2. 通过每月举办一次中小型活动，提高员工凝聚力。此项工作纳入月度计划，但这是一个漫长、持续的过程，须全体员工积极参与，共同创造，让××公司的企业文化真正地活跃起来。

五、制定对外具有竞争性、对内具有公平性的薪酬结构

1. 建立以人为本的薪酬方式。首先要把员工作为公司经营的合作者，建立员工与公司同荣俱损的薪酬制度。然后加大员工福利和奖励的比例，使其有强烈的归属感。

2. 建立对核心员工的中长期薪酬方案，在企业的发展过程中进行适当的引导，使员工认同并执行公司的薪酬制度，发现问题并不断完善。

六、员工福利与激励

1. 员工福利包括为在公司工作的员工购买社保，保障员工最基本的医疗及工伤保险，制定年终奖制度等，使员工有归属感。

2. 制定激励政策：包括建立季度优秀员工评选与表彰、年度优秀员工评选与表彰、内部升迁和调薪调级制度，设立员工合理化建议（提案）奖；对部门设立年度团队精神奖、最佳创意奖，建立内部竞争机制（如末位淘汰机制）等。

（1）给员工一个发展的空间和提升的平台。建立完善的竞争机制，鼓励员工竞争上岗。对在本岗位已经有不俗表现、能力已超越本岗位要求的员工，在暂时没有更高层级的岗位空缺时，辅以平级轮岗，用新的岗位、新的工作、新的挑战，激起员工的工作热情；同时，也让员工学到更多的知识和技能，有效提升员工的综合素质，为该员工能胜任更高层次的工作岗位奠定基础。

（2）提供有竞争力的薪酬。调查清楚同行及本工业区周边薪酬水平，制定具有竞争力的薪酬制度，使公司在行业中有一定的竞争力。自总经理认同核准后，人事部将制定各项福利激励制度，报审批通过后严格按照既定的制度进行落实。此项工作为持续性工作。在薪酬制度落实后每个月度和季度分别进行一次员工满意度调查，根据调查结果和公司领导的答复再行调整和完善公司福利政策、激励制度。

七、绩效评价体系的完善与运行

绩效考核的根本目的不是处罚未完成业务量和不尽职尽责的员工，而是激励员工不断改善工作方法，建立公平的竞争机制，提高工作效率，培养员工的个人意识和责任心，及时查找工作中的不足并加以调整改善，从而推动企业的发展。2018年，人事部将通过与各部门深层次沟通，协助各部门着手进行绩效评价体系的制定与完善，并在此后的制定、实施过程中加以监督。

具体实施时间：

1. 在2018年1月至4月，力争与各部门进行深层次的沟通，协助各部门制定绩效考核方案，最后汇总形成××公司整体绩效考核评估系统。

2. 主要工作内容：根据制定的绩效考核大框架，结合往年绩效考核工作中的不足，对现行制度、相关使用表单进行修改，同时也在考核结果反馈与改进情况跟踪、考核结果与薪酬体系的链接等方面进行修改，保证绩效考核工作的良性运行。

3. 推行过程是一个贯穿全年的持续工作。人事部完成此项工作的标准就是建立科学、合理、公平、有效的绩效评价体系。

八、人员流动与劳资关系

1. 适度的员工流动，是保持我司人员系统更替的重要方式。流动率过小，公司得不到新鲜的血液，影响公司的活力。但是过度的人员流动，尤其是向外流动，对企业来说是很大的损失。

2. 有效控制人员流动。对人员招聘工作进行进一步规范管理，严格审查预聘人员的资历。人事部还要及时掌握员工思想动态，做好员工思想工作，有效预防员工的不正常流动，并做好离职调查。

九、加强公司日常工作及后勤管理

1. 员工：《员工手册》初稿已完成，员工队伍正在建立中，员工队伍计划在2018年12月整顿完毕。

2. 宿舍：卫生和纪律的相关制度已出台，公司员工要支持与配合，坚持执行。

3. 食堂：食堂管理相关制度已出台，公司尽力提高饭菜卫生、质量。根据就餐人数，定出标准，决定伙食费用。同时根据厨房所用原料的市场行情灵活调整。

4. 规范清洁工工作职责，使厂区各个区域干净、整洁。

十、制度刚性执行

公司过去颁布的刚性制度不少，但是有些却流于形式，原因就是刚性制度没有刚性执行。如何做到制度的刚性执行，首先管理者要以身作则，常抓不懈。对政策的执行要始终如一地坚持，工作中要做到有布置、有检查，检查工作不能前紧后松。企业要想强化执行力，管理者必须在每个方案出台时就高度重视，一定要率先示范，作出表率。

二、总结

（一）总结的含义

总结是本部门、本单位对已经完成的实践活动进行回顾、分析，总结出经验、教训，提炼出具有指导意义的理论认识而形成的书面材料。

（二）总结的种类

1. 按性质，总结可分为工作总结、生产总结、科研总结、学习总结、思想总结等。

2. 按内容，总结可分为综合总结、专题总结。
3. 按时间，总结可分为年度总结、季度总结、月度总结等。
4. 按范围，总结可分为单位总结、部门总结、个人总结等。

(三) 总结的作用

总结的作用在于认识事物发展的客观规律性，指导未来实践，以增强实践的自觉性，避免盲目性。一件工作总是干得时好时坏，究其原因往往是知其然而不知其所以然，停留于感性认识的阶段。只有通过总结，认真地去粗取精、去伪存真、由此及彼、由表及里，分析总结，才可以肯定成绩，发现问题，从中吸取经验教训，借以指导今后的实践行为。总结可以培养观察事物、分析事物的能力，从而掌握事物的发展规律；通过总结，可以向上级提供情况，可以对下级进行宣传鼓动，可以向他人传授经验。

(四) 总结的特点

1. 自我性。总结是对自身社会实践进行回顾的产物，以自身工作实践为材料，采用第一人称写法，其中的成绩、做法、经验、教训等，都有自我性的特征。

2. 回顾性。总结与计划相反，计划是预想未来，对将要开展的工作进行安排；总结是回顾过去，对前一阶段的工作进行检验，但目的还是做好下一阶段的工作。所以总结和计划这两种文体的关系十分密切。一方面，计划是总结的标准和依据；另一方面，总结又是制定下一步工作计划的重要参考。

3. 客观性。总结是对已经完成的社会实践活动进行全面回顾、检查的文种，这决定了总结有很强的客观性。总结是以自身的实践活动为依据的，所列举的事例和数据都必须完全可靠，确凿无误，任何夸大、缩小、随意杜撰、歪曲事实的做法都会使总结失去应有的价值。

4. 经验性。总结还必须按照理论概括经验教训。凡是正确的实践活动，总会产生物质和精神两个方面的成果。作为精神成果的经验教训，从某种意义上说，比物质成果更宝贵，因为它对今后的社会实践有着重要的指导作用。这一特性要求总结必须按照"实践是检验真理的唯一标准"的原则，正确地反映客观事物的本来面目，找出正反两方面的经验，得出规律性认识，这样才能达到总结的目的。

(五) 总结的结构和写法

总结一般由标题、正文和落款三部分组成。

1. 标题。总结的标题，常用的写法有三种。

第一，标明总结的范围、期限、内容、文种，类似行政公文标题的写法。如"××学院2018年工作总结"。

第二，以总结的内容、主题为标题（文章标题式）。如"采用适合财大办学特点的形式进行改革""在竞争中求发展"。

第三，正副标题式。正标题标明总结的中心、内容，副标题标明总结的范围、时间、种类。如"节水措施的新尝试——天津财经大学用智能IC卡系统节水总结"。

2. 正文。总结的正文部分，其具体内容与结构方式都必须注意。

（1）总结的正文一般包括以下内容。

第一，基本情况。基本情况也称导言，是文章的开头，主要是进行总的工作回顾，概述主要工作及主要成绩，介绍工作的背景、环境、形势等。

第二，成绩和缺点。成绩和缺点是总结的中心和重点。总结的目的就是要肯定成绩，找出缺点。成绩有多大，表现在哪些方面，是怎样取得的；缺点是什么，表现在哪些方面，是什么性质的，怎样产生的，都是总结中必不可少的内容。

第三，经验和教训。取得成绩一定有经验，存在缺点一定有教训。为了巩固成绩，克服缺点，在总结时，须对以往工作的经验和教训进行分析、概括、集中，对取得的成绩和产生错误的原因进行分析，并将其提升到理论的高度，作为今后工作的借鉴。

第四，存在的问题和今后的设想。写出今后的工作设想，或针对存在的问题提出改进意见或努力方向。

总结的正文一般包括以上四部分，但不一定面面俱到、一一写出，可以有所侧重，或者侧重写成绩，或者侧重写经验体会，或者侧重写经验教训。写什么、如何写，要从实际出发，灵活处理。

（2）正文的结构方式如下。

第一，并列式（横式）。并列式正文按照工作内容，从类别角度进行总结，或按所取得的成绩或发现的问题来安排总结内容。

第二，递进式（纵式）。递进式即按事物发展过程安排层次。一般把整个工作过程分成几个阶段（按时间顺序），再分别对各阶段的状况进行分析，找出每阶段的经验教训。递进式有助于了解工作的始末。工作周期较长，又有明显阶段性的工作，不论是综合总结还是专题总结，都可用此法。

第三，综合式。综合式综合运用了并列式与递进式，纵横交错，事理结合，既体现事物发展过程，又注意内容的逻辑关系。

3. 落款。总结的署名要写全称，写在正文右下方，日期写在署名之下；也可在标题之下署名。如果标题已写明单位名称，不必再署名，此时可在标题下写明日期。

（六）总结的写作要求

1. 实事求是不臆造。这是写好总结的基础。要如实反映工作中的成绩和问题、经验和教训，对实践工作的评价要准确恰当，对经验教训的分析要实事求是，不能臆造事实、夸大成绩、隐瞒问题。

2. 挖掘本质找规律。这是衡量一篇总结质量的重要标志。对所选用的事实材料，要进行深入挖掘、分析和研究，从中提炼出有规律性的观点来，而不是简单地堆砌或如记流水账般罗列情况。

3. 观点材料相统一。总结中提炼出来的带有规律性的观点，必须以事实材料作为支撑，使观点和材料相一致，否则就会使总结显得空洞无物，失去应有的说服力。

4. 点面结合有分寸。要根据工作实际、写作目的和总结的性质，在全面介绍工作情况的基础上，突出重点和特色，做到主次分明、详略得当、点面结合、不失分寸。

（七）例文

××公司总经理办公室2016年度工作总结

2016年是总经理办公室（以下简称总经办）工作充实、团结奋进的一年。总经办全体同志在业务增加、人员精简的情况下，紧紧围绕公司重点工作，精诚团结，勤奋工作，在后勤保障、绩效考核、工程服务和办公管理等方面较好地履行了职责，经受了锻炼和考验。现将年度工作总结如下：

一、加强工作协调，认真履行职责

总经办作为后勤服务和办公协调的核心部室，在理顺内外关系，提高管理效率，保证上传下达等方面具有枢纽作用。2016年总经办以沟通协调作为开展工作的切入点，在做好迎来送往、办文、办会工作的同时，注重与各部室、车间的信息共享和协作配合。通过发挥部室整体职能，保证了工程建设和经营管理活动的顺利进行。

第三章 事务文书

2016年，总经办通过加强与技改办的协作，做到了信息畅通，服务及时。在招标采购、合同审签、督促送货、车辆服务等方面关口前移，及时到位，增强了后勤保障工作的主动性。按照公司领导意图，通过向江西锅炉厂发送感谢信、赠锦旗等方式，较好地达到了催货目的。在工程验收后，总经办又与技改办合作组织了对上海凌桥等优秀供应商授牌活动，密切了合作关系，增进了理解和友谊。在与生产计划部和技术装备部的协作中，顺利完成了中央电视台环保万里行记者的接待工作，通过真诚交流和一线调查，使记者了解企业形势，转变对企业的态度，维护了公司形象，并且在公司领导的努力下，主动在技改增容工程竣工庆典中，深入现场宣传报道企业。在"环境日""安全月"，以及供暖宣传等工作中，总经办与兄弟部室积极协作，在编发材料、制作展板、组织上街宣传的同时，利用广电局"3·15"和消协等业务优势，为企业阶段性目标营造氛围，协调处理争议，并签订了广电局、龙之媒等新闻媒体的供热宣传协议。

总经办在人员管理和福利发放工作中，跟人力部积极配合，使"人性化管理"和"赢在执行"的培训活动达到了预期目的，保证了春节、中秋节业务走访和职工福利发放顺畅及时。通过与财务部的相互协作，顺利完成了基建工程款的支付工作。

2016年，总经办较好地组织了公司季度工作总结和董事会议，完成了半年总结会、公司工程总结表彰会和工会换届、年度考核等大型会议的筹备服务工作。顺利办理了营业执照、组织机构代码证、市级"重合同守信用"企业年审手续，做好了县安全协会入会和市级卫生先进单位的检查复审等工作。

正是由于主动协作，积极沟通，总经办在食堂账目审核、技改工程收方乃至水厂中止租赁、张庄水厂资产转让等工作方面得到了兄弟单位的大力支持，使领导部署的任务得以较好的贯彻落实。

观念变、天地宽。总经办2016年的工作不论是在服务水平还是在工作观念方面都有了新的提高和进步，与前几年相比实现了大的跨越。在以后的工作中，总经办将秉持这一思路，更加积极主动地开展好沟通协调工作，使总经办"三个服务"职能的发挥更加主动、更为超前。

二、严格绩效考核，提高执行力度

在企管部职能合并到总经办以后，总经办利用工作便利，加快了签呈业务和票据、合同的批转速度，提高了传递效率。同时，及时做好了企业统计和资料外报等工作。2016年度未发生一起签呈表滞留延误问题，未出现一次报表纰漏。

在日常管理工作中，总经办根据机构调整情况，及时修订了管理程序，从计划收集和总结落实等环节入手，利用晨会和总经办掌握信息全面的优势，加强了对月度工作要点、部门计划的考核。在月度考评中，按照实事求是、客观公正的原则，严格考核兑现，使绩效考评工作得到了贯彻落实。由于工作周密，严于律己，全年未发生一次考核失误，得到了公司领导和同事的认可。

总经办根据领导要求，严格执行《公司例会制度》，按时组织召开管理例会，做到了部门月月有计划，公司月月有考评，月月工作有总结，使广大管理人员巩固并养成了良好的工作习惯。2016年总经办印制《月度工作要点》12期，编发《生产经营简报》16期，并结合企业实际刊登了管理文摘，开拓了员工思路，受到了大家的好评。

通过严格细致的绩效考核工作，大家的工作每月得到客观评价，不仅增强了工作责任感，而且促进了劳酬挂钩，提高了企业的执行力度，保证了规章制度的贯彻落实。

三、发挥宣传职能，当好纽带桥梁

在公司加快技改增容工程建设，积极开展降耗增效的形势下，总经办正确把握公司管理意图，积极开展企业内部、外部宣传工作。以厂报为载体，宣传公司的工作思路，介绍企业的工作动态，并积极刊登职工文章，开展了专题征文活动，使宣传报道工作成为企业管理的纽带和桥梁，促进了经营管理工作的开展。2016年共印发厂报13期，使厂报成为展示职工才能的舞台、丰富职工生活的园地，在建立和形成健康向上的企业文化方面发挥了积极作用。

2016年总经办利用宣传栏、读报栏进行内部宣传的同时，还通过电视台开展了"3·15"消费者权益日宣传工作，结合技改增容工程调整进度，发放了居民敬告书，减少了居民对吹管、煮炉等工作的误解。并结合工程安装情况，录制了冬季供暖的专题片，拍摄了春节献词等企业宣传材料。在公司开展的百日安全生产无事故活动中，总经办拍制了以职工子女为画面的巨幅宣传画，配合生产部门进行了亲情导向宣传活动，得到了领导和同志们的赞扬。

为了记录工程安装资料，便于员工培训，总经办拍摄了锅炉、汽轮机组的资料，并刻制了光盘。对于工程施工和设备安装中发现的问题，总经办随时拍录，为索赔和缺陷消除等工作提供了依据。同时，总经办还积极发挥局域网的作用，及时将公司信息和图像材料在网上发布，不仅加快了信息传播速度，而且实现了资源共享，提高了办公自动化水平。

四、规范档案管理，积极为生产经营服务

在技改增容工程建设中，设备种类繁多，技术性强，加上机组是二手设备，资料珍贵，对档案的收集管理工作提出了严格的要求。2016年总经办协同技改办重点做好工程图纸整卷归档和资料收集工作。为了提高档案管理水平，互联网最大文秘资源网公司派档案员对本公司员工进行了为期半个月的业务培训；安装了档案管理软件，增添了扫描仪等设备；抽调人员对图纸资料进行了整理，保证了生产和工程施工需要。通过认真吸取图纸借阅教训，严格技术资料的签批手续，档案管理工作有了很大程度的提高。在县档案系统开展的工作检查中多次受到表扬，并被评为省一级档案室。

五、搞好车辆服务，保证行车安全

总经办在沿用2015年定点加油、定点维修、定人驾驶等管理制度的同时，修订了车辆油耗管理办法，严格了行车里程和车辆费用的控制工作，依托鲁阳公司办理了车辆集中入保，在完成检测维护和证照审验的同时，做好车辆赔付工作。2016年总经办制定了车辆派遣程序，明确了派车权限，进一步扩大了车队在车辆调度方面的自主权。在煤炭供应紧张、工程考察和设备采购大量用车的情况下，满足了各部门的用车需要。

为了激发驾驶员的工作热情，保证安全行车，总经办在执行里程工资管理办法的同时，实行了安全补助否决制度，对发生交通事故的驾驶员减少奖励或取消安全奖励资格。为了提高驾驶员的安全行车能力，公司于6月1日请交警到公司进行了安全教育，组织员工观看了道路交通安全宣传光碟，使车队驾驶员安全文明驾驶的意识明显增强。

六、履行行政管理职责，当好后勤保障

2016年度，公司在机构调整中，将土建管理工作合并到了行政管理科，扩大了行政管理职能范围。这既是公司工作调整的需要，也代表了公司领导对总经办工作的肯定和支持。总经办在唐传道助理的指导下，迅速进入角色，完成了东苑小区管道施工、除盐水备用管道铺设、工业园煤场硬化以及土建验收决算等工作。配合工程审计决算，总经办合理确定了资金支付限额，集中做好了年底工程款支付工作。同时，总经办修订了行政管理科管理制度，制定并执行了内部例会和零工计划单等规定，使工程管理人员改进了原有工作方法，融入行政管理团队之中，接受并认同了团队文化。

在工业园技改增容工程建设中，总经办协同工会多次组织了义务劳动，清理了施工垃圾，平整了绿化场地，集中回收了废旧钢材和工程余料。协同运输砂土98车，改良土壤3 100平方米。栽植银杏、雪松等苗木146棵，小龙柏2 830株，对西厂门前1 000多平方米的绿地进行了升级改造，协同集团公司完成厂区门前绿化。粉刷了西厂院墙和围栏，做好了卫生区、绿化带的划分和检查考核工作，保证了办公场所的清洁卫生。行政管理科在精简人员的情况下，继续发扬2015年的工作作风，细致耐心地做好了卫生间管道更换、办公楼防水处理工作。整修了门厅，改造了澡堂水源，确保员工在工作之余能够洗上温暖舒服的热水澡。

按照公司的统一安排，行政管理科人员积极平整场地，清理工程垃圾。做好了庆典筹备工作，并于2016年9月29日成功举办技改增容工程竣工庆典，受到了公司领导的表扬。

七、加强伙食管理，满足职工需要

2016年，食堂不断改进饮食服务工作，在挖掘潜力、服务一线职工的基础上，开展了技改增容工程和大修现场的防暑降温活动。为了保证饭菜可口，食堂建立并实施了定期征求意见活动，到生产一线征求员工意见，随时调整饭菜口味，积极为生产一线服务，保证了工程建设和生产经营接待需要。

自6月份水厂中止租赁以来，食堂共制水7 964桶，制小瓶水109箱。为了改善运行人员的就餐条件，公司实施了免费供餐制度。为了让职工吃饱吃好，充分把领导的关心落到实处，食堂积极降低采购成本，添置了器具，严格落实了供餐人数，统一进行了编号，发放了托盘，做好了供餐准备工作。总经办配套制定了《免费供餐考核管理办法》，建立了月度测评和定期征求意见制度，经过一个多月的实践，在运行人员综合考评会上，被评为优秀。总经办用辛勤的付出，赢得了员工的理解和支持。

2016年，总经办还按照党总支的要求，召开党员学习会议，完成了"保先"教育活动。做好了蒸汽提价的材料申报，以及企业热电联产规划的编制工作。按照职责分工，完成了工业园36部电话的安装和虚拟网组建工作。签订了定额包月协议，减少了通信投资，降低了管理维护费用。在企业资金紧张的情况下，压缩党报党刊订阅费用，完成了2016年度报刊及专业杂志的征订和配发工作。

过去的一年紧张忙碌，总经办全体人员在紧张中感受到了工作的责任和压力，在忙碌中增添了自信和收获，都有一种贡献的充实感和欣慰感。忙碌并快乐着是2016年总经办全体工作人员共同的感受和写照。过去的一年不仅取得了一定的成绩，而且个人也得到了锻炼和进步。能够为公司的经营管理工作增砖添瓦，是作为员工的本分。

总经办的工作还存在很多的缺点和不足。譬如在公共图纸借阅方面，档案管理员把关不严，违背了签批程序，被公司通报批评；在技改工程吹管中，汽机车间损伤绿篱，行政管理工作不及时，遭到了公司领导的批评和通报。回顾甚至反省总经办一年来的工作，自己感到惭愧。作为部门负责人，过多地陷于事务摊子之中，占用了非常多的时间和精力。对本应投入精力思考和策划的问题，自己不能全力以赴，对公司中重点工作的掌握不够严格细致，信息反馈不够及时顺畅。总之，一年来总经办尤其是我个人的工作离公司领导的要求还存在很大的差距，在新的年度中需要认真地排查和改正。

365天的工作，虽然暴露出一些问题，但出现问题不可怕，可怕的是不知道存在的问题。只要暴露了问题,就要有信心、有能力战胜,不断改进新年度的工作方式、解决问题。2017 年,总经办的各位同志决心在公司领导的带领下,再接再厉、一如既往地为公司的发展和增收创效贡献自己的力量。

第二节　述职报告　调查报告

一、述职报告

（一）述职报告的含义

述职报告是述职者向上级、主管部门和下属陈述任职情况,包括履行岗位职责,完成工作任务的成绩、不足、问题、设想,进行自我回顾、评估、鉴定的书面报告。

述职报告不同于工作总结。述职报告重在反映个人履行职责的情况,阐述个人的作用和工作成效,一般侧重于客观地陈述;而工作总结则往往上升到理性的高度,重在总结经验和体会,用以指导下一步工作。

（二）述职报告的种类

述职报告可以从几个不同的角度进行划分,因而存在着交叉现象。

1. 从内容上划分,述职报告可分为三种。

（1）综合性述职报告。综合性述职报告的报告内容是一个时期所做工作的全面、综合的反映。

（2）专题性述职报告。专题性述职报告的报告内容是对某一方面的工作的专题反映。

（3）单项工作述职报告。单项工作述职报告的报告内容是对某项具体工作的汇报。这往往既是临时性的工作,又是专项性的工作。

2. 从时间上划分,述职报告可分为三种。

（1）任期述职报告。任期述职报告指对任现职以来的总体工作进行报告。一般来说,任期述职报告时间较长,涉及面较广,要写出一届任期的情况。

（2）年度述职报告。年度述职报告指一年一度的述职报告,写的是本年度的履职情况。

（3）临时性述职报告。临时性述职报告指担任某一项临时性的职务,写出其任职情况。例如,负责一期的招生工作、主持一项科学实验、组织一项体育竞赛写的述职报告。

3. 从表达形式上划分,述职报告可分为两种。

（1）口头述职报告。口头述职报告指需要向选区选民述职,或向本单位职工群众述职,而用口语化的语言表达的述职报告。

（2）书面述职报告。书面述职报告指向上级领导机关或人事部门报告的书面述职报告。

（三）述职报告的作用

1. 提高思想水平与工作能力。述职者通过对一段时间内工作的回顾、思考与探究,总结成功的经验,吸取失败的教训,在对实际工作再认识的基础上,更好地进行正确的判断、分析、决策,从而改进工作作风,提高效率。

2. 便于对述职者进行实际考察。述职者对工作实绩的客观评述,可以帮助组织和人事部门对其政策理论水平、管理组织能力及工作实绩进行考核,便于培养、选拔与合理使用干部。

3. 有利于述职者与各方面进行沟通。公开述职可以使上下级、同级各部门之间增进了解,特别是述职者自身的工作,也可得到上下级有关部门与工作人员的理解,便于在日后工作中得到上级支持、同级协作、下级认同,从而增强凝聚力、号召力,使工作进展得更加顺利。

(四)述职报告的特点

1. 个人性。与一般报告不一样,述职报告特别强调个人性,即个人对工作负有职责。述职内容是述职者在实际工作中执行岗位职责的实绩及其是否称职的自我估价等情况,述职者不能脱离这些内容随意发挥。

2. 规律性。述职报告的目的在于总结经验教训,使之后的工作能在前期工作的基础上有所进步、有所提高,因此述职报告对以后的工作具有很强的借鉴作用。因此述职报告必须对搜集的事实、数据、材料等进行认真的归类、整理、分析、研究,从中找出某种带有普遍性的规律,得出公正的评价。

3. 严肃性。述职报告的叙述内容应该是自己在任职期间的业绩,应在此基础上作出实事求是、恰如其分、认真严肃的叙述与评价。

(五)述职报告的结构和写法

述职报告的结构是格式化的,包括标题、正文、结语和落款四部分。

1. 标题。标题分为单行标题和双行标题。

(1)单行标题。单行标题表述为"述职报告"或者"在……的述职报告",如"在2018年任处长职务期间的述职报告"。

(2)双行标题。双行标题的主标题概述文章的基本内容,副标题写明职务和姓名。如"砥砺前行,不忘初心——2018年系主任述职报告"。

2. 正文。正文包括称谓、开头、主体三部分。

(1)称谓。称谓是述职者对听众的称呼。称谓要根据会议性质及听众对象而定,常用"各位领导、代表"。称谓放在标题之下正文的开头,有时根据需要在正文中间适当穿插使用。称谓一般采用提行的写法。如一篇在教职工代表大会上述职报告的称谓为"尊敬的各位领导、来宾,全体教职工代表,全校教职工同志们"。

(2)开头。开头写明述职者履行职责的基本情况,应用精练的文字,概括地交代主要情况、时间、地点、背景、事件经过等。

(3)主体。主体是述职报告的核心部分,包括工作的指导思想,工作中取得的成绩、经验,尚存在的问题及教训,适当选用典型的事例进行概括介绍,由感性认识上升到理性认识,探索出有规律的结论。

正文的层次一般有下列安排方法。

第一,横向排列法。横向排列法即按述职内容的主次,把成绩、经验、体会、教训等融为一体,归纳成若干条目,每一条目都冠以序号,标明层次,使全文条理清晰而富有逻辑性。

第二,纵向排列法。纵向排列法即把整个过程按时间顺序分成几个阶段,再对每个阶段的工作进行分析、总结,找出每一个阶段的经验教训。

第三,矛盾发展排列法。矛盾发展排列法即按照不断发现矛盾、不断解决矛盾的过程来写，并从矛盾发展的过程中总结工作成绩、经验和教训。这种写法一定要注意整体性和连贯性。

3. 结语。述职报告的结语部分应该简要表明今后工作的打算、努力方向和目标、措施、要求，也可对全文做概括性的总结。总之，结尾不要重复、赘述前文的内容。结语要用礼貌用语，如"以上述职报告妥否，请予审议。谢谢大家！"

4. 落款。述职报告的落款要写明述职者姓名及单位名称，最后写报告日期。

（六）述职报告的写作要求

1. 实事求是。述职报告要讲真话、讲实话、讲心里话，以诚感人。无论称职与否都要与事实相符。要正确处理个人与集体、主观与客观的关系，要分清功过是非。承担责任要恰如其分，既不争功，也不必揽过。

2. 形成制度。不仅在离任前要述职，在任期中也应定期述职。只有这样，才能更好地起到述职和鞭策的作用。

3. 重点突出。在全面汇报任职期间所做各项工作的基础上，述职者要突出任职期间的重大成绩和创造性业绩，以表明自己的能力和事业心。应当明确，述职报告必须围绕"职责"二字展开，述职报告的写作目的不是评功摆好，而是说明是否称职。

4. 情理相宜。述职报告在叙事说理的过程中，要有适度的感情色彩。

5. 态度诚恳。述职，是向机关和群众汇报工作。写述职报告之前，应对自己进行认真全面的反思，并虚心听取群众的意见，弄清群众的不满和要求，对群众意见较大的问题要如实阐述，以坦诚赢得群众的谅解和支持。接受群众的监督，而不是做报告，是写好述职报告的前提。

（七）例文

述职报告

在数据分析岗位一年以来，在公司部门领导和党支部的正确领导下，我认真贯彻执行党的各项方针、政策，紧紧围绕公司开展的"积极主动谋发展，务实奋进争一流"的主题实践活动，深入学习实践科学发展观，全面完成了各项工作目标，现简单地向领导汇报一年来的工作情况。

一、虚心学习，不断提高政治素质和业务水平

作为一名党员和公司的一分子，具备良好的政治素质和业务素质是做好本职工作的前提和必要条件。

一年来，我一方面利用工作和业余时间认真学习了上级文件，进一步提高了自己的党性认识和政治水平；一方面虚心向周围的领导、同事学习工作经验、工作方法和相关业务知识，取人之长，补己之短，加深了与各位同事之间的感情。同时还学习了相关的数据库知识，提高了在数据分析和处理上的技术水平，坚定了做好本职工作的信心和决心。

二、踏实工作，努力完成好领导交办的各项工作任务

一年来，在主管的带领和同事的支持下，主要做了以下几项工作：

一是认真做好各项报表的定期制作和查询，无论是本部门需要的报表还是为其他部门提供的报表。保证报表的准确性和及时性，并与报表使用人进行良好的沟通工作。同时完成了各类报表的分类、整理、归档工作。

二是协助主管做好现有系统的维护和后续开发工作，包括TOP-V系统和多元化系统中的修改和程序开发。主要完成了海关进出口查验箱报表、出口当班查验箱清单、驳箱情况等报表导出功能以及龙门吊班其他箱量输入界面、其他岗位薪酬录入界面的开发，并完

成了原有系统中交接班报表导出等功能的修改。同时，完成了系统在相关岗位的安装和维护工作，保证其正常运行。

三是配合领导和其他岗位做好各种数据的查询、统计、分析、汇总工作。做好相关数据的核实和上报工作，并确保数据的准确性和及时性。

四是完成领导交办的其他工作，认真对待，及时办理，不拖延、不误事、不敷衍，尽力做到让领导放心和满意。

三、存在的不足和今后的努力方向

一年来，在办公室领导和同事的指导帮助下，自己虽然做了一些力所能及的工作，但还存在很多不足：主要是阅历浅、经验少，有时遇到相对棘手的问题考虑欠周密，不够灵活，缺乏应变能力；理论和专业知识不够丰富，工作有时处于被动；等等。

针对以上不足，在今后的工作中，自己要加强学习，深入实践，继续坚持正直、谦虚、朴实的工作作风，摆正位置，尊重领导，团结同事，共同把办公室的工作做细做好。

二、调查报告

（一）调查报告的含义

调查报告是对某项工作、某个事件、某个问题，经过深入细致的调查后，将调查中搜集到的材料加以系统整理、分析研究，以书面形式向组织和领导汇报调查情况的一种文书。

（二）调查报告的种类

1. 介绍典型经验的调查报告。某一地区、某一单位、某一企业在贯彻落实党和国家的各项方针政策过程中，或在日常的思想政治、经济建设、科学教育等方面取得了突出的成绩，为了把这些单位或组织、个人的做法和成功经验从理论的高度予以分析，可以进行专题调查，然后写出调查报告。

2. 揭露问题的调查报告。揭露问题的调查报告是针对社会中存在的某一问题，以揭示这一问题的种种现象和深层原因为主要目的的调查报告。揭露问题的调查报告的主要功能是揭露和批判，探究问题产生的原因，分析问题的症结，提供解决问题的思路和方法。

3. 反映新生事物的调查报告。反映新生事物的调查报告是为社会现实中某种新近产生或新近有了长足发展的事物而写的调查报告。反映新生事物的调查报告探究这些新生事物，研究其究竟是显示了社会发展的某种趋势，还是昙花一现的偶然现象。对这些新生事物，究竟应该肯定，还是应该引起足够的警惕。分析新生事物的性质和意义，指出其发展规律和前景。

4. 反映社会情况的调查报告。反映社会情况的调查报告是针对一些社会情况所写的调查报告，主要涉及社会风气、百姓意愿、婚恋、赡养、衣食住行等方面的基本情况。这类调查报告虽不直接反映政治、经济等重大问题，但百姓生活跟政治、经济密切相关，也是群众最为关心的问题。

（三）调查报告的特点

1. 写实性。调查报告在搜集大量现实和历史资料的基础上，用叙述性的语言实事求是地反映某一客观事物。充分了解实情和全面掌握真实可靠的素材是写好调查报告的基础。

2. 针对性。调查报告一般有比较明确的意向，相关的调查取证都是针对和围绕某一综合性或是专题性问题展开的。所以，调查报告反映的问题集中而有深度。

3. 逻辑性。调查报告离不开确凿的事实，但又不是材料的机械堆砌，而是对核实无误的数据和事实进行严密的逻辑论证，探明事物发展变化的原因，预测事物发展变化的趋势，揭示本质和规律，得出科学的结论。

（四）调查报告的作用

调查报告能够为党和国家的路线、方针、政策的制定和修改提供依据，为上级领导的科学决策提供参考；也可以扶植新生事物，推广典型经验；还可以揭露和批评丑恶现象，澄清事实真相。

（五）调查报告的结构和写法

调查报告一般由标题、开头、主体和结尾四部分组成。

1. 标题。标题有三种形式。

（1）公式化标题。公式化标题即用"调查对象+调查课题+文体名称"的公式拟制标题。如"一个富裕居委会的财务调查"。这样写的好处是要素清楚，读者一看就知道写的是什么单位、涉及哪些问题，文种也很明确；不足之处是太模式化，不够新鲜活泼。

（2）提问式标题。提问式标题即用问题作为标题，如"'问题少年'的出现，原因何在？"这种写法较为醒目，引人入胜。

（3）复合式标题。复合式标题由正、副标题组成，其中正标题一般采用常规文章标题写法。副标题则采用公式化写法，由调查对象、调查课题、文体名称组成。如"明晰产权起风波——对太原市一集体企业被强行接管的调查"。

2. 开头。调查报告的开头即前言，一般要根据主体部分组织材料的结构顺序来安排，常用的有以下几种类型。

（1）概括式。概括式就是把调查对象最主要的情况进行概括后写在开头，使读者一入篇就对其基本情况有大致的了解。

（2）介绍式。介绍式就是在开头简单地交代调查的目的、方法、时间、范围、背景等，使读者在入篇时就对调查的过程和基本情况有所了解。

（3）问题式。问题式即在开头提出问题，引起读者对调查课题的关注，促使读者思考。问题式开头可以采用提问的方式引出问题，也可以直接将问题摆出来。

3. 主体。主体的主要写法有三种。

（1）用观点串联材料。由几个从不同方面表现基本观点的层次组成主体，以基本观点为线索将它们贯穿在一起。

（2）以材料的性质归类分层。课题比较单一、材料比较分散的调查报告，可采用这种结构形式。作者经分析、归纳之后，根据材料的不同性质，将其梳理成几种类型，每一个类型的材料集中进行表达，形成一个层次。每个层次之前可以加小标题或序号，也可以不加。

（3）以调查过程的不同阶段自然形成层次。事件单一、过程性强的调查报告，可采用这种结构形式。这种方式实际上是以时间为线索来谋篇布局的，类似于记叙文的时间顺序写法。这种有清晰过程的写法，可以提高读者的阅读兴趣。

4. 结尾。调查报告常在结尾部分显示作者的观点，对主体部分的内容进行概括、升华，因此，结尾往往是比较重要的一个部分。结尾常见的写法有下述三种。

（1）总结全文，得出结论。在结束的时候将全文归结到一个思想的立足点上，强化主旨。这样结尾，给读者提供了清醒的理性认识。

（2）提出问题，引发思考。如果一些存在的问题还没有引起人们的注意，作者限于各种因素的制约也不可能提出解决问题的办法,那么,把问题提出来,引起有关方面的注意,或者启发人们对这一问题的思考,也是很有价值的。

(3) 针对问题,提出建议。在揭示有关问题之后,提供一些可行的建议,当然这些建议应不乏切实可行的措施。

(六) 调查报告的写作要求

1. 认真调查。只有深入细致地做好调查研究工作,才能写出较有分量的调查报告。调查前,要明确调查的目的和任务,拟定调查提纲,拟好调查问卷等;调查中,对获得的资料要反复核实,数据、事实要准确;调查后,要及时归纳整理,不明确的或有出入的问题,应做进一步调查。

2. 尊重事实。事实是立论的基础,包括数据、情况、例证等。一切的观点、看法、调查得出的结论,都应在事实基础上产生和形成。

3. 突出重点。调查中应善于分清主要矛盾和次要矛盾,只要抓住主要矛盾,其他矛盾就迎刃而解了。切忌罗列材料,面面俱到。

(七) 例文

2018年9月26日上午,北京师范大学中国基础教育质量监测协同创新中心、北京师范大学中国教育与社会发展研究院、北京师范大学儿童家庭教育研究中心和中国教育报家庭教育周刊联合发布了《全国家庭教育状况调查报告 (2018)》。

全国家庭教育状况调查报告 (2018)

第一部分 调查的基本情况

一、调查目的

从孩子和班主任的视角客观评估全国家庭教育现状,包括亲子互动、家长参与孩子学习、孩子眼中的父母、班主任眼中的家长等情况,并揭示这些内容与学生多方面发展的关系,为提升家庭教育质量、促进家校合作、完善教育政策提供依据和参考。

二、调查样本和工具

2017年,在全国31个省和兵团共抽取了325个县(市、区)的113 293名四年级学生和76 560名八年级学生参加调查,其中实际参测的四年级学生为112 282名,八年级学生为74 785名。全国学生总体的抽样误差在1.0%以内,绝大部分省的抽样误差在4.0%以内,表明此样本能代表全国四、八年级学生的情况,也能代表各省四、八年级学生的情况。同时,这些学生的班主任也参加了本次调查,共有四年级班主任14 468名、八年级班主任17 641名。在家庭中,孩子是家庭教育的对象,孩子感知到的家庭教育状况直接决定着家庭教育将对其产生何种影响;在学校里,班主任是与学生、家长接触最直接、最频繁的教师,他们更了解家长在家庭教育、家校合作中的表现。因此,本次调查分别从孩子的视角、班主任的视角对家庭教育和家校沟通的状况进行考察,并揭示其中存在的问题,为有针对性地改进家庭教育、促进家校合作提供依据和参考。调查工具包括学生学业测试卷以及学生、班主任问卷。所有调查工具经过多轮预试,各项量化指标均符合测量学要求,具有良好的信效度。

第二部分 调查的主要发现

一、亲子互动情况

(一) 家长尊重孩子状况

尊重孩子是家长与孩子建立良好沟通的前提。尊重孩子是指将孩子作为独立的个体,平等对待孩子、认真倾听孩子的话、允许孩子表达自己的意见。如果家长充分尊重孩子，孩子会更愿意接受家长的教导、理解家长，也更愿意向家长表达自己的内心想法。研究发现，家长给予孩子充分的信任和自主权，有助于提高他们的自尊水平和幸福感；家长采用民主的教育方式，有助于促进孩子情感、人格和智力等方面的发展。如图3-1所示，本次调查发现：

部分学生认为家长不尊重自己。13.3%的四年级学生和10.8%的八年级学生认为"我做错事时，家长总是不听解释就批评我"，10.7%的四年级学生和8.2%的八年级学生认为"家长从不认真回答我提出的各种问题"，15.4%的四年级学生和9.9%的八年级学生认为"家长从不认真听我把话讲完，总是打断我"，17.4%的四年级学生和14.4%的八年级学生认为"当我和家长有不同意见时，家长从不允许我表达自己的观点"，19.3%的四年级学生和18.8%的八年级学生认为"家长要求我做某件我不愿意做的事情时，从不会向我耐心说明理由"。

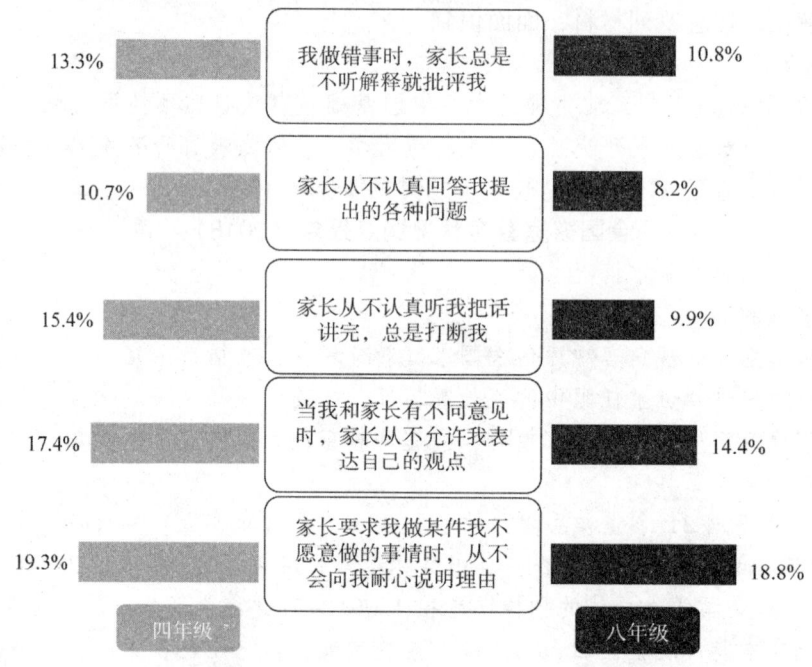

图3-1 四、八年级学生认为家长不尊重自己的情况

与四年级学生相比，八年级学生认为家长从不尊重自己和经常尊重自己的比例均有所下降。在所列出的五种不尊重孩子的行为上，八年级学生认为家长从不尊重自己的人数比例低于四年级学生。例如，八年级学生认为"家长从不认真听我把话讲完，总是打断我"的人数比例比四年级低5.5个百分点。当孩子进入青春期，家长会逐渐转变自己教育孩子的方式，逐渐"释放"自主权，控制、专制等不尊重孩子的行为有所减少。需要注意的是，八年级学生认为家长经常不尊重自己的人数比例低于四年级。例如，八年级学生认为"家长要求我做某件我不愿意做的事情时，经常会向我耐心说明理由"的人数比例比四年级低5.3个百分点；认为"家长经常认真回答我提出的各种问题"的人数比例比四年级低8.0个百分点。进入青春期，孩子自我意识迅速发展，会以批判的眼光看待周围的事物和他人，在与父母相处时寻求自主，希望得到父母的尊重，对父母的要求有所增加。若父母此时采用过于控制、专制等不尊重孩子的教养方式，容易引发孩子的叛逆心理。因此，青

春期孩子的家长在与孩子互动时更需要注意尊重孩子、耐心倾听孩子的话、允许孩子表达自己的意见等。

（二）亲子沟通状况

亲子沟通是建立和维系亲子关系、实施家庭教育的重要途径。父母与子女通过沟通交换信息、观点和情感，促进相互了解和信任。亲子沟通状况是反映家庭功能完善程度的重要指标之一，良好的亲子沟通对孩子的学业表现、身心发展和社会适应能力等均有较大的作用。如图3-2所示，本次调查发现：

部分学生认为家长从不或几乎不与自己进行沟通。25.1%的四年级学生和21.8%的八年级学生认为"家长从不或几乎不花时间与我谈心"，22.5%的四年级学生和21.2%的八年级学生认为"家长从不或几乎不问我学校或班级发生的事情"，23.6%的四年级学生和19.0%的八年级学生认为"家长从不或几乎不和我讨论身边发生的事情"，34.0%的四年级学生和34.8%的八年级学生认为"家长从不或几乎不和我一起谈论电影或电视节目"。这表明部分家长与孩子沟通不足。

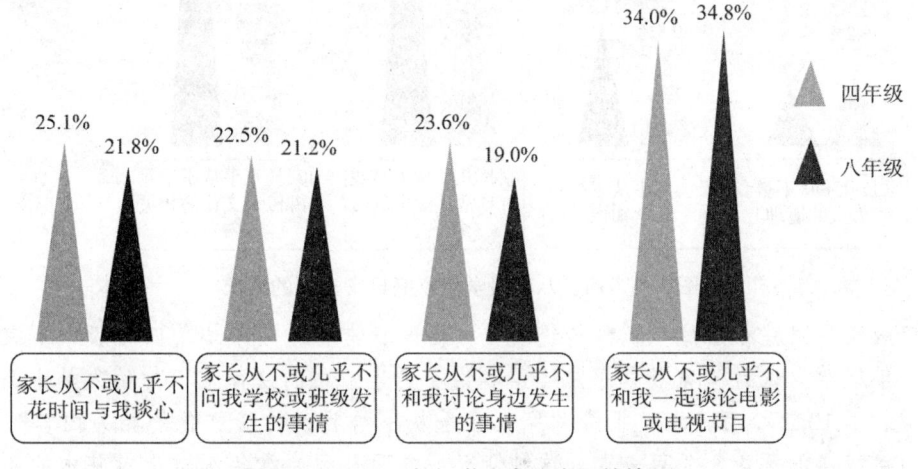

图3-2　四、八年级学生亲子沟通的情况

与四年级学生相比，八年级学生认为家长几乎每天与孩子沟通的频率明显下降。与四年级学生相比，八年级学生认为家长从不或几乎不进行亲子沟通的人数比例下降，但下降幅度较小，而认为家长几乎每天进行亲子沟通的比例下降幅度较大。例如，八年级学生认为"家长从不或几乎不花时间与我谈心"的人数比例比四年级低3.3个百分点，但认为"家长几乎每天花时间与我谈心"的人数比例比四年级低14.5个百分点。之所以出现这种下降的趋势，一方面是由于八年级学生的学习任务加重，与同伴的沟通时间更多、更频繁，挤占了一定的亲子沟通时间；另一方面是由于家长逐渐调整教养方式，有意识地减少说教、控制等沟通方式，给学生更大的个人自由空间。

（三）家庭日常交流状况

家庭日常交流是家庭生活的重要组成部分，也是对孩子进行教育的重要途径。良好的家庭日常交流不仅有利于营造温馨的家庭氛围、促进良好亲子关系，还有利于孩子积累知识、拓宽视野，树立正确的价值观、人生观和世界观。如图3-3所示，本次调查发现：

在家庭日常交流中，部分学生认为家长没有教自己"做人的道理""安全知识""法律常识""传统文化"；其中，与教孩子"做人的道理""安全知识"相比，家长与孩子进行"法律常识""传统文化"方面的交流更少。9.2%的四年级学生和5.7%的八年级学生认为家长几乎从不教孩子做人的道理，9.5%的四年级学生和11.8%的八年级学生认为家长几乎从不教孩子安全知识，25.2%的四年级学生和35.4%的八年级学生认为家长几乎从不给孩子讲日常生活中的法律常识，30.2%的四年级学生和35.0%的八年级学生认为家长几乎从不给孩子讲传统文化的相关内容。这说明家长重视让孩子了解做人的道理、重视孩子的人身安全。其实，法律常识和传统文化对孩子的发展大有好处，法律常识和传统文化渗透在生活的方方面面，与孩子们的日常生活紧密联系，所以，家长在家庭日常交流中要适当地加强这些方面的交流，从而加深和强化孩子对相关知识的认识与理解。

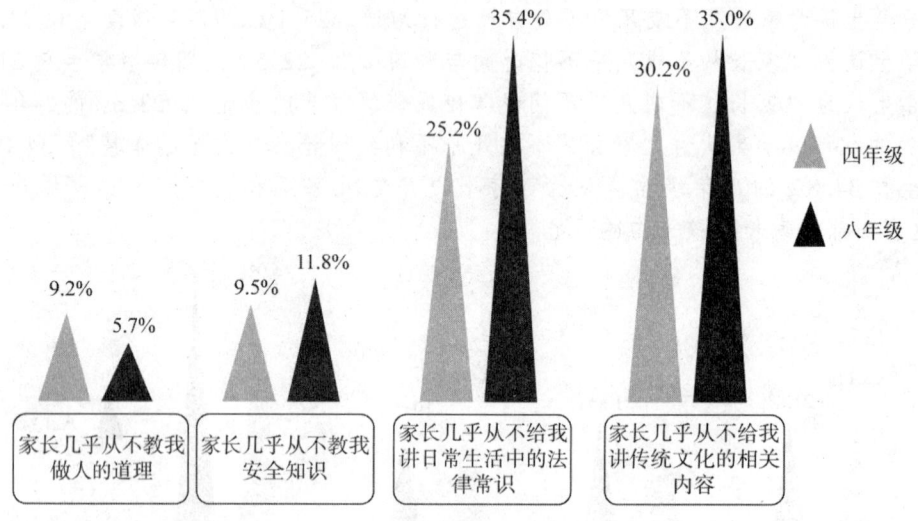

图3-3　四、八年级学生家庭日常交流的情况

　　八年级学生家庭在法律常识和传统文化方面的日常交流频率均较四年级学生家庭有所下降。八年级学生认为"家长几乎从不给我讲日常生活中的法律常识"的人数比例比四年级学生增加了10.2个百分点，报告"家长几乎从不给我讲传统文化的相关内容"的人数比例比四年级增加了4.8个百分点。这种情况一方面是因为八年级学生对基本的法律常识和传统文化知识都有所了解和掌握，使得家长和孩子交流这些内容的频率有所下降；另一方面是因为孩子处于中学阶段，学习任务加重，家长更关注孩子的学习，与孩子更多沟通学习和成绩，沟通其他内容的时间有所减少。

二、家长参与孩子学习的情况

（一）孩子感受到的家长成绩期望

　　孩子感受到的家长成绩期望是指孩子感受到父母对自己成绩设立的目标或预期，会影响孩子在学习上的投入和表现。当孩子感受到的家长成绩期望与自身表现和自己设定目标相对一致时，更能充分发挥期望效应，从而提高学业表现；反之，容易让孩子感到压力过大或者学习动力不足。本次调查发现：

　　九成以上四、八年级学生认为家长对自己的成绩有一定的要求。……

（二）家庭藏书量和亲子阅读状况

　　阅读是人们获取知识、感知世界的重要途径。亲子阅读是帮助孩子养成良好阅读习惯、培养阅读兴趣、提高阅读能力的重要手段。同时，亲子阅读能促进孩子的语言能力、读写能力等多种能力的发展，还有利于增进亲子关系。家庭藏书量是营造家庭阅读氛围的基础，与亲子阅读有着密切关系。本次调查对四、八年级学生家庭的藏书量、亲子阅读状况及其与学生的阅读兴趣、阅读时间和阅读量的关系等进行考察，结果发现：

近五成四、八年级学生的家庭藏书量不超过25本……

农村家庭藏书量少于城市家庭……

四年级亲子阅读状况好于八年级……

亲子阅读行为与家庭藏书量有关，家庭藏书量越多，亲子阅读越频繁……

增加亲子阅读频率有利于提高孩子的阅读兴趣、阅读时间、阅读量……

亲子阅读频率越高，孩子阅读策略运用能力越高……

（三）家长学业卷入情况

家长学业卷入是教育卷入的一种，主要是指家长在孩子学习生活中的投入情况，在家庭或学校中作出促进孩子取得更好学业成就的多种行为。研究显示，家长适度的学业卷入不仅有利于孩子养成良好的学习习惯、提高学习成绩，还对孩子的情绪适应、行为适应等方面产生积极作用。本次调查对四、八年级学生家长的学业卷入情况进行考察，也探究其和学生学业成绩、学习观等方面的关系，结果发现：

三成四年级学生、近五成八年级学生认为家长学业卷入程度低和较低。

在家长"几乎每天"都会做的学业卷入行为中，四年级学生选择比例最高的是"家长检查我是否完成作业"，八年级学生选择比例最高的是"家长提醒我留出时间做作业"。

家长学业卷入程度越高，学生学业成绩越高、越认同学习的价值，四年级尤其如此。

……

三、孩子眼中的父母

（一）孩子对家庭重要性的看法

事物在个体心中的主次、轻重排列反映了个体的价值取向，是价值观的重要体现。价值取向是个体区别好坏、分辨是非和重要程度的评价标准，不但决定着个体对具体事物的态度、奋斗的目标，还直接影响人的情绪和行为。本次调查发现：

"有温暖的家"居四、八年级学生认为人生最重要事情的首位……

八年级学生选择"有温暖的家"的人数比例高于四年级，更重视家庭……

（二）孩子将父母作为榜样的情况

榜样是看得见的正能量，是具象化的价值观。孩子选择的榜样反映了其向往的状态、欣赏的品质和学习的目标。榜样不仅是一面镜子，也是一个助推器，能激励人崇德向善、见贤思齐，点燃人心中的激情与梦想。观察榜样的言行并模仿是人们间接学习的一种重要方式。众多研究表明，榜样对孩子的行为有重要影响。本次调查发现：

"父母"居四、八年级学生最崇敬榜样的第一位……

（三）家长关注孩子的方面和孩子希望家长关注的方面

家庭教育理念在很大程度上决定着家庭教育的目标、教育内容和教育方式，也影响孩子的身心成长。品德、学习、行为、心理等都是孩子成长过程中的重要方面。家长对孩子不同方面的关注程度体现了家长的家庭教育理念、对孩子的培养目标和教育重点，反映了家长对孩子的期望。而孩子希望家长关注的方面则体现了孩子在成长中的需要，对家长的期待。若两者一致，家长和孩子达成共识，家长能更好地理解孩子、及时给予孩子帮助和指导；若两者出现"错位"，容易拉开亲子间的"距离"，甚至成为亲子冲突的"导火索"，不能较好地满足孩子的成长需求。本次调查发现……

（四）家长在孩子面前的不良行为表现

家长是孩子的重要模仿对象，是孩子的第一任老师，其言行对孩子的成长有潜移默化、不可忽视的作用。家长在孩子面前的不良行为会产生消极的影响，使得孩子慢慢习得不良的行为。有研究发现，攻击行为频繁的父母，其孩子的攻击性更强；有儿时被父母体罚经历的孩子，长大后更可能体罚自己的孩子。本次调查发现：

超过两成的四、八年级学生认为家长经常在孩子面前作出不良行为示范，包括不讲诚信、不讲礼仪、不遵守公共规则……

四、班主任眼中的家长

（一）班主任认为家长最关注孩子的方面

针对家长关注孩子的内容，本次调查除了学生视角外，还从班主任的视角对该问题进行调查。本次调查发现……

（二）班主任对家长的印象

本次调查考察了班主任对家长的印象，从班主任的视角了解家长在配合学校工作、主动与班主任沟通等方面的表现。在调查中，班主任根据学生家长的情况填写本班级学生家长中符合描述的人数比例（填写0~100%）。在分析中，将0~100%划分为5段（0~10%、10%~30%、30%~50%、50%~80%、80%~100%）。每个百分段上的班主任人数比例则代表有多少班主任认为本班级中的家长处于这一状态。本次调查发现……

三成以上的四、八年级班主任认为超过一半的家长"认为教育孩子全是学校和老师的责任"。

（三）班主任与家长沟通的内容

班主任是与家长接触最直接、最频繁的教师。班主任与家长的沟通情况和沟通内容能在一定程度上反映家校沟通状况、家长的教育理念和教育行为。本次调查发现……

（四）班主任与家长沟通遇到的困难

学校、教师和家长的沟通是家校合作的基础，也是促进家校合作的重要途径。在日常生活中，班主任与家长经常接触和沟通。家长通过与班主任沟通，了解孩子在校表现，了解学校的办学理念和工作情况；班主任通过与家长沟通，了解孩子在家表现。若班主任与家长的沟通存在问题，将影响家校合作的效果，进而影响家庭教育和学校教育的效果。本次调查对四、八年级班主任认为与家长在沟通中是否遇到困难，以及遇到困难的主要内容等进行考察，结果发现：

95.6%的四年级班主任和97.4%的八年级班主任认为与家长沟通遇到困难。四、八年级班主任与家长沟通遇到的困难排名前三位的均为"家长认为教育孩子主要是学校和老师的责任""家长参与沟通的积极性不高"和"与家长教育理念不一致"，且人数比例均超过五成……

五、其他需要关注的问题

（一）父母参与抚养对孩子发展有重要作用

父母是孩子的"重要他人"，对孩子的成长具有不可替代、不可忽视的重要作用。随着双职工家庭的增加，年轻父母忙于工作，祖辈和其他人参与抚养孩子的情况越来越多。因此，父母是否参与抚养对儿童发展的影响也越来越受到关注。以往研究发现，父母参与抚养对儿童人格的形成、自我意识的建立以及社会化的发展均有积极影响。本次调查将学生分为父母参与抚养和非父母参与抚养，并对比两类抚养类型学生接受的家庭教育的差异。父母抚养是指孩子主要由其父母进行抚养，非父母抚养是指孩子主要由祖辈或其他监护人抚养，父母长期不参与抚养。本次调查发现：

第一，父母参与抚养的家庭在亲子互动方面表现好于非父母参与抚养的家庭……

第二，父母参与抚养的家庭在参与孩子学习方面表现好于非父母参与抚养的家庭……

第三，与非父母参与抚养的家庭相比，父母参与抚养的家庭的家长在孩子面前的不良行为更少……

（二）父母要重视青春期的家庭教育

青春期阶段的孩子身体快速发育，其生理上的日渐成熟促使孩子在心理上寻求独立自主，对父母的依赖性逐渐减少，希望摆脱父母的控制。父母难免与孩子产生疏离感，甚至感到亲子冲突明显增加。此外，随着孩子各方面能力的发展，他们接收了更多的信息和知识，拥有更多的学习途径和方式，不再像以前那样依赖父母、听从父母的指导，甚至以批判和质疑的眼光看待父母。那么，青春期孩子对家庭真的不重视了吗？青春期孩子的家长还需要重视家庭教育吗？青春期孩子的家长在家庭教育中需要注意什么呢？本次调查发现：

第一，青春期阶段的孩子看重家庭的价值和作用，对父母持积极、正面的看法和态度……

第二，青春期阶段的家庭教育对孩子的成长有重要影响……

第三，在孩子青春期阶段，家长更需要做好自己……

第四，青春期阶段的学生和家长的观念存在"错位"，家长并不能真正读懂孩子的需求……

第五，青春期阶段的学生更希望家长关注自己的内心，家长应该更重视亲子沟通……

（三）我国东、中、西部地区在家庭教育方面既面临相似问题也存在独特问题

"努力让每个孩子都能享有公平而有质量的教育"是新时代我国教育的新使命。东、中、西部地区教育质量一直是党和国家、社会大众共同关注的热点。那么，东、中、西部地区家庭教育是否存在"差距"呢？又有哪些特点呢？这些问题的澄清有助于更全面、客观地了解我国家庭教育的状况，对教育管理部门制定相关政策、学校采取相关措施有重要的参考价值。本调查基于全国代表性的数据，反映东、中、西部地区家庭教育之间的异同……

第三部分　政策建议

"家庭是人生的第一所学校，家长是孩子的第一任老师，要给孩子讲好'人生第一课'，帮助扣好人生第一粒扣子。"家庭教育是现代教育的重要组成部分，是办好教育事业不可或缺的力量。如何促进家庭教育质量提升？根据本次调查发现的一些问题和短板，特提出以下建议：

第一，相关部门形成合力，统筹协调用好社会资源，构建科学、完备的家庭教育服务体系，为家庭教育质量的提升提供重要保障……

第二，重视学校在助力家庭教育中的指导作用，提升学校开展家校合作的能力，建立畅通有效的家校沟通渠道，使学校成为提升家长家庭教育能力的重要基地……

第三，构建科学的家庭教育监测评估制度，将家庭教育监测工作常态化，提高家庭教育工作的科学性、专业性……

第四，落实家长在家庭教育中的主体责任，积极提高自身素质，转变育人观念，增强

家庭教育的能力……

我国家庭教育事业事关千家万户，关乎人民的幸福、国家和民族的未来。期待各相关部门、研究机构、中小学校及社会各界通力协作、各司其职，加入推进家庭教育科学化的事业中来，为孩子们的健康成长贡献力量。

（注：此处稍有改动。）

第三节　简报　规章制度

一、简报

（一）简报的含义

简报是传递某方面信息的简短的内部小报。具有汇报性、交流性和指导性的简短、灵活、快捷的简报又称动态、简讯、要情、摘报、工作通讯、情况反映、情况交流、内部参考等。

（二）简报的种类

1. 按时间划分，简报分为定期的简报和不定期的简报。
2. 按性质划分，简报分为工作简报、生产简报、学习简报和会议简报。
3. 按内容划分，简报分为会议简报、情况简报、工作简报。会议简报主要反映会议交流、进展情况；情况简报反映人们关注的问题，供机关领导参考；工作简报报告重大问题的处理情况以及工作动态、经验或问题等。

（三）简报的特点

1. 快捷性。简报有严格的时效性，不论是定期简报还是不定期简报，都要抢时间、争速度，及时反映情况。特别是会议简报，往往一日一报，甚至一日数报。
2. 仅限于内部交流。一般报纸面向全社会，内容是公开的，没有保密价值，读者越多越好，正因为如此，它除了新闻性外，还要求有知识性和趣味性。简报则不同，它一般在编报机关管辖范围内各单位之间交流，不宜甚至不能公开传播，特别是涉外机关和专政机关主办的简报更是如此。有的简报是专门给某一级领导人看的，有一定的保密要求，不能任意扩大阅读者范围。
3. 简洁。简洁是简报的价值所在。简报要求内容精粹、篇幅短小、语言简明扼要。每期简报都要内容集中，文字精练。
4. 新颖。简报要反映新情况、新问题，能给人以启发和借鉴。单位的新动态，事物的新趋势、新苗头，是简报的主要素材。

（四）简报的作用

1. 反映情况。简报可以将工作进展以及工作中出现的新情况、新问题，及时反映给各级决策机关，使决策机关了解详情，为决策机关制定政策、指导工作提供参考。
2. 交流经验。简报体现了领导机关的指导能力，通过组织交流，可以提供情况、借鉴经验、吸取教训，对工作有指导和推动作用。
3. 传播信息。简报本身是一种信息载体，可以使各级机关及从事行政工作的人互相了解情况、吸收经验、学习先进、改进工作。

（五）简报的结构和写法

简报的种类尽管很多，但其结构却不无共同之处，一般都包括报头、报核、报尾三个部分。

1. 报头。报头在首页的上方，约占三分之一的版面。报头包括简报名称、秘密等级、期号、编发单位和印发日期五项。

（1）简报名称。简报名称位置要居中，用套红印刷的大号字体。简报名称如"××简报""××动态"，如有特殊内容而又不必另出一期简报时，就在名称或期数下面注明"增刊"或"××专刊"字样。

（2）秘密等级。秘密等级分绝密、机密、秘密，写在左上角，也有的简报写"内部文件"或"内部资料，注意保存"等字样。

（3）期号。期号位于简报名称的正下方，用阿拉伯数字标明"第×期"，用括号括上。

（4）编印单位。在期号左下方顶格写编印单位的全称，如"××大学党委办公室"。

（5）印发日期。印发日期用阿拉伯数字写在与编印单位平行的右侧，如"××年×月×日"。在编印单位和日期下面，用一道红色横线将报头与报核隔开。

2. 报核。报核是简报的核心部分，即简报所刊的一篇或几篇文章。简报的写法是多种多样的，因此，报核的形式也较灵活。报核一般包括标题、导语、主体、结尾、背景材料。

（1）标题。简报的标题类似新闻标题，一般要求要揭示主题，简短醒目，准确生动。标题可用单标题，也可用双标题。

（2）导语。导语是简报的开头，通常用简明的一句话或一段话概括全文的主旨或主要内容，给读者一个总体印象。导语的写法多种多样，有提问式、结论式、描写式、叙述式等。导语一般要交代清楚谁（某人或某单位）、时间、干什么（事件）、结果等内容。

（3）主体。主体是简报的重点部分，应该用充分的、典型的、有说服力的材料，把导语的内容加以具体化。主体通常有两种方法。

第一，横式结构，即按逻辑顺序，依照事物的主次、递进、并列、因果等内在关系来安排材料。

第二，纵式结构，即按事情发生、发展的时间先后来安排材料。

（4）结尾。结尾是全文内容的总括。结尾可以对报核部分所述事实进行概括评价，也可指明事情今后的发展趋势，或是提出希望以及今后打算。如果报核部分已经把事情说清楚了，也可省略结尾。

（5）背景材料。背景材料即对人物、事件起作用的环境条件和历史情况。背景可以穿插在以上各个部分。

3. 报尾。在简报最后一页下方，用一横线与报核隔开，横线下左边写明发送范围，如"报：×× 送：×× 发××"。在平行的右侧写明印刷份数，如"共印××份"。

（六）简报的写作要求

1. 简明扼要，一目了然。简报必须简短、明快，用尽可能少的文字说清楚必须说明的问题。要注意主题集中，一稿一事，不贪大求全。

2. 讲究时效，反映迅速。简报是单位领导对一些问题进行决策的参考依据之一，也是单位推动工作的一个重要手段。简报的编者必须讲求时效。这就要求简报的作者思想敏锐、行动敏捷，对问题反映快，对材料分析快，写作构思快，动笔成稿快。同时，还要求简报编辑、签发、打印、发稿速度快，共同把握发稿时机。

3. 内容实在，切忌空洞。简报和新闻报道一样，靠现实生活中的事实来宣传党的路线、方针、政策。用事实说话是简报的主要特征之一，也是编写简报应该注意的一个重要问题。

（七）例文

创建文明城市活动简报
第三十九期（总第 137 期）

××××市创建文明城市活动

领导小组办公室编　　　　　　　　　　　　　　　20××年××月××日

省"双创"工作专家组莅临我市检查指导

　　为促进我市"双创"工作更加深入开展，省文明委组织了由省建设厅原纪检组长金银成同志，省文物局原局长杨焕成同志，《大河报》原主编王继兴同志，省文明办创建处副处长张建政同志，省旅游局文明办主任董柏成同志，省环保局高级工程师徐晓力同志，省农大林学园艺学院副院长、教授苏金乐同志，郑州大学建筑学院建筑学硕士刘韶军同志，郑州大学旅游学院教授孙子文同志等组成的"双创"工作专家组，于7月5日下午来到我市，对我市的"双创"工作和"三件实事"落实情况进行检查指导。

　　当日下午，我市在嵩山饭店新闻发布厅召开"双创"工作情况汇报会，向专家组汇报我市的"双创"工作和"三件实事"的落实情况。会议由市委副书记杨惠琴同志主持，市委常委、宣传部部长常振义同志向省"双创"工作专家组做了专题汇报，市委副书记、市长陈义初从四个方面概括了我市开展"双创"活动以来发生的喜人变化：一是各级党委、政府对"双创"工作重要性的认识越来越高，措施越来越得力，变化越来越大，越来越受到人民群众的欢迎；二是各界群众参与"双创"活动的积极性不断提高，由过去的"要我干"变成了现在的"我要干"，特别是群众评议政府职能部门、群众评议街道等活动的开展，在市民群众中引起了积极影响，促进了我市"双创"工作的稳步前进；三是在具体实践中，各级、各部门由过去的只注重抓硬件建设，变成了今天软硬件一齐抓，坚持从基层基础抓起，从提高市民素质抓起，使城市的软件、硬件都有了长足发展；四是在机制上做文章，使我市的卫生保洁工作从过去的"临时突击"走上了规范化、经常化的管理轨道。

　　汇报会上，还播放了反映我市"双创"工作的纪实专题片《文明之花绽绿城》。

　　在听取我市专题汇报、观看我市专题片之后，省"双创"工作专家组就我市"双创"工作的检查方法、检查内容、检查时间等进行了安排。

　　市领导葛合元、刘振中、康定军、张世诚，市创建文明城市领导小组全体成员和市直有关单位及有关县（市）区的主要负责人参加了汇报会。

报：省"双创"工作领导小组组长、副组长，省文明办；市四大班子领导，市创建文明城市领导小组组长、副组长

发：市创建文明城市领导小组全体成员，各县（市）区、市直机关单位

（共印 150 份）

二、规章制度

（一）规章制度的含义

规章制度是单位在不违背国家法律、法规的前提下，在一定范围内制定的一种具有法规性和约束性，要求有关人员必须按章办事、共同遵守的文书。规章制度的主要表现形式有规定、章程、制度、办法、规则、守则、条例、条令、规程、公约、须知等。

（二）规章制度的种类

按照不同的标准，规章制度有不同的分类。

1. 法规类。法规类规章制度由立法机关或政府部门依据法律、政策，对国家政治、经济、文化等领域的某些事项作出的规定。这种类型的规章制度具有明显的法规性。例如《中华人民共和国优质产品奖励条例》等。

2. 章程类。章程类规章制度是政府或社会团体用以说明该组织的宗旨、性质、原则、机构设置、职责范围等的纲领性文件，具有准则性与约束性的作用。章程的制发者是政党或社会团体。例如《中国共产党章程》等。

3. 制度类。制度类的规章制度范围较广，一般可分为五类。

（1）制度。制度一般是行政部门、企事业单位根据本部门的实际需要而制定的要求所属人员共同遵守的准则，是机关单位对某项具体工作、具体事项制定的必须遵守的行为规范。例如《仓库安全管理制度》等。

（2）规则。规则是机关单位为维护劳动纪律和公共利益而制定的要求大家遵守的关于工作原则、方法和手续等的条规。规划的制发者是机关团体、企事业单位及其部门。例如《天津财经大学图书馆借书规则》等。

（3）规程。规程是生产单位或科研机构为了保证质量，使工作、试验、生产按程序进行而制定的一些具体规定。规程的制发者是机关团体、企事业单位及其部门。例如《计算机操作规程》等。

（4）守则。守则是机关团体、企事业单位要求其成员遵守的行为准则。守则倡导有关人员遵守一定的行为、品德规范，其制发者是机关团体、企事业单位及其部门。例如《高等学校学生守则》等。

（5）须知。须知是有关单位、部门为了维护正常秩序，做好某项具体活动，完成某项工作而制定的具有指导性、规定性的守则。须知的制发者是有关单位、部门。例如《阅览须知》等。

4. 公约类。公约类规章制度是人民群众或社会团体经协商决议而制定的共同遵守的准则。公约是人们为了维护公共秩序，经集体讨论，把约定要做到的事情或不应做的事情，应该宣传的事情或必须反对的事情明确写成条文，作为共同遵守的事项。公约的制发者是人民群众、社会团体。例如《居民文明公约》等。

（三）规章制度的特点

1. 统一性。规章制度的内容必须与国家法律和现行政策相统一。另外，规章制度反映了一个组织的全体成员共同的理想、愿望、意志，体现了全体成员的共同利益，必须在全体成员达成共识的基础上才能建立起来。因此，规章制度的建立和修改必须经过充分讨论，并且要在代表大会上表决通过。没有达成统一，多数人持质疑态度的内容，不能写入规章制度。

2. 严肃性。规章制度是一种严肃的文书，它能确保各项活动的有序开展，甚至关系到个人或国家的前途和命运，必须慎重对待。

3. 约束性。规章制度是某个组织中所有成员的思想原则和行动规范，具有约束性，每一个成员都应遵章办事。在一定范围内，人们如有违规，将会受到处罚。

4. 稳定性。规章制度一经制定，就具有较长的稳定性，不能朝令夕改。当然，随着时代的发展，对规章制度进行一些补充和修改也是必要的，但只限做局部调整，不宜大面积改动。

（四）规章制度的作用

规章制度的使用范围非常广泛。大至国家机关、社会团体、各行业、各系统，小至单位、部门、班组，都要制定相应的规章制度，以保证工作、生产、学习等活动能正常有序地进行。规章制度是国家法律、法令、政策的具体化，是行动的准则和依据，使工作和生活有法可依、有章可循。因此，规章制度对社会经济、科学技术和文化教育事业的发展，对社会公共秩序的维护，都有十分重要的作用，具体表现在保证组织的思想统一、建立组织的管理机制、保障成员权益、规定组织纪律等方面。

（五）规章制度的结构和写法

规章制度一般由标题、正文和落款三部分组成。

1. 标题。规章制度的标题一般有以下几种类型。

（1）由制发单位、规章主题和文种组成，如"××集团公司内部审计奖惩规定"。

（2）由规章主题和文种构成，如"季度奖金发放办法"。

（3）由制发单位和文种组成，如"中国共产党章程"。

（4）由适用范围和文种组成，如"天津市财经大学学生守则"。

（5）只有文种的规章制度，如"用户须知"。

有的规章制度在文种前加"暂行""试行"等，如"××暂行规定""××试行办法"。

2. 正文。规章制度的正文一般采用引言、主体、结尾的形式写作。

（1）引言。引言须简要说明制定规章制度的目的、意义、依据和指导思想等。

（2）主体。主体是文件最核心、最重要的部分，主体大部分是分章、分条款表述，这是规章制度区别于其他文体的主要特征之一。

比较复杂的规章制度由于涉及面较广、内容较多，常常分为若干章。每章拟一个标题，章之下再列一个个条款。这种规章制度一般分为总则、分则和附则。一般来说，第一章是总则，说明规章制度的目的、意义、宗旨和基本原则等；分则分作若干章，逐条、逐款地写出规定事项；最后一章是附则，说明解释权限、适用对象、修订权、生效日期等。这种规章制度的条目序号采取一贯到底的排列方法，款目序号在条目下单独排列。

（3）结尾。比较简单的规章制度往往无引言、结语，以条目开篇，以条目收尾，适用于内容单一的守则、须知等。

3. 落款。规章制度的落款写明制发单位和日期。

（六）规章制度的写作要求

1. 合法性。规章制度的内容和制定过程必须符合党的有关方针、政策，符合国家的法律、法规，这是规章制度写作的前提要求。

2. 权威性。为了维护规章制度的权威性，在起草时必须做到"三明确"，即明确领导意图、明确行文基调、明确制发背景。

3. 内容的可行性。规章制度的内容要有针对性、依据性、协调性和可行性。

4. 体式的规范性。规章制度属于法规性文书,具有一定的约束力,因此其文字表述必须严谨、周密、规范,既要体现严肃性,又要考虑稳定性。

5. 定稿的完整性。有些重要的规章制度成型后,先要制成讨论稿,经过有关会议或部门的认真讨论、逐条审议修改后,方能定稿;有些规章制度即使在反复讨论审定后印发下去,也还须注明"试行"或"暂行"字样,尚须经过一段时间的实践检验,并在实施过程中不断地修订和完善。

(七) 例文

中国共产党章程

(中国共产党第十九次全国代表大会部分修改,2017 年 10 月 24 日通过)

总 纲	第一章 党 员	第二章 党的组织制度
第三章 党的中央组织	第四章 党的地方组织	第五章 党的基层组织
第六章 党的干部	第七章 党的纪律	第八章 党的纪律检查机关
第九章 党 组	第十章 党和共产主义青年团的关系	第十一章 党徽党旗

总 纲

中国共产党是中国工人阶级的先锋队,同时是中国人民和中华民族的先锋队,是中国特色社会主义事业的领导核心,代表中国先进生产力的发展要求,代表中国先进文化的前进方向,代表中国最广大人民的根本利益。党的最高理想和最终目标是实现共产主义。(以下略)

第一章 党 员

第一条 年满十八岁的中国工人、农民、军人、知识分子和其他社会阶层的先进分子,承认党的纲领和章程,愿意参加党的一个组织并在其中积极工作、执行党的决议和按期交纳党费的,可以申请加入中国共产党。

第二条 中国共产党党员是中国工人阶级的有共产主义觉悟的先锋战士。(以下略)

第三条 党员必须履行下列义务:

(一) 认真学习马克思列宁主义、毛泽东思想、邓小平理论、"三个代表"重要思想、科学发展观、习近平新时代中国特色社会主义思想,学习党的路线、方针、政策和决议,学习党的基本知识,学习科学、文化、法律和业务知识,努力提高为人民服务的本领。(以下略)

第四条 党员享有下列权利:

(一) 参加党的有关会议,阅读党的有关文件,接受党的教育和培训。(以下略)

第五条 发展党员,必须把政治标准放在首位,经过党的支部,坚持个别吸收的原则。(以下略)

第六条 预备党员必须面向党旗进行入党宣誓。誓词如下:我志愿加入中国共产党,拥护党的纲领,遵守党的章程,履行党员义务,执行党的决定,严守党的纪律,保守党的秘密,对党忠诚,积极工作,为共产主义奋斗终身,随时准备为党和人民牺牲一切,永不叛党。

第七条 预备党员的预备期为一年。党组织对预备党员应当认真教育和考察。(以下略)

第八条 每个党员,不论职务高低,都必须编入党的一个支部、小组或其他特定组织,参加党的组织生活,接受党内外群众的监督。党员领导干部还必须参加党委、党组的

民主生活会。不允许有任何不参加党的组织生活、不接受党内外群众监督的特殊党员。（以下略）

第九条　党员有退党的自由。党员要求退党，应当经支部大会讨论后宣布除名，并报上级党组织备案。（以下略）

第二章　党的组织制度

第十条　党是根据自己的纲领和章程，按照民主集中制组织起来的统一整体。党的民主集中制的基本原则是：（以下略）

第十一条　党的各级代表大会的代表和委员会的产生，要体现选举人的意志。选举采用无记名投票的方式。候选人名单要由党组织和选举人充分酝酿讨论。可以直接采用候选人数多于应选人数的差额选举办法进行正式选举。也可以先采用差额选举办法进行预选，产生候选人名单，然后进行正式选举。选举人有了解候选人情况、要求改变候选人、不选任何一个候选人和另选他人的权利。任何组织和个人不得以任何方式强迫选举人选举或不选举某个人。（以下略）

第十二条　党的中央和地方各级委员会在必要时召集代表会议，讨论和决定需要及时解决的重大问题。代表会议代表的名额和产生办法，由召集代表会议的委员会决定。

第十三条　凡是成立党的新组织，或是撤销党的原有组织，必须由上级党组织决定。（以下略）

第十四条　党的中央和省、自治区、直辖市委员会实行巡视制度，在一届任期内，对所管理的地方、部门、企事业单位党组织实现巡视全覆盖。（以下略）

第十五条　党的各级领导机关，对同下级组织有关的重要问题作出决定时，在通常情况下，要征求下级组织的意见。要保证下级组织能够正常行使他们的职权。凡属应由下级组织处理的问题，如无特殊情况，上级领导机关不要干预。

第十六条　有关全国性的重大政策问题，只有党中央有权作出决定，各部门、各地方的党组织可以向中央提出建议，但不得擅自作出决定和对外发表主张。（以下略）

第十七条　党组织讨论决定问题，必须执行少数服从多数的原则。决定重要问题，要进行表决。对于少数人的不同意见，应当认真考虑。如对重要问题发生争论，双方人数接近，除了在紧急情况下必须按多数意见执行外，应当暂缓作出决定，进一步调查研究，交换意见，下次再表决；在特殊情况下，也可将争论情况向上级组织报告，请求裁决。（以下略）

第十八条　党的中央、地方和基层组织，都必须重视党的建设，经常讨论和检查党的宣传工作、教育工作、组织工作、纪律检查工作、群众工作、统一战线工作等，注意研究党内外的思想政治状况。

第三章　党的中央组织

第十九条　党的全国代表大会每五年举行一次，由中央委员会召集。中央委员会认为有必要，或者有三分之一以上的省一级组织提出要求，全国代表大会可以提前举行；如无非常情况，不得延期举行。（以下略）

第二十条　党的全国代表大会的职权是：（以下略）

第二十一条　党的全国代表会议的职权是：讨论和决定重大问题；调整和增选中央委员会、中央纪律检查委员会的部分成员。调整和增选中央委员及候补中央委员的数额，不得超过党的全国代表大会选出的中央委员及候补中央委员各自总数的五分之一。

第二十二条　党的中央委员会每届任期五年。全国代表大会如提前或延期举行，它的任期相应地改变。中央委员会委员和候补委员必须有五年以上的党龄。中央委员会委员和候补委员的名额，由全国代表大会决定。中央委员会委员出缺，由中央委员会候补委员按照得票多少依次递补。（以下略）

第二十三条　党的中央政治局、中央政治局常务委员会和中央委员会总书记，由中央委员会全体会议选举。中央委员会总书记必须从中央政治局常务委员会委员中产生。（以下略）

第二十四条　中国人民解放军的党组织，根据中央委员会的指示进行工作。中央军事委员会负责军队中党的工作和政治工作，对军队中党的组织体制和机构作出规定。

第四章　党的地方组织

第二十五条　党的省、自治区、直辖市的代表大会，设区的市和自治州的代表大会，县（旗）、自治县、不设区的市和市辖区的代表大会，每五年举行一次。（以下略）

第二十六条　党的地方各级代表大会的职权是：（以下略）

第二十七条　党的省、自治区、直辖市、设区的市和自治州的委员会，每届任期五年。这些委员会的委员和候补委员必须有五年以上的党龄。（以下略）

第二十八条　党的地方各级委员会全体会议，选举常务委员会和书记、副书记，并报上级党的委员会批准。党的地方各级委员会的常务委员会，在委员会全体会议闭会期间，行使委员会职权；在下届代表大会开会期间，继续主持经常工作，直到新的常务委员会产生为止。（以下略）

第二十九条　党的地区委员会和相当于地区委员会的组织，是党的省、自治区委员会在几个县、自治县、市范围内派出的代表机关。它根据省、自治区委员会的授权，领导本地区的工作。

第五章　党的基层组织

第三十条　企业、农村、机关、学校、科研院所、街道社区、社会组织、人民解放军连队和其他基层单位，凡是有正式党员三人以上的，都应当成立党的基层组织。（以下略）

第三十一条　党的基层委员会、总支部委员会、支部委员会每届任期三年至五年。基层委员会、总支部委员会、支部委员会的书记、副书记选举产生后，应报上级党组织批准。

第三十二条　党的基层组织是党在社会基层组织中的战斗堡垒，是党的全部工作和战斗力的基础。它的基本任务是：（以下略）

第三十三条　街道、乡、镇党的基层委员会和村、社区党组织，领导本地区的工作和基层社会治理，支持和保证行政组织、经济组织和群众自治组织充分行使职权。（以下略）

第三十四条　党支部是党的基础组织，担负直接教育党员、管理党员、监督党员和组织群众、宣传群众、凝聚群众、服务群众的职责。

第六章　党的干部

第三十五条　党的干部是党的事业的骨干，是人民的公仆，要做到忠诚干净担当。党按照德才兼备、以德为先的原则选拔干部，坚持五湖四海、任人唯贤，坚持事业为上、公道正派，反对任人唯亲，努力实现干部队伍的革命化、年轻化、知识化、专业化。（以下略）

第三十六条　党的各级领导干部必须信念坚定、为民服务、勤政务实、敢于担当、清正廉洁，模范地履行本章程第三条所规定的党员的各项义务，并且必须具备以下的基本条

件：(以下略)

第三十七条　党员干部要善于同党外干部合作共事，尊重他们，虚心学习他们的长处。(以下略)

第三十八条　党的各级领导干部，无论是由民主选举产生的，或是由领导机关任命的，他们的职务都不是终身的，都可以变动或解除。(以下略)

第七章　党的纪律

第三十九条　党的纪律是党的各级组织和全体党员必须遵守的行为规则，是维护党的团结统一、完成党的任务的保证。党组织必须严格执行和维护党的纪律，共产党员必须自觉接受党的纪律的约束。

第四十条　党的纪律主要包括政治纪律、组织纪律、廉洁纪律、群众纪律、工作纪律、生活纪律。(以下略)

第四十一条　对党员的纪律处分有五种：警告、严重警告、撤销党内职务、留党察看、开除党籍。(以下略)

第四十二条　对党员的纪律处分，必须经过支部大会讨论决定，报党的基层委员会批准；如果涉及的问题比较重要或复杂，或给党员以开除党籍的处分，应分别不同情况，报县级或县级以上党的纪律检查委员会审查批准。在特殊情况下，县级和县级以上各级党的委员会和纪律检查委员会有权直接决定给党员以纪律处分。(以下略)

第四十三条　党组织对党员作出处分决定，应当实事求是地查清事实。处分决定所依据的事实材料和处分决定必须同本人见面，听取本人说明情况和申辩。如果本人对处分决定不服，可以提出申诉，有关党组织必须负责处理或者迅速转递，不得扣压。对于确属坚持错误意见和无理要求的人，要给以批评教育。

第四十四条　党组织如果在维护党的纪律方面失职，必须问责。(以下略)

第八章　党的纪律检查机关

第四十五条　党的中央纪律检查委员会在党的中央委员会领导下进行工作。党的地方各级纪律检查委员会和基层纪律检查委员会在同级党的委员会和上级纪律检查委员会双重领导下进行工作。上级党的纪律检查委员会加强对下级纪律检查委员会的领导。(以下略)

第四十六条　党的各级纪律检查委员会是党内监督专责机关，主要任务是：维护党的章程和其他党内法规，检查党的路线、方针、政策和决议的执行情况，协助党的委员会推进全面从严治党、加强党风建设和组织协调反腐败工作。(以下略)

第四十七条　上级纪律检查委员会有权检查下级纪律检查委员会的工作，并且有权批准和改变下级纪律检查委员会对于案件所作的决定。如果所要改变的该下级纪律检查委员会的决定，已经得到它的同级党的委员会的批准，这种改变必须经过它的上一级党的委员会批准。(以下略)

第九章　党　组

第四十八条　在中央和地方国家机关、人民团体、经济组织、文化组织和其他非党组织的领导机关中，可以成立党组。党组发挥领导核心作用。党组的任务，主要是负责贯彻执行党的路线、方针、政策；加强对本单位党的建设的领导，履行全面从严治党责任；讨论和决定本单位的重大问题；做好干部管理工作；讨论和决定基层党组织设置调整和发展党员、处分党员等重要事项；团结党外干部和群众，完成党和国家交给的任务；领导机关和直属单位党组织的工作。

第四十九条 党组的成员,由批准成立党组的党组织决定。党组设书记,必要时还可以设副书记。(以下略)

第五十条 对下属单位实行集中统一领导的国家工作部门可以建立党委,党委的产生办法、职权和工作任务,由中央另行规定。

第十章 党和共产主义青年团的关系

第五十一条 中国共产主义青年团是中国共产党领导的先进青年的群团组织,是广大青年在实践中学习中国特色社会主义和共产主义的学校,是党的助手和后备军。共青团中央委员会受党中央委员会领导。共青团的地方各级组织受同级党的委员会领导,同时受共青团上级组织领导。

第五十二条 党的各级委员会要加强对共青团的领导,注意团的干部的选拔和培训。党要坚决支持共青团根据广大青年的特点和需要,生动活泼地、富于创造性地进行工作,充分发挥团的突击队作用和联系广大青年的桥梁作用。(以下略)

第十一章 党徽党旗

第五十三条 中国共产党党徽为镰刀和锤头组成的图案。

第五十四条 中国共产党党旗为旗面缀有金黄色党徽图案的红旗。

第五十五条 中国共产党的党徽党旗是中国共产党的象征和标志。党的各级组织和每一个党员都要维护党徽党旗的尊严。要按照规定制作和使用党徽党旗。

第四节 会议记录 公示

一、会议记录

(一) 会议记录的含义

记录人员把会议的组织情况和具体内容记录下来,就形成了会议记录。会议记录要如实记录会议的基本情况。

(二) 会议记录的种类

会议记录根据不同的划分标准,可以分为不同类型。

1. 按照会议内容划分,会议记录可分为日常办公会议记录、指示型会议记录、讨论型会议记录。

2. 按照记录方法划分,会议记录可分为详细会议记录、摘要会议记录等。

(三) 会议记录的特点

1. 原始性。会议记录按会议发展顺序,将发言人的讲话内容、研究认定的问题,如实记录下来,一般不经加工、整理。

2. 凭据性。会议记录是会议原始情况的真实记录,因此更为可靠,是查对会议情况的真实凭据。

3. 指导性。指导性包含两层含义:一是会议本身具有权威性;二是会议记录集中反映了会议的主要精神和决定事项，因而一经下发，将对有关单位和人员产生约束力，起着类似于指示、决定或决议等公文的作用。会议记录还可以作为与会同志向单位领导汇报、向群众传达的文字依据。

4. 备考性。一些会议记录不是为了贯彻执行，而是向上汇报或向下通报情况，必要时可作查阅之用。

（四）会议记录的作用

1. 重要依据。会议记录可作为研究和总结会议的重要依据。凡属大型会议，后期总要总结，有时工作报告和讲话等还要根据各组讨论的意见进行修改，这一切的重要依据，都是会议上的各种记录。同时，会议记录还可以作为日后分析、研究、处理有关问题时的依据。

2. 通报信息。会议记录有的可作为文件传达给相关人员，使有关人员贯彻会议精神和决议；有的可以向上级汇报、通报信息，使上级机关了解有关决议、指示的执行情况。

3. 参考资料。会议记录是编写会议纪要和简报的基础、重要的参考资料。

4. 档案凭证。会议记录是重要的档案资料，在编史修志、查证组织沿革、干部考核使用以及落实政策、核实历史事实等方面，起着无可替代的凭证作用。

（五）会议记录的结构和写法

会议记录一般由标题、会议基本情况、会议内容、会议结尾四部分组成。

1. 标题。标题即会议的名称。一般写法是单位名称、会议事由（含届、次）加上"记录"二字。如"××大学校长办公会记录"。

2. 会议基本情况。会议基本情况要写明会议时间和会议地点，出席人、缺席人和列席人（即不属于本次会议的正式成员，但与会议有关的各方人员）；主持人，写明主持人的姓名、职务；记录人，写上记录者的姓名，必要时注明其职务，以示对所做记录负责。上述内容，要在会议召开之前写好，不可遗漏；倘若会议记录要在报纸上公开发表，上述内容则可删去。

3. 会议内容。会议内容主要写会议议程、议题、讨论过程、发言内容、会议决议等。会议内容是了解会议意图的主要依据，是会议成果的综合反映，是日后备查的重要部分，要着重记录。对于发言的内容，一种是详细具体地记录，尽量记录原话，主要用于比较重要的会议和重要的发言。另一种是摘要性记录，只记录会议要点和中心内容，多用于一般性会议。

会议内容应该重点记录的有：

（1）会议中心议题以及围绕中心议题展开的有关活动；

（2）会议讨论、争论的焦点及其各方的主要见解；

（3）权威人士或代表人物的言论；

（4）会议开始时的定调性言论和结束前的总结性言论；

（5）会议已议决的或议而未决的事项。

4. 结尾。会议记录没有固定的格式。结尾一般要另起一行，空两格写"散会"字样。在会议记录的右下方，由会议主持人和记录人签名，以示负责。

（六）会议记录的写作要求

1. 做好准备。事先了解会议的议程，以便在记录过程中注意各有关方面的关系，将一些事宜有机地联系起来，加快记录的速度。会议记录要记准、记全，因为会议记录是原始凭证,贵在准确、齐全。采用速记和录音的办法,也是保证会议记录准确、齐全的有效方法。

2. 方法得当。会议记录既可采用符号速记,也可采用文字记录。重要会议、重要领导人讲话可速记。一般会议,可使用文字摘要记录的方法。

3. 注意整理。通常情况下,现场记录是原始记录,一般需要整理。整理的要求是,在原始记录的基础上增补遗漏、纠正错误、核实决议,纠正语法错误,合理划定段落。

(七) 例文

支部主题党日会议记录

按照市委依法治市领导小组《关于开展弘扬宪法强责履职服务发展主题法治宣传教育活动方案》的要求,为确保活动稳步推进,顺利开展,结合我局实际,组织全局干部职工召开了宪法专题学习会议。

会议时间:20××年××月××日

会议地点:会议室

主 持 人:×××

参加人员:全体人员

记 录 人:××

会议内容:

×××:根据市里要求,今天把大家召集到一起,学习宪法,普及法律知识。宪法是我国的根本大法。学习宪法有助于公民形成良好的法律意识和宪法式的思维习惯,有助于推进我国的民主政治建设和法治国家建设。

会上,主讲人针对宪法的基本知识,我国宪法的发展历程、指导思想、基本精神与内容,以及我国宪法的实施予以重点讲解。突出宣传宪法、大力宣传党的领导是宪法实施的根本保证,宣传宪法确定的理念和原则,宣传宪法确立的国家根本制度、根本任务,宣传公民的基本权利和义务等内容,使宪法精神深入人心,以宪法精神凝心聚力,努力使大家充分相信宪法,坚定不移地走中国特色社会主义法治道路。

一是紧紧围绕贯彻落实以习近平同志为核心的党中央的重大决策部署,服务党和国家中心工作,准确宣传解读党的十八届四中全会精神,准确把握党的领导和依法治国的关系。在此基础上结合我局实际工作充分认识和理解国土资源管理部门弘扬宪法精神,增强法制观念对推进依法行政的重要现实意义。宪法是国家的根本大法,是治国安邦的总章程。宪法具有最高法律效力,是其他一切法律法规的立法基础。充分认识到依法治国,首先是依宪治国,只有以宪法为根本,依法治国才有保障。二是抓好宪法等法律法规知识学习,了解宪法要求,着力提高全局人员的维护宪法意识。三是强化练习,印发《宪法试题》等学习材料,积极参与宪法知识竞赛等活动。四是结合工作实际,学习国土资源管理相关的法律法规,重点学习《中华人民共和国土地管理法》《中华人民共和国矿产资源法》和国土资源政策及其配套文件,提高全局整体执法的水平。五是大力营造学法遵法的浓厚氛围,真正做到学一次有一次收获、宣传一次有一次效果,并在今后的工作中坚持弘扬宪法精神,不断增强法制观念,推进依法行政和"法治国土"建设。

主持人:(签名)
记录人:(签名)

二、公示

（一）公示的含义

公示是党政机关、企事业单位、社会团体等事先预告群众周知，以征询公众意见和接受公众监督的一种实用文体；是自 20 世纪 90 年代以来，随着我国各项体制改革的不断深化，以及党务、政务和公务的民主化和公开化而产生的一个新文种。

公示不同于公告。发布公示的目的在于使社会各有关方面或者本系统内的人士了解和掌握被公示对象的基本情况，同时征询各方面的意见，接受社会公众的监督；而发布公告的目的在于将有关的重要事项或者法定事项向国内外告知，公告的发布范围比公示更广。不仅如此，从内容上看，公告涉及的内容具有确定性，是将已经确定的重要事项或者法定事项向国内外公布；而公示的内容具有可变性，公示根据社会公众所提交的反馈意见，根据实际情况和需要可以加以调整和变更。

公示也不同于通告。通告告知的范围虽然不及公告广泛，但比公示更宽；更为重要的是，通告还对一定范围内的社会公众和有关方面具有强制性和约束力，而公示则不具备此效能。

公示还不同于通知。通知作为一种知照性公文，具有用以公布有关事项如人事任免的功能，而且这些事项是由法定机关经过法定程序确定了的；公示中涉及的相关事项内容是尚未确定的，它要广泛征求社会公众的意见，而后方能得出定论。同时，就行文要求来看，通知涉及的事项一般是需要下级机关遵照执行和办理的，而有关人员若对公示对象的基本情况有异议，可以向公示中的指定反馈单位进行反馈，或对公示内容的真实性和程序的合法性进行监督，但反馈和监督是有关人员自愿的，不是必然要求。

（二）公示的内容和形式

公示涉及的内容极为广泛，既可以是有关党政领导干部任前公示，也可以是选拔后备干部公示，还可以是其他有关方面的公示，如招标结果公示、捐款捐物公示、收费价格公示、发展党员公示、评先选优公示等。在发布形式上，公示也较为灵活多样，既可以采取张贴的形式，也可以采取正规文件的形式，还可以采取报纸、广播、电视等新闻媒体或者网上传播的形式，将公示的内容公布于众。

（三）公示的特点

1. 公开性。公开性就是公示所写作的内容、承载的信息，都要向一定范围内或特定范围内的人员公开，让大家知道和了解，具有较强透明度，不存在任何秘密和暗箱操作。

2. 周知性。周知性就是公示写作的目的，是让关注公示内容与信息的人了解具体情况，从而参与其中。

3. 监督性。监督性就是公示的过程与结果都是公开、公平、公正的，都是有群众参与和监督，并为他们所认可的。

3. 事前性。公示是事先的公示，而不能事后才公示。公示的内容是初步的决定而不是最终的决定。如果是最终的决定就必须在公示前言中加以说明。

（四）公示的结构和写法

公示一般由标题、正文和落款三部分构成。

1. 标题。公示的标题有三种写法。

（1）按公示机关名称、公示内容、文种的格式写，如"××省民政厅关于救灾捐款捐物接收和发放使用情况的公示"。

（2）按公示内容、文种的格式写，如"关于全市民办高等职业技术院校办学质量评估结果的公示"。

（3）只标明文种"公示"二字。

2. 正文。公示的正文一般由三部分构成。

（1）进行公示的原因。此部分包括发布公示的目的、依据以及公示的具体事项等。

（2）事情的基本情况。以干部任前公示为例，正文应将拟任对象的姓名、性别、出生年月、政治面貌、文化程度、工作简历、现任和拟任职务、主要业绩或政绩等逐项列出，重点强调其主要业绩或政绩，以便公众了解和信服。

（3）公示的起始及截止日期（以工作日计）、意见反馈单位地址及联系方式。

3. 落款。公示的落款一般写发布公示的单位全称或规范化简称（加盖公章）及发布时间。

（五）公示的写作要求

1. 公示的名称不要与公告、通告或通知等文种混用或叠用。公示与公告、通告或通知有某些相似之处，容易出现混用或叠用现象，所以要将公示作为独立文种直接使用，促进公文的规范化建设。

2. 采用适当的载体发布。公示的发布载体主要有公示栏、公示牌等，可采用张贴的形式。内容重要的公示也可借助报刊、广播电视等新闻媒体发布。

3. 内容要完整真实，语言要精练准确。公示的内容一定要真实、完整，不能掺杂任何虚假或浮夸的成分，否则将失去公示的应有之义。公示的语言力求简明，使人一目了然，切忌夸夸其谈。

（六）例文

2017年度评优结果公示

根据《辽宁现代服务职业技术学院教职工考核办法》精神，经各部门推荐、学院党委研究，评出学院2017年度优秀教师26名、先进教育工作者24名、优秀辅导员（班主任）8名。

现将名单公示如下。如有不同意见请于2017年9月7日12：00前反馈学院办公室。

一、优秀教师（26人）

马洪波、于爽、尹立荣、毛译旋、王昕、王丽丽、王莉红、付冰兵、司连福、刘娇、朱璐、李云东、张吉、佟安娜、张岚、谷岩、李倩倩、周昕、贺立萍、郭届红、徐倩、常妮、商金红、韩冬、谢文涛、鄢成富

二、先进教育工作者（24人）

马莉、于照、邓书沫、王东梅、仉惟嘉、刘宇秋、孙宏、刘露、吴汉辰、杨丽维、陈强、张敬元、张新明、庞雪、郑鑫、哈今阳、洪柏年、郭天骄、郭嵘、邹琳、徐杰、徐雪婷、康毕华、韩建伟

三、优秀辅导员（班主任）（8人）

王冰玉、王晓霞、刘致凤、齐淼、任淼、张小淼、宋博、温帅

辽宁现代服务职业技术学院

2017年9月6日

第五节　专用书信

一、倡议书

（一）倡议书的含义

倡议书是个人或集体提出建议并向社会或有关方面公开发起，希望共同完成某项任务或开展某项公益活动所运用的一种专用书信。倡议书作为日常应用写作中的一种常用文体，在现实生活中使用较多。

（二）倡议书的特点

1. 群众性。倡议书不是针对某个人或某一集体而言的，它往往面向广大群众，或对一个部门发出，或对一个地区发出，甚至向全国发出。群众性是倡议书的根本特征。

2. 公开性。倡议书是一种广而告之的书信，它的目的是让广大人民群众知道、了解，从而让更多的人响应，以期在最大范围内引起共鸣。

（三）倡议书的作用

1. 倡议书能在较大范围内调动群众的积极性。倡议书可以使大家心往一处想，劲往一处使，齐心协力，共同做好有益于社会的事和开展某些公益活动。

2. 倡议书是开展精神文明建设的一个有效方法。倡议书的内容一般是与人们的日常生活相关的事项，如倡议爱护花草树木、保护生态环境，倡议众志成城、同心协力、渡过难关等。所有这些都有利于身心健康，属于社会主义精神文明建设的重要内容。

（四）倡议书的结构和写法

倡议书多由某些会议代表或先进集体为倡导某种优良风气或号召开展某些有意义的活动而发出，其内容不尽相同，但格式基本一样。倡议书一般由标题、称谓、正文、结尾和落款五部分组成。

1. 标题。标题一般由文种名单独组成，即在第一行正中写上"倡议书"三个字。也有的在文种前面加上倡议的对象范围，如"给全市教育工作者的倡议书"。由文种名单独组成的标题可以根据实际需要加上副标题，副标题一般采用"倡议发起人+文种"的形式。

2. 称谓。称谓可依据倡议的对象而适当选取。如"全国大学生朋友们""广大的妇女同胞们"等。有的倡议书也可不用称呼，而在正文中指出。

3. 正文。正文的主要内容主要包括两部分。

（1）倡议的背景、条件、原因和目的。倡议书期望引起广泛的响应，只有交代清楚发起倡议的原因、条件、背景，并申明发起倡议的目的，人们才会理解和信服，才会自觉地行动。这些因素交代不清就会使人莫名其妙，难以响应。写清这些因素后，可以用"为此，我们倡议如下（我们提出如下倡议）"进行过渡。

（2）倡议的具体内容和要求。这是正文的重点部分。开展怎样的活动，需要做哪些事情，具体要求是什么，它的价值和意义有哪些，均需一一写明。因为只有明白了倡议的内容、实行的具体措施，他人才知道如何去响应、如何去实际行动。内容如果较多，则可以分条列项，使文章结构清晰明确，一目了然。

4. 结尾。结尾要表示倡议者的决心和希望，或者写出建议。一般不必写表示敬意或祝愿的礼节性结束语。

5. 落款。落款写倡议的发出者，即写明倡议者单位、集体或个人的名称或姓名，署上发出倡议的具体日期。

（五）倡议书的写作要求

1. 倡议的内容应符合时代精神，切实可行，与国家的路线、方针、政策相一致；还要结合本地区或本单位实际情况，实事求是、合情合理地提出倡议。

2. 在行文上，倡议要说理清楚，措辞贴切，情感真挚，富有鼓动性。这样才能真正起到倡议的作用，使动员的对象积极参与到活动中来。

（六）例文

安全生产　从我做起
——国家安全生产形象大使倡议书

各位领导、各位朋友：

担任国家安全生产形象大使，我们深感责任重大、使命光荣。

我们看到过车祸、火灾，从电视、网络上感受过因生产安全事故失去亲人的惨痛。每一起事故之后，当年幼的孩子痛失父母，当年轻的男女痛失爱人，当年迈的父母痛失儿女，我们每一位朋友一定都能更深切地体悟到，平安是福，什么都比不上好好地活着。"高高兴兴上班去，平平安安回家来"，这个简单而又朴实的愿望，是我们党和政府对百姓的责任，是我们企业对员工的责任，更是我们每一个人对父母、爱人、自己的责任。风险无处不在，安全生产，人人有责。在此，我们郑重倡议：安全生产，从我做起。

我们渴望，各级党委、政府始终牢记习近平总书记关于发展决不能以牺牲人的生命为代价的教诲，始终坚持以人为本、生命至上、安全发展的理念，把安全看作人民群众的第一需求，把安全生产当成最大的民生、最好的政绩、最重要的软实力，作为各级党委、政府的最高职责，真正把安全作为发展的前提，坚决不要带血的国内生产总值。

我们渴望，每一个生产经营单位都追求"零事故、零伤亡"，强化"企业不消灭事故，事故就消灭企业"的意识，真正把安全作为第一责任、第一效益、第一品牌和最核心的竞争力，自觉履行企业安全生产主体责任，严格落实安全生产法规制度，坚持做到不安全不生产。

我们渴望，每一位公民都牢记安全生产权利义务，增强不伤害自己、不伤害别人、不被别人伤害的意识和能力，将遵守安全生产法规制度看作最基本的社会公德和职业道德，当成自己、他人和家庭承担的最大责任，从小事做起，不让一个烟头、一次超速成为自己无法弥补的遗憾和亲人无法平复的伤痛。

让我们从自己做起，从现在做起，为了家庭和谐平安，为了人民幸福安康，为了祖国安全发展，为了实现中华民族伟大复兴的中国梦，携手并肩、共同奋进！

倡议人：唐国强、刘劲、卢奇、郭凯敏、牟炫甫
2014 年 5 月 16 日

（注：此处稍有改动。）

二、申请书

（一）申请书的含义

申请书是个人、单位、集体向领导、组织提出请求、表达意愿，并请求批准或帮助解决问题时使用的一种专用书信。申请书作为一种办事的重要工具，广泛应用于工作和生活中。只要是需要上级组织给予批准或帮助，都可以用这种文书来表达意愿。

（二）申请书的种类

因为需要上级组织给予批准或帮助的情况很多，所以申请书的内容繁杂，种类繁多。从作者看，申请书可分为个人申请书、单位申请书、集体公务申请书。从内容看，申请书可分为思想政治生活方面的申请书，如入党申请书、入团申请书等；工作学习方面的申请书，如入学申请书、转学申请书、在职进修申请书、工作调动申请书等；日常生活方面的申请书，如住房申请书、困难补助申请书等。

（三）申请书的作用

申请书的使用范围广泛。个人对党组织、团组织和其他群众团体表达意愿、理想和希望，要使用申请书；下级在工作、生产、学习、生活等方面对上级有所请求时，也可以使用申请书。申请书把个人或单位的愿望、要求向组织或上级领导表达出来，让组织或领导加深对自己或下级的了解，争取组织或领导的批准和帮助，加强了上级与下级之间、集体与个人之间的关系。

（四）申请书的结构和写法

申请书的结构由标题、称谓、正文、结语和落款五部分构成。

1. 标题。申请书的标题有两种形式。

（1）由性质加文种构成，如"入团申请书"，这也相当于"事由、文种"的两要素标题；

（2）用文种"申请书"作为标题。

2. 称谓。称谓要另起一行，顶格加冒号写明接收申请书的单位名称或领导人姓名。如"×××团支部："系总支领导同志："等。也可以在称谓的前面加敬辞，以表示对对方的尊敬。如入党申请书的称谓"敬爱的党组织："等。

3. 正文。申请书的正文一般包括三项内容。

（1）申请内容。开篇就要向领导、组织说明申请的内容。要开门见山，直截了当，毫不含糊。也可以在提出申请要求之前先概括地介绍自己，使受理部门的经办人马上了解个人情况，明白申请书的"来意"。

（2）申请原因。申请原因即说明申请书的目的、意义及对申请事项的认识。

（3）决心和要求。正文最后进一步表明自己的决心、态度和要求，以便组织了解申请人的态度，应写得具体、详细、诚恳，语言要朴实准确，简洁明了。

4. 结语。申请书可以有结语，也可以没有。结语一般是表示敬意的话，如"此致 敬礼"等。也可写表示感谢和希望的话，如"请组织考验""请审查""请领导批准"等。

5. 落款。在右下方署明申请人姓名，并在下一行注明具体日期。

（五）申请书的写作要求

1. 撰写申请书时尤其应该注意避免将其写成普通书信。普通书信是亲朋好友之间情感与情况的交流，语言比较随意，口语化成分比较重；而申请书是一种向上级组织的书面文字陈述，所以语言要严肃、准确、简洁。

2. 申请事项要写得清楚、具体，涉及的数据要准确无误。

3. 申请理由应写得充分、合理，实事求是，不能杜撰或夸大，否则难以得到上级领导的批准。

（六）例文

入党申请书

敬爱的党组织：

我怀着十分激动的心情向党组织提出申请：我申请加入中国共产党，为实现共产主义奋斗终生。

通过对党的理论知识的学习，特别是近期对党的十九大精神的学习，我对中国共产党有了更深的认识。中国共产党是中国工人阶级的先锋队，同时是中国人民和中华民族的先锋队，是中国特色社会主义事业的领导核心。我们党以马克思列宁主义、毛泽东思想、邓小平理论、"三个代表"重要思想、科学发展观、习近平新时代中国特色社会主义思想作为自己的行动指南。中国共产党人的初心和使命是为中国人民谋幸福，为中华民族谋复兴。中国共产党一经成立，就把实现共产主义作为党的最高理想和最终目标，义无反顾肩负起实现中华民族伟大复兴的历史使命，团结带领人民进行了艰苦卓绝的斗争，付出巨大牺牲，敢于面对曲折，勇于修正错误，攻克了一个又一个看似不可攻克的难关，创造了一个又一个彪炳史册的人间奇迹，谱写了气吞山河的壮丽史诗。

历史已经并将继续证明，我们党始终是时代先锋、民族脊梁，没有中国共产党的领导，民族复兴必然是空想。为此，我常常思考，我如何才能加入中国共产党，成为先锋队的一员；我能为党做什么，为实现党的伟大事业贡献一份微薄而坚强的力量。党的十九大擘画了决胜全面建成小康社会、夺取新时代中国特色社会主义伟大胜利的宏伟蓝图，提出分两步走，用两个十五年时间，建设社会主义现代化强国。仔细算来，第一阶段到2035年，我正处于事业的黄金期；第二阶段到2050年，我正值退休年纪。可以说，在建设社会主义现代化强国的征程中，我将直接参与并全程见证。这是使命，也是荣耀；这是责任，更是担当。我决心要在党组织的培养和帮助下，在实现"中国梦"的生动实践中放飞青春梦想，在为人民服务的不懈奋斗中书写人生华章！

我深知，一名合格的共产党员，不仅是一个解放思想、实事求是的先锋，更需要在不断改造客观世界的同时，努力改造自己的主观世界，树立马克思主义的科学世界观。只有树立科学的世界观、人生观和价值观，才能充满为共产主义而奋斗终生的信心和勇气，才能为新时代中国特色社会主义事业不遗余力地奉献自己的智慧和汗水。我要切实增强学习贯彻习近平新时代中国特色社会主义思想和党的十九大精神的思想自觉和行动自觉，牢固树立"四个意识"，坚决维护习近平总书记在党中央和全党的核心地位，在政治立场、政治方向、政治原则、政治道路上同以习近平同志为核心的党中央保持高度一致，为夺取新时代中国特色社会主义伟大胜利不懈奋斗。

在进入××单位后，我踏实肯干，认真完成本职工作。在工作中，我任劳任怨，起到了模范带头作用。同时，在生活中，我接触到了许多优秀的党员同志，他们时刻以党员的标准严格要求自己，吃苦在前，享受在后，勤勤恳恳工作，从不叫苦叫累，我从他们的身上看到了党的优良传统和作风，进一步激发了我加入党组织的决心和信心。

今天，我虽然向党组织提出了申请，但也深知，我还有许多缺点和不足，因此，希望党组织从严要求我，以使我更快进步。今后，我将用党员的标准严格要求自己，自觉地接受党员和群众的帮助与监督，努力克服自己的缺点，弥补不足；在实际工作中以十九大精神为指导，志存高远、脚踏实地，不忘初心、不懈奋斗，争取早日在思想上，进而在组织上入党。

请党组织在实践中考验我！

此致

敬礼！

申请人：×××
2018 年 1 月 10 日

三、慰问信

（一）慰问信的含义

慰问信是向对方表达关切、问候和安慰的一种书信。慰问信是有关机关或者个人，以组织或个人的名义在他人处于特殊的情况下（如战争、自然灾害、事故），或在节假日，向对方表示问候、关心的应用文。慰问信可以直接寄给本人，但大多以张贴、登报、电台播放、电视播放的形式出现。

（二）慰问信的种类

根据不同的内容，慰问信可以分为三种：向有突出贡献的集体或个人发的慰问信、向遭受困难或蒙受损失的单位或群体发的慰问信、节日慰问信。

（三）慰问信的特点

1. 感情真挚。慰问信无非是向人表达安慰、关切、问候之意，例如，向那些有特殊贡献或遭遇不幸的人表示慰问，就可写一封慰问信。写慰问信好比向人说宽慰的话，根据不同的对象、不同的情况，表达真挚的、自然的、真切的慰问之情，使对方透过书信，充分地感受到组织或个人的无限关怀与温暖。

2. 基调昂扬。慰问信的基调应该昂扬向上，不应过分渲染所遭受的困难与不幸，更不能写得悲切。全文的感情基调应该以激励和鼓舞为主，慰问信的写作目的是鼓舞对方，使其鼓起同困难顽强斗争的勇气。

（四）慰问信的结构和写法

不论哪种慰问信，都有较为规范的格式。慰问信一般由标题、称谓、正文和落款五部分组成。

1. 标题。标题一般只写文种名，即"慰问信"三个字；也可以具体写成"写给××的慰问信"或者"××致××的慰问信"；还可以写成"××节慰问信"。

2. 称谓。称谓写被慰问的单位或个人姓名。个人姓名之后还应加上必要的称呼，如"先生""同志"等，后面加上冒号。

3. 正文。正文须交代原因和背景，叙述事实，最后加结语。

（1）原因和背景。正文第一段一般写出表示慰问的背景和原因。有的是节日来临，有的是对方突遭不幸等。然后写上表示深切慰问的话，以"致以亲切的慰问"等引出下文。这一段应写得简明扼要。

（2）叙述事实。叙述事实是正文的重点，应比较全面地叙述对方的先进思想、模范事迹，或遇到的困难，赞扬、肯定其功绩，或鼓励对方战胜困难。然后向对方表示慰问和学习。

(3) 结语。结语一般要写表示祝愿的话,如"困难是暂时的,最后的胜利一定属于我们""祝你们取得更大的成绩""祝愿取得抗震救灾的胜利"等。

4. 落款。落款要写清单位或个人的名称或姓名,署上具体日期。

(五) 慰问信的写作要求

1. 感情要感人真挚。慰问信要向对方展示出无限亲切、关怀的感情,使对方有温暖如春的感觉。

2. 向有突出贡献的集体或个人发的慰问信,要较全面地概括对方的可贵精神,并提出希望,勉励对方继续努力工作,刻苦奋斗,取得胜利。

3. 慰问信语言要诚恳、真切,措辞要恰当,表达要朴实,篇幅要短小。

(六) 例文

教师节慰问信

全校教职员工:

在第34个教师节到来之际,我们谨代表学校党委、行政,向耕耘奉献在教学、科研、管理和服务岗位的全体教职员工,致以诚挚的问候和崇高的敬意!向为学校发展做出贡献的离退休老同志致以亲切的慰问和真诚的感谢!

滋兰九畹,树蕙百亩。祝大家节日快乐!

去年九月,云南大学入选全国首批42所世界一流大学建设行列。在这千载难逢的重大机遇面前,全体教职员工勠力同心,苦干实干,勇攀高峰,不断为云南大学奉献力量。学校一流党建、一流大学建设全面推进,各项任务深入实施;学科建设成效明显,在全国第四轮学科评估中成绩瞩目;人才队伍建设持续加强,引进和培养工作齐头并进;人才培养质量不断提升,教育教学改革全方位推进;科学研究成效显著,国家基金项目立项再获佳绩;社会服务能力不断增强,"一带一路"研究平台不断拓展。可以说,学校工作的每一点进步无一不凝聚着全体教职员工的辛劳与汗水。当下的云南大学,正呈现出蓬勃发展的良好态势。

一学年来,大家的激情与梦想,大家的责任与担当,大家的工作与业绩,大家的辛苦与付出,都使我们愈加深刻地认识到,教职员工是云南大学建设世界一流大学这场大决战的重要驱动力量,教职员工是云南大学第一重要的战略资源。

世界一流大学建设,既是一项系统工程,又是一项艰巨事业。云南大学建一流学科、育一流人才、创一流学术、培一流文化、构一流管理,事事都离不开全体教职员工的强力融入与高效运转。在竞争异常激烈的高等教育领域,没有暂停键,也没有休止符。希望全体教职员工能把崇高的人生理想、教书育人的职业精神、立德树人的根本要求与云南大学的改革发展目标紧密结合起来,凝学术、技术、艺术、仁术为一身,争做新时代"四有"好老师,发挥价值、创造价值、体现价值,在"双一流"建设中积极作为。我们也将举全力推进教师队伍建设,形成人人渴望成才、人人努力成才、人人皆可成才、人人尽展其才的生动局面,为谱写好"中国梦"的云大篇章而努力奋斗。

桃李不言,下自成蹊。祝大家身心健康、生活幸福、事业有成!

云南大学党委书记　杨　林
校　　　长　林文勋
2018年9月7日

【案例研习】

1. 阅读下面的总结，按文后要求回答问题。

放手发展多种经营　努力增加农民收入

近年来，武昌县委、县政府在稳定发展粮棉油生产的同时，把突出发展多种经营作为增加农民收入的突破口，充分利用现有土地资源，依托近城优势，建设具有地方特色的城郊经济，显示出"服务城市，富裕农村"的战略效应。2003年，全县人均纯收入达到1 107元，比上年增加310元，增长38.9%，成为全省农村人均纯收入增幅最高的县。我县的主要做法是：

（一）积极引导，鼓励发展。（略）

（二）因地制宜，发扬优势。（略）

（三）综合利用，立体种养。全县广泛运用食物链、生物链和产业链的理论，在种、养、加工方面创造出多种立体开发模式。根据植物相生、伴生、互生与序生规律，在林果基地间作套种粮、油、药、茶、瓜等，实行以短养长，取得最佳效果。全县2003年多种经营间作套种13万亩，亩平收入500元，有的高达1 000元。全县推广用农副产品加工的下脚料喂猪养禽，用畜禽粪便养鱼，最后用塘泥肥田，综合利用，极大地促进了畜牧业的发展。2003年全县生猪出栏达到35.5万头，家禽出笼741万只，鲜蛋产量1.93万吨，分别比上年增长11%、40.3%和14.8%。

（四）大力发展乡镇企业和个体、私营经济。（略）

武昌县人民政府
2004年1月1日

（1）单项选择题。

①上文开头采用了（　　）的方式。

A. 概述情况　　　　B. 得出结论　　　　C. 提出内容　　　　D. 做出设问

②上文主体部分主要写了（　　）。

A. 做法、成绩与经验　B. 问题与教训　　C. 设想与努力方向　D. 以上三个方面

③上文安排材料主要采用了（　　）的方法。

A. 先亮观点，后举材料　　　　　　　B. 先举材料，后亮观点

C. 边举材料，边亮观点　　　　　　　D. 既摆事实，又讲道理

（2）填空题。

①上文标题属＿＿＿＿＿＿＿式标题，其作用是＿＿＿＿＿＿＿＿。

②上文采用了＿＿＿＿＿＿＿＿结构形式。

③上文显示主旨采用了＿＿＿＿＿＿＿＿的方法。

④上文主旨是＿＿＿＿＿＿＿＿＿＿＿＿＿＿＿＿＿＿＿＿＿＿＿＿＿＿。

2. 请指出下列调查报告标题存在的问题，并加以修改。

当代大学生的考试诚信问题
——关于当代大学生考试诚信问题的调查

市场经济条件下大学生心理焦虑问题
——关于市场经济条件下大学生心理焦虑的调查报告

城市道路交通斑马线的设置
——关于天津市道路交通斑马线的设置问题的调查

3. 请仔细阅读下面的调查报告，指出其在写法上存在的问题，并加以修改。

关于××市市区商店招牌上错别字的调查报告

××年×月×日至×月×日，××市进行了为期一周的调查，调查5 000余家商家，对象包括××市的商店招牌、路边招牌、广告牌、厂矿名称牌，发现有错别字的商家160余家，约占调查总数的3.2%。调查的目的在于了解错别字现象，分析原因，最终减少、消灭错别字，让广大人民群众更准确地使用汉字，从而让汉字更好地发挥语言辅助作用，更好地为人民服务。调查中出现的错别字大体分为下列三种类别。1. 增减汉字笔画。这类错别字在调查中所占较多，可能多属无意，如"××市造纸厂"，"纸"下面就多了一点。根据传达室老大爷介绍，这是一位名人题的词。2. 由于音相同、相近而写错偏旁。如市百货大楼小家电商场，为电视机写的"超清晰度画面"，"晰"写成了"析"。3. 国家文件正式宣布废除了的繁体字、异体字，虽不是错别字，也不属于不规范现象，如"迎春商场"写成"迎春商場"。分析原因，主要有主观与客观两大方面，主观上是思想认识不足，写字时粗枝大叶，草率从事；客观上是汉字数量众多，结构复杂，形体多变，难认、难写、难查。针对其原因，纠正方法是：首先从主观上认识到错别字的危害性，把纠正错别字当大事抓；其次，勤查字典，多请教他人。应从客观上分析汉字的音、形、义，了解三者之间的联系与区别及其结构特征，对症下药，逐步纠正。

4. 请指出下列病例存在的问题，并加以改正。

病例一

倡议书

当前，强大的手机网上功能正在逐渐渗入大学生的日常生活之中。食堂里、自习室里、宿舍中、校园马路上、教学课堂上，手握手机冲浪、玩游戏的大学生比比皆是。我校学生发展事务委员会针对同学们的手机使用情况做过一项调查。调查显示，绝大多数同学认为手机在学习生活中已经必不可少，有位同学说："我可以没有电脑、没有自行车，但不可以没有上网手机。"QQ、微博、各类团购网站、网上电子书、热门手机游戏成为我校大学生最主要的手机上网浏览对象。令人担忧的是，在课堂上玩手机的同学不再是个例，甚至有人在课堂上看完一部电子侦探小说，效率高得令人咋舌。手机移动终端技术是把无形的双刃剑，它给人们带来快捷便利的同时，也牵制了人们的生活，有些同学因此远离了多姿多彩的校园生活，上课也是身在曹营心在汉，变得越来越"宅"，连上厕所都带着手机。年轻充满朝气、有理想、有志气的大学生形象和风貌与这些同学渐行渐远，令人惋惜。

无独有偶，最近，学生发展事务委员会在全校开展了"校园十大文明行为"评选活动，文明行为的第一条就是"认真听课，尊重老师劳动成果"。但是，在教室里我们经常看到这样的情形：一些同学坐在教室最不起眼的角落里，低头弯腰、目光呆滞地盯着手机屏幕，至于老师在讲台上讲什么、其他同学的勤奋认真都与他们无关。他们躲在被遗忘的角落，忘记了自己的使命、职责，沉溺于一个个小窗口、小游戏、小电影、小说，虚掷了无限美好、无法重来的光阴。几乎可以肯定的是，每到期末，那些因考试而惶恐不安、惊慌失措的人群中，必定少不了这些教室中佝偻的身影和面无表情的麻木脸庞。很多年前，就有人算了笔经济账，每个同学一节课的上课成本是60元到100元，逃课、旷课是可耻的，上课不听讲玩手机似乎也好不到哪里去，都是在做无用功、磨洋工，浪费自己的生命和父母的心血。

希腊黛菲尔神殿的大门上有副对联:"认识你自己,凡事勿过度。"这句话非常有意义,作为当代的大学生,必须知道自己上大学的目的是什么、人生活着的意义是什么、父母和国家对自己的期望是什么,多多反省和思考,人生会少走很多弯路。当代科学技术迅猛发展,诱惑越来越多,但做什么事情都要有度,暴饮暴食会令人肥胖,忽视体育锻炼会导致亚健康,沉迷网络游戏会迷失自我,同样,整天手机不离手,不离眼睛,不离课堂、自习室,好还是不好?大学生朋友们,认识你自己,凡事勿过度。

学生发展事务委员会
2017 年 12 月 13 日

病例二

慰问信

亲爱的全体指战员同志们:

值此佳节来临之际,我们代表全市人民向你们致以亲切的问候和节日祝贺!

在过去的一年里,你们牢记人民军队的宗旨,全心全意为人民服务;继承和发扬光荣的传统,同我市人民鱼水情深,骨肉相连,结下了深厚的情谊。特别是在去年的洪灾中,你们发扬了大无畏的精神,同洪水斗争,帮助我们抢险救灾,为国家和集体挽回了不少的损失,保障了人民群众的生命财产安全。你们的英雄事迹在我市人民群众中广为传颂。我们为有你们这样的子弟兵而自豪!

亲爱的同志们,让我们在党中央的领导下,更加紧密地团结起来,心连心,肩并肩,为建设我们伟大的祖国而共同奋斗!

××市人民政府
20××年××月××日

病例三

申请书

××文学社:

我是本校信科系2014级学生,名叫李晶。我从小酷爱文学,喜欢写作,但收效甚微。为了取得该社的培养和社友们的帮助,特申请加入××文学社,请酌情批准为盼。

申请人:李晶
20××年××月××日

【情境写作】

1. 写一篇个人学习或工作计划。
2. 写一篇班级或个人学年总结。
3. 试就所在学校学生考试诚信问题展开调查,并写成调查报告。
4. 拟一份任××职位的述职报告。
5. 就本学院近期的活动情况写一份简报。
6. 拟一份学生会工作条例和一份大学生守则。
7. 记一次本学院(系)的"学生工作会议"的记录。
8. 根据下面材料,拟一份公示。

人文学院中文系党总支计划发展下面两位同志为中共预备党员:

(1) ××:男,汉语言文学0801班学生,1991年7月出生,现任人文学院学生会副主席,2008年12月向党组织递交入党申请书,2009年11月被吸收为入党积极分子,2011年4月参加财大党校培训结业。

(2)××:女,传媒0801班学生,1990年2月出生,现任人文学院学生会生活部部长,2008年10月向党组织递交入党申请书,2009年11月被吸收为入党积极分子,2011年4月参加财大党校培训结业。

以上两位同志政审合格,师生座谈会也反映良好。

9. ××省××市××镇发生特大泥石流灾难,共造成216名群众伤亡,房屋损毁严重。请以××市政府的名义写一封慰问信。

10. 某校开展"共铸诚信学校"活动,进行诚信情况调查,结果如下:
(抽查人数50人)

	抄袭作业/人	考试作弊/人	言而无信/人
从未出现	20	34	24
偶尔出现	15	10	16
经常出现	15	6	10

请根据调查结果,为"共铸诚信学校"活动写一份倡议书。

第四章　日常礼仪文书

【本章导读】

日常礼仪文书是国家、机关单位、集体组织或个人在喜庆、哀丧、欢迎、送别以及其他日常生活和社交场合用以表示礼节，具有规范写作格式的文书。

人与人之间的交往要遵守某些特定的礼仪。我国历史悠久，是世界闻名的"礼仪之邦"。礼仪在人们的交际活动中具有重要作用。礼仪的宗旨是让人们在交往中感到舒适、得体，使人与人之间的关系变得更加和谐、融洽。在礼仪活动中，为了言辞得体常常需要写作相应的文字，作为表情达意的载体，日常礼仪文书便应运而生。在现代社会中，随着交际活动的日益频繁，以日常礼仪文书为形式的交往也越来越多。因此，熟练掌握日常礼仪文书的写法，弘扬中华民族源远流长的礼仪文化，提高人们的交际水平和质量，应当成为每个人的自觉追求。

日常礼仪文书内容丰富、种类繁多，按照内容和性质，可分为书信类、迎送类、传播类、吊唁类等。

书信是人类借助文字交流思想感情、互通信息和联系各种事务的一种方式，在人类交流与沟通的历史中占有重要地位。本章介绍的书信类礼仪文书是一种向特定对象传递信息、交流思想感情的文书，主要包括祝词、贺信、贺电、贺卡、请柬、邀请函等。

在日常交际活动中，由于共同的需要，组织与组织之间、个人与个人之间常常有迎送往来的活动。在这种面对面的公关、社交场合中，迎送类礼仪文书能够起到烘托环境、营造氛围的作用。这类文书主要包括欢迎词、欢送词、答谢词等。

传播类礼仪文书同人们的日常生活关系十分密切，是礼仪文书中最为常见、使用范围最广的一类。由于社会的不断进步和科学文化的迅速发展，传播类礼仪文书的使用范围越来越广泛，主要包括演讲稿、启事、对联、海报等。

生老病死为人之常情，生死乃人生之大事。用于对人去世后的信息告知、缅怀和纪念的吊唁类礼仪文书，是中华民族文化遗产的重要组成部分；而在现代社会中，吊唁类礼仪文书仍然被广泛使用。这类文书主要包括唁电、讣告、悼词、碑文等。

根据日常礼仪文书的交际性、礼节性和规范性，写作时应当准确、适当地表达出礼仪上的要求，针对不同的时机和对象，力求把文章写得恰如其分、恰到好处。有时还可根据具体情况写入一定的实质内容，使礼仪文书达到更好的效果。礼仪文书中涉及的时间、地点和其他有关信息，均应经过核对，做到翔实可靠。

第四章 日常礼仪文书

本章主要介绍各类日常礼仪文书的基本理论知识和写作方法。通过本章的学习，理解日常礼仪文书的含义、种类和特点，重点掌握祝词、贺信、贺电、贺卡、请柬、邀请函、欢迎词、欢送词、答谢词、演讲稿和启事的写法，了解和熟悉对联、海报、唁电、讣告、悼词、碑文的含义和写法。

第一节 书信类

一、祝词

(一) 祝词的含义

祝词泛指对人、对事表示祝贺的言辞或文章。祝词多用在各种喜庆场合中，如婚嫁乔迁、升学参军、房屋落成等，表示良好的愿望或庆祝。

(二) 祝词的种类

根据内容，祝词可以分为祝人、祝事和祝酒三大类。

1. 祝人。祝人包括对事业、学业、爱情、婚姻、寿诞等的祝贺，如祝贺寿诞，祝福的对象主要是老人，一般是赞颂祝寿对象已取得的辉煌成绩，并对他表示良好的愿望，希望对方健康长寿。如果祝福的对象是一对新婚夫妇，则既贺新婚，又祝新人和谐美满。

2. 祝事。祝事包括对重要会议开幕、重大节日开始、工程开工、企业开业、大型活动剪彩等事项的祝贺，祝愿此事顺利进行，早日成功。

3. 祝酒。祝酒一般用于喜庆佳节、招待贵宾的场合，主人致祝酒词欢迎客人，回顾友谊，提出美好的希望和祝愿。以酒助兴，酒只是人们交往中的一种媒介，祝酒词其实是在向赴宴的宾客表达祝贺和祝福，以维持良好的人际关系。

(三) 祝词的特点

祝词多用在喜庆的仪式上，表达对祝贺对象的真诚祝福和美好心愿，因此喜庆性是祝词的最主要特点。措辞务必体现出喜悦、美好之情。

(四) 祝词的作用

祝词有利于人们沟通感情、增进友谊。无论是国际合作，还是日常交往；无论是公务场合，还是亲友相聚；在喜庆活动中，人们都会带上祝福、送去关怀，并通过祝词恭喜道贺。祝词是人际关系的润滑剂，是构建社会主义和谐社会环境的重要礼仪。

(五) 祝词的结构和写法

祝词通常由标题、称谓、正文和落款四部分组成。

1. 标题。祝词的标题一般有两种形式。一种由致辞者、致辞场合和文种共同构成，如"周恩来总理在迎尼克松总统宴会上的讲话"。另一种由致辞对象和致辞内容共同构成。如"贺××国庆集体婚礼""在××先生和××小姐婚礼上的祝词"。

2. 称谓。称谓写在开头顶格处，写明祝词或贺词对象的姓名。一般要在姓名后面加上称呼甚至有关的职务头衔，以表敬重，如"尊敬的奥巴马总统"。

3. 正文。正文是祝词的核心。这部分写法灵活，可针对不同的祝贺对象，写出相应的祝贺内容，但总的来说，一般包括三项内容。

（1）说明祝贺的缘由。向致辞对象说明自己代表何人或何组织因何事向其祝福贺喜，表达祝贺的意愿。

（2）对已做出的成绩进行适当的评价或指出其意义。

（3）展望未来的美好前景，再次向致辞对象表示衷心的祝贺。

4. 落款。落款处应当署上致辞单位名称，或致辞者姓名，最后还要署上成文日期。

（六）祝词的写作要求

祝词能够加强沟通、拉近距离、增进感情，成为人际交往中的润滑剂。

1. 在写作之前应深入了解对方的情况，做到言之有物。
2. 祝贺的语言要写得既热情诚恳又恰如其分、真挚自然。
3. 祝词的语言要精练、简洁，避免冗长拖沓，使人生厌。

（七）例文

我们正走在一条充满希望的道路上

——在欢迎宴会上的祝酒词

各位国家元首，政府首脑，国际组织负责人，

各位来宾，

女士们，先生们，朋友们：

大家晚上好！我谨代表中国政府和人民，代表我夫人，并以我个人名义，对大家出席"一带一路"国际合作高峰论坛表示热烈欢迎！

在座的很多朋友对北京并不陌生，也在这里留下了许多回忆。北京是千年古都，见证了历史的沧桑变迁。北京也是一座现代新城，随着中国发展不断展现新的风貌。北京更是一座国际化大都市，东西方不同文明时时刻刻在这里相遇和交融。

在北京，你可以游览古老的故宫、长城、天坛，也可以参观现代派的鸟巢、水立方、国家大剧院。你能听到中国传统的京剧和相声，也能欣赏来自西方的芭蕾舞和交响乐。你会碰到衣着新潮、穿行在世界名品商店里的中国青年，也能遇见操着流利汉语、在老胡同里徜徉的外国友人。

一滴水里观沧海，一粒沙中看世界。北京从历史上的小城，成为今天的国际化大都市，向我们揭示了一个道理：人类生活在共同的家园，拥有共同的命运，人类历史始终在不同民族、不同文化的相遇相知中向前发展。

2000多年前，我们的先辈们就是怀着友好交往的朴素愿望，开辟了古丝绸之路，开启了人类文明史上的大交流时代。

今天，我们传承古丝绸之路精神。共商"一带一路"建设，是历史潮流的延续，也是面向未来的正确抉择。

"一带一路"建设承载着我们对文明交流的渴望，将继续担当文明沟通的使者，推动各种文明互学互鉴，让人类文明更加绚烂多彩。

"一带一路"建设承载着我们对和平安宁的期盼，将成为拉近国家间关系的纽带，让各国人民守望相助，各国互尊互信，共同打造和谐家园，建设和平世界。

"一带一路"建设承载着我们对共同发展的追求，将帮助各国打破发展瓶颈，缩小发展差距，共享发展成果，打造甘苦与共、命运相连的发展共同体。

"一带一路"建设承载着我们对美好生活的向往，将把每个国家、每个百姓的梦想凝结为共同愿望，让理想变为现实，让人民幸福安康。

今天,"一带一路"国际合作高峰论坛高级别会议成功举行,大家讨论热烈、成果丰硕。明天,我们将在雁栖湖畔举行圆桌峰会,共同规划"一带一路"建设合作大计。"一带一路"建设正站在新的起点上,开启新的征程。

我们正走在一条充满希望的道路上。我相信,只要我们相向而行,心连心,不后退,不停步,我们终能迎来路路相连、美美与共的那一天。我相信,我们的事业会像古丝绸之路一样流传久远、泽被后代。

现在,我提议,大家共同举杯,

为"一带一路"建设美好未来,

为各国发展繁荣,

为这次高峰论坛圆满成功,

为各位嘉宾和家人健康,

干杯!

中华人民共和国主席　习近平
2017 年 5 月 14 日

二、贺信、贺电、贺卡

(一) 贺信、贺电、贺卡的含义

贺信也称祝贺信,贺电也称祝贺电,贺卡也称祝贺卡片。贺信、贺电、贺卡都是某人、某单位或某组织、某国家有了喜庆之事,为向对方表示祝贺、赞颂而写成的应用文书。

贺信、贺电、贺卡使用范围较为广泛,可以用于个人之间、单位之间,也可以用于组织和国家之间。凡是有了喜庆之事,均可以用贺信、贺电、贺卡表示祝贺。

(二) 贺信、贺电、贺卡的作用

贺信、贺电、贺卡是社会交际中常用的礼仪文书,是公关活动中不可缺少的文字材料,也是增进友谊、加深感情的重要手段。

(三) 贺信、贺电、贺卡的结构和写法

贺信、贺电、贺卡只是在发送的方式、内容的载体上存在差异,但内容和格式基本是一致的。它们的结构都包含标题、称谓、正文、落款四部分。

1. 标题。贺信、贺电的标题常用两种形式。一种是直接写"贺信"或"贺电"二字。另一种是在"贺信"或"贺电"之前写明祝贺的对象和事由,如"国务院致中国女排的贺电"。贺卡一般没有标题。

2. 称谓。贺信、贺电、贺卡的称谓是收看信函的对象,即接受祝贺的单位或个人的称呼,或者会议、活动的名称。

3. 正文。正文是贺信、贺电、贺卡的重点内容,可分为若干段落,包括开头、主体、结尾三个部分。

(1) 开头。开头要写清事由和表示祝贺、敬意之类的话。

(2) 主体。对于贺信、贺电而言,主体一般需要概述对方取得的成绩,并简单分析主观和客观原因以及重大意义。如果是向重要的会议、活动表示祝贺,应说明会议、活动的内容和重要性;如果是致知名人士的贺信、贺电、贺卡,则应简单说明对方的品质、贡献等。贺卡的内容比较简单,有时甚至只需直接写上祝福、祝贺的语言就可以了。

(3) 结尾。结尾主要写祝愿、希望的内容。
4. 落款。落款处应当署上发信单位名称或个人姓名，署名下边写上成文日期。

（四）贺信、贺电、贺卡的写作要求
1. 在内容上要实事求是，评价成绩要恰如其分。
2. 表示祝贺的感情要充沛、真挚，给人以鼓舞。
3. 篇幅应短小，语言应精练、通俗流畅，不能堆砌华丽的辞藻。

（五）例文
1. 贺信。

习近平致生态文明贵阳国际论坛2013年年会的贺信

值此生态文明贵阳国际论坛2013年年会开幕之际，我谨代表中国政府和人民，并以我个人的名义，向会议的召开致以热烈的祝贺！向出席会议的各国元首、政府首脑、联合国机构负责人以及专家学者、企业家等各方嘉宾，表示热烈的欢迎！

这次生态文明贵阳国际论坛年会以"建设生态文明：绿色变革与转型绿色产业——绿色城镇、绿色消费引领可持续发展"为主题，凝聚了国际社会对生态文明建设的共同关注。相信通过与会嘉宾共同努力，会议的成果必将为保护全球生态环境做出积极贡献。

走向生态文明新时代，建设美丽中国，是实现中华民族伟大复兴的"中国梦"的重要内容。中国将按照尊重自然、顺应自然、保护自然的理念，贯彻节约资源和保护环境的基本国策，更加自觉地推动绿色发展、循环发展、低碳发展，把生态文明建设融入经济建设、政治建设、文化建设、社会建设各方面和全过程，形成节约资源、保护环境的空间格局、产业结构、生产方式、生活方式，为子孙后代留下天蓝、地绿、水清的生产生活环境。

保护生态环境，应对气候变化，维护能源资源安全，是全球面临的共同挑战。中国将继续承担应尽的国际义务，同世界各国深入开展生态文明领域的交流合作，推动成果分享，携手共建生态良好的地球美好家园。

预祝会议取得圆满成功！

中华人民共和国主席 习近平
2013年7月18日

2. 贺电。

中共中央、国务院致第十五届残奥会中国体育代表团的贺电

第十五届残奥会中国体育代表团：

在第十五届残奥会上，中国体育代表团残疾人运动员顽强拼搏、勇攀高峰，赢得107枚金牌、81枚银牌、51枚铜牌，打破51项世界纪录，连续4届残奥会位居金牌榜和奖牌榜第一位，奏响了催人奋进的生命凯歌，讲述了中国残疾人自强不息的故事，为祖国和人民争得了荣誉，党中央、国务院向你们表示热烈的祝贺和诚挚的问候！

在本届残奥会上，中国体育代表团残疾人体育健儿大力发扬奥林匹克精神和中华体育精神，不畏强手，勇争第一，超越自我，挑战极限，充分展示了我国残疾人自尊、自信、自强、自立的精神风貌，收获了成功，赢得了尊重，增进了友谊，树立了形象，为推动国际残疾人奥林匹克运动发展做出了新贡献。你们的优异表现，向世界传递了蕴含在我国广大残疾人中的正能量，极大激励了全国各族人民和海内外中华儿女，祖国和人民为你们感到骄傲和自豪！

希望你们在新的起点上，再接再厉，不断进取，进一步激发广大残疾人参与体育锻炼

的热情，带动残疾人健身体育、康复体育、竞技体育的普及开展，为促进我国残疾人体育事业发展、推进健康中国建设继续努力，为我国办好2022年冬奥会和冬残奥会，为实现全面建成小康社会奋斗目标、实现中华民族伟大复兴的中国梦做出新的更大的贡献。

祖国和人民期盼着你们凯旋！

中共中央　国务院
2016年9月19日

3. 贺卡。

常见的生日贺卡如图4-1所示。

```
┌─────────────────────────────┐
│  欣逢母亲大人60寿辰，祝愿您健康长  │
│  寿，幸福无量。                │
│                             │
│  敬贺                        │
│                             │
│                    儿：××   │
│                    女：××   │
└─────────────────────────────┘
```

图4-1　生日贺卡模板

三、请柬

（一）请柬的含义

请柬也称请帖，是为了邀请客人参加某项活动而发的礼仪性书信。

（二）请柬的作用

凡召开各种会议，举行各种典礼、仪式和活动，均可以使用请柬。使用请柬，既可以表示对被邀请者的尊重，又可以表示邀请者对此事的郑重态度；请柬在款式和装帧设计上须美观、大方、精致，使被邀请者充分体会主人的热情和诚意，感到喜悦和亲切；设计精美的请柬还具有收藏价值。

（三）请柬的结构和写法

请柬分为封面和封里两部分。从撰写方法上看，不论哪种样式的请柬，都包含标题、称谓、正文、结语、落款等内容。

1. 标题。请柬的标题一般写在封面上，封面写明（或印上）"请柬"二字，一般应做些艺术加工，如采用名家书法、字面烫金或加以图案装饰等。

2. 称谓。称谓即被邀请单位名称或个人姓名，其后加冒号。个人姓名后可注明职务或加上尊称，如"××先生："、"××女士："，以表示尊敬。

3. 正文。请柬的正文很简单，文字很少，只需要写明活动的内容、时间、地点及其他应知事项。活动名称是请柬正文的必备要素，应将它与活动时间、地点等内容组合成连贯完整的一个句子。此外，请柬的正文前不加问候语，这一点不同于一般的书信。

4. 结语。请柬一般以"敬请（恭请）光临""此致敬礼"等作为结语。

5. 落款。落款写明邀请单位名称或个人姓名，下一行写明日期。

（四）请柬的写作要求

1. 请柬的篇幅有限，书写时应根据具体场合、内容、对象，认真措辞，行文应达雅兼备。达即准确，雅即讲究文字美。

2. 在遣词造句方面，有的使用文言语句，显得古朴典雅；有的选用较平易通俗的语句，显得亲切热情。不管使用哪种风格的语言，都要庄重、明白，使人一看就懂，切忌语言乏味或华而不实。

3. 请柬的文字设计应注意美观，在纸质、款式和装帧设计上，也要注意艺术性，做到美观、大方。

（五）例文

常见的请柬如图4-2所示。

```
尊敬的×××女士/先生：
    兹定于9月12日晚7：00—9：00在市政协礼堂举
行仲秋茶话会，届时敬请光临。
    此致
敬礼！

                                政协××市委员会
                                ××年9月10日
```

图4-2　请柬模板

四、邀请函

（一）邀请函的含义

邀请函也称邀请信、邀请书，是邀请亲朋好友或知名人士、专家等参加某项活动时所发的请约性书信。邀请函是现实生活中常用的一种日常礼仪文书。在国际交往和各种社交活动中，邀请函使用广泛。

邀请函与请柬不同，它们虽然均属对客人发出邀请的专用函件，但请柬由于其内页篇幅有限，所以正文部分除写明邀请的意向，会议（或活动、宴请等）的内容、时间、地点以及提请被邀请者注意的有关事项外，不可能对会议（或活动、宴请等）的内容做进一步的介绍。被邀请者阅读请柬，只知道被邀参加某一会议（或活动、宴请等），却很难从中了解这一会议（或活动、宴请等）的具体情况。因此，请柬一般用于一些宴请活动或常规活动，或者被邀请者是主办者的老朋友。如果是一些内容较新颖的专题性会议（或活动），被邀请对象中又有不少人对主办单位不甚了解，一份请柬就显得不够了。由于对会议（或活动）内容及主办者缺乏了解，许多人可能会弃请柬于不顾，不如期赴会。在这种情况下，就需要用到邀请函。邀请函可详细说明会议（或活动）内容，让被邀请者更加了解会议（或活动），如期参加。

此外，在文本载体上，请柬用纸精良，制作考究、精美，而邀请函则对用纸、印刷均无特殊要求。

（二）邀请函的结构和写法

无论哪种样式的邀请函，都包括标题、称谓、正文、结尾、落款等部分。

1. 标题。标题由礼仪活动名称和文种组成，还可包括个性化的活动主题标语。如"北京大学112周年校庆邀请函""5月4日，让我们相聚燕园"。活动主题标语可以体现举办方特有的文化特色。

2. 称谓。称谓即被邀请单位名称或个人姓名，其后加冒号。个人姓名后要注明职务或加上尊称，如"××先生：""×× 女士："，个人姓名前通常加上敬语，如"尊敬的"，以表示尊敬。

3. 正文。邀请函的正文包括正式告知被邀请者举办活动的缘由、目的、事项及要求，写明活动的日程安排、时间、地点，并对被邀请者发出得体、诚挚的邀请。活动的各种事宜必须写清楚、周详。若距离较远，则应写明交通路线以及来回接送的方式。

4. 结尾。结尾处通常写上礼节性的问候语，如"欢迎参加""致以敬意""敬请（恭请）光临"等。

5. 落款。落款写明邀请单位名称或个人姓名，下一行写明日期。

（三）邀请函的写作要求

1. 邀请函的措辞要热情、礼貌。
2. 全文应带商询的语气，不能强加于人。
3. 文字要简练。

（四）例文

天津大学致于丹老师的邀请函

尊敬的于丹老师：

您好！很荣幸能给一直活跃在文化传播第一线的您写下这样一封邀请函。2007年，您以独特的风格和视角对《论语》和《庄子》的解读，掀起了几乎覆盖了全国范围内的国学热。此后，您继续以您"独与天地精神往来"的大气象征服着我们，告诉我们如何生活，也让我们醉心于国学之大美。在2008年汶川大地震时，您又深入地震灾区，让我们看到了一位学术明星的社会责任感。当然，您除了是一位传统文化传播的先锋以外，您还是一名优秀的传媒人，更是一位深受学生喜爱的老师，您丰富的人生经历也让我们由衷的敬佩。在此，我们诚挚地邀请您来到天津，走进天津大学，为天津各高校的师生带来精彩的讲座，引领祖国的栋梁成长、成才。

天津大学有着113年的悠久历史，是中国第一所现代大学，也是"211工程""985工程"首批重点建设的大学。我校学风醇正，治学严谨，全体师生秉承"实事求是"的校训，正在为祖国的发展贡献着自己的力量。作为在全球范围内有一定影响力的学校，天津大学与各高校均有深入的交流，同时更是天津高校的代表，所以，天津大学代表天津所有高校学子向您发出诚挚的邀请。

天津大学的学生活动受到天津各高校和媒体的广泛关注，其中，"北洋大讲堂""青年论坛"等便是天津高校中的品牌讲座。美国能源部部长、诺贝尔物理学奖得主朱棣文，国务院原副总理李岚清，诺贝尔物理学奖得主杨振宁，我国著名教育家杨叔子，中国科学院、中国工程院两院资深院士王大珩，"催化剂之父"、国家最高科学技术奖得主、两院院士闵恩泽，中国工程院副院长邬贺铨，国际奥委会委员吴经国，微软亚洲研究院院长沈向洋，中国书法家协会顾问张飙，著名学者余秋雨，著名作家刘墉、余华、莫言，著名节目主持人白岩松、撒贝宁、陈鲁豫、张泽群、著名表演艺术家濮存昕、冯巩、六小龄童、著名运动员聂卫平、桑雪、孙长亭、杨博尊，台湾同胞新竹"清华大学"校长刘炯朗、台湾师范大学教授曾仕强等，国际友人韩国驻华大使金夏中、美国莱斯大学校长及夫人、诺贝尔化学奖得主夏普莱斯等众多海内外学术界、文化界知名人士都曾来此做客，在这里留下了智慧的声音和深刻的思想。自创办品牌论坛以来，共举办各类精品讲座四百余场，近二十万名学生在这里受到心灵的洗涤和思想的升华。带着天津所有大学生的殷切期盼，我们在这里诚挚地向您发出邀请，真诚地希望您能给天津的莘莘学子带来一场精彩纷呈的讲座！由于您工作繁忙，所以关于讲座的具体细节，我们希望能与您做进一步的沟通和协商。我们热切期待您的答复！期盼能在天大的讲堂与您面对面地交流！祝您身体健康，阖家幸福，工作顺利！

  此致
敬礼

共青团天津大学委员会
天津大学学生会
2010 年 3 月 2 日

第二节 迎送类

一、欢迎词与欢送词

（一）欢迎词、欢送词的含义

  欢迎词是在迎接宾客的仪式上或在会议开始时对宾客的到来表示欢迎的讲话文书。欢送词则是在送别宾客的仪式上或会议结束时对宾客的离去表示欢送的讲话文书。

（二）欢迎词、欢送词的特点和作用

  礼貌上的尊重性、感情上的真挚性、语言上的委婉性、篇幅上的简短性是欢迎词、欢送词的特点。在社交场合中，这两种既相互关联，又有一定区别的日常礼仪文书能够烘托环境、渲染气氛，给到访的客人留下良好的印象。

（三）欢迎词、欢送词的结构和写法

  欢迎词与欢送词虽然名称不同，内容也存在差异，但其结构和写法却基本相同，一般由标题、称谓、正文和落款四部分组成。

  1. 标题。标题一般要求写明什么人在什么场合的讲话，如"胡锦涛主席在欢迎金正日总书记宴会上的讲话"。有时，也可以只写明在什么场合的讲话，而把讲话人的姓名写在标题之下。如果有一个鲜明的主题，则可以使用双标题的形式，如"建设相互尊重、互利共赢的中美合作伙伴关系——在美国友好团体欢迎宴会上的讲话"，将欢迎（送）的主题作为正标题，而副标题则使用欢迎（送）词标题的常规形式。

  2. 称谓。称谓通常要写全名。在姓名前或者后面加上职衔（有时也可以只称职衔），或"先生""女士""亲爱的""尊敬的""敬爱的"等敬语以示尊敬，如"尊敬的基辛格博士""尊敬的拉胡德部长"等。

3. 正文。正文是欢迎（送）词的中心内容。正文写作应建立在对宾客的热烈欢迎（送）之情上，要体现出欢迎（送）的诚意。正文一般包括开头、主体和结语三部分。

（1）开头。开头对宾客的到来或离去表示欢迎或欢送。

（2）主体。主体应从实际出发，选择恰当的致辞内容，或畅述互相交往的历史和友好联系，或畅谈双方缔结某种友好关系的意义、影响、对方的贡献，或表示对发展友好、合作关系的原则立场与真诚愿望，也可以介绍本次会议或活动的具体情况，还可以说明本次会议或活动的目的。

（3）结语。结语主要是致以良好的祝愿，或者再次表示欢迎之类的话、提出希望和要求，等等。结语应简洁。

4. 落款。落款写明邀请单位名称或个人姓名，下一行写明具体日期。

（四）欢迎词、欢送词的写作要求

1. 注意礼仪。礼节要周到，尤其是要尊重对方的风俗习惯，尽可能避开对方的忌讳。措辞要体现出对宾客的礼貌和尊重，使宾客感觉亲切。

2. 语言得体。措辞要符合致辞人的身份，根据不同的场合采用不同的语言表达方式；通常在大型的庄重场合，面对身份较高的对象，措辞应庄重；在比较轻松的场所，措辞则可以幽默活泼，以活跃气氛。

3. 控制篇幅。用语应简练，围绕主题展开，将意思表达清楚即可，不可长篇大论。

（五）例文

在俄罗斯中国旅游年开幕式上的致辞

（2013年3月22日，莫斯科）
中华人民共和国主席　习近平

尊敬的普京总统，
女士们，先生们，朋友们：

在早春三月的美好时节，我们在这里隆重举行俄罗斯中国旅游年开幕式。我们大家心中都有一个美好的期盼，就是希望俄罗斯中国旅游年活动能够像春天一样百花齐放、姹紫嫣红。

首先，我谨代表中国政府和人民，并以我个人的名义，向友好的俄罗斯政府和人民，向支持和协助举办中国旅游年的俄罗斯朋友们，表示衷心的感谢！

中俄两国山水相连，是好邻居、好伙伴、好朋友。亲仁善邻，国之宝也。我和普京总统一致决定，把扩大各领域务实合作作为今后两国关系发展的重点，为提高两国人民生活水平和质量提供重要推动力。

旅游是传播文明、交流文化、增进友谊的桥梁，是人民生活水平提高的一个重要指标，出国旅游更为广大民众所向往。旅游是综合性产业，是拉动经济发展的重要动力。旅游是修身养性之道，中华民族自古就把旅游和读书结合在一起，崇尚"读万卷书，行万里路"。

俄罗斯是旅游大国。古老的文明和灿烂的文化在世界上独树一帜，快速发展的现代风貌吸引着世人眼球，伏尔加河、乌拉尔山、贝加尔湖的美丽风光享誉世界，莫斯科、圣彼得堡、叶卡捷琳堡、索契等城市的独特魅力备受青睐。我记得，中方去年拍摄了《你好，俄罗斯》百集电视专题片，展现出俄罗斯秀丽的自然风光和各民族的多彩风情。去年，中国俄罗斯旅游年成功举办，中国赴俄罗斯旅游人数增加46%，两国双向往来330万人次。

中国成为俄罗斯第二大旅游客源国,俄罗斯则是中国第三大旅游客源国。

中国是拥有5000多年历史的文明古国,又是充满发展活力的东方大国,旅游资源得天独厚,被列入世界文化和自然遗产的就有40多处。中华书画、京剧、中医等传统文化博大精深,雄伟壮丽的三山五岳、气势磅礴的万里长城、独一无二的兵马俑、享誉世界的少林寺、阳光明媚的热带海滩等自然和人文景观异彩纷呈。中国已成为全球第三大入境旅游接待国和出境旅游消费国。希望双方以举办旅游年为契机,把旅游合作培育成中俄战略合作的新亮点。

旅游是增强人们亲近感的最好方式。我听说,2012年7月19日,到俄罗斯参加"你好,俄罗斯"旅游交流活动的1100名中国游客,齐聚莫斯科宇宙酒店音乐厅,俄罗斯艺术家为中国游客表演了精彩的节目,当《莫斯科郊外的晚上》熟悉的旋律响起时,全场中俄观众共同引吭高歌,勾起了大家心中最美好的回忆。同年9月底至10月初,应北京市政府之邀,50个俄罗斯家庭到北京参加民宿交流活动,住在北京普通市民家中,中方接待家庭对能在自己家里接待俄罗斯家庭表现出了强烈的愿望,很多家庭由于没有得到接待机会而深感遗憾。这些中俄家庭就像亲人一样一起生活,结下了深厚友谊,分别时都依依不舍。我相信,他们都会把这一段美好的经历永远珍藏在心中。

女士们、先生们!

"有朋自远方来,不亦乐乎!"中国人民正致力于建设美丽中国。今晚开幕式文艺演出的主题就是"美丽中国"。我代表热情好客的中国人民,盛情邀请俄罗斯朋友们来中国旅游,欢迎你们到中国做客,观赏自然风光,体验中华文明,增进人民友谊。

谢谢大家!

二、答谢词

(一) 答谢词的含义

答谢词是指在特定的公共场合,主人致欢迎词或欢送词后,客人发表的对主人的热情接待和诸多关照表示谢意的讲话;也指客人在举行必要的答谢活动中发表的感谢主人盛情款待的讲话。

(二) 答谢词的作用

自古以来,人们就提倡"礼尚往来",于是在人际交往中便有了"谢"的言行:或揖拳、或鞠躬、或以言辞道谢。倘若在庄重的场合,那便要致答谢词。答谢词常用于重大的政务、公务接待中,制造和谐的气氛,交流主客之间的感情,以达到互相尊重、友好相处、以诚相待的目的。答谢词是一种运用十分广泛的礼仪文书。

(三) 答谢词的结构和写法

答谢词的结构和写法与欢迎词、欢送词基本相同,但在主体部分应考虑内容的对应性。因为答谢词是客人对主人表示谢意的讲话,因此应该与主人热情接待的事实,或者主人一方在举办活动或会议时所致的欢迎词、欢送词相照应,在此基础上表达对主人的感谢之情。

(四) 例文

××大酒店开业庆典答谢词

尊敬的领导、来宾,各位业界同人和朋友们:

很高兴在今天这个特别的日子里,我们能够相聚一堂,共同庆祝××大酒店隆重开业!首先,请允许我代表××大酒店的全体员工,向今天到场的领导和所有的来宾表示衷心的感谢和热烈的欢迎！

××大酒店位于××市××区中心地带，集商铺、办公、酒店、餐饮、休闲、娱乐于一体，是按照四星级旅游涉外饭店标准投资兴建的新型综合性豪华商务酒店。值得一提的是，它是××首家客房内拥有干湿分离卫生间及景观阳台的星级酒店。××大酒店优越的地段、豪华的环境、优质的服务和智能化的配套设施，必将给顾客耳目一新的感受。××大酒店是顺应××特大型城市建设发展的精品建筑，是××区的地标，也是各商家投资、置业、理财的新途径。

正如我们的董事长所说，××大酒店是"我们××人智慧和汗水的结晶"。××大酒店的筹划和诞生，倾注了我们××人的所有心血，凝聚了××全新的信念。值得欣慰的是，有这么多朋友默默地关心、支持着我们，陪伴我们一路走来。其中，××区领导的高度重视和政策指导，我们××集团高层的殷切关怀和鼎力扶持，社会各界朋友的热心帮助等，让我们感激不已。

跨入新世纪，××的现代化建设突飞猛进，××区现代化建设如火如荼，未来的竞争日益激烈。作为总经理、××大酒店的具体运营者，我深知自己肩负的重担和使命。我的一言一行、一举一动，都将和××大酒店乃至整个××未来的建设联系在一起。但是，困难与希望同在，这么多朋友的关心和指导，是支撑××大酒店存在并运作的信心和源泉！面对挑战，我坚信，××大酒店必将在市场上傲然挺立，拥有一席之地！为此，我将携××大厦全体工作人员，用良好的业绩来回报各界，以不辜负领导、董事长和社会各界的期望！同时，我们××大酒店全体员工，将坚持求变创新的开拓精神，和诸位业界同人一起，全力以赴，共同致力于××区的建设发展，为××进一步的繁荣昌盛添上辉煌灿烂的一笔！

正如我们××大酒店的宗旨所阐述，我们要做好××区的地标和窗口，要奏响新区的最强音，要为××人民创造一个永不落幕的新都会！

最后，我要特别感谢××区领导的莅临指导，感谢董事长于百忙之中能够亲临开业现场致词！再次感谢各位朋友的光临！

总经理：××
20××年××月××日

第三节 传播类

一、演讲稿

（一）演讲稿的含义

演讲稿又称演讲词，是讲话者在大会或其他场合公开发表个人观点、见解和主张的文稿。演讲稿是讲话的依据、规范和提示。

（二）演讲稿的种类

1. 按主要表达方式，演讲稿可分为以下几种。

（1）议论型演讲稿：用论证的方法使听众了解、赞同和接受某种观点，进而使听众产生一定的行动；或解释和说明一个道理、一个过程，揭示一个新发现、一个秘密，从而使听众了解到底是怎么一回事。语言要求简洁明快。

（2）抒情型演讲稿：主要借助对人、事、景、物的描述来抒发自身情感，也可以直抒胸臆，直接倾诉内心的思想感情。语言运用更接近散文的要求。

（3）叙事型演讲稿：通过对某事的叙述介绍来阐述观点或抒发感情。为了便于充分表达情感，又使听众感到亲切可信，常常使用第一人称。

2. 按内容性质，演讲稿可分为以下几种。

（1）政治鼓动类：指政治家或代表某一权力机构的要员阐述政治见解和主张的讲话稿。如《奥巴马就职演讲》。

（2）学术交流类：指传播交流科学知识、学术见解、研究成果的讲话文稿。如1927年7月18日在广州市立学校礼堂进行夏期学术演讲会，鲁迅作《魏晋风度及文章与药及酒的关系》。

（3）工作交流类：指交流经验、布置工作、传达思想的讲话文稿。如某公司领导在各种工作场合的讲话。

（4）宣传教育类：指以真实的事件、有力的论证、充盈的感情来讴歌真善美，鞭挞假丑恶而写成的讲话文稿。如各种演讲活动中的主题演讲。

（三）演讲稿的特点

1. 内容的现实性和针对性。现实性是指演讲稿探讨的是现实生活中存在的并为人们所关心的问题。演讲稿的观点和材料来自生活、学习和工作，是真实可信的，是为了解决身边的问题而提出来讨论的。针对性是指演讲稿的内容要根据演讲对象的身份、职业、心理、文化程度、接受能力、审美趣味等而选择相应的材料，做到因人而异。

2. 情感的说服性。演讲的目的就在于打动听众，使听众对讲话者的观点或态度产生认可或同情。演讲稿作为具有特定目的的讲话稿，一定要具有说服力和感染力。

3. 语言的通俗性。演讲的语言应该通俗易懂，明白晓畅，但同时也应该讲究文采，做到雅俗共赏。

（四）演讲稿的作用

演讲稿是人们在日常工作和社会生活中经常使用的一种文体。演讲稿可以用来交流思想、感情，表达主张、见解；也可以用来介绍自己的学习、工作情况和经验。演讲稿可以把演讲者的观点、主张和思想感情传达给听众和读者，使他们信服并在思想感情上产生共鸣。演讲稿是演讲者在准备阶段写成的文稿，是演讲者进行演讲的依据，其具体作用主要有：

1. 整理演讲者的思路，提示演讲的内容，限定演讲的速度；

2. 通过对语言的推敲，提高语言的表现力，增强语言的感染力。

（五）演讲稿的结构和写法

1. 标题。演讲稿的标题无固定格式，可以用"演讲稿""演讲词"作标题，也可以自由拟题。如"扬起生命的风帆""我有一个梦想"" 当代大学生应具备什么素质"等。成功的标题能概括演讲的中心内容，体现演讲的内容风格，还能发人深思，引人入胜。

2. 称谓。称谓须提行顶格加冒号，如"同志们：""朋友们："等，也可以根据听众和讲演内容需要决定称呼。得体的称呼使人感到亲切，会唤起听众的注意，拉近演讲者与听众的感情距离。在长篇演讲中，除开头外，可以在演说过程中穿插使用称呼，提示听众注意。

3. 正文。演讲稿的正文分开头、主体和结尾三个部分，其结构与一般文章的结构大致相同。

（1）开头。演讲稿的开头，也称开场白。开头在演讲稿中处于显要地位，具有特殊作用。开头的方式灵活多样：或开门见山，揭示主题；或说明情况，介绍背景；或提出问题，引起关注；或以讲述、引用故事开头，激起听众兴趣；或以设置情境开头，唤起听众情绪；或以幽默、自嘲的方式开头，活跃气氛。开头要有较强的吸引力，力求抓住听众，沟通演讲者与听众的心理。好的开场白能够紧紧地抓住听众的注意力，为整场演讲的成功打下基础。

（2）主体。主体即中心内容，是演讲的核心部分，直接关系演讲的质量和效果。主体部分的写作，应注意以下几点。

第一，确定好结构。一般来说，演讲稿的主体有三种类型：记叙性演讲稿，以对人物事件的叙述和生活画面描述行文；议论性演讲稿，以典型事例和理论为论据，用逻辑方式行文，用观点说服听众；抒情性演讲稿，用热烈的抒情性语言表明观点，以情感人，寓情于事、寓情于理、寓情于物。结构形式不管怎样变化，都要求内容突出，问题明确，推理严密，层次清晰，情理交融。

第二，组织好材料。演讲稿的理论论据和事实论据的组织安排要适当。一方面必须保证例证的真实性、典型性；另一方面语言应言简意赅，起到画龙点睛的作用。

第三，构筑演讲高潮。一个成功的演讲，不可能没有高潮。演讲的高潮有如下三个特点：其一，思想深刻、态度明确，集中体现演讲者的观点；其二，感情强烈，演讲者的爱憎、喜怒得到宣泄；其三，语句精练。要构筑演讲的高潮，首先要注重思想感情的升华。必须对某个问题有较为深刻、全面的分析、论证，演讲者的思想倾向要逐渐明朗，听众也能逐渐领会演讲者的观点，并有可能与演讲者产生共鸣，从而构筑高潮。其次要注意语言的锤炼，如可以使用排比、反问等修辞手法增加气势，也可借助名言警句把思想揭示得更深刻。

（3）结尾。结尾是演讲能否走向成功的关键，结尾给听众的印象，往往代表整个演讲给听众的印象。好的结尾可以为演讲添彩。演讲稿的结尾没有固定的格式，或对整个演讲全文进行简单小结，或以号召性、鼓动性的话收尾，或以名言以及幽默俏皮的话结尾。但一般原则是言简意赅，能够使听众振奋精神，给听众留下深刻印象，并促使听众不断反思，给人"余音袅袅，不绝于耳"的感觉。结尾不宜草草收兵，也不宜陈词滥调，更不要画蛇添足，如不宜在讲完后，又唠叨"我讲得不好，请大家批评指正"之类的话。

（六）演讲稿的写作要求

1. 了解对象，有的放矢。演讲稿是有特定听众的，因此，写演讲稿首先要了解听众的思想状况、文化程度、职业状况，了解他们关心和迫切需要解决的问题等，做到有的放矢。了解得越透彻，准备也就越充分，演讲越能引起共鸣，从而收到良好的效果。

2. 观点鲜明，感情真挚。演讲稿应观点鲜明，显示演讲者对一种理性认识的肯定，或显示演讲者对客观事物的了解程度，给人以可信性和可靠感。

演讲稿有真挚的感情，才能打动人、感染人，达到鼓动的效果。因此，演讲稿在表达上要注意感情色彩，把说理和抒情结合起来。既有冷静的分析，又有积极的鼓舞；既有所怒，又有所喜；既有所憎，又有所爱。当然这种真的感情不应是"挤"出来的，而是发自肺腑的，是内心情感的自然流露。

3. 行文变化，富有波澜。演讲稿写得有波澜，不是声调的高低，而是内容安排上有起有伏、有张有弛，富于变化和节奏感，以此集中听众的注意力，引起他们的兴趣。如果能掌握听众的心理特征和认识事物的规律，恰当地选择材料、安排材料，就能使演讲在听众心里激起波澜。内容上有强调，有反复，有比较，有照应，恰当地使用比喻、排比、反问等修辞手法，善于运用格言警句，都能增加行文的变化和波澜，收到良好的效果。

4. 语言幽默，风趣智慧。演讲稿的幽默，是用诙谐的语言、富有深意的材料或饶有兴趣的方式，来表达演讲内容、抒发演讲者情感的一种艺术手法。莎士比亚说："幽默和风趣是智慧的闪现。"幽默在演讲中起着相当重要的作用，它所产生的谐趣对听众有着巨大的吸引力和感染力。因此，要提高演讲稿的质量，不得不在语言的运用上下一番功夫。

（七）例文

厉害了我的国
——北京大学博士王帆的演讲稿

我们今天的主题是厉害了我的国。

我刚刚一直在台口，听所有演讲者的演讲，听完之后，我特别想在这个主题之后加上一个字——人，厉害了我的国人。我很佩服每一位演讲者，在我心里国家是一个很宏大的精神家园，同时也可以通过那些细心的、可以触碰的个体去感知。

大家听了很久的演讲都有点累了，我们来活动一下。

我想请问一下，在场的有多少文科生……我也是文科生，那现在大家想象一下，如果你考上了北大，但是进入北大之后被要求转系，转到物理系，从此学习理科，你愿意吗？有一位同学，考上清华大学历史系之后，自己要求改学物理，但是他考上清华的时候，历史和语文都是满分，物理只有5分，所以说这个人如果继续学文可能大有前途，但是如果学理的话，学砸了可能清华都白考了。大家可能会想：这个人怎么这么想不开呢？为什么呢？那是在1931年，在他进入清华大学的第二天，就爆发了"九·一八"事变，国难当头，他拍案而起："我要学做飞机大炮。"但是转系也不简单，物理系的系主任并不同意他转系，所以他就"求爷爷告奶奶"，软磨硬泡，最终给自己争取了一个在物理系试读一年的机会，结果这个人就成为中国第一个力学系的缔造者——钱伟长。他说："祖国的需要就是我的专业。"

其实像钱伟长这样，为祖国奉献青春、奉献终生的人，每个时代都有。革命年代，27岁的李大钊振臂高呼："以青春之我创造青春之国家，青春之民族。"战争年代，25岁的陈然在狱中写下了不朽的《我的"自白"书》，人不能低下高贵的头。

我们知道很多这种在民族危亡的时刻，救亡图存的仁人志士，也知道很多在国家艰难时期，推动国家发展、社会进步的有识之士，这些人注定被历史铭记。

过去是人拉着国家走，现在是国推着人前行。在我们的强国之路上，一个国家有不言而喻的向心力、吸引力、凝聚力。

跟大家说句实话，我觉得我们这代青年，真的是生逢其时，赶上了好多老一辈人没有赶上的机遇。我再问大家一个问题：有没有丢过自行车的朋友……我也丢过，丢完自行车的第一反应是什么，我再买一辆。我有个同学，大学四年丢了5辆自行车，在他准备丢第6辆的时候，他就想：我骑别人的自行车多好！于是他就跟他的小伙伴在北大校园号召北大师生把自己的自行车分享出来，交换别人自行车的免费使用权；为了让这些单车看起来非常醒目，就把它涂成黄色，这就是现在最著名的共享单车——OfO小黄车的雏形。但是，别看共享单车、共享经济现在这么火，大家想一下，如果这件事情放在5年前或者10年前，人们会想，这么几个北大的穷学生，好好学习不好吗，折腾什么创业。但是我这几个同学刚好赶上了"互联网+""大众创业、万众创新"的时代浪潮，所以他们能够获得更多的融资、更多商业发展的机会，也让更多中国人的出行变得便利。可能这就是我们这代人杰出的方式、被历史记住的方式。跟老一辈相比，我们没有那么多壮烈的色彩，但是，我们这一代青年，敢想敢干，诚实劳动，脚踏实地，砥砺前行。

我们现在看不到那么多的模范人物，并不是因为青年没有牺牲精神，我们也是很热血的，国家需要的时候，我们也能冲上去，对不对。但是，当国家走上高速发展道路之后，并不像建党初期那样，需要每一个人牺牲小我完成大我，反而是国家，强大的国家在背后给予每一个人自由选择的权利、实现自我的机会、创造价值的机会，让我们每一个人，在每一个领域、每一个岗位，都能够书写属于自己的历史，所以还是那句话，过去是人拉着国家走，现在是国推着人前行。

每一代青年都会有自己的际遇和机缘，都要在自己所处的时代谋划人生，创造历史。时代的责任赋予青年，时代的光荣也属于青年，没有一代人的青春是容易的，但是每一代人的青春都是大有可为的。

注：此处稍有改动。

二、启事

（一）启事的含义

启事是机关团体、企事业单位或个人向公众说明某件事，或者请求有关单位、广大群众帮助时所写的一种应用文书。启事通常张贴在公共场所或者刊登在报纸、刊物上。

（二）启事的种类

启事涉及的内容十分广泛，按照不同的标准，可以划分为不同种类。

1. 按照内容和目的，启事可以分为以下四种。
（1）寻领类，如寻人启事、寻物启事、招领启事等。
（2）征召类，如征文启事、征婚启事、征稿启事、招聘启事、征订启事等。
（3）告知类，如更名启事、开业启事、校庆启事、结婚启事等。
（4）声明类，如声明作废、声明无效、声明无关等。

2. 按照公布的形式，启事可以分为张贴启事、报刊启事、电视启事、广播启事等。

（三）启事的特点

1. 公开性。当事人希望有更多的公众了解启事的内容，并给予帮助，因此，启事具有公开性。

2. 知照性。公众对启事的内容和要求可以关注，也可以不关注；可以介入、办理，也可以不介入、办理。因此，启事对公众不具备强制性和约束力，只具有知照性。

3. 多样性。启事的内容和用途广泛，几乎涉及日常工作、生活的方方面面。启事的发文者可以是行政机关、企事业单位、社会团体，也可以是个人。从启事的社会效用来看，既可以是商业性广告，也可以是事务性的告知。

（四）启事的结构和写法

启事一般由标题、正文、结尾三部分组成。

1. 标题。启事的标题有多种形式。
（1）直接用文种"启事"作为标题。
（2）用"内容、文种"的形式，如"开业启事""征文启事"等。
（3）用"启事者、事由、文种"的形式，如"××大学招聘教师启事"。
2. 正文。启事的正文是主体部分，主要说明启事事项。启事的正文根据启事内容的不同而有所不同，但一般都包括发出启事的目的、原因、意义，办理启事事项的方式、方法、要求等内容。
3. 结尾。启事的结尾一般包括联系地址、姓名、电话或签署启事者姓名、启事日期等。

（五）启事写作要求

1. 内容要明确、简洁、条理清晰。启事是为了公开陈述事情，要让公众了解情况，所以要注意内容明确、简洁，条理分明地告知有关事项的时间、地点、人物、原因、结果、请求事项、联系地址、联系方式等。
2. 用语要礼貌诚恳。启事作为一种公众文体，有请求公众帮助和给予支持的目的，带有祈请性，因此，写作语言要注意贴切得体。

（六）例文

天津大学法学院招聘启事

天津大学（北洋大学）法科创建于清光绪二十一年（1895年），"律例学门"是当时四大专业之首，中国现代法学教育由此发端。中共早期领导人张太雷，以及法学大家王宠惠、王正廷、徐谟等人均受教于北洋大学律例学门。1920年，根据教育部训令，北洋大学法科并入北京大学。1994年1月天津大学设立经济法专业，1997年11月成立法学系，2015年6月重建法学院。

学院具有良好的教学和科研环境，设有中国绿色发展研究院、天津大学知识产权法研究基地、外国法与比较法研究中心、世界案例与决策研究中心、科技法学研究所、金融法研究中心等机构。学院与一些国内外著名大学、研究机构建立了密切合作关系，拥有设施完备的模拟法庭、藏书丰富的中外文图书馆，为培养现代化人才提供了良好的条件，努力培养职业型、国际型的高素质法律精英。

法学院2017年计划聘用十余名法律精英，有意向应聘者请登录天津大学招聘系统注册并申请岗位，诚挚邀请海内外杰出人才来法学院共创辉煌！

天津大学法学院
2017年2月

三、对联

（一）对联的含义

对联也称楹联、对子，是由蕴涵浓厚的文学色彩、讲究严谨的语言形式、表现独立的主旨意义、具有鲜明的个性特点的两个句子构成的对偶性文体。对联从我国古代骈体文和格律诗中的对偶手法发展而来，言简意深，对仗工整，平仄协调，是一字一音的汉语独特的艺术形式，为我国所特有。对联由两个部分构成，前一部分叫上联，也称出句；后一部分叫下联，也称对句。

（二）对联的种类

对联内容丰富，分类方式也多种多样。

1. 按照内容和用途，对联可分为以下五类。

（1）喜庆联。喜庆联也称贺联，是指除节日庆祝以外的、内容上带有某种特定祝贺性质的对联。按内容和对象，喜庆联可分为婚联、寿联、新居联（乔迁联）等若干子类。喜庆联突出的特征是带有喜庆、祝贺性质，其内容必须是表示良好祝愿、喜庆吉祥的。喜庆联能为喜庆活动增添热闹气氛，富于高雅气息。

（2）哀挽联。哀挽联也简称挽联，指用于吊唁亡人的对联。哀挽联的内容仅限于对亡人的吊唁、缅怀、评价，其风格一般是哀痛、肃穆、深沉、庄严的。挽联可从多种角度来划分，如挽老年联、挽中年人联、挽青少年联等，或者挽长辈联、挽同辈联、挽晚辈联等。哀挽联的作用是寄托哀思，表达悼念之情。

（3）名胜联。名胜联是指张贴、悬挂、雕刻于风景名胜处的对联。名胜联的内容大多为题写该名胜（如山水楼台、文物古迹等），或者与它密切相关的人、事等。这类对联往往成为名胜古迹甚至历史文化的重要组成部分。名胜联可分为山水园林、寺庵庙观、殿阁亭台、院舍堂馆、碑塔墓窟等若干子类。

（4）行业联。行业联是指其内容为针对某一行业、部门或领域的对联。行业联主要表现本行业或本店的企业精神、经营理念等，具有广告宣传的性质。

（5）杂感联。杂感联是指没有特定对象，内容比较广泛的对联。这种对联往往带有比较单纯的文学创作特色，如哲理言志联、咏物抒情联、劝喻讽刺联等。

2. 按照联语的来源，对联可分为以下四类。

（1）集句联，即全用古人诗中的现成句子组成的对联。

（2）集字联，即集古人文章、书法字帖中的字组成的对联。

（3）摘句联，即直接摘他人诗文中的对偶句而成的对联。

（4）创作联，即作者独立创作的对联。

从对联单句的字数来看，其字数没有限定，短者三五言，长者成百上千言。常用的有三言联、四言联、五言联……直至十二言联。对联单句的字数，也是其种类划分的一个依据。

（三）对联的作用

对联发端于五代时期，盛于清代，传承至今，千年不衰。对联之所以从古至今广泛受到人民的喜爱和尊重，是因为对联作为一种极具文化内涵、方便实用的文种，能充分体现一个人的学识、修养，能够烘托气氛，表达愿望理想，展示闲情逸趣。对联从产生开始，就广泛应用于我国人民的生活中。在现代企业文化建设、广告创意中，对联也能起到极佳的宣传效果，具有实用价值。

（四）对联的格式要求

对联的格式和古代的近体诗有相同之处，其格式要求主要有以下几点。

1. 上下联字数相等、结构相同。除有意空出某字的位置以达到某种效果外，上下联字数必须相同。然而，一副对联应该有多少字，却是从来没有限定。对联可长可短，长者可上千字，短者只有几个字，依据具体情况由作者确定。

2. 位置词性相同。动词对动词，形容词对形容词，数量词对数量词，副词对副词，而且相对的词必须在相对的位置上。

3. 上下衔接。上下联说的必须是同一类事物，或者同一件事情，在含义上相互衔接。

4. 平仄相合，音调和谐。上下联要求尾字押韵，而且要平仄结合。上联韵脚应为仄声，下联韵脚应为平声，谓之"仄起平落"。

（五）对联的写作技巧

应用文注重实用性，大多数应用文不追求文学性。但是对联除外，对联是实用性与文学性的统一。对联的诗话艺术越有水平，其实用效果就越好。对联的写作有没有使用技巧、技巧的高下往往决定一副对联水平的高低，也决定其成败。以下技巧即对联创作中常用的几种。

1. 藏典法。藏典是使用典故，即引用古代故事和有来历的词语，以使联文内容丰富，语言简洁，表达婉转，意思含蓄。此外，用典还能使人产生联想，进而深化主题。

如朱自清自题堂联："但得夕阳无限好，何须惆怅近黄昏。"联中就使用了唐代诗人李商隐《登乐游原》中的诗句："夕阳无限好，只是近黄昏。"李商隐是慨叹流光易逝，有个人迟暮之感。朱自清则反用其意，改变了原句伤感、失落的情怀，代之以乐观、洒脱的情调。

2. 夸张法。夸张是在客观实际的基础上，将描述的事物故意夸大或缩小，突出事物的本质特征；可以将深厚的感情、难状的物象，有力地表达出来，使文辞富有活动。夸张的事虽不合理，却合乎情。如著名画家徐悲鸿的言志联："直上青天揽日月，欲倾东海洗乾坤。"事实上人不可能"揽日月""倾东海"，但是表现了作者追求进步、追求光明和济世利民的热切心情。此联激情澎湃，气魄雄大。

3. 双关法。双关是在一定的语言环境中，利用词的多义和同音的条件，有意使语句具有双重意义，言在此而意在彼。双关可使语言含蓄、幽默，而且能加深寓意，给人以深刻印象。双关可分为语音双关和语义双关。如谐音联："两船并行，橹速（鲁肃）不如帆快（樊哙）；八音齐奏，笛清（狄青）难比箫和（萧何）。"再如："虽然毫末技艺，却是顶上功夫。"这是一副理发业的广告联。"毫末"明指人的发梢，暗指利润微薄；"顶上"明指人身体的头顶，暗誉理发技艺高超。

4. 回文法。回文是一种力求语句有回环往复之趣的修辞方法，有两种类型。

（1）回环。只求某一字、一词的回环往复，不能倒读。如："木匠做枷枷木匠，书生写状状书生。"

（2）回文。顺读倒读都一样。如："雾锁山头山锁雾，天连水尾水连天。"

5. 嵌字法。嵌字法是把预先选好的特定字词自然和谐地嵌入联语之中的修辞方法。嵌字既能明确地表达某种思想内容，又不穿凿附会，往往构思奇巧而富有情趣。如"芦中人语响，柳下惠风和"就嵌入了两个人名：芦中人（即伍子胥）与柳下惠。

6. 析字法。析字就是把一个字拆成几个或把几个字合成一个来表义。如香港电影《唐伯虎点秋香》中有一个对对联的情节，对家出的上联是："十口心思，思国思君思社稷。"唐伯虎对道："八目尚赏，赏风赏月赏秋香。"这副对联的巧妙之处，在于上联把"十口心"三字合成"思"字，下联把"八目尚"三字合成"赏"字（繁体为"賞"），而又文义通畅，充分表现出唐伯虎的才思敏捷。

7. 叠字法。叠字法也叫连珠法，就是利用汉语一字多音多义、同音假借等特点，把相同的字叠用，如穿珠成环，妙趣横生。如山海关孟姜女庙有副奇巧的楹联："海水朝朝朝朝朝朝落，浮云长长长长长长长消。"这副对联巧在叠用七个"朝"和"长"。它的读法应为：上联的第一、四、六个"朝"读作 cháo，下联的第一、四、六个"长"读 zhǎng。这副对联经过其他文人的加工，演绎出许多变化，趣味无穷。

（六）例文

1. 古代经典对联。

好读书不好读书，
好读书不好读书。

      ——（明）徐渭

风声、雨声、读书声，声声入耳；
家事、国事、天下事，事事关心。

      ——（明）顾宪成

大肚能容，容天下难容之事，
开口常笑，笑世间可笑之人。

    ——北京潭柘寺弥勒佛身旁的楹联

风声水声虫声鸟声梵呗声，总合三百六十天击钟声，无声不寂；
月色山色草色树色云霞色，更兼四万八千丈峰峦色，有色皆空。

     ——浙江天台山中方广寺联

岭边树色含风冷，
石上泉声带雨秋。

      ——（唐）骆宾王

爽气西来，云雾扫开天地憾；
大江东去，波涛洗尽古今愁。

     ——（宋）苏轼题武昌黄鹤楼

东墙倒，西墙倒，窥见室家之好；
前巷深，后巷深，不闻车马之音。

      ——（宋）朱熹

南极潇湘千里月，
北通巫峡万重山。

     ——（清）张照撰岳阳楼联

月圆月缺，月缺月圆，年年岁岁，暮暮朝朝，黑夜尽头方见日；
花开花落，花落花开，夏夏秋秋，暑暑凉凉，严冬过后始逢春。

      ——（清）李调元

海纳百川，有容乃大；
壁立千仞，无欲则刚。

     ——（清）林则徐题书斋

欲除烦恼须无我，
历尽艰难好作人。

      ——（清）俞樾

莫忧世事兼身事,
却道新花胜旧花。
　　　　——集韩愈句
四镇多二心，两岛屯师，敢向东南争半壁；
诸王无寸土，一隅抗志，方知海外有孤忠。
　　　　——（清）康熙挽郑成功
福如东海长流水，
寿比南山不老松。
　　　　——佚名

2. 现代对联。
曾因酒醉鞭名马，
生怕情多累美人。
　　　　——郁达夫
但得夕阳无限好，
何须惆怅近黄昏。
　　　　——朱自清
喜逢盛世酌春酒，
好趁良辰写颂诗。
　　　　——佚名（春联）
琴奏瑟和留古调，不遇知音，众声俱寂；
客来商往尽知音，偶然雅集，百乐齐鸣。
　　　　——佚名（乐器店）
指数函数，对数函数，三角函数，数数含辛茹苦；
平行直线，交叉直线，异面直线，线线意切情真。
　　　　——此联为某教师贺两位数学老师结婚所作

四、海报

（一）海报的含义

海报是在一定的范围内向公众介绍有关电影、戏剧、杂技、体育、学术报告等消息时使用的一种招贴性应用文。

海报这一名称，起源于上海。旧时，人们通常把职业性的戏剧演出称为"海"，而把从事职业性戏剧表演称为"下海"。作为剧目演出信息的具有宣传的招徕顾客的张贴物，人们便把它叫作"海报"。

（二）海报的种类

根据所写内容，海报大致可以分为以下几类。

1. 文艺类海报。文艺类海报主要告知电影、戏剧、文艺演出和大型公众综艺活动的信息；公布这些文艺活动的名称、时间、地点及内容介绍，以加大其宣传的力度。

2. 体育类海报。体育类海报主要介绍体育赛事和活动。体育类海报应使观众愿意身临其境进行观赏，一般有较强的参与性。

3. 报告类海报。报告类海报主要告知举办各种讲座，学术报告，政治形势、国际形势报告等内容。

4. 展销类海报。展销类海报主要告知各种展览活动，如商品展销、科普展览等。

（三）海报的特点

海报具有张贴性、宣传性和灵活性。海报在某些方面与广告相似，又有些方面像电影、戏剧等宣传画，如今海报越来越注重美观艺术。海报的特点重在告知和宣传；广告除了宣传外，目的重在营销。虽然两者都很注重创意和设计，但海报较广告更随意。海报可以是设计精美的艺术宣传招贴，还可以写在大小不等的纸上张贴，既可以用质量不错的展板设计制作，也可以用黑板写清楚告知的内容。重要的海报需要通过报刊、电台、电视台等媒体进行宣传。

整体创意和美术设计在海报中越来越受到重视。如电影海报，以影片的精彩镜头，配以优美的语言文字加以推介，同时具有影片"名片"的艺术性和文化特征。电影海报作为电影的一种衍生品，必将带给人们更多的经典回味。欣赏海报就是欣赏艺术品。海报浓缩了电影的精华，电影是流动艺术，而电影海报能"凝固"艺术，一幅海报往往浓缩了一部电影的精华。两者互相补充，带给观众完整的艺术体验。

（四）海报的结构和写法

海报一般由标题、正文和落款三部分组成。

1. 标题。海报的标题非常关键，这是海报的主题和内容的焦点。标题的写法较多，大体可以有以下形式。

（1）单独由文种名构成，即在第一行中间写上"海报"字样。

（2）直接以活动的内容当题目，如"舞讯""影讯""球讯"等。

（3）可以使用一些描述性的文字或适当使用修辞手法以突出海报的效果，如"奇异的世界——海洋生物展览""×××再显风采"等。

海报的标题必须醒目、简洁、新颖。

2. 正文。正文因海报种类的不同而不同。一般来说正文应写清楚以下内容。

（1）活动的目的和意义。

（2）活动的名称和种类（电影、报告、比赛等），活动的时间、地点、票价等。时间、地点要具体，必要时标出乘车路线。

（3）参加的具体方法及必要的注意事项等。

3. 落款。落款要求署上主办单位的名称及海报的发文日期。

以上格式是就海报整体而言的，在实际的应用中，有些内容可以少写或省略。

（五）海报的写作要求

1. 海报一定要具体真实地写明活动的地点、时间和主要内容。

2. 海报可以用一些鼓动性的词语，但不可夸大事实。

3. 海报文字要求简洁明了，篇幅短小精悍。

4. 海报的版式可以做些艺术性的处理，以吸引观众。

（六）例文

图4-3为常见海报。

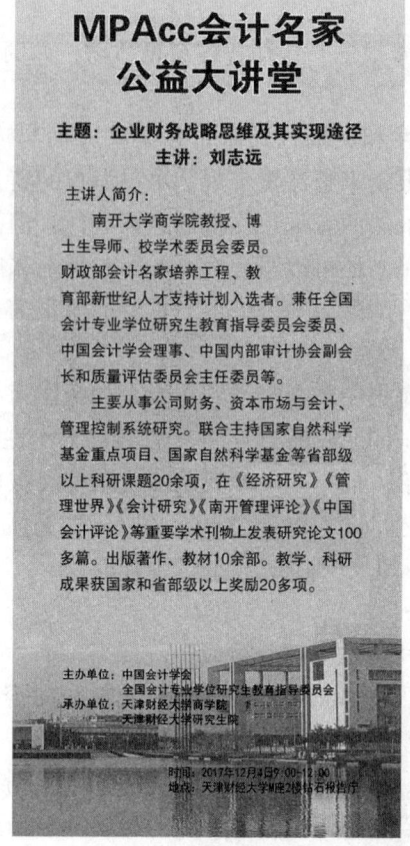

图4-3 MPAcc会计名家公益大讲堂海报

第四节 吊唁类

一、唁电

（一）唁电的含义

唁电是因吊唁者与丧家相距较远或因故不能亲临吊唁，而向丧家发出的表示哀悼、慰问的电报或传真文字，多用于官方等正式场合。

（二）唁电的种类

唁电分个人唁电、单位唁电、国家唁电三类。

1. 个人唁电。个人唁电的发出者同逝者生前往往志同道合，有过密切交往或深受逝者教诲、关怀和帮助，在惊闻噩耗后，以唁电表示悼念之情。

2. 单位唁电。单位唁电是领导机关、单位团体向丧家发的唁电。这种唁电的致哀对象多是原机关或单位团体的重要领导人或在革命和建设中曾做出较大贡献的人物。

3. 国家唁电。国家唁电一般发给对方的国家政府机关或其他相应的重要国家政府机关。逝者一般为重要的国家领导人或为两国之间的和睦关系、经济发展做出过巨大贡献的重要人物。

（三）唁电的结构和写法

无论是哪种类型的唁电，一般而言，都由标题、称谓、正文、结语和落款五部分构成。

1. 标题。唁电标题有两种形式。

（1）直接由文种构成，如直接在第一行正中书写"唁电"二字。

（2）由逝者家属姓名或单位名称和文种共同构成，如"致许广平女士的唁电"。

2. 称谓。唁电称谓是收唁电方的单位或逝者家属的称呼。收唁电者是家属的，一般应在姓名后边加"同志""先生""女士""夫人"等相应称呼。称呼后面加冒号。

3. 正文。正文要另起一行，空两格再写。正文通常由以下几项内容构成。

（1）直接抒写噩耗传来之后的悲恸心情，内容无须多。

（2）以沉痛的心情，简述逝者生前所表现的优秀品德及功绩。

（3）表达致电单位或个人对逝者遗志的继承和决心，或表达一定要在逝者优秀品德或精神的感召下奋勇前进等。

（4）向逝者家属表示亲切的问候和安慰。

4. 结语。唁电结尾一般要写上"肃此电达""特电慰问"等字样。

5. 落款。落款写在右下方，要写明拍发唁电的单位名称或个人姓名，然后在此下面署上发电日期。

拍发电报一般要求短小精悍，用语简洁明了，所以写唁电应尽量避免用修饰语，篇幅要短小。唁电写作结构分为五部分，但在实际操作中，唁电有些部分常常省略，如标题。

（四）唁电的写作要求

1. 用词要深沉、质朴、自然，并能体现吊唁者的悲痛悼念之情。忌油腔滑调，滥用修饰词。

2. 对死者生前的品德、情操和功绩的叙述，要实事求是、恰如其分、突出本质，忌本末倒置。

3. 语言要精练、概括、朴实，忌篇幅过长。

4. 唁电要及时，否则将失去原有意义。

（五）例文

致田家炳先生亲属的唁电

田家炳先生亲属：

　　田家炳先生是我们非常敬佩的实业家、慈善家。他爱国至诚，爱港至深，自奉俭朴，乐善好施，情系中华，惠泽社群。我们对他的逝世深感悲痛。

　　望节哀珍重。

国务院港澳事务办公室
2018 年 7 月 12 日

二、讣告

（一）讣告的含义

讣告也称讣文、讣闻，是人死后报丧的书面文书。"讣"原指报丧，"告"是让人知晓，讣告即告知某人去世消息的一种应用文体。讣告是死者所属单位组织的治丧委员会或者家属向其亲友、同事、社会公众报告某人去世的消息。讣告可以张贴于死者的工作单位或住宅门口；较有影响的人物去世，还可登报或通过电台向社会发出，以便使讣告内容迅速而广泛地告知社会。

（二）讣告的种类

我国现代讣告形式有三种：一般式、公告式和新闻报道式。

1. 一般式讣告。一般式讣告是人们常用的讣告。这类讣告往往用来传达某人去世的消息，简要介绍逝者生平，通知举行告别活动的时间、地点。

2. 公告式讣告。这种讣告一般用于党和国家领导人、国内的重要人物或影响力大的人物。公告式讣告由党和国家机关、团体发出，形式隆重、庄严。

3. 新闻报道式讣告。新闻报道式讣告作为一则消息在报纸上公布，旨在让社会各界人士知晓。新闻报道式讣告的内容和形式都很简单，但有的报道也较为详细。

（三）讣告的结构和写法

讣告一般由标题、正文和落款三部分组成。

1. 标题。标题可直接写文种，即写"讣告"二字；也可在文种前加上逝者名字，如"×××讣告"。字体应大于正文。宜用楷体、隶书体。

2. 正文。正文通常包括三方面内容。

（1）写明逝者姓名、身份、民族、因何逝世，逝世的日期、地点和终年岁数。

（2）简介逝者生平。主要写逝者生前重要事迹、具有代表性的经历。

（3）写清吊唁、开追悼会或举行遗体告别仪式等的时间、地点。

3. 落款。落款应写明发出讣告单位的名称或个人的姓名，以及讣告发出的日期。

（四）讣告的写作要求

1. 讣告必须在向遗体告别仪式之前发出，以便死者亲友与有关人士及时做出必要的准备，如送花圈、挽联等。

2. 讣告只能使用黄、白两色纸，长辈之丧用白色，幼辈之丧用黄色。

3. 讣告必须使用黑色，四周加黑框，以示哀悼。

4. 讣告的语言要求准确、简练、沉痛、严肃。

（五）例文

讣 告

×××同志因患××病，医治无效，于××年××月××日×时×分在医院去世，享年××岁。兹定于××年×月×日×午×时，在××殡仪馆×××告别厅举行追悼会。望生前好友届时前往参加，谨此讣告。

×××同志治丧委员会
××年××月××日

三、悼词

（一）悼词的含义

悼词，我国古代称为诔词、哀辞、吊文、祭文等。现代悼词有广义和狭义之分。广义的悼词指向死者表示哀悼、缅怀与敬业的文章。狭义的悼词指在追悼会上对死者表示敬意、寄托哀思的专用哀悼文体。悼词的内容主要是追述死者生平，对死者进行评价，表达对死者的感情和怀念。

（二）悼词的种类

按照主要写作手法，悼词可以分成三类。

1. 评叙式悼词，以记叙死者的生平和业绩为主，并恰当地抒情和评论。
2. 议论式悼词，以议论死者对社会的贡献为主，并恰当地抒情和叙事。
3. 抒情式悼词，以抒发对死者的悼念之情为主，并恰当地结合叙事和评论。

（三）悼词的特点

悼词具有以下三个特点。

1. 总结死者生平功绩，肯定其一生的贡献，既寄托哀思，又通过死者的功绩激励后来者。
2. 悼词的内容积极向上，情感基调昂扬健康，使人们化悲痛为力量，学习逝者的优秀品质或崇高精神。
3. 采用多样性的表现形式和表现手法，充分肯定死者对社会的贡献，真诚表达生者对死者的悼念和敬意。

（四）悼词的结构和写法

悼词通常由标题、正文和落款三部分构成。

1. 标题。悼词的标题有两种情况。一种是直接由文种作为标题，即标题直接写"悼词"；另一种由死者姓名和文种共同构成，如"在××同志追悼会上的悼词"。
2. 正文。悼词的正文通常由开头、主体和结尾三部分构成。

（1）开头。开头以沉痛的心情说明召开或参加此次追悼会的目的，尽可能全面而准确地说明死者的职务、职称和称呼，以示尊崇，要注意这些称呼之间的先后排列顺序。接着简要概述死者逝世原因及具体时间，以及终年岁数等。

（2）主体。悼词的主体承接开头、缅怀死者。这是悼词的核心部分，主要由两方面组成。一是介绍死者的生平事迹，即对死者的籍贯、学历以及生平事绩进行集中介绍，应突出死者对人民、社会的贡献。二是对死者的思想、精神、作风、品质、修养等进行综合评价，介绍其对他人和社会产生的积极影响，如鼓舞、激励了青年，为后人树立了榜样等。该部分的介绍可先概括再具体；也可先具体地介绍，再概括地总结。

（3）结尾。结尾主要写明生者对死者的悼念及如何向死者学习、继承其未竟的事业、化悲痛为力量，为国家、社会做出更大的贡献等内容。最后要写上"永垂不朽""精神长存"之类的语言。

3. 落款。悼词一般在开头就已介绍参加追悼会的人员情况，所以落款一般只署上成文的日期即可。

（五）悼词的写作要求

1. 目的明确。明确写悼词的目的是介绍逝者的生平事迹，歌颂逝者生前在革命或建设中的功绩，让人们从中学习逝者好的思想作风，继承逝者的遗志。但是这种歌颂是严肃的，不夸大，不粉饰，要根据事实，进行合理评价。
2. 化悲痛为力量。有的逝者生前为党和人民做了很多好事，他们的美德会时时触动人们的心灵，悼词应勉励生者节哀奋进。
3. 语言要简朴、严肃、概括性强。这也是写悼词应注意的问题。

（六）例文

罗曼·罗兰悼词

郭沫若

罗曼·罗兰先生，你是一位人生的成功者，你现在虽然休息了，可你是永远存在着的。你不仅是法兰西民族的夸耀，欧罗巴的夸耀，而且是全世界、全人类的夸耀。你的一生，在精神生产上的多方面的努力，对于人类的贡献非常宏大，人类是会永远纪念着你的。你将和历史上各个民族各个时代的伟大的灵魂们，像太空中的星群一样，永远在我们人类的头上照耀。

罗曼·罗兰先生，在二十年前你的杰作《约翰·克利斯朵夫》初次介绍到中国来的时候，你曾经向我们中国作家说过这样的话："我不认识欧洲和亚洲，我只知道世界上有两种民族———一种是上升，一种是下降。上升的民族是忍耐、热烈、恒久而勇敢地趋向光明的人们——趋向一切的光明：学问、美、人类爱、公众进步；而在另一方面的下降的民族是压迫的势力，是黑暗、愚昧、懒惰、迷信和野蛮。"你说，只有上升的民族是你的朋友，你的同志，你的弟兄。你说，你的祖国是自由的人类。这些话对于我们中国的文艺工作者是给予了多么正确的指示，多么有力的鼓励呀！

……

罗曼·罗兰先生，你请安息吧。我们中国的文艺工作者们，更一定要以你为模范，要像你一样，把"背后的桥梁"完全斩断，不断地前进，决不回头；要像你一样，始终走着民主的大道，把自己的根须深深插进黑土里面去，从人民大众吸收充分的营养，再从黑土里面生长出来。我们一定要依照你的宝贵指示："每天早上，我们都得把新的工作担当起来，把前一天开始的斗争继续下去。……对于错误，对于不公正，对于死，我们必须不断地力争，为着更大的更大的胜利。"

一九四五年三月二十一日

四、碑文

（一）碑文的含义

碑文也称碑志、碑铭，是指刻在碑上的文辞。

我国制碑的习俗历史悠久，早在春秋战国时期就有碑出现，从汉代以后，刻碑的风气逐渐普及，几乎处处可碑，事事可碑，中国的名胜古迹，由此形成"碑石林立"的特色。碑文也成了使用范围极广的实用文体。

（二）碑文的种类

碑文的种类繁多，从内容上看，常见的碑文主要有以下五类。

1. 功德碑。功德碑是为在世之人歌功颂德的碑文，如李白写的《武昌宰韩君去思颂碑并序》，概括地表现了韩公的所作所为，歌颂其清廉正直、有胆识、有作为、关心民间疾苦、勇于移风易俗。现存最早的刻石碑文是秦代李斯所写的歌颂秦始皇功业的碑文。1949年后，我国已没有人立这种碑了。不过，在国外华侨聚居的地方，还有人立功德碑。

2. 庙碑。庙碑品种很多，有寺碑、庵碑、神庙碑、宗庙碑、家庙碑等。中国古代庙宇众多，故庙碑也到处可见。1949年后，因古代寺庙建筑颇多，都是难得的名胜古迹，需要修补或重建，修建时立碑记事，以垂示后人。现在作这类碑文应侧重叙述古迹的兴废历史、古迹确定的依据以及重建过程中的有关事项。

3. 墓碑。墓碑是最常见的碑文，这类碑文是赞颂逝者的。墓碑碑文主要分两种：一种仅仅表明墓中死者的身份，绝大部分由逝者亲属所立；另一种墓碑除了表明死者的身份外，还简单介绍死者的生平成就、功劳过失，这类墓碑也叫墓志铭，往往是逝者家属请能文之士代笔。一些著名文人写墓志铭往往匠心独具、文采斐然，如韩愈的《柳子厚墓志铭》、张溥的《五人墓碑记》。

4. 纪念碑。纪念碑主要是为了纪念为人类文明进步做出巨大贡献的伟大人物或重大的历史事件，这种碑一般为国家机关或社会团体所建。如人们为林则徐修建的林公则徐纪念碑，表彰他反抗外国侵略者的爱国主义精神。这类碑中最有名的是矗立在天安门广场的人民英雄纪念碑。碑文文字简练，气势磅礴，碑座四周镶嵌大型浮雕，文图并茂，具有一般碑文难以达到的感染力。

5. 记事碑。记事碑主要是指用来记载当时较为重要或有意义的事情的碑文，如《王若飞等烈士殉难记事》。这类碑意在记录真实事件，碑文必须质朴、客观，稍有夸饰，就不能取信于人。

（三）碑文的结构和写法

一般说来，碑文在形式上可以不拘一格，没有固定的结构，特别是名人、诗人作碑文，更是自由潇洒，笔走江海。下面仅简单介绍结构相对稳定的几种常用碑文。

1. 墓碑。墓碑通常由抬头、正文和落款三部分组成。

（1）抬头。抬头主要写逝者的生前职务、职业等，有的也可以省去不写。

（2）正文。正文主要写明立碑者对逝者的称谓及逝者的姓名。如"先考王君××大人之墓"。

（3）落款。落款写明立碑人的身份、姓名。

2. 墓志铭。墓志铭常常由标题、正文和落款三部分组成。

（1）标题。标题一般由逝者名和文种名组成，如"柳子厚墓志铭"。

（2）正文。一般而言，墓志铭正文内容由三个方面组成。一是要简单介绍逝者的主要生平；二是要评价逝者主要的成就及其社会价值；三是要写出立碑的意义，同时对逝者的不幸逝去表示哀悼。

（3）落款。落款注明立碑的单位名称、撰文者姓名，同时署上成文日期。需指出的是，有的墓志铭立碑单位名称或撰文者个人姓名已写在标题下，所以落款只注明成文日期即可。

3. 功德碑。古代歌颂功德的功德碑在今天已基本绝迹，但有时为了表彰一些先进的个人，比如捐资建校等也会立碑以纪念，这可以称作当代功德碑。这类功德碑通常也由标题、正文和落款三部分组成。

（1）标题。标题通常由功德人姓名和文种构成，如"××先生捐资建校纪念碑"。

（2）正文。正文叙述当事人在何时、何地、为何原因、何人做了什么好人好事，同时正文也要阐明立碑单位或个人的感激之情。

（3）落款。落款署上立碑者名称或姓名，并写明立碑日期。

（四）例文

1. 纪念碑。

人民英雄纪念碑碑文

三年以来，在人民解放战争和人民革命中牺牲的人民英雄们永垂不朽！三十年以来，在人民解放战争和人民革命中牺牲的人民英雄们永垂不朽！由此上溯到一千八百四十年，从那时起，为了反对内外敌人，争取民族独立和人民自由幸福，在历次斗争中牺牲的人民英雄们永垂不朽！

中国人民政治协商会议第一届全体会议建立

2. 墓碑。

"一个在海边拾贝壳的孩子。"——牛顿

"从苍天处取得闪电，从暴君处取得民权。"——富兰克林

"我的耳朵宛如贝壳，思念着大海的涛声。"——聂耳

"看在耶稣的份上，好朋友，切莫挖掘这黄土下的灵柩；让我安息者将得到上帝祝福，

迁我尸骨者将受亡灵诅咒。"——莎士比亚

"他总是以他自己的一颗人类的善心对待所有的人。"——贝多芬

"睡在这里的是一个热爱自然和真理的人。"——卢梭

【案例研习】

1. 指出下列病例中存在的问题，并改正。

病例一

寻物启事

本人丢失学生证一个，请捡到者交上。

病例二

招聘启事

本人需家教一名，学历研究生，有意者请找我联系。

张三

病例三

声明

本人于昨晚拾到手表一只，请有意者速来认领。过时不候。

张三
10月12日

2. 指出下列病例中存在的问题，并改正。

病例一

张老师：

　　您好！我班定于6月8日在本班教室举行辩论赛，特邀您参加，希望您百忙之中抽出时间，一定到会。谢谢！

　　此致

敬礼

班委会敬邀
20××年6月5日

病例二

讣告

　　夫：××同志（××市原政协委员）因病医治无效不幸于×年×月×日×时×分在××市逝世。今定于×年×月×日在××殡仪馆举行遗体告别仪式，敬请参加。

妻：××
20××年×月×日

【情境写作】

1. 经调查发现，学校食堂存在巨大的浪费，请以校学生会的名义写一份倡议书，倡议全校师生厉行节约。

2. 天津财经大学珠江学院团委决定在暑假组织一次大学生"三下乡"支教活动，统计系统计1306班的李明同学很想参加，请代他写一份申请书。

3. ××先生系××大学金融系教授，在财税信息化理论与实务方面造诣极高，天津财经大学珠江学院金融系拟请××教授到该校××楼阶梯教室举办财税金融电算化课程建设与模拟银行的创立及综合利用方面的讲座。请以天津财经大学珠江学院金融系的名义写一封邀请函。

4. 毕业季到了，大四学生即将离校。请以校学生会的名义写一篇用于毕业晚会上欢送大四毕业生的欢送词。

5. 作为竞选学生会主席的候选者，请根据演讲稿的特点和要求，写一篇富有感染力的竞选演讲稿。

6. 会计系国际会计2013级学生张三丢失一件阿迪达斯的运动上衣，衣服的下兜内装有财经方面的杂志一本，上兜内有钱包一个，内有156元人民币、饭卡一张、建设银行信用卡一张。请代他写一份遗失启事。

7. 管理系学生刘一于2013年5月21日下午在学校网球场拾到白色三星手机一部。请代他写一份招领启事。

8. 国庆将至，××超市将于9月30日至10月10日期间开展促销活动：凡在该超市购物满58元就可参加活动，满58元赠洗衣粉一袋，满68元可参加抽奖。奖品分三等：一等奖，海信液晶电视一台；二等奖，美的豆浆机一台；三等奖，心相印卫生卷纸一提。请为这次活动设计一份海报。

9. 小张接到他的恩师××老师去世的讣告，万分悲痛。
（1）请以××老师家属的名义写一则讣告。
（2）请为××老师追悼会拟写一篇悼词。

第五章 学业求职文书

【本章导读】

　　学业求职文书是学生为完成学业和个人为谋求职位时写作的文书,分为学业类和求职类两种。学业类文书包括开题报告、毕业论文、实习报告等;求职类文书包括求职材料(主要指简历和求职信)、推荐信、竞聘词、自我鉴定、辞职信等。

　　完成学业和顺利就业是大学生在校期间的两项重要内容。完成学业的重要一环就是写好开题报告、毕业论文、实习报告等相关学业文书;实现顺利就业的前提是写好简历、求职信等相关求职材料。

　　步入社会后,如果向用人单位推荐某职位的合适人选,需要写推荐信;当工作期间需要介绍自己的基本情况,并对自己的经历、成绩、不足等作出评价时,则要写自我鉴定;如果需要争取某项职务或竞争某个岗位,需要写竞聘词;当辞去某项职务或离开某个岗位时,则要写辞职信。

　　此外,申论是当今我国非常重要的一种应试文体,在国家公务员的招考录用中占有举足轻重的地位。申论作为报考国家公务员的初试科目之一,其写作目的也在于求职。申论虽不属于一般意义上的求职类文书,但为适应当前新形势发展的需要,这里将其列为本章第三节,放在学业类和求职类文书之后加以介绍。

　　学业求职文书对个人毕业、求职具有关键作用。尤其对正处于毕业、求职重要阶段的大学毕业生而言,学业求职文书写作质量的优劣、水平的高低,直接关系到个人的生存和发展,关系到个人的前途命运和人生价值的实现。

　　本章主要介绍与学业和求职有关的各种学业求职文书。通过本章的学习,重点掌握开题报告、毕业论文、实习报告、简历、求职信、推荐信、竞聘词、自我鉴定、辞职信等常用学业求职文书的写作模式和技巧,理解并掌握申论的含义、特点、作用、结构和写作技巧,能够按照要求写出符合规范的申论文本。

第一节 学业类

一、开题报告

（一）开题报告的含义

开题报告是毕业论文的重要环节，是指为阐述、审核和确定毕业论文题目而做的专题书面报告，由选题者把自己所选课题的概况向有关老师、专家、学者进行陈述，然后由他们对科研课题进行评议，确定是否同意这一选题。

（二）开题报告的作用

开题报告是随着现代科学研究活动计划性的增强和科研选题程序化管理的需要应运而生的，是一种新的应用文写作文体。对于高校毕业生来说，开题报告是实施毕业论文研究的前瞻性计划和依据，是监督和保证论文质量的重要措施，同时也是锻炼毕业生科研能力与学术论文撰写能力的有效实践活动。

（三）开题报告的选题

毕业论文选题不是一下子就能够确定的。若选择的毕业论文题目范围较大，则写出来的毕业论文内容比较空洞，难以结合实际；而选择的毕业论文题目范围过于狭窄，又难以查找相关文献资料，让人感到无从下手。

对于毕业论文题目的确定，通常可以采取先选出一个大的研究方向，再围绕该研究方向查找文献资料，通过阅读、思考、分析，逐渐把毕业论文题目范围缩小的方法。因此，毕业论文的选题应当尽早酝酿，才有充分的时间思考和准备。一般来说，选题最好在大学三年级就确定，因为大学一般在三年级就基本将该学科的专业课程开设完备，学生已经全面了解该学科，有足够的空间从中选择自己感兴趣的研究方向。通过低年级的基础知识学习，对理论的掌握比较系统，能够站在更高的角度来思考问题。以汉语言文学专业为例，学生可以从两个大的角度确定自己的研究方向：是关注语言问题，还是探讨文学现象；之后可以在确定的大方向中再次选择具体的研究目标，如在文学领域，关注古代文学还是现代文学，关注亚非文学还是欧美文学等。这样才有充足的时间根据选题搜集资料，进行研究。此外，应尽量选择自己感兴趣的课题，激发研究热情，调动主动性和积极性，以专心、细心、恒心和耐心的积极心态去完成毕业论文。

确定选题只是第一步，接下来在查阅资料的过程中，就要思考如何研究这个问题。严格来讲，选题只有确定了切入点，才会最终完成。切入点一定要强调新意，即论证的角度、研究的方向要有新意。要善于运用新方法、新角度思考问题；即使是有人研究过的旧论题，也可以从新的角度去开发。一个好的选题，往往经过长时间思考，才能确定下来。

（四）开题报告的结构和写法

开题报告主要由论文题目、研究的目的和意义、国内外研究概况、拟研究解决的主要问题、研究价值与创新、论文拟撰写的主要内容（提纲）、参考文献、研究阶段和论文写作进度安排等部分构成。各高校开题报告设置的具体内容或有不同，但一般都应具备以上几项。

1. 论文题目。题目是文章的眼睛，要明亮而有神。论文题目是论文研究内容的高度概括，是整篇论文的研讨中心，能告诉别人你要干什么或解决什么问题。因此，论文题目要注意以下几方面。

（1）题目应当精练而完整地表达文章的本意，不要简单地罗列现象或陈述事实，如"房地产企业财务管理分析"就显得比较空洞。

（2）文章题目要体现研究的侧重点，要呈现研究对象及要解决的问题，如"上市公司股权激励存在的问题及对策"就比"房地产企业财务管理分析"更具研究价值。

（3）论文题目要新颖、简洁，最好不超过20字。如果确因研究需要，可以采用主副标题，如"《金瓶梅》与《红楼梦》比较研究——以两场奢华盛宴下的丧葬风俗与人情为例"。

2. 研究目的和意义。研究目的和意义回答为什么要研究，交代研究的理论和实践意义，切忌空洞无物的口号。在简单介绍论文所研究问题的基本概念和背景之后，简单明了地指出论文所要研究解决的具体问题，及解决该问题对学术发展或社会实践的推动作用。

3. 国内外研究概况。国内外研究概况即文献综述。在论文写作过程中，文献是文章的理论基础和实践支撑，在理论和实践上都具有一定的价值。

文献综述要以查阅文献为前提，所查阅的文献应与研究问题相关，但又不能过于局限。与问题无关则毫无主题，过于局限又违背了学科交叉、渗透原则，使视野狭隘、思维窒息。文献综述很容易犯两方面的错误：一是高度地加以概括和总结，三言两语就结束；二是把所有的文章和书本都一一罗列上去。文献综述的目的在于帮助作者厘清思路，看前人是如何研究的，已有哪些方面的研究成果，是对学术观点和理论方法的整理，具有评论性。因此，要带着客观性、批判性来归纳和评论文献，而不仅仅做相关领域学术研究的"堆砌"。评论的主线，要按照问题展开，也就是说，了解别的学者如何看待和解决提出的问题，他们的方法和理论是否有缺陷。要是别的学者已经很完美地解决了提出的问题，那就没有重复研究的必要了。做文献综述前，首先要针对该课题进行广泛的资料搜集，如该领域的核心期刊、经典著作、专职部门的研究报告等。搜集资料常用的途径有以下几种。

（1）图书馆的中外学术期刊。找到几篇经典的文章后"顺藤摸瓜"，留意它们的参考文献。质量较高的学术文章，通常是不会忽略该领域的主流、经典文献的。

（2）利用学校图书馆的"中国期刊网"和过刊阅览室，查找较为早期的经典文献。

（3）国家图书馆。有些二十世纪七八十年代甚至更早出版的社科图书，学校图书馆往往没有收藏，但是国家图书馆却是一本不少。

4. 拟研究解决的问题。这部分要明确提出论文所要解决的具体学术问题，也就是论文拟定的创新点。评述就这一问题在学术界已经提出的观点、结论、解决方法、阶段性成果，以及上述文献研究成果的不足，进而提出本论文准备论证的观点或解决方法，简述初步理由。本论文的观点或解决方法是论文的核心内容，提出和论证它是论文的目的和任务。开题报告的目的就是请专家、老师、学者帮助判断所提出的问题是否值得研究、准备论证的观点或方法是否能够研究出来。

5. 研究价值与创新。研究价值与创新主要阐明选题的理论价值和实践意义，介绍该选题研究的创新点。研究的价值与创新应立足于选题和自身实际，不能把与选题无关或自己根本不可能实现的内容罗列上去。

6. 论文拟撰写的主要内容（提纲）。开题报告要初步提出整个论文的写作大纲或内容结构，由此更如深入地理解"论文拟研究解决的问题"。开题报告包含的论文提纲可以是粗线条的，是一个研究构想的基本框架，可采用整句式或整段式提纲形式。在开题阶段，提纲的目的是让人清楚论文的基本框架，没有必要像论文目录那样详细。

7. 参考文献。开题报告中应包括相关参考文献的目录，一方面可以反映作者立论的真实依据，另一方面也是对原著者创造性劳动的尊重。

参考文献的格式要规范，其顺序为论文作者、论文题目、出版社或刊物名称、出版日期。另外，每部分的标点符号都有明确规定。对于来源渠道不一样的文章，要分别用大写英文字母标明其文章类型。

8. 研究阶段和论文写作进度安排。研究阶段主要是指从选题思考到论文成熟阶段。对研究阶段的进度安排，一定要细化。要明确各阶段的研究目标和任务，合理分配各阶段的时间，有步骤、有计划地进行研究和论文写作。

（五）开题报告的写作要求

开题报告的主要写作目的在于，请老师或专家帮助写作者判断该选题有没有研究价值，研究方法有没有疏漏，论证逻辑有没有明显缺陷。因此，开题报告实际上是用文字体现的论文总体构想，篇幅不必过长，但要把计划研究的选题、如何研究、理论依据等主要问题写清楚。

（六）例文

平海军声与广东三大方言

一、选题目的、意义和国内外研究现状

（一）选题的研究目的

语言是人们相互交往的工具，也是一种十分独特的文化现象。现代汉语的各种方言都是从古代汉语发展而来的，方言在语音、词汇和语法结构上的异同，更能反映文化地理学、史学、社会学、民俗学的各种文化现象。军话作为濒危的方言岛，对其进行研究更具深刻的意义。本文拟从平海军声与广东三大方言的异同的角度，通过对平海军声的语音、词汇、语法、修辞等几方面特点的分析，以及广东三大方言对平海军声的影响，探讨濒危军话的特色，以进一步促进对平海军声这一珍贵方言的研究。

（二）选题的研究意义（略）

（三）国内外的研究现状（略）

二、选题研究内容介绍

本文首先从军话的濒危现象引出军话所处环境对其的影响；然后简单介绍军话、军话形成的历史以及性质特点；最后再重点介绍平海军声，主要从其语音、词汇、语法和修辞的特点，以及广东三大方言对平海军声的影响着手。内容结构拟定如下：

引言

（一）军话与平海军声

1. 军话的简介

2. 军话的总体性质特点

3. 平海军声的形成与概况

（二）平海军声的语音特点及广东三大方言对平海军声的影响

1. 平海军声的语音特点

2. 三大方言对平海军声语音的影响

（三）平海军声的词汇特点及广东三大方言对平海军声的影响

1. 平海军声的词汇特点
2. 三大方言对平海军声词汇的影响

（四）平海军声的语法特点及广东三大方言对平海军声的影响

1. 平海军声的语法特点
2. 三大方言对平海军声语法的影响

结语

三、选题创新之处与研究方法

（一）选题的创新之处

本文选题的角度比较独特，并非单方面研究平海军声的情况，而是结合广东的三大方言（粤语方言、客家方言、闽南方言），将这三大方言与平海军声进行联系，从而得出这几大方言之间的联系和区别，不仅探讨了军声方面的内容，同时也进一步密切了粤语方言、客家方言、闽南方言之间的联系。

（二）选题的研究方法（略）

四、参考文献（略）

五、研究进程与计划（略）

二、毕业论文

（一）毕业论文的含义

随着科学事业的繁荣，学术交流活动日益频繁，学术论文也日益增多。学术论文是用来论述科学研究成果的一种文章体裁。毕业论文是对哲学、社会科学和自然科学领域中的某些现象和问题进行比较系统的研究，以探讨某些本质特征及其发展规律的理论性文章。学术论文不同于一般议论文，它是议论文的高级形态。因为学术论文是对某种科研成果的表述，是在进行了系统研究的基础上发表的创造性论说，不是一般的心得体会，它具有相当的容量和厚度。

学术论文根据研究对象，可分为社会科学论文和自然科学论文两大类；根据社会功用，学术论文可分为下面几类。

1. 报告论文。报告论文指在各类学术交流会上现场宣读的论文。报告论文是一种口头形式的论述性报告，有时甚至没有形成完整的论文形态。

2. 杂志论文。杂志论文指各学科领域中的专业人员为介绍自己的科研成果而发表在报纸杂志上的学术论文。杂志论文具有专业化的特点，针对性强、发行量大，反映了各学科领域的新进展、新技术、新成果。

3. 学位论文。学位论文是学位申请人为了获得学位而撰写的学术性文章。根据《中华人民共和国学位条例》的规定，学位论文分为学士论文、硕士论文和博士论文三种。

学士论文是高等院校本科毕业生撰写的毕业论文。要求学位申请人较好地掌握本学科的理论知识和基本技能，具有从事科研工作或担负专门技术工作的初步能力。学士论文通过后方可取得学士学位。

硕士论文是指在高等院校或科研机构攻读硕士学位研究生的毕业论文。要求在本学科具有坚实的理论基础和专门知识，取得了一定的科研成果。硕士论文通过后方可取得硕士学位。

博士论文是指攻读博士研究生的毕业论文。博士论文对所研究的课题有创造性见解，是比较显著的科研成果的反映,是作者独立完成的比较完整而系统的科学专著。博士论文通过后方可取得博士学位。

毕业论文是高等学校毕业生提交的有一定学术价值和学术水平的文章,是大学生从学习理论知识到从事科学技术研究与创新活动的最初尝试,是对大学生在读书期间所学各种基础课和专业课的一次总的测试、全面的考核。毕业论文的写作目的在于培养和锻炼学生综合运用所学知识和技能,理论联系实际,培养独立分析解决问题的能力及进行科学研究的能力。毕业论文是学术论文的一种,但由于是大学生在学习期间所撰写,又有其特殊性。在我国,高等院校学生的毕业论文可以作为申请授予学士学位、硕士学位或博士学位时,供评审学位使用的学位论文。

(二)毕业论文的作用

毕业论文是教学、科研的一个环节,也是学业成绩考核和评定的一种重要方式。毕业论文通常是一篇较长的、有文献资料佐证的学术论文,是学生运用在校学习的基本知识和基础理论,去分析、解决实际问题的实践锻炼过程,也是学生在校学习期间学习成果的综合性总结,是毕业生总结性的独立作业。毕业论文反映出作者能够准确地掌握所学的专业基础知识,基本学会综合运用所学知识进行科学研究的方法,对所研究的题目有一定的心得体会,对于培养一名合格的大学生具有重要意义和作用。

写毕业论文不仅是对大学生的考核,也是对大学生毕业后从事科学性研究和工作的初步训练。在毕业论文的实践中,学生可以熟悉科学研究和论文撰写的基本环节、程序和方法,初步确定科研方向,为今后从事科研工作打下基础。大学生在毕业论文写作过程中,能够比较充分地展现自己的成绩和才华,学校和用人单位能从毕业论文的写作和答辩中及时发现人才、推荐人才。我国很多知名专家学者,在学生时代的论文写作中就已经崭露头角。

毕业论文写作,可以使大学生熟悉学术论文写作的基本方法、基本格式与规范,初步了解科研工作的技巧,了解本专业方向的研究内容,掌握文献资料查找的基本方法。

(三)毕业论文的写作准备

毕业论文的写作准备一定程度上也为写作开题报告奠定了基础。

1. 选题。选题是毕业论文撰写的第一步,是论文撰写的关键。选题实际上就是确定"写什么"的问题,亦即确定科学研究的方向。如果"写什么"不明确,"怎么写"就无从谈起。对于毕业生来说,在写开题报告时应该确定选题。毕业论文确定好选题后,接下来的工作就是研究课题。研究课题的一般程序是搜集资料、研究资料、明确论点、执笔撰写、修改、定稿。

2. 查阅资料。在开题报告形成观点的基础上,研究者要进行大量的资料梳理及研究,以支撑自己的论点。毕业论文不同于一般的论文。专业的毕业论文是某一学科的科研成果的描述与反映,没有研究,写作就无法进行。研究的前提是必须掌握尽可能多的文献资料。一个人读的书越多、查找的资料越全面,专业水平就越高,创造性的思考可能性就越大,写出来的论文质量就越高。因此,大学生在写作毕业论文时,首先要学会如何检索文献资料,懂得文献查找的方法和技巧。

文献资料的查找也就是文献资料的检索,它是现代获取文献和信息的主要手段之一,同时也是大学生写作毕业论文获取资料的主要方法。图书馆及其他文献信息机构收藏的文献资料有很多种。随着互联网的流行,现在图书馆有很多电子期刊数据库可供选择。电子期刊数据库不但检索种类齐全，而且速度快，是当今资料查找的首选。

目前，常用的电子期刊数据库主要有以下三个。

（1）CNKI 中国知网。它由清华同方光盘股份有限公司和清华大学中国学术期刊（光盘版）电子杂志负责牵头实施，其建立的 CNKI 系列数据库已集结 7 000 多种期刊、近 1 000 种报纸、18 万份博硕士论文、16 万册会议论文、30 万册图书和国内外 1 100 多个专业数据库。

（2）万方数据知识服务平台。它是由中国科技信息研究所、万方数据集团公司开发的大型中文网络信息资源系统。它由面向企业界、经济界的商务信息子系统，面向科技界的科技信息子系统和数字化期刊子系统组成。科技信息子系统是集中国科技期刊全文、中国科技论文与引文、中国科技机构与中国科技名人的论文、博硕士毕业论文等近一百个数据库为一体的科技信息群。数字化期刊子系统集纳了理、工、农、医、人文 5 大类，70 多个类目，共 4 000 余种科技类期刊全文。

（3）中文科技期刊数据库。它是由重庆维普资讯有限公司开发的综合性数据库，也是国内图书情报界的知名数据库。它收录中文期刊 12 000 余种，全文 3 000 余万篇，引文 4 000 余万条，分全文版、文摘版和引文版 3 个版本，及社会科学、自然科学、工程技术、农业科学、医药卫生、经济管理、教育科学、图书情报 8 个专辑定期出版。

（四）毕业论文的结构和写法

毕业论文一般由前置部分、正文、附录、尾部四部分构成。在四部分中，论文编写的基本格式项目为前置部分和正文。

1. 前置部分。各高等院校根据实际情况，对毕业论文的前置部分制定了相关的格式标准，学生只需根据其规定填写相关内容即可。前置部分主要包括标题、作者及专业班级、内容摘要、关键词英文内容摘要和关键词目录等。

（1）标题。毕业论文的标题样式繁多，但无论是何种形式，总要全部或侧面体现作者的写作意图、文章的主旨。毕业论文的标题一般分为总标题、副标题和分标题三种。

①总标题。总标题是文章总体内容的体现。总标题可以高度概括全文内容，便于读者把握全文内容的核心，如"关于经济体制的模式问题""经济中心论""天津方言特点浅析"等。总标题也可以只是对文章内容的范围加以限定。这样做一方面是文章的主要论点难以用一句简短的话加以归纳；另一方面，交代文章内容的范围，可引起同人读者的注意，以引起共鸣，如"试论我国农村的双层经营体制""战后西方贸易自由化剖析"等。

②副标题。为了点明论文的研究对象、研究内容、研究目的，有的论文还对总标题加以补充、解说，加上副标题，如"如何看待现阶段劳动报酬的差别——也谈按劳分配中的资产阶级权利"等。

③分标题。设置分标题的主要目的是清楚地显示文章的层次。有的用文字本层次的中心内容；也有的用数码，仅标明"一、二、三"等顺序，起承上启下的作用。需要注重的是，无论采用哪种形式，都要紧扣所属层次的内容，注意上文与下文联系的紧密性。

（2）作者及专业班级。作者属于论文的责任人之一。根据文责自负的规定，论文应署上作者的姓名，所在院系、专业、班级的名称。

（3）内容摘要。内容摘要是全文内容的缩影。作者在此部分以极简的笔墨，勾画出全文的整体面目；提出主要论点，揭示论文的研究成果，简要叙述全文的框架结构。内容摘要是正文的附属部分，一般放置在论文的篇首。

写作内容摘要的目的在于使指导老师在未审阅论文全文时，先对文章的主要内容有大概了解，知道研究所取得的主要成果、研究的主要逻辑顺序；也使其他读者能大概了解作者所研究的问题，假如产生共鸣，则再进一步阅读全文。因此，内容摘要应把论文的主要观点提炼出来，便于读者一看就能了解论文的要点。内容摘要须简明而又全面，一般只简要地叙述研究的成果（数据、看法、意见、结论等），对研究手段、方法、过程等较少涉及。

编写内容摘要应注意客观地反映原文，不得简单重复题名中已有的信息，要着重反映论文的重要内容和特别强调的观点。内容摘要宜采用第三人称过去式的写法，如"对……进行了研究""综述了……"等，不应写成"本文""我校……"等。内容摘要的字数要求不完全一致，一般为 200 至 500 字。

（4）关键词。关键词是标示毕业论文主要内容，但未经规范处理的主题词。关键词是为了文献标引工作，而从论文中选取出来的，用以表示全文主要内容的单词或术语。一篇论文可选取 3~5 个词作为关键词。

关键词在内容摘要后另起一行排。关键词的字级、字体和排列方式与摘要相同。关键词与内容摘要之间一般不空行，与正文之间一般空 1 行。

（5）英文内容摘要和关键词。直接根据中文内容摘要和关键词翻译，词汇和语法必须准确。

（6）目录。根据论文各部分内容的标题及其所在页码编制目录。目录中的标题一般不能超过三级。例如，四川大学要求一级标题用小三号或四号字，二级标题用四号或小四号字，三级标题用小四号字；天津财经大学要求目录内容只列两级。

2. 正文。正文是毕业论文写作的核心和重点，一般由引论、本论、结论、注释、参考文献等构成。

（1）引论。引论也称绪论、引言、前言，起引导读者领会下文内容的作用。引论应简要说明研究的目的、范围、相关领域的研究成果及存在的研究空白、研究设想及采用方法的预期结果或研究工作的意义。

（2）本论。本论是毕业论文的核心部分，占主要篇幅。一般来说，本论应包括三个方面。

①事实根据，包括通过本人实际考察得到的语言、文学、教育、社会、思想等事例或现象。提出的事实根据要客观、真实，必要时要注明出处。

②前人的相关论述，包括前人的考察方法、考察过程、所得结论等。理论分析中，应将他人的意见、观点与本人的意见、观点明确区分。无论是直接引用还是间接引用，都应注明出处。

③本人的分析、论述和结论等。做到使事实根据、前人的成果和本人的分析论述有机地结合，注意其间的逻辑关系。

本论主要表达本人的研究成果，阐述本人的观点及其论据。这部分要以充分有力的材料阐述观点，要准确把握文章内容的层次、大小段落间的内在联系。篇幅较长的论文常用推论式和分论式相结合的方法。推论式即由此论点到彼论点逐层展开、步步深入的写法；分论式即把从属于基本论点的几个分论点并列起来，一个个分别加以论述的写法。

本论的格式，如标题的字级、字体、标题占行等，各学校要求不尽相同，但一般要符合学术论文的写作规范。

（3）结论。结论即毕业论文最终的、总体的结论。结论是整篇论文的归宿，而不是某一局部问题或某一分支问题的概括,也不是本论中各小结的简单重复。结论应当体现作者更深层的认识,且是从全篇论文的全部材料出发,经过推理、判断、归纳等逻辑分析过程而得到的新的学术观念、见解。结论部分的标题可采用"结论"等字样,要求精练、准确地阐述自己的创造性工作,或新的见解及其意义和作用,还可提出需要进一步讨论的问题和建议。结论应该准确、完整、明确、精练。

(4) 注释。毕业论文中涉及他人的观点、统计数据、图表或计算公式的要有出处(引注),采用脚注形式。中文脚注字体一般要求为五号宋体,英文脚注字体一般要求为五号 Times New Roman 字体。在同一页中有两个或两个以上的注释时,按先后顺序编注释号,采用阿拉伯数字,编在右上角,注释内容当页写完,不得隔页。所引资料来自著作的需按以下格式注明:"作者姓名.书名.出版地:出版社,出版年,起~止页码."所引资料来自期刊的需按以下格式注明:"作者姓名.文题.刊名,出版年,卷号(期号):起-止页码."卷号、期号使用阿拉伯数字。所引资料来自法令或文件的需按以下格式注明:"发文机关.法令或文件名.文号或颁布日期."如果该页有一处或多处引注,应以①②……在正文中顺序标出并标明相应的脚注。涉及计算的数据要求准确。

(5) 参考文献。在学术论文后一般应列出参考文献(表)。这样既能反映出真实的科学依据,体现严肃的科学态度,分清是自己的观点或成果还是别人的观点或成果,也为了对前人的科学成果表示尊重,同时也指明了引用资料出处,便于检索。参考文献可以按正文中出现的顺序列出,也可以分类列出。

各高校对参考文献的格式要求不完全一致。以天津财经大学为例,要求参考文献根据各学科规范的要求书写,并按顺序编码。"参考文献"四个字居中,使用三号黑体。参考文献的正文与"参考文献"四个字之间空一行。作者为两个人以上的,中间要用逗号隔开,超过三人的只写到第三位,余者写"等"。参考文献应另起一页,一律放在正文后。参考文献要写明作者、出版年、书名(或文章题目及报刊名)、出版者。序号使用中括号,如[1]。序号与文字之间空两格。如果需要两行的,第二行文字要位于序号之后,与第一行文字对齐。

3. 附录。对于一些不宜放入正文但又不可缺少的部分,或有重要参考价值的内容,可编入毕业论文附录中,如问卷调查原件、数据、图表及其说明等。

4. 尾部。尾部为毕业论文写作格式的选择项目,需要时可以使用,包括致谢、作者及科研成果简介等。致谢用于对在毕业论文写作中给予指导、帮助、提供便利条件的单位或个人表示感谢。作者及科研成果简介是对毕业论文作者及其在校期间取得的科研成果的简要介绍。

(五) 毕业论文的写作要求

1. 选题要合适、新颖。选题是否合适、有新意,是论文能否完成的关键。
2. 选材要精准、恰当。材料是论证观点、完成写作的基础。
3. 构思要巧妙、细致。独特、精巧、缜密的构思是写好毕业论文的前提。
4. 论据要多元、充分。恰当使用图、表、符号、公式等多种书面符号论证观点,图文相互结合、印证,增强论证的直观性和说服力。

(六) 例文

能源消耗与经济增长的关系研究

内容摘要: 能源是经济增长的物质条件,研究能源与经济增长的关系不仅是优化经济结构的要求,而且对于减少能源使用、走可持续发展道路具有重要意义。本文借鉴国内外学者关于能源消耗与经济增长的关系的相关研究成果，选取我国1995—2015年国内生产总值（GDP）和能源消耗相关数据，在介绍我国能源消耗与经济增长发展现状的基础上，运用描述性统计分析和计量经济学中时间序列的检验方法，构建向量自回归模型（VAR模型），通过单位根检验、协整检验、格兰杰因果关系检验、脉冲响应函数分析等方法探究我国能源消耗与经济增长之间存在的动态关系。在检验结果的基础上，就我国当前如何协调好能源消耗与经济增长关系给出相关建议。

关键词：能源消耗；经济增长

一、研究背景及研究意义

（一）当前我国经济及能源状况简介

当今世界，能源是经济发展的基础，是发展生产力必不可少的物质条件。能源的使用也反映了社会的发展程度，人类对能源的使用历程大致经历了柴薪—煤炭—石油—电力四个阶段，随着生产力、经济的快速发展，对能源的消耗量也不断扩大。伴随着能源的消耗，其所导致的问题也随之出现，比如环境污染严重、温室效应、能源利用率不高、能源消耗速度过快等，这些问题严重影响了经济社会的发展，成为发展过程中的绊脚石。

中国作为世界上最大的发展中国家，从20世纪70年代末改革开放到如今，在短短40年的时间里，我国的生产力得到了空前发展，国内生产总值由1997年的78 802.9亿元增长到2016年的740 598.7亿元。当前，我国已经成为世界第二大经济体，实现了经济的飞速增长。但是随着经济增长，能源的消耗量也在不断扩大。根据2017年发布的《BP世界能源统计年鉴（2017年）》（中文版），我国是目前世界上能源消费量最多的国家，我国消耗的能源占全球能源消费量的23%，是世界上最大的能源消费国。而2009年召开的哥本哈根世界气候大会公布的全球30大温室气体排放国排行榜中，我国的温室气体排放量居于榜首，占全球碳排放量的19.12%[①]。所以如何处理好能源消耗与经济增长之间的关系，已经成为我国发展面临的一个重大难题。众所周知，我国的基本国情就是虽然幅员辽阔、地大物博，各种矿产能源应有尽有，但是人口基数大，并且随着社会的发展，人们对美好生活的向往，对生活质量的要求不断提高，同时人口数量也在不断上升，给环境资源带来了巨大的压力。加之以往粗放的经济发展模式，发展经济依靠能源的高投入、高消耗，以牺牲环境作为代价，环境污染已经成为我国发展必须解决的一个重大问题。绿水青山就是金山银山，作为一个发展中国家，我国发展经济主要依靠高能耗高污染的第二产业，长期以来对能源和环境带来了巨大的负担，加之科技欠发达和资源配置方式不合理等方面的原因，我国在能源使用方面存在严重的资源浪费现象，这不仅给有限的资源带来了巨大的压力，同时也不利于我国走可持续发展道路，使各种经济充分发挥其活力。

（二）国内外研究现状（略）

（三）研究方法和研究意义（略）

二、数据变量的描述

（一）变量的选取

本文研究经济增长与能源消耗之间的关系，选取国内生产总值即GDP（单位：亿元）为经济增长的代表值，选取能源消耗总量（单位：万吨标准煤）为能源消耗的代表值。其中，国内生产总值（GDP）相关数据来自国家统计局，能源消耗总量数据来自世界银行数

[①] 高珊珊. 我国经济增长、能源消耗及二氧化碳排放的动态关系研究［D］. 重庆：重庆大学，2013.

据库。在收集数据的过程中,发现 1995 年之前的数据有所缺失,因此以我国近 21 年 (1995—2015 年) 的国内生产总值与能源消耗总量年度数据作为样本进行系统性研究。

(二) 数据的预处理与描述性统计分析

为使研究结果更为准确、真实,需要对原始数据进行预处理。在数据收集方面,本文收集的国内生产总值数据为名义国内生产总值。由于价格变动等因素的影响,名义国内生产总值并不能真实准确地反映我国的经济发展水平,因此,需要把名义国内生产总值换算为实际国内生产总值。相关换算公式为:实际 GDP = 名义 GDP / GDP 平减指数(GDP 平减指数数据来源:世界银行数据库)。能源消耗量的单位是万吨标准煤,因此无须做换算。同时,经济时间序列常常存在递增型异方差,可能会造成检验结果不准确。为了防止这种情况出现,本文使用对数运算来处理实际国内生产总值与能源消耗总量,以达到消除异方差、保证检验结果真实可靠的目的。

首先考察经济增长与能源消耗在总量上的关系,在国内生产总值与能源消耗总量关系图(见图 5-1)中可以看出,从 1995 年到 2015 年,国内生产总值由 1995 年的 114 401.95 亿元增至 2015 年 689 052.1 亿元,21 年间翻了 6 倍,而能源消耗量由 1995 年的 131 176 万吨标准煤增至 2015 年 429 905.1 万吨标准煤,翻了 3 倍还多。从总体上看来,GDP 与能源消耗呈同向增长的关系。随着我国经济的飞速增长,能源消耗量也随之不断增加,但二者在总量之间的"缺口"越来越大,这表明经济增长对能源消耗的依赖性在逐渐降低,尤其是在 2006 年以后,从图 5-1 中可以看出,这一阶段 GDP 增加十分迅速,与之相比能源消耗量的增加相对较少。

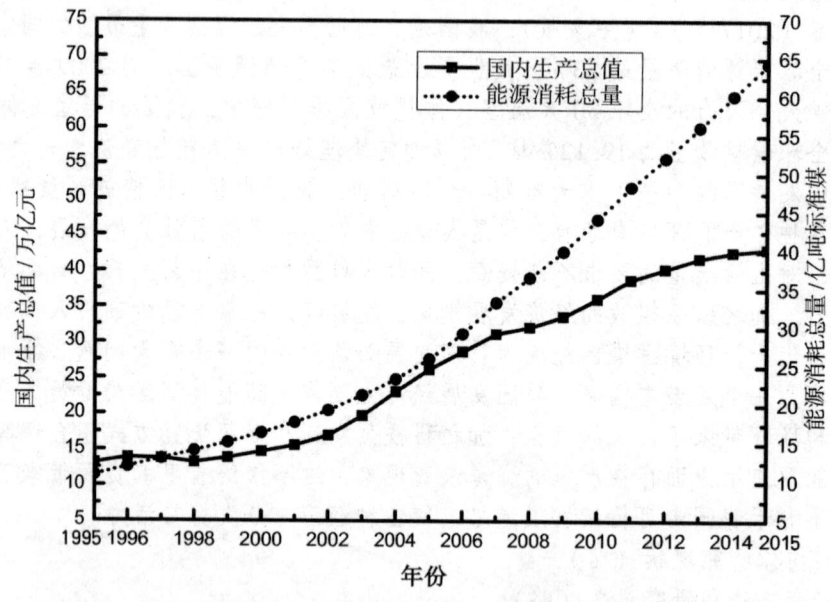

数据来源:GDP 数据来源于国家统计局,能源消耗总量数据来源于世界银行数据库。

图 5-1　GDP 与能源消耗总量关系图

通过对比二者的环比增长速度(见图 5-2),总体来说能源消耗量的增长速度比 GDP 的增长速度要慢,甚至在有些年份的能源消耗量出现了负增长的现象。除 2003—2005 年的能源消耗增长率高于 GDP 增长率外,其余年份的 GDP 增长率都比能源消耗增长率高,这表明 GDP 增长速度要快于能源消耗的增长速度。出现这种现象的可能原因有:①能源加工转换效率的提高;②经济增长方式的转变,产业结构的调整;③政府节能减排相关政策的实施。

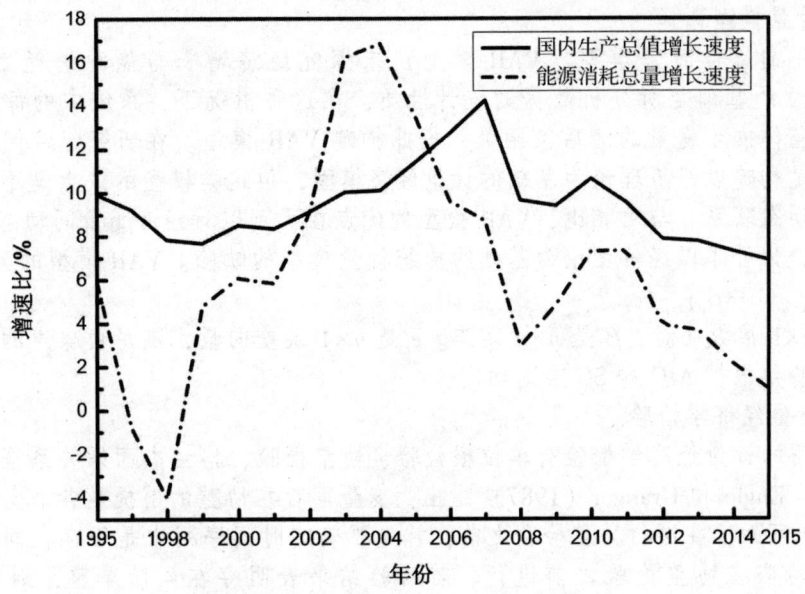

数据来源：根据 GDP 与能源消耗总量数据计算。

图 5-2　GDP 增长速度与能源消耗增长速度比较

单位 GDP 能耗是指单位产值消耗的能源量，也称为万元 GDP 能耗，计算公式为：某年能源消耗总量／这一年实际 GDP，也反映出经济增长与能源消耗的关系。从图 5-3 可以看出，虽然单位 GDP 能耗的曲线较为平缓，但总体趋势仍是逐渐降低，从 1995 年到 2015 年，单位 GDP 能耗总体上呈现不断下降的趋势，这也表明 GDP 对能源消耗的依赖性在一定程度上有所降低。出现这种情况的原因可能有：①能源利用率的提高；②产业结构的优化，高能耗产业在生产中的占比降低。

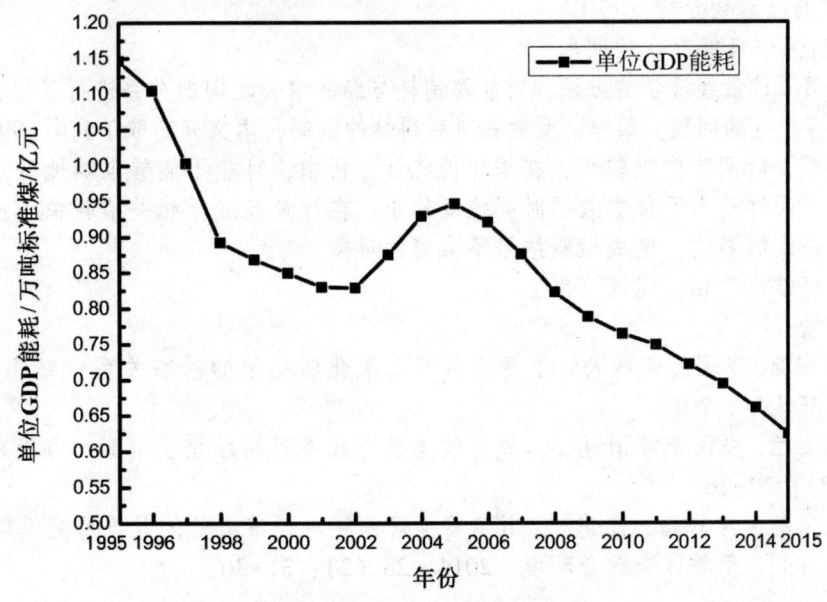

数据来源：根据 GDP 与能源消耗总量数据计算。

图 5-3　单位 GDP 能耗

三、计量模型分析

（一）计量模型选择

本文采用向量自回归模型（VAR 模型）来探究经济增长与能源消耗之间的关系。VAR 模型建立的基础是所分析数据的统计性质，在这种情况下，系统中的每一个内生变量都被看作整体内生变量的滞后值函数，据此构建 VAR 模型。在研究经济问题上，传统的计量方法是构建以经济理论为基础的计量经济模型，但这类模型的缺点是不能很好地说明变量间的动态联系。与之相比，VAR 模型的优点在于可以对经济变量间动态的联系进行很好的说明，弥补了以经济理论为基础的传统计量模型的缺陷。VAR 模型的公式为：$Y_t = c + \beta_1 y_{t-1} + \beta_2 y_{t-2} + \cdots + \beta_p y_{t-p} + e_t$。

式中，c 是 $n \times 1$ 常数向量，β_i 是 $n \times n$ 矩阵。e_t 是 $n \times 1$ 误差向量，满足白噪声的性质。在本文中，滞后阶数根据 AIC 和 SC 准则确定。

（二）计量经济学检验

本文采用的计量经济学检验有单位根检验、协整检验、格兰杰因果关系检验、脉冲响应函数分析。Engle 和 Granger（1987）指出：变量间存在协整的前提是各个变量间是同阶单整。[1] 由此可知，在进行协整检验之前，首先要确定时间序列中是否存在同阶单整，因此单位根检验应在协整检验之前进行。若检验结果表明存在同阶单整，则对经济增长（lnG）与能源消耗（lnTE）进行协整检验，判断变量间是否存在协整关系。若协整关系存在，则可进一步对变量进行格兰杰因果关系检验。最后，运用向量自回归模型对结果进行估计，并使用脉冲响应函数分析，检验经济增长与能源消耗在所限定期数内的作用机制。本文按照上述思路进行检验。

1. 单位根检验（略）
2. 协整检验（略）
3. 格兰杰因果检验（略）
4. VAR 模型模型估计（略）
5. 脉冲响应函数分析（略）

（三）研究中可能存在的问题

本文采用了计量经济学的方法，对能源消耗与经济增长之间的关系进行了探究，但在研究过程中也存在一些问题。第一，受数据可获得性的限制，本文只选取了我国 1995—2015 年 21 年间的数据，时间跨度比较小，在描述性统计分析中，可能不能够准确地显示出数据的趋势。第二，同样是由于样本数据时间跨度较小，在计量经济学相关检验中，可能对检验的结果产生一定的影响，造成检验结果不准确的现象。

四、研究结论及相关建议（略）

参考文献

[1] 高珊珊. 我国经济增长、能源消耗及二氧化碳排放的动态关系研究 [D]. 重庆：重庆大学，2013.

[2] 胡玉莹. 中国能源消耗、二氧化碳排放与经济可持续增长 [J]. 当代财经，2010（2）：29-36.

[3] 庞家幸，陈兴鹏，王惠榆. 甘肃省能源消耗与经济增长的关系研究及能源消耗预测 [J]. 干旱区资源与环境，2014，28（2）：31-36.

---

[1] Engle, Robert F. Clive, W. J. Granger. Cointegration and error-correction: representation, estimation, and testing [J], Econometrica, 1987（55）：251-276.

[4] 王崇梅. 中国经济增长与能源消耗脱钩分析 [J]. 中国人口·资源与环境, 2010, 20 (3): 35-37.

（天津财经大学　经济学院　经济学系　盛××）

三、实习报告

（一）实习报告的含义

实习报告是指各类实习人员需要撰写的，对实习期间的工作、学习经历进行描述的一种应用文体。

（二）实习报告的作用

实习作为一项实践活动，是理论联系实际、应用和巩固所学知识的一个重要环节，是培养大学生实践能力的一个重要手段。即将毕业的大学生在实习过程中会遇到种种问题，有许多感悟和收获，将自己的实习写成报告提交，不仅是完成一份作业，也是对自己实习经验的总结。

（三）实习报告的结构和写法

实习报告一般由报告内容、指导教师评语、报告成绩、指导教师签名等部分构成。其中，报告内容一般包括实习目的和意义、实习时间、实习单位和部门、实习内容、实习总结等；上述内容既可分条款写，也可不完全按照这样的结构来写，但文中不可忽略以上内容。

（四）例文

浦发银行实习报告

实习单位：浦发银行天津分行
实习岗位：大堂经理助理
实习时间：2017.10.29—2018.04.29
实习内容：客户引导、理财咨询与购买、办卡等大堂基本业务的处理
实习心得：

经过在浦发银行天津分行六个月的实践学习，我获益匪浅，不仅对银行的基本业务有了深入了解，而且能够独立地处理大堂的各项业务。

大四上学期确定了保送研究生之后，我便多方搜集信息，最终决定到浦发银行实习。实习的第一天，我早早地来到了银行，整理好着装进入大堂，跟着我的"师傅"王姐熟悉各类设备的操作，为营业做准备。九点钟银行开始营业，我十分忐忑，一方面是因为自己是新手，很多业务还不熟悉；另外一方面是担心自己为顾客服务时表达不精确。整个上午我都是小心翼翼的。除了谨慎的态度，我也将在校期间的认真和冲劲带到了实践学习中：只要有客户来办业务，我都会积极地到老实习生旁边观察，熟悉各种业务的操作流程，了解业务办理过程中的注意事项。经过半天的观察学习，我勇敢地开始尝试给客户办理一些基本业务，总体上还算顺利，带班的经理对我也比较满意。经过三天的学习，我学会了大部分业务的处理，能够独立办理客户业务了。

经过六个月的实习锻炼，我对业务越来越熟悉，业务能力也越来越强，得到了王姐和其他同事的一致好评，客户也比较愿意和我沟通，我从中体会到了小小的成就感，甚至有一点骄傲和自豪。从这次实习中，我进一步体会到了实习的真正目的，那就是将在大学里所学的知识和实践结合起来，用实践来检验真理，从而不仅具备比较系统的专业知识，也具备较强的处理事务的能力。

王××
2018 年 4 月 30 日

第二节　求职文书

一、求职材料

随着时代的发展，求职成为人们日常生活中的一项重要内容。一份完整的求职材料应包括简历、求职信和支撑材料三部分，在某些特殊情况下也可以附加一份推荐信。求职材料在装订前要加一个有设计内涵和理念的封面，封面上要体现求职者的毕业院校、姓名和专业等信息。

（一）简历

1. 简历的基本内容。简历最好设计成表格的形式，因为表格体现信息较为直观。作为个人情况的简历，一般包括个人基本情况和个人履历。

（1）个人基本情况。个人基本情况包括姓名、性别、出生年月（年龄）、籍贯、文化程度、政治面貌、联系方式（固定电话、手机、电子邮件、详细联系地址、邮政编码）等。

（2）个人履历。个人履历包括教育背景（如果是本科生从中学填起，如果是硕士研究生及以上则从本科填起）、所学专业课程（与谋职单位有重要关系的课程要放在显眼的位置上）、外语和计算机情况、获奖情况、发表文章情况（本科生所发表的论文、评论等都可以）、导师或者名人的推荐信（一般为手写体，如篇幅较长则可放于附件中）、参加实习和社会活动情况、配偶状况等。如果是硕士研究生及以上学历者求职，应该突出自己的科研成果；如果是有长时间工作经验的跳槽者，应该突出自己以往的工作经历和工作业绩。

2. 简历的写作要求。简历要具有客观性和针对性。

（1）客观性。简历中的内容都是客观的，最好使用一些数字，有数字支持的成就是最好的说服工具。

（2）针对性。简历应该针对不同的单位、不同的应聘岗位、不同的求职目标，进行相应调整，做到有针对性，不能一份简历"打天下"。

（二）求职信

1. 求职信的含义。求职信是指求职者向有意谋职的单位负责人提出求职申请，使对方接受自己的专用信件。

2. 求职信的特点。求职信具有以下特点。

（1）具有明显的针对性，不像私人信件那样寒暄。

（2）具有强烈的自我推荐性。

（3）具有独特的个性。

3. 求职信的内容。求职信包括标题、称谓、开头语、主体部分、结尾部分。

（1）标题。第一行中间要写标题"求职信"，字体要大一些，使信件整体比较美观。

（2）称谓。称谓如尊敬的××经理、领导、先生、女士等。注意不宜使用"小姐"这个词。

（3）开头语。开头语应简单表明对求职单位性质的认识、了解和评价，并表达自己愿意到该单位工作的意愿。

（4）主体部分。主体部分应简单介绍自己。由于简历对姓名等客观情况都已清楚说明，所以这里的简单介绍只是介绍与求职目标（求职意向）相关的个人情况。

主体部分可介绍自己的主要成绩和优势、自己的专业特长和成果（与谋职单位的需要密切相关），以表明自己具备求职目标所需要的条件和做好该项工作的能力；如果有特殊的个人爱好和特长，可以向对方略做介绍，以引起对方的兴趣；还应表明自己的工作态度和就职后的打算，让对方感到你不仅能够胜任工作，还是一个很有想法的人。总的来说，此部分需要围绕求职目标，多层次、多角度、多方位地表现自我。

（5）结尾部分。结尾部分应表明自己的迫切心情，如"我热切地盼望您的答复""切盼佳音""希望得到您的允诺"等；祝颂语用"此致""敬礼"，"此致"空两格，"敬礼"顶格，后加感叹号；落款要有求职人姓名，求职时间详细到年月日。

4. 求职信的写作要求。求职信在写作过程中要注意四个问题。

（1）杜绝错别字。求职信中的字、词、句能反映出一个人做事是否仔细、严谨。一篇内容很好的求职信，往往会因为错别字而产生不好的效果。在实际生活中，由于计算机录入问题而出现的错别字现象非常普遍，如"毕业生"写作"毕业剩"等。

（2）不要要求对方，以免引起反感。有的求职者求职心切，但处理不好容易引起用人单位的反感。例如，"我家人都在某市，故很想去贵单位就职"，本来可能是要表达去了以后能安心，但招聘人员可能以为求职者是为了和家人在一起才去的，对单位并不感兴趣；"本人×月×日前复信为盼"，表面上看相当客气，却限定对方时间，容易引起反感；"本人谨以最诚挚的心情应聘于贵单位，盼望获得贵单位的尊重考虑"，这似乎在说"你不聘用我就是不尊重我"；"现有多家单位欲聘我，所以请您从速答复我""是贵单位的××领导让我和你们取得联系的"，这些都是容易引起对方反感的措辞。

（3）切忌语气不庄重。招聘单位大都喜欢看待事物比较客观的求职者，所以求职信中要尽量避免用"我觉得""我看""我想"等字眼，也忌用"我非常希望""我真的喜欢"之类的强调语气。同时，也应该避免一些不得体的语言使用，如"这职位对我来说简直是无法抵挡的引诱"等。

（4）少用简写词语。用于实际生活中的简称不能写在求职信中，如将自己的毕业院校简称为"××大""××工""××院"等，简写容易使招聘人员产生误解，从而认为求职者态度不庄重，影响录用。

（三）支撑材料

如果说简历和求职信分别是对自我客观和主观的展现，那么支撑材料则是最好的证明。支撑材料主要包括学历、职称、立功受奖等证明的复印件，科研成果、各种资格考试证明（计算机等级证书，英语四、六级证书或成绩单等）的复印件，已发表文章、实验成果、专业课程成绩单的复印件，导师或名人推荐信的复印件等。

（四）求职材料的写作要求

1. 定位准确。突出求职者能做什么。
2. 实事求是。突出求职者学到什么。
3. 态度诚恳。突出求职者处理各种事务及人际关系的能力，同时突出求职者的抗压能力。
4. 装订完整。求职材料可加封皮装订。封皮一般包括图案设计、学校名称、姓名、专业等内容。封皮图案可以根据自己的兴趣爱好进行个性化设计，或者使用学校的徽标，要做到简单大方，有象征意义。

（五）例文

1. 简历。

个人简历

×××（姓名）

（贴照片处）

电　　话：××××××
E - mail：××@qq.com
地　　址：××市××区××街××号
邮　　编：××××××

个人基本情况

性别：女	出生年月：1987年4月	民族：汉	籍贯：××××
学历：本科	学位：管理学学士	专业：工商管理	政治面貌：共青团员
毕业院校：××大学		爱好：体育运动，尤其擅长羽毛球	

教育背景

　　2006年9月—2010年7月　××省××大学
　　2003年9月—2006年7月　××省××中学

主修课程

　　市场营销、人力资源管理、西方经济学、统计学、企业战略管理、管理信息系统等

社团经历与社会经验

　　2007年10月—2008年10月：社区自我管理委员会楼长工作部部长，负责各栋楼的工作分配及核查、汇总工资单；其间在"阳光总在风雨后"活动中，负责组织拔河项目
　　2007年4月：在南京沃尔玛超市当促销员，负责各类茶叶的销售

外语及计算机水平

　　大学英语六级，具备良好的听说读写能力
　　全国计算机二级（C语言程序设计），熟悉办公自动化等操作

所获证书及荣誉

　　2009年9月：全国普通话二级甲等证书
　　2007年10月：在第二届社区自我管理委员会工作期间被评为"优秀先进个人"

自我评价

　　性格开朗，积极向上；头脑灵活，勇于创新；适应力强，体质良好；乐于助人，有责任心

2. 求职信。

求职信

尊敬的先生／女士：

您好！

我是一名刚刚从××商学院会计系毕业的大学生，贵单位会计实务人员的招聘条件很符合我的专业特点，同时贵单位良好的发展势头也深深地吸引着我，很荣幸在即将投身社会之际，能够呈上我的个人资料。为了找到符合自己专业和兴趣的工作，更好地发挥自己的才能，实现自己的人生价值，谨向您做自我推荐。

作为一名会计学专业的大学生，我非常热爱我的专业并为其投入了巨大的热情和精力。在四年的学习生活中，我所学内容包括会计学的基础及其运用等多方面的知识。通过对这些知识的系统学习，我对会计学有了一定程度的理解。在与课程同步进行的各种相关实践和实习中，也掌握了一定的实际操作能力和技术。

求学期间，在学好本专业的前提下，我对计算机产生了极大的兴趣，并阅读了大量相关书籍，具备一定的实践操作能力。同时，我认真学习英语，通过了CET-6考试，达到了掌握一门外语的要求。

由于自己的努力，大学期间，我多次获得各项奖学金，而且发表过多篇论文。

我还担任过班长、团支书，具备较强的组织协调能力；具体工作还锻炼了我的意志，使我能够坦然面对今后工作中遇到的困难和挑战。

我正处于人生中精力充沛的时期，渴望在更广阔的天地里展露自己的才能；不满足于现有的知识储备，期望在实践中得到锻炼和提高，因此希望能够加入贵单位。我会踏踏实实地做好工作，竭尽全力在工作中取得好成绩。我相信，经过自己的勤奋和努力，一定会做出应有的贡献。

感谢您在百忙之中能给予我关注。愿贵单位事业蒸蒸日上，屡创佳绩；祝您的事业百尺竿头，更进一步！希望您能够对我的求职愿望予以考虑，热切期盼您的回音。谢谢！

此致

敬礼

××（签名）
2018年9月14日

二、推荐信

（一）推荐信的含义

推荐信是推荐者为被推荐者担任某个职位或参与某项工作而写的专用书信。推荐者可以是单位，也可以是个人。

（二）推荐信的种类

根据内容，推荐信可分为工作类、学术类和个人特点类三种。

1. 工作类推荐信。工作类推荐信指与推荐工作有关的书面推荐信，由了解求职者的知识结构、能力水平、性格特征等的人或单位书写。这些人可能是直属上司、同事、前任雇主等。

2. 学术类推荐信。学术类推荐信指申请者在申请学术奖金、申请大学、申请研究生院、申请实习机会时请有资历的人或单位写的推荐信。

3. 个人特点类推荐信。个人特点类推荐信指在儿童监护、假释听证、申请领养、申请住房、申请会员资格等情况下使用的推荐信。

（三）推荐信的结构和写法

推荐信一般由标题、称谓、开头、主体、结尾等部分组成。

1. 标题。第一行居中用较大字体写"推荐信"三字，整体效果要美观大方。

2. 称谓。标题之下另起一行顶格书写收信者的名称，后加冒号。如"尊敬的××经理："“尊敬的××先生／女士："等。称谓可以是单位，也可以是个人。如果是单位，应该书写其全称或者规范化简称。

3. 开头。开头写明推荐缘由，简要说明写推荐信的缘由和目的。

4. 主体。主体可以包括以下几个方面。

（1）推荐人情况及其与被推荐者的关系。简要介绍推荐人情况，然后说明推荐人是在什么背景下认识被推荐者的，与被推荐者相识多久。

（2）被推荐者情况及其被推荐理由。介绍被推荐者的具体情况，包括姓名、年龄、学历、职务或职称等。推荐人举例论证被推荐者的沟通能力、成熟程度、胸襟抱负、领导能力、团队意识、工作能力、人格气质等，并指出有哪些尚需改进的地方。

（3）推荐人对被推荐者的整体性总结。例如，被推荐者如能达成心愿，在未来的工作、学习中，能够做出什么贡献。

（4）推荐期望。此部分可以酌情恳请对方早日答复。

5. 结尾。结尾包括祝颂语和落款。祝颂语是在正文之下另起一行，空两格写"此致"等表示恭敬的词汇，然后另起一行顶格书写"敬礼"等表示祝愿的话，后面不必加任何标点符号。落款是在祝颂语的右下方书写推荐者的名称，并署完整的书写日期"×年×月×日"。推荐者可以是单位或者个人，如果是个人，可以在署名前面加上适当的头衔，如职称、职务等，增加推荐信的分量。祝颂语不是必要组成部分，可不写。

（四）推荐信的写作要求

1. 实事求是，恰如其分。切忌讲空话、大话等虚浮不实的言辞，也不能过于谦虚。最好的处理方法是用事实和证据说话，评价恰如其分，给人以真实感。

2. 突出重点，针对性强。围绕希望达成的理想，选择最具说服力的事实进行强调，以能给对方留下深刻印象为出发点。

（五）例文

推荐信

尊敬的先生：

您好！

我是天津蓝天科技集团有限公司的总经理。得知公司优秀员工李明想出国深造，我感到非常高兴。这样一个上进的年轻人应该接受更好的教育，拥有更辉煌的未来。因此，我很荣幸向贵校推荐这位优秀青年。

李明是在大四的时候来我公司实习的。他利用闲暇时间阅读有关业务的书籍，虚心向其他员工请教。不久便精通各项业务，并取得一定成绩。对此，他并没有满足，遇到难题，仍然虚心与同事交流、讨论，直到找出解决方案为止。鉴于他在实习期的出色表现，我公司招收他为正式员工（通常我公司招聘不考虑应届毕业生）。现在，作为我公司的一名业务精英，李明工作更加认真负责，为公司员工树立了榜样，因此被评为本公司优秀员工，并享有高额奖金。

虽然从某种程度上来说，如此优秀的员工即将踏上留学之途是我公司的损失，但是考虑到他的前途，我依然毫不犹豫地支持他远赴贵校深造。真诚期望贵校能同样支持他，给他一个提升自己、实现梦想的机会。谢谢。

总经理　××

2018年4月1日

三、竞聘词

（一）竞聘词的含义

竞聘词也称竞聘演讲稿、竞聘讲话稿。竞聘词是竞聘者为了实现竞争上岗，充分展现自我应聘条件的讲演稿。自办公室主任竞聘上岗至总统竞选，都要使用竞聘词。随着竞争越来越激烈，竞聘词在日常生活中的作用越来越明显。

（二）竞聘词的特点

竞聘词是针对某一竞争目标而进行的演讲，其具有如下特点。

1. 目标的明确性。竞聘词在写作时要明确指出自己所要竞聘的目标岗位。

2. 内容的竞争性。竞聘词要显出"人无我有、人有我强、人强我新"的优势。

3. 主题的集中性。竞聘词须观点集中，重点突出。

4. 材料的真实准确性。竞聘词所选材料符合竞聘者的实际情况，都是客观真实的，且所谈事实和所用材料、数字都要准确无误。

5. 思维的逻辑性。竞聘词的思维脉络要遵循一定的逻辑。

6. 措施的可操作性。竞聘词中的工作措施具有可操作性，符合现实情况。

（三）竞聘词的结构和写法

竞聘词一般由标题、称谓、正文、署名组成。

1. 标题。标题有三种写法。一是文种标题法，即直接将文种"竞聘词"作为标题；二是公文标题法，由竞聘人和文种或竞聘职务和文种构成，如"关于竞聘××大学图书馆馆长的竞聘词"；三是文章标题法，可以采用单行标题形式，也可采用正副标题形式，如"脚踏实地　光明磊落——竞聘学校办公室主任的竞聘词"。

2. 称谓。称谓是对专家、评委或听众的称呼，一般用"各位评委""各位听众"等。

3. 正文。正文包括开头、主体、结尾三部分。

（1）开头。开头要明确地表示自己竞聘的职务和竞聘的缘由，应自然真切、干净利落。

（2）主体。主体部分先介绍个人情况，包括年龄、政治面貌、学历、现任职务等；再介绍自己优于他人的竞聘条件，如政治素质、业务水平、工作能力等；最后提出自己任职后的施政构想、施政措施等。

（3）结尾。结尾须用简洁明快的语言表明竞聘的决心和信心。

4. 署名。可在标题下居中书写竞聘者的姓名，也可将署名和竞聘日期置于正文后右下方的落款处。

（五）竞聘词的写作技巧

1. 先声夺人。竞聘词一定要体现竞争性，在演说之初就必须具有气势。开头的方式可以是潇洒豪迈的，如"拿破仑曾说，不想当将军的士兵不是好士兵。本人虽算不上好士兵，但是也愿谨遵巨人教诲，当个好将军，故此登台亮相，毛遂自荐"；也可以是新巧睿智的，如"俗话说：胆小不得将军做。对此我却不敢苟同，有例为证：汉代韩信为度过险境，忍受街头无赖的胯下之辱，可谓胆小，但是最终却成为将军。本人素以胆小著称，却偏有鸿鹄之志，故斗胆走上台来，倾诉心中宿愿，并自信会成为一个正直磊落、心地善良、胆小而不怕事的好官"；还可以是坦率质朴的，如"首先说明一下，此次登台，并无非选上不可的奢望，只想响应一下人事制度改革的召唤，并借此结识一下新朋友，使大家认识我，了解我，喜欢我"。

2. 突出优势。竞聘演讲成功的关键在于能够充分展示竞聘者的竞争优势。

（1）任期目标明确。竞聘者提出的任期目标要明确具体，才能使人信服。比如竞聘厂长，对未来的生产规模、产品质量、经济效益、技术水平、职工福利等项目，任务、指标要明确，能量化的要尽量量化，不能量化的要具体化。

（2）施政构想充分。竞聘者必须联系实际、体现岗位特点、注重破解难点、顺应客观形势来谈施政构想。特别是职工关注的焦点、难点，怎样解决，能解决到什么程度，竞聘者都应该胸有成竹地提出来。

（3）施政措施得当。竞聘者围绕实现未来任期目标所构想的措施，必须切实可行，具有可操作性。还能体现出创新意识和创新精神。

（4）个人优势突出。个人优势要根据竞聘岗位的实际需要，有选择、有针对性地介绍，或在经历上突出优势，或在素质上突出优势，或在构想上突出优势，或在语言技巧上突出优势等。个人优势可从政治、思想、文化等方面的素质，管理、组织、协调等方面的能力，领悟政策的理论水平，个人资历、工作经验、专业技术等方面介绍。

3. 结尾恳切有力。竞聘词的结尾也要认真对待，以便给听众留下更深、更好的印象。竞聘词结尾可以卒章显志表真诚，也可以发出号召表真心，还可以借景抒情显水平等。同时，竞聘词结尾也可以干脆利落，要说的内容说完即止，不另外作结。

（六）竞聘词的写作要求

1. 实事求是，明确具体。竞聘者应实事求是，言行一致。每介绍一段经历、一项业绩都必须客观实在。对国家有什么贡献，给单位创造什么效益，给职工提供什么福利，一定要清楚明白，不能模棱两可。

2. 调查研究，有的放矢。竞聘词是针对某岗位而展开的，因此，写作前必须了解岗位的情况，力争找到解决问题的最佳途径，以便战胜对手。

3. 谦虚诚恳，平和礼貌。专家、评委及与会者不会接受狂妄傲慢、目中无人的竞聘者并委以重任，竞聘词的语言既要生动、有风采，同时又要谦逊可信，情感真挚。

（七）例文

竞聘中文系主任的竞聘词

尊敬的各位领导、各位老师：

　　大家好！

　　我是中文系教师××，2000年到我校任教，2004年获得南开大学文学院文学博士学位，研究方向为中国文学与文化传播，2006年晋升为副教授。现任中文系汉语言文学教研室主任。这次学校进行竞聘上岗，是干部人事制度改革的一项重大举措，我坚决拥护并积极参加竞聘，希望通过竞聘演说，展示自我，接受批评，靠自身的能力赢得各位领导和老师们的信任。借此机会，我对多年来一直给予我关心帮助和厚爱的各位领导和各位同仁表示衷心的感谢!

我没有辉煌的过去,但有信心把握好现在和未来。今天,我参加中文系主任职位的竞聘,主要基于以下几个方面的考虑。

(一) 对中文专业的热爱

从1993年踏入大学的校门至今,我一以贯之地从事着我所喜爱的中文学习和研究,对这个专业充满深深的热爱之情。

(二) 对发展财经类中文专业的信心和渴望

本着对中文专业的敬畏,基于在天津财经大学工作十年的经验,我非常希望中文专业能够依靠财经类院校的专业优势,走出一条既符合自身专业特质,又顺应时代发展的创新之路,并对其充满信心。

(三) 自身优势

我现年35岁,身体健康,年富力强,有着合格的政治素质,同时也有着较强的业务能力。担任中文专业的主干课程"中国文学史"(元明清部分)、"文学概论"和"比较文学"的授课任务之余,在颇具代表性的核心期刊上发表论文多篇,还出版专著一部,主持省部级项目,参与国家级项目,在一定程度上锻炼了我的科研能力。在担任汉语言文学教研室主任期间,积累了丰富的基层工作的经验,锻炼了沟通能力。

如果能够成功当选,我将从以下几个方面付出自己的努力。

(一) 继续探索适合中文专业的学科发展之路

中文系在天津财经大学很年轻,创立时间不长,在人文学院领导和中文系领导的带领下,广大教师共同努力,能够走到今天是非常不容易的,取得的成就也是有目共睹的。然而,发展之路没有最好,只有更好。继续探寻适合中文专业在财经类院校的学科发展之路是今后所有教师依然必须努力的方向。在社会多元化发展的今天,中文专业不能走传统中文系的路子,而要依靠财经类院校的专业优势,寻求自身的出路。财经新闻专业就是本着这个理念发展的。但是汉语言文学专业的社会化程度还有待提升,学科理念还需定位。汉语言文学专业由于具有厚重的文化内涵,在财经类院校至少可以有两个发展方向,其一,文化产业创意学。可以进行影视文化创意、新闻媒体文化创意、网络时尚文化创意、广告文化创意等。其二,文化经济学。这是一门新兴的边缘性经济学科,由中文系进行发展非常合适。学生可以学习文化的生产、交换、分配和消费各领域的运行机制及其发展规律。进行这样的定位后,学生在就业时会有明确的专业方向。

(二) 整合汉语言文学专业和新闻专业的师资力量,与财经类课程相配合,进行跨学科人才培养

中国的大学为什么培养不出创新型人才?这就是著名的钱学森之问。教育界的许多仁人志士都在思考这个问题。华东师范大学教育科学学院院长、博士生导师丁钢教授认为,目前最为缺乏的是跨学科领衔型人才,要实现自主创新的国家,必须培养一批顶尖的、一流的、跨学科的领衔人物。跨学科领衔型人才不太可能是本科生,但这种人才的培养要从本科开始。我希望中文系培养的学生既具备较高的文化艺术素养与创新能力,同时也具备文化产业经营管理能力,为今后的人生奠定坚实的基础。

以上是我对专业发展和人才培养思路的陈述,由于时间关系,比较简单。如果我能够取得大家的信任,担任中文系主任,我会按照以上思路,积极进取,勇于开拓,与中文系广大教师携手创造共同的明天。当然,如果没有竞选成功,我也不会气馁,我会踏踏实实

做好自己的本职工作，为中文系的发展添砖加瓦，并继续接受组织的考验。对此，我充满信心。

谢谢大家给我这个机会！

中文系 ××
2016 年 9 月 7 日

四、自我鉴定

（一）自我鉴定的含义

自我鉴定也称个人鉴定，是个人在一个时期、一个年度或一个阶段内对自己的思想、工作、学习、生活等情况进行自我总结和评价的一种应用性文体。

（二）自我鉴定的种类

自我鉴定可分为综合性和专门性两大类。综合性自我鉴定是对个人各方面情况的综合评价；专门性自我鉴定是对个人某一方面情况的鉴定。

（三）自我鉴定的结构和写法

自我鉴定一般由标题、主体、落款三部分组成。

1. 标题。第一行居中用比正文字号稍大字体书写"自我鉴定"，注意整体美观大方。
2. 主体。主体包括以下几部分。
（1）背景。背景简要介绍自我鉴定的缘由、目的，鉴定的时间段，鉴定的内容等，然后以"有关情况做如下自我鉴定"作为过渡。
（2）成绩。成绩应按照鉴定所涉及的内容，有重点地介绍。
（3）不足。简要总结自己的不足之处。
（4）今后的努力方向。此部分要在成绩与不足的基础上进行介绍，才能让人信服。
3. 落款。落款须在正文的右下方署鉴定人的姓名，署名的下方写鉴定日期。

（四）例文

自我鉴定

大学生活即将结束，回顾四年来的学习、思想、工作和生活，我心中不免思绪万千。过去的四年，在老师和同学们的关怀和帮助下，我不断地学习，成了一名合格的大学生。下面将对我大学四年来各方面的情况做一个总结。

一、学习情况

大学四年，我学习了计算机、英语等公共课，也系统地学习了数学专业的全部课程。由于成绩优异，连续三年获得国家级奖学金。通过大学四年的学习，我不仅掌握了系统的专业知识，也掌握了一套行之有效的学习方法，提升了学习能力，为更好地适应工作，在工作中继续学习打下了良好的基础。

二、思想情况

进入大学后，我思想上积极要求进步。在大三的时候，光荣地加入了中国共产党。日常生活中我不断加强政治学习，增强党性修养，提高政治素质；2009 年被评为校级优秀学生党员。

三、工作情况

大学期间，我担任了两年英语课代表、一年文体委员。工作热情，任劳任怨，责任心强；能够配合其他学生干部完成各项工作，促进了团队沟通与合作，得到了大家的一致好评;同时在为同学们服务的同时锻炼了组织能力、沟通能力和协调能力。

四、生活情况

在生活中,我能够做到诚实守信,热情待人,大学四年能够与同学们融洽相处。同时,在生活中,敢于拼搏,能够不断超越自我。在将来的生活中,我坚信能够以乐观的心态面对挫折。

总结四年的大学生活,收获很多。感谢学校、学院、数学系以及全体老师和同学对我的帮助和鼓励。

鉴定人:陈××
2018年12月1日

五、辞职信

（一）辞职信的含义

辞职信也称辞职书或辞呈,是辞职者向原工作单位辞去职务时写的书信。

（二）辞职信的结构和写法

辞职信一般由标题、称谓、正文、结尾、落款五部分组成。

1. 标题。在辞职信第一行正中写标题,可以写"辞职信""辞职书"或"辞呈"。标题要醒目,字体稍大,显得美观大方。

2. 称谓。在标题下一行顶格处写接受辞职信的单位组织,领导人的职务、姓名或称呼等,并在称谓后加冒号。

3. 正文。正文是辞职信的主要部分,内容一般包括三个层次。

（1）表明辞职的态度,直截了当。

（2）说明辞职的具体理由。用充分的理由说明自己坚持目前这份工作的难度,让对方体谅到自己的难处而准予自己辞职,行文切忌增加不必要的感情色彩,情绪稳定,语气平和。

（3）最后表明辞职的决心和个人的具体要求,恳请领导尽快解决。

4. 结尾。结尾处表示敬意,如"此致""敬礼"。"此致"放置于正文结束后下一行空两格,"敬礼"再下一行顶格。

5. 落款。辞职信的落款包括辞职人的姓名和提出辞职申请的具体日期,置于正文右下方。

（三）辞职信的写作要求

1. 理由充分,清晰明了。切忌模糊不清或含糊笼统。
2. 态度恳切,措辞委婉。切忌批评对方。
3. 行文简洁,流畅自然。切忌拖沓冗长。

（四）例文

尊敬的领导：

我很遗憾自己在这个时候向公司正式提出辞职申请。

来到公司快两年了,在这近两年里,得到了公司各位同事的多方帮助,我非常感谢公司各位同事。正是在这里我有过欢笑,也有过泪水,更有过收获。公司平等的人际关系和开明的工作作风,一度让我有找到了依靠的感觉,在这里我能开心地工作、学习。或许这真是对的,由此我开始了思考。

但是最近我感觉到自己不适合做这份工作,同时也想换一下环境。我也很清楚这时候向公司辞职于公司、于自己都是一个考验，公司正值用人之际，公司新项目的启动、所有的后续工作在公司上下极力重视下一步步推进。也正是考虑到公司今后在这个项目安排的合理性，本着对公司负责的态度，为了不让公司因我而造成决策失误，我郑重向公司提出辞职。

我考虑在此辞呈递交之后的 2 至 4 周内离开公司，这样公司将有时间去寻找适合人选，来填补因我离职而造成的空缺，同时我也能够协助公司对新人进行入职培训，使他尽快熟悉工作。

能为公司效力的日子不多了，我一定会站好自己最后一班岗，做好工作的交接，尽力让项目做到平衡过渡。离开公司，离开这些曾经同甘共苦的同事，很舍不得，舍不得领导们的教诲，舍不得同事之间的真诚和友善。

在短短的两年时间，公司已经发生了可喜的变化，我很遗憾不能为公司辉煌的明天贡献自己的力量。我只有衷心祝愿公司的业绩一路飙升！公司领导及各位同事工作顺利！

此致

敬礼！

×××
××××年××月××日

第三节　申　论

一、公务员考试

中国的公务员考试开始于 2000 年，在不到 20 年的时间里，一跃成为热门考试。与高考相比，有的地区高考录取比例达 90%，而公务员考试中热门职位的考录比例甚至是 1∶4 000。

（一）现代公务员考试与中国古代科举

我国的公务员制度是古代科举制度和西方文官制度结合改造而成的产物，现代公务员考试与古代科举有诸多共同之处。

第一，两者都是竞争性的选拔考试，采用公开考试、择优录取的公平竞争方式，以考试成绩作为取舍的依据，成绩面前人人平等。

第二，科举与公务员考试都是国家性质的考试，由国家举办。

第三，两种考试都有严密的考试程序，科举考试实行的编号、闭卷、密封、监考、回避、入围、复查等办法还为现代公务员考试所沿用。

第四，考试内容有一定的相似性。申论与科举策论有一定的相似性，申论就问题进行概括、提出对策、进行论证。科举策论在某种程度上也遵循这样的内在逻辑，如清光绪三十年（1904 年）陕西乡试第一场策论题："西国钱财律重，中国钱财律轻。以故商家集股，多被司事者侵吞乾没，股东受累，无如之何矣。今欲设公司，振兴商务，刑律轻重，应否厘定策。"就股东侵吞股民利益问题进行策论。

第五，从考试的作用和影响来看，两者也有类似之处。

第五章　学业求职文书

（二）公务员考试

公务员考试是公务员主管部门组织的担任主任科员以下及其他相当职务层次的非领导职务公务员的录用考试。中国公务员统称国家公务员，具体分为中央、国家机关公务员和地方国家公务员。

公务员考试分为国家公务员考试和地方公务员考试。国家公务员考试是指中央、国家机关以及中央、国家行政机关派驻机构、垂直管理系统所属机构录用机关工作人员和国家公务员的考试；地方公务员考试是指地方各级党政机关、社团等为招录机关工作人员和国家公务员而组织进行的地方性考试。国家公务员考试和地方公务员考试单独进行，不存在从属关系，考生根据自己要报考的政府机关部门选择要参加的考试，也可同时报考，相互之间不受影响。

国家公务员考试包括笔试（公共科目、专业科目）和面试，公共科目为行政职业能力测验和申论。从2002年起，国家公务员招考工作的时间固定下来，报名时间在每年10月中旬，考试时间在每年11月的最后一个周末。省、直辖市、自治区国家公务员考试时间由各地自行决定并组织实施。部分地区每年在上、下半年各组织一次考试，全国大部分地区每年只考一次，省级以下公务员主管部门不组织开展公务员考试。

（三）国家公务员考试公共科目之一——行政职业能力测验

行政职业能力测验为客观性试题，考试时限120分钟，满分100分。行政职业能力测试用来测试应试者与拟任职位相关的知识、技能和能力，考查应试者从事公务员工作所必须具备的一般潜能，主要包括言语理解与表达、数量关系、判断推理、常识判断、资料分析五个方面。言语理解与表达主要测查应试者运用语言文字进行交流和思考、迅速而又准确地理解文字材料内涵的能力；数量关系主要测查应试者理解、把握事物间量化关系和解决数量关系问题的能力，主要涉及数字和数据关系的分析、推理、判断、运算等；判断推理主要测查应试者对各种事物关系的分析推理能力，涉及对语词概念、图形、事物关系和文字材料的理解、比较、组合、演绎和归纳等；常识判断主要测查应试者的法律知识运用能力，涉及宪法、民商法、行政法、经济法、刑法、诉讼法等；资料分析主要测查应试者对各种形式的文字、图形、表格等资料的综合理解与分析加工的能力，这部分内容通常由数据性、统计性的图表数字及文字材料构成。有关考试的具体情况，考生可阅读每年的公务员考试大纲，把握具体说明和要求。

二、申论概述、特征及申论试题举隅

（一）申论概述

申论是测试从事机关工作应当具备的基本能力的考试科目。试题全部为主观性试题，考试时限为180分钟。申论之名取自孔子的"申而论之"，即申述、申辩、论述、论证之意。申论既有别于中国古代科举考试中要求就给定题目论证某项政策或对策、撰写论文的策论；也有别于传统作文。但申论考试的内容、方法及其要达到的测评功能，实际却涵盖了策论和作文的基本方面。申论可以说是古代八股文、现代高考作文、相关公务文书等文体结合而成的产物。申论考试按照省级以上（含副省级）综合管理类、市（地）以下综合管理类和行政执法类职位的不同要求，设置两类试卷。省级以上（含副省级）综合管理类职位申论考试主要测查报考者的阅读理解能力、综合分析能力、提出和解决问题能力、文字表达能力。市（地）以下综合管理类和行政执法类职位申论考试主要测查报考者的阅读理解能力、贯彻执行能力、解决问题能力和文字表达能力。申论既严格又灵活，要求考生摒弃套话、闲话，全面、透彻地分析、论证和解决问题，同时又保证考生能充分发挥自己的潜力，施展自己的真才实学。

（二）申论的特征

1. 形式的灵活性。申论答卷一般由三部分组成：概括部分、方案部分、议论部分。概括部分可以是记叙文、说明文、议论文、应用文中的某一种形式，也可以综合多种文体形式；方案部分则是应用文写作；议论部分则是议论文写作。测试形式灵活实用。

2. 材料的广泛性。申论给定的背景资料涵盖了政治、经济、法律、教育等方面的内容，涉及范围极广，且表述比较准确，一般不会出现偏差。申论的背景资料所反映的问题大部分已有定论，也有一些问题尚无定论或存在争议，需要考生自己去理解、分析和判断，并做出结论。至于一些难以定论的问题，特别是一些争议激烈的前沿问题，一般不会成为背景资料。

3. 较强的针对性。申论的考查目的明确，针对性很强，即主要考查报告者阅读、分析、概括、解决问题的能力。这些能力主要通过对背景资料的分析、概括、论述体现出来，从所提出的对策是否具有针对性和可行性体现出来。从这一角度看，考查的目的与测试的命题是密切相关的：目的具有针对性，试题也具有针对性；试题为测试的目的服务，目的则是试题设计的指导思想。

4. 极具政策导向性。申论的背景资料是应试者在生活、工作中经常接触到的事情，或是社会生活中的热点问题，或是国家治理过程中的难点问题，具有强烈的时代特征，是以国家的法律、法规和政策为依据的，政策导向性较强。

5. 多方面的测试优势。申论命题既有规范性，又有创新性。规范性是创新性的基础，创新性是规范性的提升。高质量的申论试题，从测试效果上可以起到以下几个方面的作用：其一，为国家选拔优秀人才；其二，规范考试竞争，引导考生备考；其三，具有严格的程式性，能有效预防考生作弊；其四，便于阅卷老师快速、客观、公正地进行试卷评阅；其五，训练考生思维，测验考生智力。

6. 答案的非标准化。申论测试没有确切、固定、唯一的标准答案。从资料背景来看，都是有关当前政治、经济、法律、教育等问题，有的已有定论，有的尚未定论，完全要报考者自己来解决。从这个角度来看，无论是提出对策或是对对策进行论证，都不会有确切、固定、唯一的标准答案。

（三）申论题型——以2018年国家公务员考试真题为例

2018年国家公务员考试《申论》真题卷
省级以上（含副省级）综合管理类

一、注意事项

1. 本题本由给定资料和作答要求两部分构成。考试时限为180分钟。其中，阅读给定资料参考时限为50分钟，作答参考时限为130分钟。满分为100分。

2. 请用黑色字迹的钢笔或签字笔在题本、答题卡指定位置上填写自己的姓名、准考证号，并用2B铅笔在答题卡上填涂准考证号对应的数字栏。

3. 请用黑色字迹的钢笔或签字笔在答题卡指定区域内作答，超出答题区域的作答无效！

4. 待监考人员宣布考试开始后，你才可以开始答题。

5. 所有题目一律使用现代汉语作答，未按要求作答的，不得分。

6. 当监考人员宣布考试结束时，考生应立即停止作答，并将题本、答题卡和草稿纸都翻过来放在桌上。待监考人员确认数量无误、允许离开后，方可离开。

严禁折叠答题卡！

二、给定资料

资料1

N市为推动"中国制造2025"试点示范城市在本地落地实施，组成调研组对本市制造业情况进行了调研。下面是调研所形成的材料。

我市已经基本形成了比较完备的智能制造政策框架体系，智能制造试点示范工作稳步推进，智能制造创新平台和核心技术突破初见成效，龙头企业智能化转型和区域集聚加快形成，以工业机器人为引领的智能制造装备产业发展驶入"快车道"。可以说，在以智能制造为重心的方略下，智能经济之"核"初步形成。但仍面临问题和不足：智能制造的基础有待夯实，物联网、云计算和大数据等基础性关键环境要素的建设滞后于智能制造发展需求。其中，智能制造装备缺"核"少"芯"问题最为突出，核心控制技术依赖进口，工业机器人等智能制造核心产业研发投入大部分仍处于实验室阶段。这导致了我市智能经济发展过程中存在着示范引领有待加强、智能制造标准指数缺位、国际技术合作服务乏力等诸多亟待解决的难题。

"要推进强基工程，打通智能制造承载能力的'卡口'。"调研组建议，要瞄准关键基础材料、核心基础零部件、先进基础工艺和产业技术基础的"四基"短板，着力在新材料、智能装备、新一代信息技术等重点领域的"四基"工程化、产业化生产和应用上取得突破；要通过培育一批行业细分领域的"工匠型"企业，积极采用新技术、新工艺、新设备、新材料，促进"产品"向"精品"转变，并积极参与行业标准制订，形成一批能够代表"N市智造"、引领国内产业发展的技术标准。

传统产业是我市目前经济发展的主要支柱，占全市规模以上工业总产值的比重超过70%，是我市经济整体转型升级的主战场，更是智能制造推广应用的大市场。

调研中发现，在东南亚国家低成本吸引力和发达国家制造业回归双面夹击下，我市传统产业渴望通过智能化改造提升生产效率、产品品质、增强盈利能力的内生需求十分强烈。市委市政府也适时地把传统产业智能化改造列为建设"中国制造2025"试点示范城市的主要任务；建立了N市智能制造产业研究院，在全国率先成立智能制造协会。具有示范意义的项目也在不断涌现。传统产业智能化改造的动力很强、基础扎实。

但数据显示：全市7 300多家规模以上工业企业中实施智能化改造的比例不到30%，部分中小企业尚未开展智能化改造。调研组认为，对于实施智能化改造，传统产业的绝大多数企业主存在不懂、不敢、不愿三种态度，主体意识并不强。同时，智能化改造的核心技术发展滞后、系统集成供给不足、人才和网络基础设施支撑有待加强等问题，也延缓了传统产业智能化改造的步伐。

推进传统产业进行智能化改造，就要引导创新协同，构建最大限度发挥大中小微企业、产学研用各方优势的协同创新创业共同体，集中攻克一批以软硬件一体化为主要特征、带动性强的智能装备，自主培育扶持一批具有很强市场竞争力的系统集成、装备研制、软件开发与智能制造新模式应用等领域的智能装备骨干企业。要开展试点示范，在化工、汽车、纺织、家电、机械制造等重点行业中开展智能化改造示范应用，培育一批"专精特新"的"工匠型"企业。

生产性服务业是智能制造发展的推动力,而我市在这方面发展相对滞后,成了发展"瓶颈"之一。当前我市生产性服务业规模小、结构差等问题依然突出,主要表现在:制造企业普遍不能接受生产性服务外包这种模式,导致其发展迟缓;生产性服务业"重硬轻软",重视工艺技术服务而轻视管理、市场、人才服务;缺乏本土的全国性生产性服务企业;服务资源整合共享机制尚未建立。

要加快谋划新增关键生产性服务业集聚平台,如把电商经济创新园区建成"N市定制制造和定制电商生产性服务业集聚区",整合现有制造业服务平台,建设"N市生产服务业综合对接平台"等。要大力推进企业内生产性服务建设,积极鼓励制造业企业成立生产性服务业公司,培育企业研究院和工程技术中心。要大力培育智能制造生产性服务龙头企业,重点引进和培育引领性智能制造系统集成服务商、全国性的制造工业设计服务商,建立生产性服务应用技术创新联盟。

资料2

W市多次举办了中国机器人峰会。人工智能等流行词汇在这里不是抽象的概念,而是触手可及的现实。W市民营经济发达,但传统产业占比超过70%。这样一个传统制造业占大头的县级市,经济转型升级的突破口在哪儿?W市的探索表明,发展智能经济或许是关键之招。

第四届中国机器人峰会开幕前夕,记者深入W市的工业园区、企业生产车间,探寻和领略这座城市关于智能制造的雄心。

在平板电脑上用手指点击一个程序发出指令,只见一个身材高大的机器人,灵巧地挥舞着手臂,利索地把几个玻璃杯叠放在一起,成了金字塔状。这是智能制造产业研究院以G为首的团队最新研发的双臂柔性机器人,也是国内自主研发的首个十四轴双臂机器人。

在W市,人们意识到,在智能经济这一新形态下,谁能在智能机器人这一先导产业捷足先登,谁就能抢占先机。因而,W市明确把机器人产业作为发展智能经济的切入点。

在W市采访,记者接触到的专家和企业家,均对即将开幕的中国机器人峰会充满期待。这个业内盛会对W市机器人产业的发展拉动作用明显。智能制造产业研究院的迅速成长,以及随后一系列机器人企业的落户,正是W市花大力气举办中国机器人峰会结出的果实。

中国机器人峰会,只是W市布局机器人产业和智能经济的"冰山一角"。W市有关负责人表示,该市发展机器人产业的一系列规划,并不是一时兴起的跟风,而是区域发展战略的延续和深化。W市是经济强市,制造业基础较好,应用市场广阔,发展机器人产业可谓水到渠成。

除了中国机器人峰会、智能制造产业研究院,W市还在规划建设机器人小镇。眼下,一个拥有机器人产业制造基地、机器人产业学院、机器人展览交易市场的机器人小镇正拔地而起。目前小镇已落户智能经济项目21个,投资7.2亿元。

机器人以及智能经济的魅力,不仅在其本身作为新的经济增长点,更在"牵一发而动全身"的强大带动力——机器人是产业结构调整升级的突破口和助力器。

一条自动化流水线上,近20个大大小小的配件经过自动组装、检测,成为一个个喷头,这是记者日前在某自动技术有限公司看到的生产场景。这套生产线是为W市一喷雾器企业量身定制的,平均每分钟可生产60多个喷头,节省劳动力40人至60人。

喷雾器制造是W市的一大"块状经济",随着人口红利逐渐消失,"机器换人"在业内广受青睐。

在经信局局长的案头,摆着一份长长的企业名单,那是 W 市传统企业智能化改造的进度表。传统企业借助"机器换人"进行自动化、智能化改造已形成高潮。记者了解到,2016 年度 W 市以"机器换人"为突破口,组织开展"机器换人"重点专项 182 项,项目总投资 21.06 亿元,实现企业核心生产设备工序(工位)减员 8 411 人,人均产值提高 3 倍以上。

不仅通过"机器换人"减少人员、提升效率,还要基于物联网技术,用数据建模,用大数据分析的方法,为产品生产找到一个最合适、成本最低的制造模式。

在另一家公司的实验车间,记者看到两个机械手根据不同的零部件,自如地切换 10 余套夹具,协同完成一个精密产品的组装。整条流水线上机器人的所有操作都是通过后台管理系统的精密测算来指示的,设备生产系统和业务管理系统无缝衔接。

从模仿到跟随,再到自主创新,近年来 W 市涌现出一大批本土的系统集成和服务提供商,服务于传统制造业的升级改造。

高端人才的多少,在一定程度上决定了一个地方产业的发展走向。然而,对一个县级市而言,吸引高端人才并不容易。一个人带来一个产业,这句话是 W 市引才工作的生动写照。10 多年前,辞去国外公司高管职位的 L 带着技术和人才来到 W 市。在 L 的带领下,当年年底,该市第一块靶材产品成功下线,这意味着中国结束了溅射靶材完全依赖进口的历史。

G 是自动化领域全球首席科学家。虽然来到 W 市的时间不长,但他发挥自己的聪明才智,在全球范围内网罗智能领域的高端人才,目前已引进机器人领域国家"千人计划"专家 18 名,创办相关企业 14 家,让机器人"块状经济"在 W 市初具雏形。

欲致奇效,必出奇招。现如今,各地都在寻找经济转型升级的路径。但培育智能经济,打造机器人产业,寻常路径很难起到作用。单就引进人才一条,如果没有政府层面大手笔推动,单凭企业的力量难免捉襟见肘。因而,政府的"有为之手"至关重要。

在 W 市,地方政府通过筑巢引凤,吸引海内外各类创新基因集聚,并辅以相应的生态,促进其相互碰撞、发酵,产生"化学反应"。在 W 市,企业家之间、企业家和政府之间这种密切的互动,让企业成长多多。

资料 3

日前,"D 市杯"国际工业设计大奖赛举行了颁奖典礼,共有海内外 20 多项设计从 3 000 多件参赛作品中脱颖而出,拿下各项大奖。

D 市共举办了 11 届国际工业设计大赛。本届大赛更突出了设计资源与产业对接,开展了设计师对接会、工业设计成果展等系列活动,共征集到参赛作品 3 255 件,最后评出概念组金奖 1 名、银奖 3 名、铜奖 6 名,以及产品组金奖 1 名、银奖 3 名、铜奖 6 名。

一位教师此次拿到概念组金奖。这是一组适合中国人烹饪习惯的智能炊具,名为"美味中国"。"中国人烹饪讲究火候,蒸鱼是蒸五分钟还是八分钟?这个时间往往不好把握,但温度可以最直观体现。"这个锅的最大秘密是手柄一按就可以分离,能自动检测锅内温度,不会让蒸煮、炒菜出现"口感太老""偏生"等问题。这位教师称,这个手柄未来甚至可以与普通的蒸锅、电磁炉等搭配,市场空间非常大,相比于概念复杂、功能冗余的各种智能化产品,这种简单而实用的设计才能真正改变生活。而产品组金奖作品是一套沙发,这套沙发的设计体现多功能,拼接组合适应各种户型。

现场众多专家认为，D市年年举办工业设计大赛，品牌效应已经很强，吸引了国内外越来越多的年轻设计师关注，不少实用化、智能化的工业设计，堪称惊艳，这是一笔有待进一步挖掘的宝贵财富。

"现在，已经不是科技推动设计的时代，而是设计推动科技的时代。"此次设计创新高峰论坛上，著名设计顾问H教授做了主题演讲，谈到了作为典型的工业大市，D市要学会用设计推动技术创新、产品创新，借用人的"慧"，打造物的"智"，将工业技术和设计创新深度融合。H认为，好的设计师应该思考满足人们的实际需求，改善人的生活质量。而更高明的设计师，则要关注人类，关注生存环境，应该思考人与产品、与大自然的关系。谈到中国设计的发展，H指出，中国的设计师应该多研究吸收中国人的传统文化，比如在设计中国的传统建筑或家具时，应该更多地去中国传统文化中寻找灵感。这并不意味着在一个现代物品上印几个传统图案就行了，而是要真正去体味中国传统文化蕴含的智慧和美。

工业设计协会的Y教授说，此次获奖作品很多都是智慧生活类产品的设计，这构成了工业设计的一种方向。中国如今的产品从外观和结构设计上已经不错了，可以说是"四肢发达""体格健壮"，有很好的基础，但就是缺点儿"脑子"，也就是智能化水平较低。现在迫切需要的就是往这些健壮的铁疙瘩身上植入"大脑"。智能化、交互化成为人类生活的必需，也成为工业设计的关键词。比如，我们开发了一个核心智能化系统，叫作"多行业嵌入式技术"。拥有了这种核心技术，再通过合理的设计，加上不同的外壳，就可以把它变成割草的、扫地的、清洗游泳池的全自动机器。只要你想得到，它甚至可以装到任何产品当中去。这就是服务创新的发展方向。服务设计就是数字化与用户体验的交互，就是在产品中融入时间、情感等因素。未来真正的"智造"，一定需要智能化、交互化的工业设计。

资料4

以下是专家意见摘录。

人类经过了农业时代，工业时代，进入了现在的互联网时代，接下来的时代应该是"想象力经济时代"。设计师将是那一个时代的主人。

2016年，一场以"创造不可能"为主题的全球创新设计大会走入了人们的视野。数十位设计大咖通过对时代痛点与未来发展趋势的解读与畅想，让我们第一次了解了"新物种""爆款计划"以及"想象力经济"这些概念中隐含的巨大价值。中国领先的创新设计平台，则以"众创"的模式推动想象力向生产力转化，致力于用设计创造更多经济价值。

这里面所体现的"共享设计"的理念，激发了个人创造力的觉醒，并由此引领设计新风潮。这一全新理念，意在打造一个集企业、用户、设计师为一体的共享生态圈，同时将设计上升到了一个"众创"的维度，赋予每个参与者以创造者和受益者的双重身份，由此推动想象力的价值链实现最大化的延展。

让想象力产生价值乘数效应，这正是"众创"所希望的结果。共享价值的实现，激发了更多人加入共享设计生态圈。

设计师可以通过与用户进行交流汲取全新的创意灵感，与企业沟通将设计转变为惠及大众的创新产品。企业家也有了机会向用户展现自身的创意产品，聆听他们的想象进而洞察他们的需求，让具有创造力的设计师助力企业的产品创新，进而创造更大的商业价值。

当用户需求被设计师解读，并对产品进行重新创作，优秀的产品便产生了，这个产品再造并走向市场形成商业价值的过程,就是想象力经济的落地体现。想象力经济的本质正是将人的创新精神转化为商业价值的一个过程。

想象力是消费升级的原动力,消费升级反映了消费水平和发展趋势,让消费者为内心的归属感买单,其突破口在于找到消费者真正的欲求。

每个时代都会出现某种经典产品来推动社会的发展和变革,互联网时代的是手机、电脑等终端产品,智能时代的是智能机器人。智能机器人普及后,对人类来说,想象力将会成为下一个时代的主导,设计师将成为推动社会进步的重要力量。

互联网技术的进步使万物产生共联,共享经济的产生让社会资源得到优化配置。个体创造力的连接与共享是想象力经济发挥价值的基础。个人创造力的觉醒、企业创新力的横空出世推动想象力成为未来经济发展的新驱动力。而创造力共享让每一个天马行空的创意设计变现,从而创造更多颠覆时代的爆款产品,充分挖掘设计师个体的价值。

只要拥有想象力,敢于创新,就有可能迎来想象力经济的时代。

资料5

有学者认为:"人最伟大的特点和优势不只是会学习,关键在于富有想象力,具有穿越未来的能力。"爱因斯坦曾经说过:"想象力比知识重要。"

想象力是人类所特有的一种天赋。想象力是在已有形象的基础上,在头脑中创造出新形象的能力。想象力也是一种创造力。培养想象力并非要抛弃知识,而是相反,需要更多元、更丰富、更深远的知识集群。

人工智能技术正在不断推动移动互联网形态完成新变化,完成更自主的信息捕捉,更智慧的分析判断。然而人工智能无论如何先进,终究无法超越人类的审美和想象力,无法超越每一个人呼之欲出的创造能动性。

从某种意义上说,在浩如烟海的知识网中,<u>科学、艺术和古文化对于想象力都起着非常重要的作用,构成了想象力的源泉</u>。

提出了"证伪主义"的波普尔,在科学认识上刷新了人类的认识:敢于批判,不断质疑,是科学精神的核心。这和传统的科学认知"科学是经验积累的产物,被证明或者被无数次重复验证的科学理论就是永远正确的",很不一样。

艺术,作为代表美的精神力量,贯穿于人类发展的全时空。有了它,人类可以无止境地向着无限美丽的世界前进。

历经多少世纪而留存下来的古文化,蕴含着需要想象力才能充分挖掘的惊人智慧和秘密,它是保持想象力永不枯竭的源泉。不少思维活跃的前沿科学家都是人类学和古文化的爱好者。他们研究的科学决然不是宗教,但是,他们比任何人都敏感于那些古老民族的神秘文化和宗教,并从中大量汲取了养分。

而中国人的想象力则更有自己文化传统的优势可以依托,中国人的古典文学和传统艺术催生了一代代中国人的东方式灵感,庄周的梦蝶,屈原的《天问》,敦煌的飞天,李白心中的皓月……,都蕴含着值得中国人真正去体味的传统文化的智慧和美。

这样的例子还有很多,几乎每一个当代在创新领域有所建树的人,都可以捕捉到他们从科学、艺术和古文化中汲取想象力的痕迹。然而,想象力并不独为创新者所占有,在平凡的生活中,想象力能给每一个人以幸福感。

三、作答要求

(一)根据给定资料1,对调研组的调研材料,从成绩、问题和建议三方面进行概述。

(15分)

要求:(1)准确、全面;(2)恰当提炼,条理清晰;(3)不超过350字。

(二)上级部门来W市考察,请你根据给定资料2,就W市在经济转型升级过程中的探索,写一份汇报提纲。(20分)

要求:(1)紧扣资料,内容具体;(2)语言流畅,有逻辑性;(3)不超过400字。

(三)根据给定资料3,请你对画线句子"借用人的'慧',打造物的'智'"加以分析。(15分)

要求:(1)观点明确,紧扣资料,有逻辑性;(2)不超过300字。

(四)根据给定资料4,谈谈你对"想象力经济"的理解。(10分)

要求:(1)准确、全面;(2)不超过200字。

(五)请深入思考给定资料5画线句子"科学、艺术和古文化对于想象力都起着非常重要的作用,构成了想象力的源泉",自拟题目,自选角度,联系实际,写一篇文章。(40分)

要求:(1)观点明确,见解深刻;(2)参考给定资料,但不拘泥于给定资料;(3)思路清晰,语言流畅;(4)字数1 000~1 200字。

三、申论考题题型概述

随着公务员考试报考人数的增加、竞争程度的加剧,申论考试题型越来越趋向多样化。申论考题题型主要有五类。

(一)归纳概括题

归纳概括题要求对给定资料中特定部分的内容要点、精神主旨、思想意义进行提炼,并用简明的语言加以概述。这类试题的提问方式多使用"归纳""概括""概述""简述"等关键词。作答的基本要求主要有四点,即全面、准确、客观、简明。

【真题题干】根据给定资料1,对调研组的调研材料,从成绩、问题和建议三方面进行概述。(15分)

要求:(1)准确、全面;(2)恰当提炼,条理清晰;(3)不超过350字。

(2018·国家·省级·第一题)

(二)综合分析题

综合分析题要求考生对给定资料中深层的、隐含的意义进行理解,并多角度地进行思考,得出自己的推理和评价。综合分析题最常出现的作答要求为:条理清晰、观点明确、分析合理。这三点是作答该类题必须贯彻始终的要求,对作答题目具有指导性意义。

【真题题干】根据给定资料3,请你对画线句子"借用人的'慧',打造物的'智'"加以分析。(15分)

要求:(1)观点明确,紧扣资料,有逻辑性;(2)不超过300字。

(2018·国家·省级·第三题)

【真题题干】根据给定资料4,谈谈你对"想象力经济"的理解。(10分)

要求:(1)准确、全面;(2)不超过200字。

(2018·国家·省级·第四题)

(三)提出对策题

提出对策题要求考生在全面理解给定资料内容的基础上,发现资料中的问题,然后提出合理、有效的解决对策。该类题的作答要求主要有四点,即有角色意识、有针对性、有可行性以及有可操作性。

【真题题干】根据材料14，就N市公安系统微信公众号存在的问题提出完善的建议。(30分)

要求：（1）建议可行，条理清晰；（2）总字数不超过500字。

(2017·深圳·A类·第二题)

（四）贯彻执行题

贯彻执行题要求考生能够准确理解给定资料中所包含的工作目标与组织意图，遵循依法行政的原则，依据给定资料以及设定题目所反映的客观实际，撰写某类文书，以便及时有效地完成任务。文书种类可为宣传演讲类（如新闻报道、讲话稿、宣传稿、倡议书等）、方案总结类（如方案、提纲、建议书、报告、意见、通知等）、观点主张类（如短评、回帖等）和灵活写作类（没有固定的可以直接套用的结构）等。这类题的作答要求为：目的明确、符合实际、语言得体、格式正确、结构合理。

【真题题干】上级部门来W市考察，请你根据给定资料2，就W市在经济转型升级过程中的探索，写一份汇报提纲。(20分)

要求：（1）紧扣资料，内容具体；（2）语言流畅，有逻辑性；（3）不超过400字。

(2018·国家·省级·第二题)

（五）文章论述题

文章论述题要求考生围绕给定的标题、主题、话题等，写一篇文章。这类题是对文字表达能力的集中测查。无论是国家公务员考试还是地方公务员考试，文章论述题都是最后一题，分值最高、字数最多、难度最大。从历年申论考试真题来看，文章论述题的分值一般为40分，字数要求一般在1 000字左右。作答要求为：观点明确、切合实际、结构完整、内容充实、思想深刻、论证有力、语言合理。

【真题题干】请深入思考给定资料5画线句子"科学、艺术和古文化对于想象力都起着非常重要的作用，构成了想象力的源泉"，自拟题目，自选角度，联系实际，写一篇文章。(40分)

要求：（1）观点明确，见解深刻；（2）参考给定资料，但不拘泥于给定资料；（3）思路清晰，语言流畅；（4）字数1 000~1 200字。

(2018·国家·省级·第五题)

四、解题环节和方法

申论考试的全部过程可归纳为阅读资料、概括要点、提出对策、分析论证四个环节。

（一）阅读资料

阅读理解给定资料是申论考试最基础的环节。阅读资料环节虽然不能用文字直接在答卷上反映，却是完成其他三个环节的前提条件，而且在时序上应置于首位，不容滞后。申论考试的时间是比较充足的，考生完全有必要用一定的时间（一般需要50分钟左右）来潜心阅读给定资料，以求真正理解和掌握资料的叙述思路和内容实质。资料一般要阅读三遍，每一遍都有不同的关注点。

阅读第一遍：重点关注段落标号，勾画关键句和关键词。一般遵循以下原则：首尾句原则；关联词原则，如"因为""所以"等；常见词原则，如"根源""危害""监督""经验""教训""经调查""资料显示""强调""分析""指出""认为"等。

阅读第二遍：总结段落大意。要把一段话的意思总结完整，须把握整体性原则、关联性原则等，关注典型现象、数据和图表等。

阅读第三遍：分门别类地合并同类项。阅读过程中会发现有横向原则组织的材料，这些材料有的是并列关系，如政治原因、经济原因、文化原因等，有的是对立关系，如积极与消极、正面与负面、成绩与问题等；也会发现有纵向原则组织的材料，如提出问题与分析问题、现状与根源等。但通篇看来，所给材料多是杂乱无章的，表现为多层次、多角度组织材料，需要阅读者在阅读过程中快速反应，在头脑中形成关于材料的逻辑关系，并对之进行合并，为答题做好准备。

（二）概括要点

概括要点是一个承上启下的重要环节。一方面它是阅读资料环节的小结；另一方面，这个环节完成得好不好，会直接影响提出对策是否更具针对性，影响到将进行的论证是否有扎实的立论基础。概括要点的目的，在于准确把握给定资料，以便进一步着手解决以下问题。申论题目并不是一成不变地要求概括主题，有时也要求总结所给材料的主旨，或者总结材料包含的主要内容、主要观点等。考生要注意审题，正确理解题目的要求，不要形成思维定式，认为所有的申论试题都是要求概括主要问题。在概括时要注意语言的准确、精练。通常，概括要点类考题会根据材料的不同情况要求字数在200字左右，因此应惜墨如金，简明扼要地表达出题目的要求。所概括的内容要有信息含量、角度要准确、层次要清晰、内容要客观准确。概括要点有一个较好的方法，叫作概括的"四句话"。

第一句："这些材料反映的主要问题是……"（主要问题）
第二句："这个问题主要表现在……"（问题的表现）
第三句："何以如此呢？"（原因）
第四句：有关部门应该采取有效措施解决该问题。（总结）

当然，概括题还有其他类型，考生应当灵活变通。

（三）提出对策

提出对策是申论的关键环节，重点考查考生的思维开阔程度、探索创新意识、应变能力和解决问题的能力。解答这类题考生有较大的自由空间，可根据各自的知识、阅历，对同一问题各抒己见，见仁见智。但针对主要问题提出的对策必须切实可行，要符合我国的国情、民情、政策、法律等，措施要切合实际，切忌面面俱到，舍本逐末。考生可掌握"万能八条对策"，在考试过程中灵活运用。

第一，领导重视，提高认识；
第二，加强宣传，营造氛围；
第三，教育培训，提高素质；
第四，健全政策法规，完善制度；
第五，组织协调，形成机制；
第六，增加投入，依靠科技；
第七，加强监管，全面落实；
第八，总结反思，借鉴经验。

以上"对策"考生应根据实际情况，灵活调整，做出选择。

（四）分析论证

分析论证是申论的最后环节。要求考生充分利用给定资料，切中主要问题，全面阐释论证自己的观点。前面三个环节尽管非常重要，不容任何懈怠，但相对于最后这个环节来说都是铺垫。分析论证环节需要浓墨重彩，淋漓尽致。这不仅因为它所占字数多，分值相对较高，而且一个人的知识基础、能力水准、思维品质、文字表达都将在这个环节得到更全面、更充分的展示。虽然分析论证可以根据考生的知识特点和写作习惯自由进行，但是还必须遵循议论文的大体规范，做到虽无定法却有大法。分析论证的大致结构如下。

第一，写标题。诸如"由××现象引起的思考"，即将材料中的典型现象、个性化事件入题。标题不能太大、太空。

第二，谋篇布局。首先，提出论点。分析论证应做到开门见山，简单明快，这包含三层含义：交代事件或现象，即何时何地发生何事；引入主题，强调这一问题是严重的；指出解决问题的意义、重要性。提出论点表明了论述者对问题的基本观点。其次，进行论证。论证大致包括"为什么"和"怎么样"两个论证层次。围绕"为什么"找理由，可以从材料中找一个例证，略论；从材料外利用自己的知识积累找第二个例证，详论；再从自己的知识积累中寻找第三个例证，略论。做到详略得当。围绕"怎么样"，寻求解决某问题应采取的对策，分层次进行论述。可采用"首先""其次""再次"或"其一""其二""其三"等标目方法，显得文气贯通，切记使用1、2、3等数字标目。

第三，得出结论。结论应具有收拢全篇、深化主题的作用。同时提出期望，对解决问题充满信心。

五、申论考试注意事项

（一）认真审题

考试时要注意使用答题技巧，合理分配时间，不要盲目求快。一定要拿出足够的时间认真仔细地阅读给定资料。在这个过程中，要先厘清资料的逻辑联系，抓住一个复杂事件的主要问题。然后，要把握给定资料所反映的事件的环境和条件，这种既定的条件是提出的对策是否具有可行性的重要依据。抓准了主要问题，解决问题的方案就有了针对性；搞清给定资料所提供的环境、条件，所提出的解决问题的方案才有可行性。

（二）紧扣材料答题

一定要注意申论考试的限制性要求，即无论是概括主题、陈述看法，还是提出对策，都依据试卷的给定资料，而最后的论证，也是在前述基础上，就给定资料和从中概括出的主要问题及其解决方案进行阐述和论证（要在概括的基础上自拟一个题目进行论证）。切忌脱离给定资料，随意联想和发挥。

（三）注意限制要求

申论考试中对字数是有要求的。概括给定资料所反映的主要问题，一般要求在150字以内；提出解决问题的方案并加以简要说明，一般要求在350字以内；申述、论证应试者对问题的基本看法和解决问题的方法，一般要求在1 200字以内。超过或不足的字数一般应控制在要求字数的10%以内，否则要扣分。

六、申论考试的准备

（一）了解申论，掌握基本方法

仔细阅读考试大纲，对申论考试的基本情况有大体了解。

（二）关注社会热点，掌握热点理论

就目前的热点问题进行预测性准备。可以准备一系列热点问题的对策和解决方案，并准备一些需要论证的问题。就自己准备论证的问题，有针对性地查阅一些资料。

（三）必备的参考资料

考生须准备以下参考资料。

第一，订阅当年的《半月谈》。《半月谈》是中共中央宣传部根据新时期加强基层思想政治工作的需要，委托新华社主办的、面向广大基层读者的重要党刊，多有热点问题的讨论，而《半月谈》开头的评论是很好的申论准备材料。

第二，《理论热点面对面》。《理论热点面对面》是中共中央宣传部理论局在深入调研的基础上，组织理论界专家学者撰写的通俗理论读物。对广大干部群众普遍关心的热点难点，进行了深入浅出的回答，观点准确、说理透彻，具有较强的针对性和说服力。该书用最新素材阐述理论问题，用身边事例说明深刻道理，图文并茂、文字生动、通俗易懂、可读性强，是广大干部群众、青年学生理论学习的重要辅助材料。

第三，中国政务信息网、人民网、新华网。

第四，近年来，党和政府的重要文件。

第五，《光明日报》《人民日报》等重要报纸。

另外，大多数的考生会购买由各大出版社出版的有关公务员考试的书籍，购买这类复习资料的时候请注意：首先要看出版社的知名度；其次要看编写团队的资质。避免被劣质图书影响了学习质量和效果。

【案例研习】

下面是人事经理向应聘者提出的有关求职材料的一些建议，谈一谈你对这些建议的看法。

人事经理关于求职材料的建议

一、简历要与大公司沾边

当人事经理搜索人才时，一般会搜索关键字"知名企业名称+职位名称"。比如消费品行业可能喜欢可口可乐及宝洁的人，人事经理会输入"可口可乐+销售经理"进行搜索，系统会搜索到简历中出现以上关键字的求职者。如果你的简历里出现知名企业名称，就可以被搜索到，例如"我在××矿泉水公司工作，成功地令竞争对手——可口可乐旗下的天与地矿泉水在当地的市场份额减少……""我在可口可乐的广州白云区经销商工作"等，提高了人事经理浏览简历的机会。

二、经常刷新简历

当人事经理搜索人才时，符合条件的简历是按刷新的时间顺序排列，而一般只会看前面一两页。很多求职者其实并不知道刷新简历可以获得更多求职机会。因此每次登录，最好都刷新简历，刷新以后，就能排在前面，更容易被人事经理找到。

三、不要只应聘最近三天的职位

一般求职者认为，刚刚发布的招聘信息肯定成功率大，其实不然。因为很多企业人事经理没有及时登录、刷新发布的职位，所以求职者在搜索职位时，刚刷新的职位会排在前面，这些职位的应聘者多，竞争大。相反，一些职位已经发布半个月甚至一个月了，应聘者少，成功率反而高。

四、让你的邮件永远在最前面

你要知道人事经理可能100多页简历邮件最多只看前5页，所以发邮件到企业指定的邮箱时，怎样才能让你的邮件永远排在最前面，让人事经理每次打开邮箱都首先看到你的邮件？只要在发邮件前，把电脑系统的日期稍改为将来的日期，因为大多邮箱默认把邮件按日期排序，如果将日期稍改为将来日期，那么邮件就可能排在所投递邮箱的前面！

五、新颖的邮件标题

人事经理每天收到大量的求职电子邮件，求职者一般会按企业要求把邮件题目写成"应聘××职位"。怎样才能吸引人事经理的眼球，让他先打开自己的邮件？可以在邮件题目上做文章，使标题引人注目，让人有读下去的欲望。

六、简历最好放照片

对于人事经理来说，每天需要浏览大量简历。如果同等的条件，一般会先通知有照片的求职者来面试，因为通过照片，人事经理对应聘者又多了几分了解。

七、求职信指出对方公司缺点，往往会带来意想不到的效果

一般人认为在求职信中称赞对方公司会引起好感，其实不然。如果先指出这家公司的缺点，往往会引起关注。作为人事经理，只会对指出公司缺点的求职者有好感，对恭维公司的求职者，一般会放在一边。即使不知道对方公司缺点，也可以写一些永远不会错的："我认为贵公司创新不够，市场表现过于常规化；我以消费者心态观察贵公司，发现贵公司客户服务还有许多待改进的地方；我发现贵公司品牌形象还有可能做得更好……如闻其详，可面谈。"可引起人事经理注意，从而取得面试机会。

八、自己要学会让简历与职位匹配

求职时要注意两点。一是不要太在乎对方职位要求的描述，很多职位描述并非完全准确。如果看到对方职位要求本科，因自己是专科而不敢投递简历，那就失去机会了。如果看到对方要求有5年从业经验，自己只有3年从业经验而不敢投，那完全没有必要。因为人事经理对职位只是一个概念化的描述，应勇于投递简历，争取面试机会。

另外一个需要注意的问题是修改简历，使之与职位描述相匹配。如职位描述要求领导能力强，也将简历修改为具有领导才能；职位描述要求沟通能力一流，也将简历修改为擅长沟通。简历匹配度高，也可以增加机会。

求职者有更多的面试机会，不但可以增加成功求职机会，还可以增加自己的信心，积累面试经验。很多优秀的求职者在网上发了很多简历而没有回应，以为自己没有竞争力，只好降低最低工资标准，实为可惜！要知道现在网络求职的成功率一般是发200份简历，有8份面试，2份成功，而成功的2份中可能有1份自己不想去，而另1个只是相对满意。所以求职的朋友千万不要对自己失去信心。

【情境写作】

1. 根据毕业论文的选题原则，结合所学专业，选择一个论题，写出论文的提纲。
2. 结合自己的某一次实习活动，撰写一份实习报告。
3. 根据自己的求职意向，为自己制作一份求职简历。
4. 给自己理想中的单位和岗位，写一封充分展示自我的求职信。
5. 假如你要出国留学，以一位资深教授的名义写一封推荐信。
6. 假如你要竞聘大学校长，写一篇竞聘词。
7. 你即将大学毕业，请写一份自我鉴定。
8. 假如你是一名国企的财务总监，由于某种原因，想辞去这份工作，请写一封辞职信。
9. 根据文中提供的2018年国家公务员考试真题，作答相关试题。

第六章 新闻和网络写作

【本章导读】

新闻是新近发生、发现的能引起广大群众关注的事实报道。新闻一般分为消息、通讯、评论、深度报道等类型。

随着网络技术的发展、电脑的普及,网络写作如论坛写作、博客写作、微博写作等新形式改变了人们阅读和写作的方式。论坛写作展现作者对某一领域的深入研究;博客写作重视短文杂说,以多方灵活视角介入;微博有140字的字数限制,特别重视个人风格和流行话语。在网络虚拟世界,人人都可以是"作家",随时发表文章,没有年龄、身份、职位等的规定,不需要传统媒体"把关人"的限制;写作不再是高高在上的"经国之大业,不朽之盛事",而成为人们参与文化创造的载体,如今的新媒体抑或是自媒体写作更是成为新的发展趋势。

本章主要介绍新闻写作、网络写作的基本理论和写作要求。通过本章的学习,不仅要掌握消息、通讯、深度报道、BBS发帖、博客、微博等的基本含义、特点和作用,还要掌握这些文体的写作要领。同时与时俱进地了解新媒体的发展。

第一节 新闻写作

一、新闻的含义

新闻是新近发生、发现的能引起广大群众关注的事实报道。按传播媒介,新闻分为报刊新闻、广播新闻、电视新闻、互联网新闻等;按体裁,新闻分为消息、通讯、评论、深度报道等。

二、消息

(一)消息的含义

消息是用简洁明快的语言及时报道新近发生、发现的有价值的事实的一种新闻文体。

（二）消息的结构和写法

消息一般由标题、消息头、导语、主体和结尾等部分构成。

1. 标题。消息标题是一则消息的题目，必须简明、准确地概括消息内容，帮助读者理解报道的事实。消息标题有主题（正题）、引题（眉题）、副题（次题）三种。主题概括与说明主要事实和思想内容。引题揭示消息的思想意义或交代背景，说明原因，烘托气氛。副题提示报道的事实结果，或作内容提要。

2. 消息头。报纸上刊登的消息，正文之前有"本报讯""××社×月×日电"的字样，这就是消息头。消息头是消息的标志，表明新闻来源。消息头有"讯""电"两种形式，"讯"也叫"讯头"，是通过邮寄或书面递交的方式向报社传递的新闻。凡是报社通过自己的新闻渠道获得的本埠新闻，一般都标有"本报讯"。"电"也叫"电头"，是通过电报、电传、电子邮件或电话等形式向报社发回的新闻。消息头除表明发送新闻的时间、地点外，主要表明新闻的发布机构，因此也是版权的体现。

3. 导语。导语是指一篇消息的第一段或第一句话。导语用简明生动的文字，写出消息中最主要、最新鲜的事实，鲜明地揭示消息的主题思想。

导语的要求，一是要抓住事情的核心，二是要能吸引读者看下去。要做到第一条，必须具备训练有素的分析能力；要做到第二条，则要有写作技巧。

导语的形式主要有以下几种。

（1）叙述式。叙述式导语用摘录或综合的方法，把消息中最新鲜、最主要的事实简明扼要地写出来。

（2）描写式。描写式导语对消息的主要事实或某一有意义的侧面作简洁朴素而又有特色的描写，以营造气氛。

（3）提问式。提问式导语先揭露矛盾，鲜明尖锐地提出问题，再作简要的回答，引起读者的关注和思考。

（4）结论式。结论式导语把结论写在开头，提示报道某一事物的意义、目的或总结。

（5）号召式。号召式导语提出号召，给读者指出方向和奋斗目标。

另外，导语还有摘要式、评论式、综合式、解释式等。

4. 主体。主体是消息的主干部分。主体紧接导语之后，对导语作具体全面的阐述，具体展开事实或进一步突出中心，从而写出导语所概括的内容，表现全篇消息的主题思想。主体应按时间顺序或逻辑顺序写作，但仍然要先写主要的，再写次要的。

5. 结尾。新闻的结尾有小结式、启发式、号召式、分析式、展望式等。这些结尾与一般记叙文结尾并无大的不同。

（三）例文

社保参保扩面任务完成过半

本报北京8月26日电　（记者李心萍）记者从人力资源社会保障部获悉，全国社保局长会议和社会保险基金监管座谈会近日在贵州召开。人社部党组成员、副部长游钧在会上表示，2018年上半年，社会保险制度建设取得突破性进展，参保扩面任务完成过半，社保基金运行平稳向好，社保基金监管和防范风险能力持续提升，社保待遇水平不断提高，社保扶贫工作在助力打赢脱贫攻坚中发挥越来越重要作用。

下半年要全面贯彻落实党中央各项决策部署，推动建立企业职工养老保险基金中央调剂制度、全面实施全民参保计划、建立全国统一的社会保险公共服务平台、打赢社会保险扶贫攻坚战等社会保险重点改革任务落实落地。同时进一步加强基金监管,防范、化解社会保险领域重大风险。贯彻落实好国务院"放管服"改革和"互联网+政务服务"要求,按照"正行风、树新风,打造群众满意的人社服务"的决策部署,提升人民群众对社保服务的满意度。

(《人民日报》2018年8月27日13版)

三、通讯

(一)通讯的含义

通讯是运用叙述、描写、抒情、议论等多种手法,具体、生动、形象地反映新闻事件或典型人物的一种新闻报道形式。通讯是记叙文的一种,是报纸、广播电台、通讯社常用的文体。通讯包括人物通讯和事件通讯两类,且和消息一样,要求及时、准确地报道生活中有意义的人和事,但报道的内容比消息更具体、更系统。

(二)通讯的种类

通讯由于反映的主题不同,所以表达的方式也不尽相同。目前新闻界一般把通讯分为四种。

1. 人物通讯。人物通讯以人物为主体,宣传其先进思想与事迹。
2. 事件通讯。事件通讯以事件为主体,宣传其积极影响,给人以鼓励,或阐述事件的危害给人以警戒。
3. 工作通讯。工作通讯主要反映某项工作的进展、方法和成效等。
4. 概貌通讯。概貌通讯主要反映某项工作的总体发展趋势、动态。

(三)通讯的结构

通讯在结构的安排上有三种选择。

1. 纵式结构。纵式结构指按时间顺序和事件发生与发展的顺序来安排材料的结构形式。这种结构的优点是线索清楚,便于读者了解事情的来龙去脉;在写作上应注意三点:一是主次要分明,二是详略要得当,三是写作的方法要综合运用。
2. 横式结构。横式结构指按照材料的性质分别叙述的结构形式。横式结构的优点是取材不受时空的限制,报道面较广,缺点是很难按时间顺序叙述。
3. 纵横交错式结构。纵横交错式结构指对纵式结构和横式结构的复合运用,是以时间为纵线,以空间为横线,纵横交错地展开内容的结构形式。

(四)通讯的写法

一篇成功的通讯,不仅会产生突出的新闻效应,也会产生一定的审美效应,各个构成要素都应精心制作。

1. 标题。与消息的标题相比,通讯的标题更灵活,也更形象、生动。除传统的单行标题外,还可以制成双行标题或三行标题,即在主标题之上加引题,或之下加副题,或同时有上下辅题。标题的形式也多样,有叙述式、描写式、抒情式、引语式、设问式、悬念式、议论式、符号式等。
2. 开头。通讯的开头比消息的导语形式自由,更有想象力和艺术性。例如,用重要情节开头,揭示主题;用提问开头,突出矛盾;用对比开头,显现个性;用议论开头,提示要意;用故事开头,启发思考;用想象或联想开头,创造意境。总之,标题要紧扣主题,选好切入点,顺利开启下文。
3. 主体。通讯的主体或展开人物事迹,展现人物的性格特点和精神面貌;或记述事件的完整过程，显现事件的典型意义和本质特征；或反映社会变化、地方风土人情。无论采取哪种方式，主体都要抓住特点，写出变化，有点有面，展示时代精神。主体的层次安排可纵可横，也可根据需要时空交叉，纵横结合。主体的内容要灵动，形象生动，有文采，有感染力。

4. 结尾。通讯的结尾有总结式、象征式、点化式、引语式、评论式等。

（五）通讯的表现手法

通讯要写人记事，叙述是最主要的表现手法。通讯叙述要朴实无华，晓畅明白，直截了当，开门见山。通讯还要侧重形象的具体描绘，创造临其境、闻其声的现场感。通讯要求描写人物的形象、动作、对话、心理，描写场景、细节，不仅要"描"出直观性，还要"写"出"见证人"的角色体验，增强感染力。议论是通讯写作中表意的强有力手段，不仅能起到画龙点睛的作用，还常有点石成金的功效。通讯的议论融抒情于一体，缘事而发，恳挚精当；可作分析性议论、象征性议论、形象性议论、哲理性议论等。

（六）例文

爱人者，人恒爱之
——廖俊波的大爱人生

本报记者　姜　洁

"百佳书记因公殇，万人同哀悼逝波""丁酉春夜别廖公，悲恸肝肠万物空""仿佛你一如既往的浅笑，春风会不停地思念你"……采访中，无数认识或不认识廖俊波的人自发通过文章、诗歌、留言等形式怀念他，寄托哀思。许多受访者表示，听闻他的噩耗，像失去亲人一样悲恸。

政声人去后，民意闲谈中。全国优秀县委书记廖俊波为何口碑如此之好？"爱人者，人恒爱之。"正因为廖俊波生前给予了别人太多的爱，他才会受到干部群众的爱戴。

他爱百姓
——只要是为了群众的利益，怎么干都不过分

廖俊波常说一句话："帮老百姓干活、保障群众利益，怎么干都不过分。"工作二十几年，无论在什么岗位，他都一心一意为群众谋福祉，但凡群众对他提出的要求，他都想方设法去满足。

钟巧珍是政和县出名的老上访户，因与邻居曹某的宅基地纠纷长期上访。廖俊波到任政和县后，多次亲自接待钟巧珍，主动上门了解情况，并先后多次对其信访件作出批示。在廖俊波的努力和重视下，2015 年 6 月 24 日，当事双方纠纷成功调解。如今，钟巧珍已经在调解成功的 162 平方米宅基地上盖起了新房。"没有廖书记，我现在肯定还在天天为宅基地纠纷奔波，他是我的大恩人！"一提起廖俊波，钟巧珍就很激动。

政和县石屯镇石圳村的余金枝老人至今随身珍藏着一张廖俊波和她的合影照片，生怕家里人弄丢。2015 年 4 月的一个下午，烈日当空，正在茶园里采茶的余金枝，没想到县委书记廖俊波突然出现在面前。"阿婆，我来帮你采茶。"余金枝一看，原来是常到村里调研的廖俊波，连忙说"谢谢"。"这样的茶现在采有点可惜啊！""您估计这些茶能卖多少钱呢？""我采得还算专业吧，我从小就采茶挣工分呢！"……不知不觉，两个小时过去了，在愉快的交谈中，廖俊波既帮助了年迈的余婆婆干活，也完成了一次民意调查。

2013 年 5 月，铁山镇东涧村的几个村民在村口聊天，廖俊波来了，和他们拉起了家常："最近有什么困难需要我解决吗？"村民何天章直言，村里人平时喝山泉水，但一下

雨，泉水就变浑，大家很苦恼。廖俊波当场就给县住建局负责同志打电话，要求他们帮助解决。两个月后，一个崭新的过滤池在山泉边建成，这下好了，村民们不管什么天气都能喝上清澈的水。

廖俊波非常重视教育，对学生的生活十分关心。他任邵武市拿口镇镇长时，镇里只有初中，没有高中，很多学生因家庭困难没法去县城读高中，不得不辍学打工。廖俊波亲自牵头指挥复办镇高中。为了激励学生，高考冲刺时，镇政府还给每个学生每天发一个鸡蛋增加营养。政和一中校长魏明彦清楚地记得，廖俊波任政和县委书记时，2012年的冬天遇上了极寒天气，天气预报第二天要下雪，当时一中有1 000名住宿生，但学生宿舍仅能容纳100人，剩下的学生都零散租住在学校附近的民房里。"不能让孩子冻着！"廖俊波连夜和分管教育的副县长余向红带队到学生宿舍和附近民房中，挨家挨户查访学生有没有受冻。"一定要尽快新建学生宿舍，给所有住宿生一个温暖的环境！"探访过后，廖俊波筹措资金新建学生宿舍，如今，政和一中的住宿生搬进了崭新的学生宿舍，每个宿舍都有独立卫生间和洗衣房。

他爱干部
——对干部像亲人般温暖

早年，时任政和县拿口镇纪委书记的余道宗女儿突发脑部疾病，急需一大笔钱做手术，而他却因家庭拮据，凑不足手术费，急得像热锅上的蚂蚁。镇党委书记廖俊波得知此事，带头拿出了一个月的工资捐给余道宗。在他的带领下，其他镇党委班子成员纷纷慷慨解囊。手术如期进行，余道宗的女儿很快痊愈，如今已经考上了大学，她至今也忘不了廖叔叔曾经的雪中送炭。

时任政和县委副书记魏万进回忆起和廖俊波共事的情景，说道："我最过意不去的是，前些年省里支援我们县，送来一台崭新的迈腾车，本来是该给他用的。廖书记自己的车也很破，但他却说，老魏的车更旧，坚持让我坐这辆车。他总是这样，什么事都先想着别人。"

时任政和县常务副县长的南平市建阳区区长魏敦盛告诉记者，廖俊波任政和县委书记时，每逢市领导来政和，他常常中途借故"开溜"，让一线干部有机会和上级领导"面对面"汇报工作。"就像女儿大了不能留，好干部要赶快推荐、提拔上去。"他总这么说。魏敦盛就是通过这种方式进入市领导视野，迅速成长为一名正处级干部。廖俊波坚持干部在一线培养、一线考察、一线使用。2011年以来，全县向重点一线选派干部230多名，这些干部在参与重大项目的同时，个人素质也得到了进一步提升。2011年6月至2016年3月提拔使用的128名干部，有七成来自重大项目、重点工作和基层一线。"干部从琢磨人向琢磨事转变，从怕啃'硬骨头'变为争着上、抢着干，当时在13个分线项目负责的干部中，有3人提任处级领导岗位，5人提任或转任科级重要岗位。"魏敦盛告诉记者，一次，一位老领导对廖俊波夫人林莉说："廖俊波简直就是一个疯子。"林莉笑着说："我看，他是一个疯子领着一群疯子在干。"

他爱家人
——虽陪伴很少却用心呵护

在很多人眼里，廖俊波是个工作狂，一个月也回不了一趟家，他把自己奉献给了事业，亏欠家庭很多。可是他的妻子林莉、女儿廖质琪却不这么认为。

"我们仨有一个家庭微信群，平时我和妈妈都会在群里时不时发言，有什么觉得有意

第六章　新闻和网络写作

思的链接都往群里发,有什么想说的话都会在群里说。虽然爸爸很少发言,有时几天也不说一句话,但我知道他只要有空,就会'爬楼'仔细看每条消息。"廖质琪说,"他很忙,但是偶尔空闲下来,他会用微信和我视频聊天,问问我最近的情况,经常会提起微信群里我们发过的内容。我的微博、QQ空间和微信朋友圈,虽然他从不留言,但都会认真地看,觉得里面有什么需要和我交流的都会在电话里讲。"今年3月4日,廖质琪刚刚到上海做毕业设计,父亲就在会议间隙和她微信聊天,问她感冒好了没有,毕业设计进展如何,不要太满足现状——这是父亲最后一次和她通话。

"他是个很会哄人开心的人。"忆起丈夫,林莉忘不了,每年她的生日,哪怕再忙,廖俊波也会备一份生日礼物,给她一个惊喜。时任政和县委办主任的叶金星记得,有一年恰逢林莉生日,廖俊波开了一天的会,回到市里已是晚上10点多,他急匆匆往回赶,趁着家附近的花店没关门,买了一大束鲜花,还手把手教店主如何配花束。"我记得很清楚,那天他很兴奋地发现店里有蓝色的满天星,他要求店主在红玫瑰、白百合周围围一大圈蓝色满天星。"叶金星说着说着,眼眶红了,"当天他到家都已经快11点了,他像个小孩一样兴奋地拿着花就冲了回去。第二天早上5点,他又和我们一起去机场赶飞机,路上还得意地炫耀,说夫人收到礼物很开心。"

林莉告诉记者,以前夫妻俩即使不常见面,每天也会通一个电话。自从廖俊波任南平市副市长后,特别是兼任武夷新区党工委书记后,电话就越来越少。"近一两年,我养成了一个习惯,晚上11点半之前绝不通电话。等到11点半,我就给他发个微信,如果他忙完了就会给我来个电话;如果没忙完,就回一个字:忙。"任南平一中物理教师的她苦笑,"同事都说,林老师平时都会在学校从早忙到晚,如果突然有一天她按时下班,肯定是老公回家了。"

2009年暑假,林莉和女儿去桂林旅游,返程时是周末,到达南平已是凌晨3点多。母女俩刚从车上下来,眼尖的女儿突然发现公交站路灯下爸爸的身影。原来,廖俊波当天恰巧从浦城回到南平,他细心地记住她们回程的时间,在家煮好稀饭、炒好小菜,前来"接驾":"你们怕黑,有我在,你们就不怕了。"

难得与父母在一起时,廖俊波会在厨房帮母亲做饭,陪父亲下下棋聊聊天。每年,他都坚持给父母买一套衣服、添一双鞋子。他跟林莉说:"我工作忙,家里你费心了,逢年过节,别忘了给咱爸妈买东西、发信息。"而父母却宽慰他:"组织信任你,你把工作做好了,不辜负组织就是孝。"为了不给儿子添麻烦,老人不顾水土不服、气候不适,选择住在北京的女儿家。

3月18日下午,在市里开完会回到家,廖俊波匆匆扒了几口饭,拎起林莉整理好的衣服和公文包,就要回武夷新区继续工作。临别前,林莉劝道:"雨下这么大,这个会又是你召集的,就不能推一推?"

"会议已经安排好了,不能改啊!"廖俊波笑着与妻子深情道别。

不曾想,这一别,竟成永别。

廖俊波走了,带着他的一腔热忱和无尽的爱。而他的故事,仍在神州大地广为流传,激励着更多的党员干部不忘初心、继续前行。

(《人民日报》2017年4月16日1版)

(注:此处稍有改动。)

四、评论

(一) 评论的含义

评论是媒体编辑部或作者对新近发生的有价值的新闻事件和有普遍意义的紧迫问题,运用分析和综合的方法,就事论理,就实论虚,有着鲜明针对性和指导性的一种新闻文体,是现代新闻传播经常采用的社论、评论、评论员文章、短评、编者按、专栏评论和评述等的总称,属于论说文的范畴。

(二) 评论的结构和写法

评论一般由标题、导论、主体、结尾等部分组成。

1. 标题。评论的标题不仅要准确概括所评论的选题或论断,还要做到生动、醒目、有力度。

2. 导论。导论也叫引论,是评论的开头部分,用来说明评论对象,介绍评论内容,提出评论问题,突出新闻性。导论常见的写法有概括式、疑问式、议论式、现象式、散文式。

3. 主体。主体是评论的主干部分。主体要抓住论题,深入分析,科学阐释,合理论证,形成结论。

4. 结尾。评论的结尾要综合概括观点,形成结论。

评论大体依照"提出问题—分析问题—解决问题"的思维模式进行写作,内容组织安排有递进式、并列式、总分式等。

(三) 评论的语言

评论的写作有述有论,语言要周密、精辟。具体到其一篇评论,要求对概念准确运用,对事实准确判断,剖析深刻。评论在语言表达上必须精练、有文采,做到言约意丰,逻辑性与形象性相结合。

(四) 例文

打造基层政务公开"阳光房"

冯俊锋

为解决基层群众反映的"办事难""办事慢"问题,15个省(区、市)的100个县(市、区)自去年开始推行基层政务公开标准化、规范化试点工作。四川省作为试点省份之一,经过一年多的探索,在各地逐渐形成了一系列清晰、明确、规范的基层政务公开标准,既校正了基层政务公开"随意化"倾向,也推动了政府行政权力运行的公开化、透明化。

如何打通政务公开"最后一公里",是个不小的难题。在基层一些地方,政务公开存在不规范、不标准的问题,甚至出现"公开的信息公众不需要,公众需要的信息不公开"的怪现象。这种不接地气的政务公开方式,不仅浪费行政资源、走向形式主义,反过来也加剧了老百姓"办事难""办事慢"的困扰。推动政务公开标准化、规范化试点,正是要解决以上问题。

设立明确的标准、便于执行的规范,是首要问题。在试点县青川,通过"线上线下"问需、特邀监督员问效、"两代表一委员"会诊,向全县268个村(社区)发放6 000余份政务公开事项征求意见表,进而梳理出县级公开事项501项、乡级119项、村级96项。成都市新都区,尽管不是试点地区,但经过3年多努力,建立了通用基础标准、服务提供标准、服务保障标准、服务监督评价标准和岗位工作标准5大体系、22个子体系，涵盖1 300余项事项。形成标准和规范，也就形成了稳定的预期。政府服务有了遵循、老百姓办事有了依据，政务公开的效率大大提高。

打通信息渠道，让阳光真正照进来，是一项重要课题。万源市的试点围绕公开方式展开，有改良也有创新，建立起"网络+实体+活动"的立体模式。当地把政府网站作为第一信息源，在信息发布、政策解读、在线服务、公众互动等方面做细、做实。同时增加报纸、电视等信息发布频率，打造微博、微信、客户端等新媒体矩阵，对农村基层干部"微权力"、农村"三资"、扶贫和惠农政策等54项内容全程公开，打造了政务公开的"阳光房"。

与老百姓切身利益相关程度越高的信息，关注度也就越高，越要拓展公开的广度和深度。攀枝花市西区从保障性住房入手，初步构建起全流程、多形式、广覆盖的大政务公开格局。当地从房源信息确认之初，就做到"公开无漏项"；年度建设计划、房源面积户型等关键信息，采用"线上线下"结合公开；拟分配房源、配租标准等信息实时公开；分配摇号办法从制定到实施，邀请群众全程参与监督。全区统一管理的公共租赁房3 199套，经济适用房及棚户区改造安置房15 539套，基本实现"零投诉"。事实证明，加大基层政务公开力度，不仅能倒逼行政效率和公共服务质量的提高，更是提升政府公信力的催化剂。

现阶段，我国政务公开的重点在基层政府，难点也在基层政府。从试点效果看，基层政务公开已经积累了不少有益经验。下一步更要让这些经验形成可借鉴、可复制、可推广、好落地、能操作的规范与标准。当然，基层政务公开也必须考虑各地差异，切忌搞一刀切。在统一规范与因地制宜之间找到平衡，不仅是做好政务公开的要点，也是制定公共政策的关键。

（作者为四川省政府信息公开办公室副主任）

（《人民日报》2018年8月27日5版）

五、深度报道

（一）深度报道含义

深度报道是一种系统反映重大新闻事件和社会问题，深入挖掘和阐明事件的因果关系以揭示其实质和意义，追踪和探索其发展趋向的报道方式。

（二）深度报道的结构

一篇深度报道包含的主要内容有事件、新闻背景、新闻过程、新闻分析、主观感性、新闻预测、图片说明、对策建议等。

（三）深度报道的写法

1. 选择重大题材，确立重大主题。深度报道往往涉及关系国计民生的重大问题、社会生活的迫切问题、人民群众普遍关注而又迷惑不解的问题等。深度报道的题材多是社会中的热点、工作中的重点、受众关注的焦点。

深度报道通过重大题材的选择，对新闻事件、人物或问题进行多角度、全方位的分析、解剖，从而揭示出重大的主题。

2. 全方位透视，多角度考察。深度报道要求对新闻"六要素"中的事件的起因和结果进一步深化，重在"以今日的事态核对昨日的背景，从而说出对明日的意义"。

在时间上，既要说明现在，又要追溯过去，还要预测未来；在地点上，既要报道现场情况，又要兼顾空间的延伸和波及。

在人物上，既要采访当事人、目击者，又要采访其他直接或间接的有关人员；在经过上，既要撷取典型的、关键性的材料，又要搜集丰富的有关新闻事实的其他细节。

因此，深度报道是全面的、完整的、动态的、立体的反映。写作时应忌片面、零碎、静止和平面化。

（四）深度报道的写作要求

一篇高质量的深度报道吸引读者的要素主要有鲜明的主题、精巧的结构、优美的文字。所以深度报道的写作要求，有以下几点。

（1）语言优美。深度报道的语言要求通俗、形象、生动，文字充满画面感，现场感强，所以经常使用大量的动词。

（2）调动读者或观众的情感。用生动、真实、感人的细节刺激读者或观众的情感；把握好叙事节奏。叙事节奏是事件发生、发展、高潮，结构过程中表现出来的基本节拍，如"抢险救灾"的节奏是紧张、快速的，"观看展览"的节奏是从容、平静的。

把握节奏要以事件内容的固有节奏为依据，同时还得根据一定的情绪要求，做出能感染观众或读者的节奏安排，比如设置悬念，安排"巧合"，安排"亲情元素"（用亲情来刺激情感）。

（3）调动观众或读者关注、思考。在对矛盾冲突、严重问题进行叙述时，巧妙地吸引观众或读者。例如，中央电视台的《新闻调查》栏目，每期节目都会分成几个小板块，每个小板块都会布满各种矛盾，给观众一种感觉：矛盾、问题后面还是矛盾、问题。

（五）例文

一座无择校也无择班的城市
——安徽铜陵创新路径将教育均衡进行到底
（本报记者 李玉兰 本报见习记者 李睿宸）

新时代新气象新作为

"原来很多人认为不找人就办不成事，现在大部分家长不这么想了。资源分配没有问题，信息发达透明，家长安全感增加了，对学校和老师的注意力转移到专业性和责任心上。"徐宁是外来务工人员，在安徽省铜陵市实验小学附近开了一家儿童租书店，孩子就近入学，上一年级。

这个租书店老板的真实感受无意间触及了教育质量提升的本质，也准确地反映出铜陵这个小城当前的教育生态。

让人民满意的教育，是不是就应该以这样的状态前进？铜陵，在全国教育受择校困扰的年代率先成为一座无择校的城市。在提升教育质量的年代，公平、阳光、突破城乡教育均衡发展瓶颈，铜陵又一次走在全国前列。

阳光分班：将教育均衡进行到底

校长没有招生权，班主任在分班时也没有发言权。

家长到教育局设置的报名点报名，按照划片原则将学生分到各校。学校将学生们按照性别和入学学业水平进行"S排序"分班，同时师资按照强弱、老中青、男女等均衡搭配。然后在社会参与的公开环境下，由学生或家长代表现场抽签，决定学生与班级及任课老师的组合。

铜陵十中校长孟祥友经常和全国其他地区的名校校长交流，说起阳光分班，"他们都觉得是天方夜谭"。

"这也是问题逼出来的。"铜陵市教育局副局长程克勤说。基本实现了划片入学之后，家长们又开始追名师——择班。最严重的时候一个名师所带的班级能塞进七八十个人。为了遏制这种现象，铜陵教育人决定拿自己的权力开刀。

十五中副校长王东升说："以往名师班级，生源和教师配备都好一点，同时也是关系户最爱的班。导致名师班抓学习、平行班抓稳定的分化现象。"

"孩子升入初中之前，我一直承受着很大的压力，觉得我们一个普通家庭，拼尽全力也不一定能让孩子到理想的班级学习。阳光分班，开始其他家长还不是很相信，但是分班结果公布，看到一些领导的孩子并没有在所谓的名师班上，也就不再怀疑了。"十五中学生家长汪虎斌说。

阳光分班实现了起点的公平，给教师、学生、校长同时"松绑"。

田家炳小学教导主任胡国安说："生源均衡分配，成绩就直接彰显出你的教学水平。名师要证明自己；普通老师以前没有压力，现在没有借口，也在拼。每年学科竞赛，以往一等奖往往都是来自重点班，现在均衡了，期末考试的成绩差距也在变小。阳光分班激发了更多老师的积极性。"

"校长也'松绑'了，分班之前，不用再东躲西藏。原来优质生源班级要求配备优质师资，觉得哪个老师不好就要求撤换，形成一种'绑架'，给教学安排带来很多困扰。"王东升说。

学生觉得公平了，分到哪个班心情都很好。家长放心了，校长也安心了，腾出更多的精力放在学校的精细、科学化管理上，深化学校的内涵发展。

无择校的底气来自哪里？

吴其余的女儿上初一，家住在铜陵市狮子山区城乡接合部，原来这一带是农村加矿区，学校水平差。孩子小学的时候，他放弃了离家200米的小学，将女儿送到城里的名校田家炳小学一位名师的班里，每天早上开车送女儿上学要花半个小时。

"我本来已经在城里看好学区房，钱都交了，打算初中也去城里上学。"

2014年，吴其余家附近的十九中和市里优质学校十中组建联合办学体，十九中成为十中东校区。

"联合办学之后，学校（十中东校区）发生了很大的变化，所以我最后没买学区房，孩子就在家附近上初中了。"现在，吴其余的女儿上学只需要走5分钟。

联合办学体是铜陵市破除城乡教育均衡发展瓶颈、扩大优质教育资源覆盖面的新举措。让一个有条件的家长放弃"学区房"而选择就近入学，这不仅是铜陵市基础教育联合办学体实践的成功案例，也意味着在率先实现"无择校"之后，在消除"学区房"顽症方面，铜陵又一次走在了全国前列。

"随着新城区的发展，农村地区和城市接合部教育资源均衡化成为摆在铜陵教育面前的一个大问题。"铜陵市教育局局长李勇说，"怎么样让城乡接合部的学校、新区的学校快速成长为市民认可的学校？"

2014年，"优质校+薄弱校"联合办学体组建，按照"同一法人、一套班子、分设校区、统一管理、资源共享"形式运行。全市20余所中小学幼儿园实施了联合办学。

原来的薄弱校十九中成为名校十中的东校区，三年时间，原来只有270多名学生的东校区现在增长到900多人。

十中东校区初一语文老师崔红书说:"原来家长不认同,觉得把孩子放这个学校不放心,老师也很彷徨。"

联合办学体带来优质校的管理制度、师资、公共课等教育活动资源,更重要的是提起了薄弱校师生的精气神。

"十中来了很多名师、主课教师,他们当班主任,和我们一起工作,对我们的影响比较大。两校考试也在一起,每次我们都能找到差距,把十中作为标杆,不断追赶。以前学校几乎没什么校园文化活动,这几年每年都举行提升学生精气神的活动。"崔红书说。

"原来本校老师的孩子都不在这里上学,第二年他们就往回跑了,今年全部转回来了,这是对教学质量最大的认可。"十中校长、联合办学体负责人孟祥友说。

均衡发展背后,铜陵教育人的"红船精神"

"阳光是需要底气、勇气和魄力的。"实验小学瑞龙校区负责人陆常波说,铜陵面对优质教育资源供给与需求的矛盾,不停变革,寻求方式突破。

"铜陵人可能也没意识到,铜陵教育非常伟大和了不起。"孟祥友说。

在孟祥友看来,铜陵教育的可贵之处有两点,一是创新性;二是真正把公益性放在第一位,真抓实干。

"每当一个教育问题成为社会热点,铜陵人就设计一个制度去解决这个问题。择校问题首创了划片招生,择班首创了阳光分班。中考体育考试,率先在全国网上直播考试过程。学区房成为社会热点,我们开始推行联合办学体,把两个学校真实地融为一体,去解决学区房问题。"孟祥友说。

铜陵的联合办学体和许多地方的集团化办学不一样,背后既没有房地产行业的推动,也没有薄弱校所在区域的政府掏钱"购买"优质校资源;而是通过"五个统一"抓住了提升薄弱校教育质量的"牛鼻子"——"同一法人、一套班子、分设校区、统一管理、资源共享"。

"这就决定了你做事必须真。"孟祥友说,"假如东校区今天早上初一(1)班语文课没有上,这个责任就是我的。"

孟祥友每天要把本校区和东校区都走一遍,东校区缺了老师,主校区的骨干教师过去顶上。和一些集团化办学的松散比较起来,这是一个很大的奉献。

相对于成绩,铜陵教育人在消除教育不均衡上所表现出的努力和勇气更加可贵,完美而生动地诠释了"红船精神"的深刻内涵和时代价值。敢为人先,坚持到底,甘于奉献——办让人民满意的教育。

"铜陵没有什么特别值得看的学校。"程克勤说,"我们一直秉持教育是最大的民生这一观念,敢改革,敢碰触问题做顶层设计,追求高位均衡。市里和教育部门的领导一任接着一任干,没出现过人去政息的现象,才做到一年更比一年实。"

(《光明日报》2017年12月13日1版)

(注:此处稍有改动。)

第二节　网络写作

一、BBS

（一）BBS 的含义

BBS 是英文 Bulletin Board System 的缩写，意即"电子公告牌系统"。与真实生活中树立在街边或校园的布告栏功能相似，BBS 在网络上提供一个公共电子白板，用户可以在上面发布启事、传播信息、发表感想、讨论话题等。高校 BBS 是各类 BBS 中最富生机的 BBS，学生可以在上面充分提出观点、展现才华，如水木清华、北大未名、南大小百合等等。虚拟社区（Fictitious Community），与现实生活中的居住社区类似。虚拟社区提供固定网络空间作为网民交流场所，一个大的虚拟社区再细分为各个功能不同的论坛。网民可注册用户名或作为游客登录虚拟社区，进入论坛。在国内，虚拟社区的概念是在 BBS 的基础上发展起来的，所以很多社区都是聊天室与 BBS 的组合。随着国内网络事业的发展，也涌现出了一大批独具特色的社区，如天涯社区、西祠胡同、猫扑等。

创立于 1999 年的天涯社区，截至 2011 年 7 月 12 日的注册用户和在线用户为 721 560 人，这个庞大的数字，意味着 72 万人在一张巨大的被分割成若干子论坛的电子公告板前驻足观看。因为网络传播迅捷、时效性强、无障碍交流互动等特点，论坛很快会聚起大量人群，各类综合性或专业性论坛如雨后春笋般出现，几乎覆盖了生活的各个方面，无论人们试图在哪些方面深入探索、寻找同道，总能发现这样的论坛，找到兴趣相通的人和共同的话题。

（二）BBS 的特点

网络文章产生于民间，是草根阶层最原生态的写作，呈现非经典、非传统的写作态势；直接切入现实，风格无拘无束，可畅所欲言。网络文章的读者群是在网上"冲浪"，希望在轻松愉快的状态下获取信息的论坛注册用户或"游客"，年龄多集中在中青年层面，一般受过良好教育，比较关注外界和自我的状态，日常生活对网络依存度高。读者可以随意选择帖子浏览，如果不能在第一时间吸引读者的目光，那么辛勤创作的作品很快就会淹没在如汪洋大海般的帖子中，而人气高涨的论坛热帖往往具有以下几个特点。

1. 真实坦荡，切合现实。真实的事件，真诚的情感，真情的文字，不加修饰的表达方式，把普通人的生存状态原汁原味地呈现出来，就能体现出特别动人的力量。

日本最大的论坛有一个热帖，一个腼腆的年轻男子爱上了电车偶遇的女孩，把自己种种爱慕的感受写在论坛上，许多读者跟帖鼓励他追求女孩，为他出谋划策。2004 年，《电车男》出版了，小说忠实地记录了帖子里众位网友的对白，甚至连表情符号都没有删去。因是集体创作，作者署名为"中野独人"（日文意思是"网上的单身"）。小说一问世，就造成轰动，短短 7 个月创下了 100 万册的超高销售纪录。随后推出朗读剧版、漫画版、舞台剧版、电影版，同样获得极大的成功。"电车男"红极一时，打动了无数人，因为"电车男"平凡得就像你我身边的人物，众网友热心见证一段美好的爱情更让人感动，这一切都被原原本本地记录下来,而这样的真实和直接正是网络文化最有生命力的地方。

2. 价值多元,率性游戏。世界每时每刻都在发生大大小小的事件,论坛也就随之产生层出不穷的新话题。人们不满足于对这些事件按常规的方式解读,会创造性地寻找独特角度作娱乐化延伸,这样就形成了一个多元化的富于游戏精神的论坛写作情境。

2010年,新拍电视剧《红楼梦》的上映引起了大家的关注,关于新旧电视版红楼梦的选角、服装、道具、背景等的比较文章占据了各大娱乐论坛的版面,网友搜集资料,甚至自制视频截图细致分析,直言褒贬。也有帖子另辟蹊径,模仿新版《红楼梦》的头饰和服装风格,自拍后发到论坛,跟帖网友热烈响应,出现了许多很有创意的作品。网络写作具有一定的隐蔽性,在论坛,无论是发帖还是跟帖,都可以隐藏在一个网名之后,参与一个帖子,就像参与一个游戏,跟帖可以尽情发挥想象力和创造力。

3. 敏感敏锐,探幽发微。网络时代,人们的工作和生活方式发生了重大改变,各级各类机关、企事业单位多建有网站,工作情况随时传送上网,展现在所有人面前,以往易被忽略的细节一旦被网友寻根究底,往往让失误、失德甚至职务犯罪显露形迹。

4. 民间高手,独领风骚。网络时代也改变了出版社、报社、杂志社等与作者的沟通方式,编辑们不需要花大力气去建立和维护自己的作者资源,驻守论坛就可以寻找更多资源。不仅是小说,各种主题论坛如社会、经济、历史、文学、教育、时尚、娱乐等,五花八门、包罗万象。许多隐藏在民间的高手出于兴趣,对某个领域钻研多年,颇有心得,一旦形成文字总能给人以启发,开辟出与众不同的道路。在论坛发表文章,直接面对读者,还可以根据读者的意见调整作品,使之更符合读者的意愿。网络时代,论坛写作甚至比传统写作更受关注,文章一旦获得超高点击率,自然会有出版商联系出版。论坛发帖的优势在于实现了出版社与作者的直接联系,给民间研究者展露才华的机会,并且可以用论坛连载的方式吸引人气,作者在出书之前已有读者基础,其作品一旦正式出书,往往成为畅销书。

小说是很多年轻的写作者获利的最佳途径,一些小说网站与人气高的作者签约成为固定的驻站作者,根据作品点击率付费,而读者需要付费才能阅读。作者和读者如此近距离的接触也催生了传统文学中少见的小说题材,一些热门作品的月点击率动辄以百万甚至千万计。

5. 集体创作,一呼百应。在论坛,人人都可以成为文化创造者或意见领袖。人们从被动的看客变为主动的参与者,即时交流彼此的想法,实时无障碍沟通。因为每个人的年龄、性情、经历、教育背景有别,对于同一话题能延伸出不同的看法,往往互相启发,触动灵感,引起联想,一时间,思想激荡。很多论坛热帖不但主帖精彩,跟帖更显智慧。即使是平凡琐碎的话题,也会因为众人参与而拓展出独特的话语空间,在论坛,提出特别有趣的话题或采取别致的角度也可以写出一个众人瞩目的热帖。

集体创作激发网友热情,淋漓尽致地书写某一话题,尤其重视调侃和夸张幽默的风格,趣味贴近民众。因此,近年来,一些面向大众的文艺作品从论坛文章获得了不少灵感。网络论坛写作丰富了写作的层次,实现了人与人之间最直接的交流和沟通,同时也为普通民众参与公共事务提供了便利的途径。

二、博客

(一)博客的含义

博客是英文 Blog 的音译。Blog 的本义为日志,是博客网站按网民需求订制的私人网络空间,亦即在网上撰写日记,发表在个人主页上,自己设计版式、栏目分类等,自己采集、制作、编辑图片、音乐和视频。博客写作者即博主,可以回复读者评论,可以链接其他博客,可以加入各种博客的圈子。由于沟通方式比电子邮件、讨论群组更简单和容易,博客已成为家庭、公司、部门和团队之间越来越盛行的沟通工具。相对于论坛写作而言,博客写作把个人的全部作品放在一个网络空间,使读者完整窥见博主的个性、志趣和才华,是真正由写作者自己主导的自由挥洒的新世界。博客写作也使博主成为个人媒体,自己收集、制作、发布信息或新闻,从而起到小型大众传媒的作用。

博客单枪匹马的运作方式虽然在面对传统媒体时显得势单力孤,但同时也能摆脱烦冗的律令限制,便于直接揭露事实真相。

博主可关注某事并不断更新相关报道,而主流媒体可能因某种原因保持沉默。这要归功于博客所具备的个人媒体功能。

除了新闻类博客外,经济类、旅游类、教育类、娱乐类博客也受到欢迎,这些博主在特定领域经验丰富,往往能及时搜集到最新、最重要、最有趣的信息,提出自己的观点,引领读者的行动和需求,网络影响力越来越大。网民希望从博客中得到信息,作为日常生活的参考。各门户网站也经常引用不同观点的博客文章。博客写作不但促使普通人拿起笔来发现世界、表达自我,也以大量的各式各样的文章构成和充实网络媒体,形成丰富的信息源泉。

(二)博客的写作要求

博客原意是在网上写日记,但想写出流量大、点击率高的博客,最好确定相对集中的主题,主题不必宏大;选择能长久保持兴趣和关注的领域,持续跟踪下去,围绕主题,集中写作精品文章;吸引同道中人的关注,尽快为自己的博客打开局面。

1. 多使用链接。博客会起收集信息的作用,那些影响重大的事件、犀利的观点、有趣的笑话等有用的资源,不要直接放在自己的文章里,应使用链接让读者阅读原文。这样做不但是对原作者的尊重,还会使博文简洁而有层次。

2. 使用多媒体手段。一张好照片胜过千言万语,好的影像资料更是。随时带好影像设备,养成拍摄不同寻常的画面的习惯。原生态的影像作品更容易唤起读者的亲切感,有时还可能拍下具有重要意义的资料。

3. 设计标题和关键词。应给自己的博文起引人注目的标题,标题还要凸显若干关键词,以保证读者能通过搜索引擎找到这篇文章。

4. 保护隐私。博文发表,意味着私人话语进入公共领域,会被很多人阅读,会被搜索引擎发现并记录,发表之前要考虑愿意和读者分享哪一部分,保证正常生活不被干扰。并且注意保护他人的隐私。

5. 定期更新,经常回复评论。不要让自己的博客成为"睡眠博客"。

6. 加入其他博客为友情博客,加入博客圈。

三、微博

(一)微博的含义

微博即微博客(MicroBlog),是字数限制在140字以内的微型博客。微博源于美国的Twitter。2009年8月,微博落户中国,很快呈现爆炸式增长。以新浪为例,2010年10月底,微博注册用户数超过5 000万人。2011年2月底,新浪微博注册用户数突破1亿人大关，4月底，突破1.4亿人。

2011年1月25日，由中国社会科学院农村发展研究所教授于建嵘在新浪微博设立的"随手拍照解救乞讨儿童"，仅仅开博10余天，就吸引57万多名网民关注，拍摄千余张乞讨儿童照片发布在微博上，解救5名儿童。微博"打拐事件"中网民积极参与公众事务，并最终促成各方协同努力帮助弱势群体。

2010年2月底，广东省肇庆警方在网上首开微博，其后，各地警方纷纷开通微博，甚至开通微博追缉逃犯。

微博也能发布招聘、求职、求婚等信息，并越来越广泛地运用到工作和生活中。

（二）微博的特点

与博客相比，微博的特点使其应用更广泛，传播更迅速。

1. 直播。微博可以用手机随时随地发送信息，这使个人仅仅用手机就能实现作为个人媒体的功能，即时发布文字和图片，迅速传送信息。实时直播的现场感不亚于直播间。

2. 字数少。微博140字限制迎合了时下"速食时代"的特点。一切都在加速运行，短平快的方式备受欢迎，语录体的写作更简洁、更便利，人人皆宜。

3. 关注话题。关注话题是很好的分类标准，起到聚拢人群、分享信息、提高关注度、增强集体话语力量的作用。

4. 评论和转发。评论是评价他人微博，发表自己的感慨，一般评论之后会转发；转发则直接转发他人微博。这样的传播方式使信息以几何级数在人群中传播。

5. 名人效应。很多名人没有时间写博客，用微博跟粉丝聊几句是个好办法。名人效应也使名人微博有更高的关注度。微博"打拐事件"中，一些明星微博转发儿童照片，使事件的影响力增大。

（三）微博的写作要求

人气旺、点击率高的微博，往往关注社会民生，积极参与讨论社会重大事件和热点，观点犀利深刻，语言概括力强、幽默风趣，善于轻松自嘲。此外，微博用户特别注意了解流行文化，善于运用网络流行句式，多用网络热词、酷词，例如，2011年暑期，动画片《蓝精灵》的上映引发了二十世纪七八十年代人的怀旧风潮。老版《蓝精灵》的歌词"在那山的那边海的那边有一群蓝精灵……"被当作模板，改编成不同职业、地域、爱好的"蓝精灵体"网络短文，并迅速在微博中流行：

在那公司里面楼梯旁边有一群加班帝，他们热情又痴迷，他们敏捷又仔细。他们十几小时加班加点考验着身体，他们每月工资菲薄不给力。（加班版）

在那山的那边海的那边有一群建筑师，他们理想又务实，他们熬夜到猝死，他们呕心沥血不分昼夜都在赶图纸，他们年复一年不见涨工资。（建筑师版）

由于《蓝精灵》伴随着二十世纪七八十年代人度过童年，人们对它的曲调非常熟悉，一旦按照原歌词句式重新填词，就立刻在网络盛行。人们用轻松调侃的方式发一点牢骚、表达一点无奈，并且借用某种能唤起共同情绪的流行文化背景迅速推广。网络流行文体就像按照固定模式进行的集体造句，易于模仿、易于引起共鸣，朗朗上口。

第三节　新媒体写作介绍

2015年10月，毕业于中央戏剧学院的姜逸磊以"papi酱"为名上传原创短视频，2016年2月，短视频迅速流行开来。2016年3月，papi酱宣布获得了来自真格基金、罗辑思维、光源资本和星图资本1 200万元融资；2016年4月，另一位新媒体时代的获益者罗振宇在他的自媒体上宣布，为papi酱举办第一个新媒体广告招标会，多轮竞拍后，papi酱的短视频贴片广告以2 200万元成交。

互联网时代开启以来，无数人从默默无闻的状态，迅速声名远播，papi酱与她的前辈罗振宇一样，充分利用了新媒体与自媒体工具，迅速收获名气带来的经济效益。

一、新媒体的概念[①]

新媒体，顾名思义，有别于传统媒体，区别于报纸、杂志、广播、影视等，是一种主要依托网络连接，以电脑、手机等电子设备为载体，打破时间和空间限制，即时接收和发送信息的媒体方式。新媒体涵盖所有数字化的传统媒体、网络媒体、移动端媒体、数字电视、数字报纸杂志等。

传统媒体受制于制作方式和传播方式，必须凭借大型机构的整体力量，多部门、多人合作完成。创作时间跨度大，媒介介质较为单一，不能与声音、影像同步。而新媒体几乎可称全媒体，新媒体发布的信息能做到文字、声音、画面完全呈现，并且可以通过编辑和链接随时接入互联网的信息海洋。

与新媒体紧密相连的自媒体概念应运而生。所谓自媒体，是指一个人作为信息发布人，无论是用文字、声音还是影像，都如传统媒体一般，向世界发出自己的见解主张，塑造个人形象，打造自我品牌。自媒体是新媒体时代随着科技进步而展开的一种媒介形式，是解决了电脑贵、网速慢、上网费用高等问题后，全国网民数量迅速攀升的产物。手机变成了自媒体的重要承载工具之一。手机最初只作为通话工具，但当智能手机面世后，作为便携的小型移动端，承载了电脑的部分功能，正如电脑承担了电视、录音机、收音机的功能一样。除此以外，手机还具备照相、录像功能。当智能手机廉价易得、功能易学易用时，上至耄耋之年的老人，下至稚龄孩童，手持手机的人迅速解锁传统媒体的各项功能，从传统媒体的接收者转变成信息的发布者。

信息时代改变了人们的生活。每次网速的提升，都促使人们更深地介入互联网、依赖互联网，工作、生活、娱乐、交游、投资、教育、健康等信息，应有尽有。时至今日，电脑、手机几乎成为现代人生活中不可或缺的部分。

二、新媒体的商业价值

从某种程度上讲，新媒体的时代也是自媒体的时代，人们写下一段文字，无论是在博

[①] 由于新媒体是一个比较新的概念，学术界还没有对其进行很好的理论总结，因此本教材说法只代表一种观点。

客、微博、微信还是QQ上发表，都是独立的自媒体。一个人运作的自媒体，既是创作者也是传播者，可以充分利用声音和图像，实现与接收者点对点的传播，由于双方都能即时接入网络，能立刻对收到的信息作出反应，信息反馈的速度大大增加。互联网组织起来的信息世界庞大驳杂，无数人穿行其中，采撷自己需要的部分，稍做整理发布出去，简便迅速。

据新闻报道，山东有个新媒体村，自媒体运营公司把当地留守女性组织起来，每人一台电脑，设立几个账号，上班就是搜集信息，拍摄农村生活，写文章，随后凭借转发量吸引客户量（即流量），有了流量就有商户合作，帮助商户售卖产品，收取广告费用。

在世界范围内，也有无数的网络红人借助互联网平台，展现与众不同的自己。如《荒野求生》直播贝尔野外求生，展示怎样在地球最危险、最极端的地方生存，这是普通人接触不到的生活，也是独一无二、无人能及的，贝尔的"真人秀"吸引了大量用户观看，成为世界级的"网络红人"（简称"网红"）。越来越多的"网红"涌现出来，"网红"的商业价值很高，但是存留时间短暂，难以预测这股风潮何时到来，何时退去。因此，网红的成功模式容易被模仿，同质化严重。

三、新媒体的传播方式

新媒体的传播方式主要分四种：文字传播、有声传播、视频传播和直播。每种传播方式都与互联网发展阶段、电脑与手机的功能演变密切相关。

（一）文字传播

文字传播指在博客、微博、微信订阅号等建立账号，不定期发布文章。这类传播方式最接近传统媒体。由于文字传播方式含蓄间接，这类自媒体作者有时需要长期耕耘，累积文章的阅读量，既要有深厚的专业知识背景，又要有强大的语言文字功底。互联网刚兴起时的自媒体传播者，通常有较好的教育背景，希望与其他有共同爱好的人群分享讨论，那时的天涯社区、猫扑、贴吧、豆瓣等平台活跃着这样一批用户，他们中既有专业人士，也有业余爱好者。以天涯社区为例，经济论坛、天涯杂谈、闲闲书话等论坛，形成各自的爱好者群体，收集转发最新消息和文章，分析形势，讨论事件，其中不乏犀利深刻的见解、文笔上佳的好文。在论坛中持续活跃的作者大多同时开了博客、微博账号，在论坛积累的追随者和粉丝会持续关注，订阅文章。

豆瓣和贴吧分化为更为专门的爱好者偏好论坛，文字更趋简短，但由于讨论话题具体而集中，更易被上网搜索答案的人搜索到。知乎则拓展了问答型知识平台，更强调答题人独一无二的个人体验，同样的话题下，会看到形形色色的感悟。

自媒体主要采用文字传播的方式，优势在于专业性强、读者群长期稳定，如果结合自身的学业、工作、创业领域，无疑会成为展示学识修养、专业能力的上好平台。

（二）有声传播

有声传播是新媒体传播的第二种方式，如播客。播客是指在互联网上发布音频文件作为自媒体，制作电台节目。有声传播的内容五花八门，如文学、曲艺、培训、财经等。通过有声传播可以同步到手机收听，令人回忆起若干年前的收音机和随身听，只不过节目来源包含了无数的自媒体。作为自媒体，如果拥有令人印象深刻的声音，或者剪辑制作声音，用声音、音效表演，比起文字表达，可利用的材料就不仅限于个人原创，也可以朗读、改编他人作品，创作天地更为自由。

音频的方式在于把读者和观众转化为听众，这给忙碌的现代人带来另一种高效的信息接收方式。

（三）视频传播

视频传播即充分利用各种媒体形式制作视频文件，进行传播。视频几乎是最全面的自媒体载体，有字幕、有声音、有画面，可以运用多种方式剪辑，甚至还可以制作特效，操作越来越简便易行，越来越多的人加入自媒体的行列，每天上传大量的各类信息。不知不觉中，传统媒体中的记者身份淡化了，每一事件发生，都会有当时当地的人第一时间发出现场视频，立刻传播开去。

像播客可以制作广播剧一样，电影也成为人们发挥想象力的工具。视频传播中更加简捷的方式是拍摄短视频。随着时间的推移，大量时间更短的视频占据了更多的点击量，视频的拍摄主题极为丰富，许多视频拍摄位置较为偏远，原汁原味呈现当地生活最本真的面目。视频的艺术表现形式也与以往不同，不加修饰，新鲜大胆，这也迎合了人们的猎奇心理。

传统媒体若想尽情抒发对世界的看法只能靠文字，新媒体可以用音频或视频的方式做成脱口秀，这给那些口才好、表演佳的人以机会，许多文化界、传媒界人士也纷纷转向脱口秀。

（四）直播

直播是较为直观、传播快的信息传播方式，一两年间冒出了无数直播平台，一个房间、一台电脑或一部手机，就可以同步观看、聆听其他人的生活。直播方式比视频多了互动环节，虽然视频中弹幕的出现能使观众互相交流心得，但直播中与表演者直接对话，还是进一步激发了人们好奇心。

新媒体就是这样介入人们生活的，改变了人们的生产方式、生活方式，也改变了无数人的命运。自媒体打造个人品牌，吸引眼球，求得关注度，从而取得巨大的商业价值。

新媒体时代信息堆积，人们的注意力转换特别快，但一时风行难以持久。如今也是知识经济时代，真正想做优秀的自媒体，还需深厚的学识作为底蕴，在专业领域深耕，锻炼文字表达能力和语言表达能力，接触多种艺术形式，这样才能适应不同传播方式的需求，从而在迅速更新换代的新媒体时代实现自我价值。

【案例研习】

1. 请给下面这则消息拟写标题。

本报讯　（记者××报道）今年以来，随着我国外贸进出口形势趋于好转，国内大量的外贸型小企业迎来新的发展机遇。记者从中国工商银行（简称工行）了解到，为了缓解外贸小企业手持订单却因资金短缺无法开展生产和采购的情况，该行进一步加大了对外贸型小企业的信贷支持力度，同时有针对性地拓展国际贸易融资业务，积极助推外贸小企业发展。

记者最近在浙江义乌采访时发现，工行通过与当地市场行业协会和商会合作，创新信贷产品，为外贸型小企业的发展提供了有力的支持。义乌是全球最大的小商品集散中心，商贸类小微企业及个体工商户占到企业总数的99%，其中从事外贸进出口的小企业占相当大的比重。今年以来，不少外贸型小企业的订单情况很好，但其中相当一部分企业由于在义乌仅租用商铺而没有自有房产，存在抵押难、融资难的问题，有的订单因资金短缺而不得不忍痛放弃。为破解这一困局，工行根据当地市场行业协会、商会发展较为完善的情况，积极推广"小微联保贷款"产品，即由协会和商会的多家商户自愿联合作为担保体向工行申请贷款，突破了外贸型小企业因缺乏抵押物而难以获得贷款的瓶颈，为外贸小企业的发展及时注入了"资金血液"。

与此同时，工行还针对外贸型企业的特点，积极推广运用国际贸易融资产品，受到广大小微企业的欢迎。据介绍，国际贸易融资业务是以真实的贸易背景为基础，依托特定的结算方式，由银行向进出口商提供的短期融资，在贷款期限、授信额度、担保方式、融资价格等方面更具灵活性，更贴近外贸型企业的资金使用需求。对此，义乌市的浙江双佳制衣有限公司有着切身的体会。该公司主要从事衬衫的生产与销售，产品主要销往俄罗斯、英国、南非、美国等国际市场，出口比例达90%，是典型的出口型企业。今年以来，公司通过参加各种国内外展会及博览会，争取了大量的客户订单，但苦于资金短缺，无法及时扩大生产。企业第一时间想到最快、最直接的融资方式便是银行贷款。然而，由于公司规模有限，仅靠抵押能够获得的贷款对企业的长远发展来说远远不够。工行客户经理在多次赴企业实地走访调研的基础上，为其量身定制了融资方案，在通过抵押和保证方式给予信贷支持的同时，还提供了国际贸易融资专项授信700万元，解了企业的燃眉之急。

2. 请指出下面这则消息的不足之处，并加以修改。

××公积金总量首超1 000亿

本报讯 截至2005年年底，××市累计归集住房公积金已经达到1 077.38亿元。但受职工家庭购房高峰趋回落和楼市下跌等因素影响，去年住房公积金贷款发放额有所减少。

××市公积金管理中心昨日发布的《2005年度××市住房公积金制度执行情况公报》显示，2005年××归集住房公积金和补充公积金199.29亿元，同比增长25.11%。至2005年年底，本市累计归集住房公积金和补充住房公积金1 077.38亿元。至2005年年底，全市缴存住房公积金职工318.34万人，占职工总人数的94.83%，其中缴存补充住房公积金职工48.47万人。

该报告指出，去年××共提取住房公积金115.14亿元，同比增长18.5%，其中住房公积金提取87.78亿元，补充住房公积金提取27.36亿元。全年8.92万职工因购房提取住房公积金16.17亿元，近80万借款人因归还住房贷款提取住房公积金79.24亿元，两者合计提取95.41亿元，占提取总量的82.86%，住房公积金成为广大职工家庭购买住房和偿还住房贷款的重要资金来源之一。

不过，2005年年底受职工家庭购房高峰回落和房地产市场变化等因素影响，住房公积金个人购房贷款发放额有所减少，全年共向6.7万户职工家庭发放89.73亿元，支持购房建筑面积669.99万平方米。至2005年年底，本市累计向87.2万户职工家庭发放住房公积金个人购房贷款791.22亿元，支持购房建筑面积7 551.83万平方米。

从住房公积金贷款回笼情况看，去年共回笼资金101.29亿元。公报特别指出，住房公积金个人购房贷款风险得到进一步控制，至2005年年底的累计个人贷款余额334.85亿元中，三期以上逾期金额553.3万元，逾期率为0.165‰，比2004年度下降了1.79%。

3. 下面是2005年中国证券市场恢复权证发行时，两大证券报发表的评论性文章，试比较二者的写作特点和优缺点。

材料一

权证将为市场涡轮增压

权证（Warrant），一种又被俗称为"涡轮"的金融品种，有望在内地证券市场再度亮相。由于权证本身具有活跃市场、控制风险等特性,业内专家十分看好其未来发展前景,认为权证的出现给市场注入强劲动力,同时也为解决股权分置问题提供了一个良好的金融工具。

重新亮相时机成熟

作为全球证券市场除股票、债券之外的第三大金融品种,权证在海外证券市场已经发展成为一种成熟的金融品种。

内地金融市场也曾经有过短暂的权证历史。在市场发展初期,为了保护老股东在配股中的权益,使不愿或无力认购配股的老股东能够有偿转让其配股权,沪深交易所曾推出股本权证。但由于市场环境和监管等问题,从1992年6月第一只权证的发行到1996年6月权证交易被叫停,我国的权证市场仅发展了四年便夭折了。

如今,权证有望重新在内地证券市场亮相。许多学者的研究都显示,中国已经具备了发展权证市场的条件,包括:可作为权证标的证券的一批优质蓝筹股的出现、投资市场日趋规范、监管能力不断提高、市场参与者的投资理念日趋理性、权证在海外的发展为我们积累了丰富经验等。

(节选自《上海证券报》)

材料二

权证:市场化对价工具

上海证券交易所昨日公布《权证业务管理暂行办法》(征求意见稿),向社会各界征求意见。分析人士认为,此举意味着权证这种在国内已消失多年的金融产品即将重出江湖。

此前,交易所高层人士曾表示,权证产品很可能在第三季度推出。这次征求意见的截止时间是今年6月21日,与上述说法在时间上恰相符合。因此,保守地估计,利用权证产品进行股权分置改革的试点在年内会正式开始。

第一批试点公司的方案,大多以送股为支付"对价"的方式。有分析人士认为,这一方式体现了谨慎原则,但从全面铺开角度讲,仍存在效率不高、个案被否决的可能性较大等缺陷。因此,亟须寻找适应不同公司等实际情况、成本更低、覆盖面更广的备选方案和金融工具。在目前的政策和法律环境下,许多专家不约而同地认为权证是一种可行的选择,建议利用权证这一市场化工具在竞价交易过程中达成最终的"对价"。

与送股类方案相比,权证的另一个好处是不涉及上市公司股权的重新分割。不同公司的控股股东对控股比例的要求是不同的,流通权证方案由于仅涉及可流通的权利,不涉及股份权属的变化,因此上市公司实际控制人不必顾虑控制权问题。

万国测评董事长张长虹表示,由于权证类方案能够把以投资价值为核心的股票市场与以对价预期为基础的权证市场分开,让用于价值投资的资金与针对权证的投机性资金各得其所,这就可以减少市场的非理性波动,有助于吸引外围资金大规模入场。据测算,全部可流通权证的价值可能在2 500亿元~3 500亿元,这相当于A股流通股为非流通股创造的溢价,可以说流通股东基本得到了"补偿"。更重要的是,中小股东的选择权大为增强。他乐观地估计,利用权证方案,一年可以解决500家公司的股权分置问题。

(节选自《中国证券报》)

【情境写作】

1. 请参考以下报道,针对社会类论坛、教育类论坛、高校 BBS 写作不同主题的论坛文章。

据 2011 年 8 月 4 日的《南方周末》报道,北京大学教育学院副教授×××统计 1978 年至 2005 年近 30 年间北大学生的家庭出身发现,1978 年至 1998 年,来自农村的北大学子比例约占三成,20 世纪 90 年代中期开始下滑,2000 年至今,考上北大的农村子弟只占一成左右。清华大学人文学院社科 2010 级王斯敏等几位本科生在清华 2010 级学生中做的抽样调查显示,农村生源占总人数的 17%。那年的高考考场里,全国农村考生的比例是 62%。不仅仅是北大、清华,教育学者×××主持的"我国高等教育公平问题的研究"课题组调研得出,中国国家重点大学的农村学生比例自 1990 年开始不断滑落。

2. 请根据以下新闻,运用网络曾流行的"蓝精灵体"写一篇博客或微博。

2011 年 8 月 15 日,美国驻华大使馆官方微博账号发了一条骆家辉求网友推荐餐馆的微博,引起众多网友关注。很多网友推荐他去吃中国小吃炸酱面。

8 月 18 日下午 1 点 30 分,美国驻华大使馆官方微博发了这样一条微博:"大家好,拜登副总统正在北京市中心鼓楼附近一家小吃店品尝北京小吃。"

随后,该微博连续发了几条微博,并配上现场图片。"副总统拜登在驻华大使骆家辉的陪同下,和孙女一起品尝北京炸酱面。拜登还热情地和边上其他顾客打招呼。""拜登副总统在向大家介绍他的孙女。""拜登副总统热情地和顾客以及店员合影。"

下午 2 点 30 分,美国驻华大使馆官方微信账号又发了一条微博,总结这次吃饭的消费情况——"今天拜登副总统等 5 人点了 5 碗炸酱面、10 个包子、拌黄瓜、凉拌山药、凉拌土豆丝以及可乐等。总费用 79 元。拜登副总统在结账时对店主说:'给你们带来了许多不方便。'他掏出 100 元结账,剩下的按照美国习惯作为小费。"

3. 请根据自己的兴趣爱好,制作一个短视频,上传至网络,看看能否获取点击量。思考网民需要什么样的短视频。

附 录

党政机关公文处理工作条例

(中办发〔2012〕14号)

(2012年4月16日由中共中央办公厅和国务院办公厅联合印发)

第一章 总 则

第一条 为了适应中国共产党机关和国家行政机关(以下简称党政机关)工作需要,推进党政机关公文处理工作科学化、制度化、规范化,制定本条例。

第二条 本条例适用于各级党政机关公文处理工作。

第三条 党政机关公文是党政机关实施领导、履行职能、处理公务的具有特定效力和规范体式的文书,是传达贯彻党和国家的方针政策,公布法规和规章,指导、布置和商洽工作,请示和答复问题,报告、通报和交流情况等的重要工具。

第四条 公文处理工作是指公文拟制、办理、管理等一系列相互关联、衔接有序的工作。

第五条 公文处理工作应当坚持实事求是、准确规范、精简高效、安全保密的原则。

第六条 各级党政机关应当高度重视公文处理工作,加强组织领导,强化队伍建设,设立文秘部门或者由专人负责公文处理工作。

第七条 各级党政机关办公厅(室)主管本机关的公文处理工作,并对下级机关的公文处理工作进行业务指导和督促检查。

第二章 公文种类

第八条 公文种类主要有:

(一)决议。适用于会议讨论通过的重大决策事项。

(二)决定。适用于对重要事项作出决策和部署、奖惩有关单位和人员、变更或者撤销下级机关不适当的决定事项。

(三)命令(令)。适用于公布行政法规和规章、宣布施行重大强制性措施、批准授予和晋升衔级、嘉奖有关单位和人员。

(四)公报。适用于公布重要决定或者重大事项。

（五）公告。适用于向国内外宣布重要事项或者法定事项。

（六）通告。适用于在一定范围内公布应当遵守或者周知的事项。

（七）意见。适用于对重要问题提出见解和处理办法。

（八）通知。适用于发布、传达要求下级机关执行和有关单位周知或者执行的事项，批转、转发公文。

（九）通报。适用于表彰先进、批评错误、传达重要精神和告知重要情况。

（十）报告。适用于向上级机关汇报工作、反映情况，回复上级机关的询问。

（十一）请示。适用于向上级机关请求指示、批准。

（十二）批复。适用于答复下级机关请示事项。

（十三）议案。适用于各级人民政府按照法律程序向同级人民代表大会或者人民代表大会常务委员会提请审议事项。

（十四）函。适用于不相隶属机关之间商洽工作、询问和答复问题、请求批准和答复审批事项。

（十五）纪要。适用于记载会议主要情况和议定事项。

第三章　公文格式

第九条　公文一般由份号、密级和保密期限、紧急程度、发文机关标志、发文字号、签发人、标题、主送机关、正文、附件说明、发文机关署名、成文日期、印章、附注、附件、抄送机关、印发机关和印发日期、页码等组成。

（一）份号。公文印制份数的顺序号。涉密公文应当标注份号。

（二）密级和保密期限。公文的秘密等级和保密的期限。涉密公文应当根据涉密程度分别标注"绝密""机密""秘密"和保密期限。

（三）紧急程度。公文送达和办理的时限要求。根据紧急程度，紧急公文应当分别标注"特急""加急"，电报应当分别标注"特提""特急""加急""平急"。

（四）发文机关标志。由发文机关全称或者规范化简称加"文件"二字组成，也可以使用发文机关全称或者规范化简称。联合行文时，发文机关标志可以并用联合发文机关名称，也可以单独用主办机关名称。

（五）发文字号。由发文机关代字、年份、发文顺序号组成。联合行文时，使用主办机关的发文字号。

（六）签发人。上行文应当标注签发人姓名。

（七）标题。由发文机关名称、事由和文种组成。

（八）主送机关。公文的主要受理机关，应当使用机关全称、规范化简称或者同类型机关统称。

（九）正文。公文的主体，用来表述公文的内容。

（十）附件说明。公文附件的顺序号和名称。

（十一）发文机关署名。署发文机关全称或者规范化简称。

（十二）成文日期。署会议通过或者发文机关负责人签发的日期。联合行文时，署最后签发机关负责人签发的日期。

（十三）印章。公文中有发文机关署名的，应当加盖发文机关印章，并与署名机关相符。有特定发文机关标志的普发性公文和电报可以不加盖印章。

（十四）附注。公文印发传达范围等需要说明的事项。

（十五）附件。公文正文的说明、补充或者参考资料。

（十六）抄送机关。除主送机关外需要执行或者知晓公文内容的其他机关，应当使用机关全称、规范化简称或者同类型机关统称。

（十七）印发机关和印发日期。公文的送印机关和送印日期。

（十八）页码。公文页数顺序号。

第十条 公文的版式按照《党政机关公文格式》国家标准执行。

第十一条 公文使用的汉字、数字、外文字符、计量单位和标点符号等，按照有关国家标准和规定执行。民族自治地方的公文，可以并用汉字和当地通用的少数民族文字。

第十二条 公文用纸幅面采用国际标准 A4 型。特殊形式的公文用纸幅面，根据实际需要确定。

第四章 行文规则

第十三条 行文应当确有必要，讲求实效，注重针对性和可操作性。

第十四条 行文关系根据隶属关系和职权范围确定。一般不得越级行文，特殊情况需要越级行文的，应当同时抄送被越过的机关。

第十五条 向上级机关行文，应当遵循以下规则：

（一）原则上主送一个上级机关，根据需要同时抄送相关上级机关和同级机关，不抄送下级机关。

（二）党委、政府的部门向上级主管部门请示、报告重大事项，应当经本级党委、政府同意或者授权；属于部门职权范围内的事项应当直接报送上级主管部门。

（三）下级机关的请示事项，如需以本机关名义向上级机关请示，应当提出倾向性意见后上报，不得原文转报上级机关。

（四）请示应当一文一事。不得在报告等非请示性公文中夹带请示事项。

（五）除上级机关负责人直接交办事项外，不得以本机关名义向上级机关负责人报送公文，不得以本机关负责人名义向上级机关报送公文。

（六）受双重领导的机关向一个上级机关行文，必要时抄送另一个上级机关。

第十六条 向下级机关行文，应当遵循以下规则：

（一）主送受理机关，根据需要抄送相关机关。重要行文应当同时抄送发文机关的直接上级机关。

（二）党委、政府的办公厅（室）根据本级党委、政府授权，可以向下级党委、政府行文，其他部门和单位不得向下级党委、政府发布指令性公文或者在公文中向下级党委、政府提出指令性要求。需经政府审批的具体事项，经政府同意后可以由政府职能部门行文，文中须注明已经政府同意。

（三）党委、政府的部门在各自职权范围内可以向下级党委、政府的相关部门行文。

（四）涉及多个部门职权范围内的事务，部门之间未协商一致的，不得向下行文；擅自行文的，上级机关应当责令其纠正或者撤销。

（五）上级机关向受双重领导的下级机关行文，必要时抄送该下级机关的另一个上级机关。

第十七条 同级党政机关、党政机关与其他同级机关必要时可以联合行文。属于党委、政府各自职权范围内的工作，不得联合行文。

党委、政府的部门依据职权可以相互行文。

部门内设机构除办公厅（室）外不得对外正式行文。

第五章 公文拟制

第十八条 公文拟制包括公文的起草、审核、签发等程序。

第十九条 公文起草应当做到：

（一）符合党的理论路线方针政策和国家法律法规，完整准确体现发文机关意图，并同现行有关公文相衔接。

（二）一切从实际出发，分析问题实事求是，所提政策措施和办法切实可行。

（三）内容简洁，主题突出，观点鲜明，结构严谨，表述准确，文字精练。

（四）文种正确，格式规范。

（五）深入调查研究，充分进行论证，广泛听取意见。

（六）公文涉及其他地区或者部门职权范围内的事项，起草单位必须征求相关地区或者部门意见，力求达成一致。

（七）机关负责人应当主持、指导重要公文起草工作。

第二十条 公文文稿签发前，应当由发文机关办公厅（室）进行审核。审核的重点是：

（一）行文理由是否充分，行文依据是否准确。

（二）内容是否符合党的理论路线方针政策和国家法律法规；是否完整准确体现发文机关意图；是否同现行有关公文相衔接；所提政策措施和办法是否切实可行。

（三）涉及有关地区或者部门职权范围内的事项是否经过充分协商并达成一致意见。

（四）文种是否正确，格式是否规范；人名、地名、时间、数字、段落顺序、引文等是否准确；文字、数字、计量单位和标点符号等用法是否规范。

（五）其他内容是否符合公文起草的有关要求。

需要发文机关审议的重要公文文稿，审议前由发文机关办公厅（室）进行初核。

第二十一条 经审核不宜发文的公文文稿，应当退回起草单位并说明理由；符合发文条件但内容需作进一步研究和修改的，由起草单位修改后重新报送。

第二十二条 公文应当经本机关负责人审批签发。重要公文和上行文由机关主要负责人签发。党委、政府的办公厅（室）根据党委、政府授权制发的公文，由受权机关主要负责人签发或者按照有关规定签发。签发人签发公文，应当签署意见、姓名和完整日期；圈阅或者签名的，视为同意。联合发文由所有联署机关的负责人会签。

第六章 公文办理

第二十三条 公文办理包括收文办理、发文办理和整理归档。

第二十四条 收文办理主要程序是：

（一）签收。对收到的公文应当逐件清点，核对无误后签字或者盖章，并注明签收时间。

（二）登记。对公文的主要信息和办理情况应当详细记载。

（三）初审。对收到的公文应当进行初审。初审的重点是：是否应当由本机关办理，是否符合行文规则，文种、格式是否符合要求，涉及其他地区或者部门职权范围内的事项是否已经协商、会签，是否符合公文起草的其他要求。经初审不符合规定的公文，应当及时退回来文单位并说明理由。

（四）承办。阅知性公文应当根据公文内容、要求和工作需要确定范围后分送。批办性公文应当提出拟办意见报本机关负责人批示或者转有关部门办理；需要两个以上部门办理的，应当明确主办部门。紧急公文应当明确办理时限。承办部门对交办的公文应当及时办理，有明确办理时限要求的应当在规定时限内办理完毕。

（五）传阅。根据领导批示和工作需要将公文及时送传阅对象阅知或者批示。办理公文传阅应当随时掌握公文去向，不得漏传、误传、延误。

（六）催办。及时了解掌握公文的办理进展情况，督促承办部门按期办结。紧急公文或者重要公文应当由专人负责催办。

（七）答复。公文的办理结果应当及时答复来文单位，并根据需要告知相关单位。

第二十五条　发文办理主要程序是：

（一）复核。已经发文机关负责人签批的公文，印发前应当对公文的审批手续、内容、文种、格式等进行复核；需作实质性修改的，应当报原签批人复审。

（二）登记。对复核后的公文，应当确定发文字号、分送范围和印制份数并详细记载。

（三）印制。公文印制必须确保质量和时效。涉密公文应当在符合保密要求的场所印制。

（四）核发。公文印制完毕，应当对公文的文字、格式和印刷质量进行检查后分发。

第二十六条　涉密公文应当通过机要交通、邮政机要通信、城市机要文件交换站或者收发件机关机要收发人员进行传递，通过密码电报或者符合国家保密规定的计算机信息系统进行传输。

第二十七条　需要归档的公文及有关材料，应当根据有关档案法律法规以及机关档案管理规定，及时收集齐全、整理归档。两个以上机关联合办理的公文，原件由主办机关归档，相关机关保存复制件。机关负责人兼任其他机关职务的，在履行所兼职务过程中形成的公文，由其兼职机关归档。

第七章　公文管理

第二十八条　各级党政机关应当建立健全本机关公文管理制度，确保管理严格规范，充分发挥公文效用。

第二十九条　党政机关公文由文秘部门或者专人统一管理。设立党委（党组）的县级以上单位应当建立机要保密室和机要阅文室，并按有关保密规定配备工作人员和必要的安全保密设施。

第三十条　公文确定密级前，应当按照拟定的密级先行采取保密措施。确定密级后，应当按照所定密级严格管理。绝密级公文应当由专人管理。

公文的密级需要变更或者解除的，由原确定密级的机关或者其上级机关决定。

第三十一条　公文的印发传达范围应当按照发文机关的要求执行；需要变更的，应当经发文机关批准。

涉密公文公开发布前应当履行解密程序。公开发布的时间、形式和渠道，由发文机关确定。

经批准公开发布的公文，同发文机关正式制发的公文具有同等效力。

第三十二条　复制、汇编机密级、秘密级公文，应当符合有关规定并经本机关负责人批准。绝密级公文一般不得复制、汇编，确有工作需要的，应当经发文机关或者其上级机关批准。复制、汇编的公文视同原件管理。

复制件应当加盖复制机关戳记。翻印件应当注明翻印的机关名称、日期。汇编本的密级按照编入公文的最高密级标注。

第三十三条 公文的撤销和废止，由发文机关、上级机关或者权力机关根据职权范围和有关法律法规决定。公文被撤销的，视为自始无效；公文被废止的，视为自废止之日起失效。

第三十四条 涉密公文应当按照发文机关的要求和有关规定进行清退或者销毁。

第三十五条 不具备归档和保存价值的公文，经批准后可以销毁。销毁涉密公文必须严格按照有关规定履行审批登记手续，确保不丢失、不漏销。个人不得私自销毁、留存涉密公文。

第三十六条 机关合并时，全部公文应当随之合并管理；机关撤销时，需要归档的公文经整理后按照有关规定移交档案管理部门。

工作人员离岗离职时，所在机关应当督促其将暂存、借用的公文按照有关规定移交、清退。

第三十七条 新设立的机关应当向本级党委、政府的办公厅（室）提出发文立户申请。经审查符合条件的，列为发文单位，机关合并或者撤销时，相应进行调整。

第八章 附 则

第三十八条 党政机关公文含电子公文。电子公文处理工作的具体办法另行制定。

第三十九条 法规、规章方面的公文，依照有关规定处理。外事方面的公文，依照外事主管部门的有关规定处理。

第四十条 其他机关和单位的公文处理工作，可以参照本条例执行。

第四十一条 本条例由中共中央办公厅、国务院办公厅负责解释。

第四十二条 本条例自 2012 年 7 月 1 日起施行。1996 年 5 月 3 日中共中央办公厅发布的《中国共产党机关公文处理条例》和 2000 年 8 月 24 日国务院发布的《国家行政机关公文处理办法》停止执行。

参 考 文 献

[1] 徐中玉. 应用文写作 [M]. 北京：高等教育出版社，2016.
[2] 马正平. 高等实用写作训练教程 [M]. 北京：中国人民大学出版社，2010.
[3] 仇仲谦，等. 应用文写作训练教程 [M]. 天津：南开大学出版社，2016.
[4] 张文英. 新编应用文写作教程 [M]. 天津：南开大学出版社，2010.
[5] 章毅. 大学应用文写作教程 [M]. 天津：南开大学出版社，2012.
[6] 段轩如，彭耀春. 应用文写作教程 [M]. 2版. 北京：中国人民大学出版社，2013.
[7] 张耀辉，戴永明. 简明应用文写作 [M]. 2版. 北京：高等教育出版社，2013.

后 记

岁月流转，努力不懈，《新时代应用文写作教程》修订完成。本教材是天津财经大学人文学院中文系（包括天津财经大学珠江学院）全体应用文写作任课教师集体智慧的结晶，同时也有湖南艺术职业学院公共教学部同仁的热情参与。他们将任教多年的教学资源全部献出，用自己的激情、智慧和汗水打造了这本教材。

本教材由薛颖任主编，金云、兰佳丽任副主编。各章编写任务分工如下：第一章至第二章由金云编写；第三章第一节至第四节由高红编写；第三章第五节与第四章由郝友编写；第五章第一节由兰佳丽编写；第五章第二节与第三节由薛颖编写；第六章第一节由张胜珍编写；第六章第二节与第三节由李玉坤编写。全书最后由薛颖、金云、兰佳丽统一修改、定稿。

本教材在编写过程中，参阅了大量有关论著和教材，援引了有关报刊和文献中的资料。由于篇幅所限，未能在书中一一注明。在此，谨向原作者表示敬意和感谢！

同时，感谢北京理工大学出版社的大力支持，感谢本书编辑和所有为本书的出版付出辛劳、提供帮助的人。

由于编写时间仓促，编者水平有限，书中不足之处在所难免，恳请有关专家、任课教师和广大读者批评指正，使本教材日臻完善。

编 者

2018 年 10 月